2021
上海职业教育事业蓝皮书

VOCATIONAL EDUCATION IN SHANGHAI 2021

主　编　周汉民
副主编　胡　卫　张　岚　毛丽娟

上海科学技术文献出版社
Shanghai Scientific and Technological Literature Press

图书在版编目（CIP）数据

2021 上海职业教育事业蓝皮书 / 周汉民主编 . —上海：上海科学技术文献出版社，2021
ISBN 978-7-5439-8444-8

Ⅰ.① 2… Ⅱ.①周… Ⅲ.①职业教育—教育事业—研究报告—上海—2021 Ⅳ.① G527.51

中国版本图书馆 CIP 数据核字（2021）第 197068 号

责任编辑：于学松
封面设计：薛传祥

2021 上海职业教育事业蓝皮书
2021 SHANGHAI ZHIYE JIAOYU SHIYE LANPISHU
主　　编　周汉民　副主编　胡卫　张岚　毛丽娟
出版发行　上海科学技术文献出版社
地　　址　上海市长乐路 746 号
邮政编码　200040
经　　销　全国新华书店
印　　刷　上海展强印刷有限公司
开　　本　720mm×1000mm　1/16
印　　张　24.5
字　　数　476 000
版　　次　2021 年 10 月第 1 版　2021 年 10 月第 1 次印刷
书　　号　ISBN 978-7-5439-8444-8
定　　价　98.00 元
http://www.sstlp.com

编撰委员会名单

主　　编：周汉民
副主编：胡　卫　张　岚　毛丽娟
编　　委：郭　扬　马庆发　苏　海　毕鹏宇　马建超
　　　　　杨武星　雷正光　徐　朔　王　琴　董　奇
　　　　　施蓓生　罗尧成　匡　瑛
编　　辑：方孟梅　王黎明　黎同炎　何朝霞　黄婷婷
　　　　　朱　懿　谢轶成　荣家言　朱松杰　王茹婷

序

始终坚持党的领导　弘扬职教百年传统 奋力书写职业教育新篇章
——在黄炎培职业教育思想研究会第十一次学术年会上的主旨讲话摘编（代序）

（2021年7月17日）

郝明金

职业教育发展是我党百年砥砺奋进的缩影。回顾过去，职业教育社事业始终与中国共产党的领导紧密联系，与党和国家的中心工作紧密结合，留下了鲜明的时代印记和中国特色。

中华职业教育社在救亡图存的艰辛求索中创立。在风雨如晦的旧中国，以黄炎培为代表的怀有"教育救国"理想的知识分子，积极倡导职业教育以挽救飘摇国运，创立了我国历史上第一个职业教育团体——中华职业教育社，从理论上探讨、在实践上推行职业教育，使职业教育思潮达到高潮。中华职业教育社开创了许多现代职教史上的"第一"，如：第一份职业教育专门刊物《教育与职业》杂志、第一所专门以"职业"命名的学校中华职业学校、第一家职业指导机构上海职业指导所、第一家农具推广所中华新农具推广所，等等，在实践探索中形成了黄炎培职业教育思想，在我国教育史上写下了光辉的一页。

中华职业教育社在服务中国革命的洗礼中成长。在艰苦卓绝的战争年代，中国共产党自诞生之日起就把教育当作革命战争的有力武器，尤其重视职业教育的发展。在党的重要会议和纲领性文件中明确提出"实行普及义务教育及职业教育""注意工农补习教育及职业教育"等工作方针，制定了党史上第一个发展职业教育的纲领性文件《短期职业中学试办章程》。抗战时期，在民族危亡关头，中华职业教育社大规模创办职业补习学校，提出"一切围绕抗战，一切为了抗战"的主张，所办教育机构为抗战救亡输送了众多进步青年：第四中华职业补习学校被誉为"上海抗大"；中华工商高等专科学校有100多名共产党员，成为大专院校中的一支坚强而活跃的进步力量；比乐中学有四分之一的毕业生参加随军南下工作团；中华职业学校师生更是投身第一线，大批学子为修建滇缅公路奉献了年轻的生命。

中华职业教育社在社会主义建设的探索中不断创新。中华人民共和国成立初期，伴随着党带领全党全国人民对社会主义改造和社会主义建设的艰辛探索，职业教育进入到新的历史发展时期。1949年通过的《中国人民政治协商会议共同纲领》提出"加强中等教育和高等教育，注重技术教育，加强劳动者的业余教育和在职干部教育"。同时，职业教育在引进苏联职教模式下进行了中国化改造，探索出了符合中国国情的以技术为本位的中等专业教育制度和技工教育制度。到1965年，我国已有中等职业学校7294所，在校生近127万人，占当时高中阶段学生总数的53.2%。这期间，中华职业教育社认真贯彻党和国家关于发展文化教育事业的方针政策，积极投身中华人民共和国的教育事业，举办语文学习讲座，创办北京函授师范学校和中华函授学校，成为中华人民共和国函授教育的开路先锋。

中华职业教育社在改革开放的大潮中蓬勃发展。党的十一届三中全会以来的改革开放时期，全党的工作重心转移到社会主义现代化建设上来，作出教育事业必须同国民经济发展要求相适应的战略决策。职业教育在经历了"文革"时期的波折起伏后，重新得到党和国家的重视，全面恢复重建。随着中共中央关于教育体制改革的深入推进，特别是2002年《国务院关于大力推进职业教育改革与发展的决定》、2003年国务院《关于进一步加强农村教育工作的决定》颁布后，拉开了我国新时期职教发展和改革农村教育的序幕，农村职业教育也进入了迅速发展期。期间，以中华职业教育社引领全国地方组织共同实施的温暖工程为代表的职教扶贫项目，通过实施职业教育东西部协作行动计划，让中西部贫困家庭实现了"职教一人、就业一个、脱贫一家"，为打赢脱贫攻坚战作出了积极贡献。

中华职业教育社在新时代产业转型升级中完成飞跃。随着中国特色社会主义进入新时代，产业转型升级，实现伟大复兴中国梦迫切需要职业教育提供人才支撑和智力支持。2014年《关于加快发展现代职业教育的决定》和《现代职业教育体系建设规划》的接续出台，职业教育发展步伐全面加快。中华职业教育社的事业发展也呈现出喜人的局面，截至2014年11月，职业教育社省级组织实现了全覆盖，为推进事业发展奠定了坚实的组织基础、人才基础。2019年，随着《国家职业教育改革实施方案》的发布，进一步明确了职业教育为不同教育类型的战略定位，标志着职业教育发展进入新境界，实现了职业教育的一次重大飞跃。职业教育不再是低人一等的那一轨，而是并列存在的一条上升通道。职业教育更加有力地肩负起技能强国、职教兴邦的历史重任。

历史是最好的教科书。从党发展职业教育的百年历程中，我们清晰地看到，职业教育深深熔铸在中国共产党艰苦卓绝的奋斗中和波澜壮阔的创新历史之中。走进新时代，我们要从历史中汲取前进的智慧和力量，向着第二个百年奋斗目标进军。

第一，要始终坚持党对职业教育的全面领导。习近平总书记强调，在全面建设社会主义现代化国家新征程中，要坚持党对职业教育的领导，坚持社会主义办学方向，坚持立德树人。作为教育的重要类型，职业教育只有在党的领导下才能进行长远的战略规划。要以"把方向、揽全局、抓思想、建队伍、促党建"为总要求，全面加强党对职业教育的领导，坚持为党育人，为国育才，把党的教育方针贯彻到人才培养全过程，培养更多的德智体美劳全面发展的社会主义建设者和接班人。

第二，要深入挖掘黄炎培职业教育思想的当代价值。黄炎培先生的职业教育思想体系完整，内涵丰富，具有穿越时空的力量。在"大众创业，万众创新"的今天，如何理解"使无业者有业，使有业者乐业"的宗旨；云物大智扑面而来，如何实现"手脑并用""做学合一"教学原则；健全多元开放融合办学格局、深化产教融合、校企合作的时代要求，如何同"大职业教育主义"一脉相承；"敬业乐群""金的人格，铁的纪律"的职业精神如何体现。这些都是黄炎培职教思想面临的时代新课题。

第三，要加快构建新时代特色职业教育体系。习近平总书记指出，"在全面建设社会主义现代化国家新征程中，职业教育前途广阔、大有可为"。要全面贯彻落实习近平总书记对职业教育工作作出的重要指示，着眼服务国家现代化建设、推动高质量发展，瞄准技术变革和产业优化升级的方向，积极推进产教融合、校企合作，打造纵向贯通、横向融通的现代职业教育体系建设。要高举"技能强国"的旗帜，加快构建面向全体人民、贯彻全生命周期、服务全产业链的职业教育体系，为全面建设社会主义现代化国家提供坚实的人才和技能支撑。

中国共产党的百年历程也是党领导职业教育发展不断取得重要成就的一百年。中华职业教育社有幸见证并亲历了这段历史，并用对职业教育的执着与奉献，把自己的名字也写在了这幅恢宏的历史画卷之上。让我们携手同心，继续谱写职业教育高质量发展时代的新篇章！

写在前面的话
——在黄炎培职业教育思想研究会第十一次学术年会上的致辞摘编
（2021年7月17日）

周汉民

正所谓"落其实者思其树，饮其流者怀其源"。上海是中国共产党的诞生地。100年前的7月23日，中国共产党第一次全国代表大会在上海召开，正式宣告了中国共产党的成立。从此，中国共产党带领中国人民一路披荆斩棘、一路凯歌前行，卓越的历史功勋永载史册，一幕幕"中国奇迹"的辉煌画卷震撼人心。中华民族从来没有像今天这样接近实现中华民族伟大复兴的崇高目标。中国共产党凝聚起亿万人民的共识，汇聚起亿万人民的力量。历史和实践充分证明，凝聚共识、汇聚力量，与中国共产党思想上同心同德、目标上同心同向、行动上同心同行，是我们国家夺取革命、建设、改革事业胜利的有力保证。

上海是中华职业教育社的发源地。104年前的5月6日，中华职业教育社在上海创立。这是中国近代史上第一个研究、试验、推行职业教育的全国性团体。1918年，中华职业教育社又在上海创办了中国第一所现代意义上的职业学校——中华职业学校。自那时起，上海职业教育始终以先行者的姿态不断探索，不断前行。"上海制造""上海师傅"曾是响当当的"金字招牌"，成为"工匠精神"的代名词。进入新时代，上海职业教育立足高质量发展，着眼类型教育属性，正努力构建与上海经济社会发展战略和产业发展需求相适应的职业教育新体系。

上海还是黄炎培职业教育思想的发端地。黄炎培先生就诞生在上海，是地地道道的上海南汇人。黄炎培职业教育思想，是黄炎培先生在对我国传统教育思想的批判继承，对国外先进教育经验的学习借鉴，以及对中华职业教育社持续开展的各类职业教育办学实践分析总结的基础上形成的职业教育理论体系。提出"使无业者有业，使有业者乐业"的职业教育宗旨；提出"科学化、平民化、社会化、国际化"的职业教育办学方针；提出"谋个性之发展，为个人谋生之准备，为个人服务社会之准备，为国家及世界增进生产力之准备"的职业教育本质功能；提出办职业学校需同时和一切教育界、职业界努力沟通与联络的"大职业教育主义"；特别强调职业教育的核心是"爱国主义"，提出"求学为服务，服务勿忘爱国"的职教报国精神，成为我国现代职业教育理论体系的基石。

我以为，研究黄炎培职业教育思想要与百年中华职业教育社的初心使命相结合，与百年中国职业教育的发展历程相结合，要从黄炎培职业教育思想的精神内涵中汲取加快发展现代职业教育体系的创新源泉和不竭动力。

在这里，位于雁荡路80号的上海中华职业教育社大楼，作为中华职业教育社原址，入选上海首批革命文物名录。这幢楼已静静地伫立了近百个春秋，见证了百年峥嵘岁月，也见证了一代代职教人为寻找职教救国之路的上下求索和为实现中华民族伟大复兴中国梦的勠力奋斗。

此次黄炎培职教思想研究会学术年会在上海顺利举办，是郝明金理事长和中华职业教育社对上海的充分信任，也是对上海中华职业教育社积极主动作为所取得的实绩的肯定。近年来，在中华职业教育社和中共上海市委统战部的领导关心下，我们的组织力量不断壮大，区级组织网络遍布全市，广泛联系和团结了一大批有志于职业教育的海内外各界人士。我们的社会影响力也日益增强，面向上海、面向长三角地区、面向中西部地区及港澳台地区开展了一系列品牌活动。进入新发展阶段，我们将牢牢把握党的领导是职业教育社各项事业取得胜利的根本保证这一基本原则，紧紧围绕中心，全力服务大局，继续为助推发展献智，为改善民生尽责。

"一切向前走，都不能忘记走过的路；走得再远、走到再光辉的未来，也不能忘记走过的过去，不能忘记为什么出发。"今天，当我们在初心之地，再次回顾中华职业教育社与中国共产党共同走过的光辉历程，回顾党领导下的百年中国职业教育，弘扬和传承黄炎培职业教育思想，为助力新时代职业教育高质量发展建睿智之言，献务实之策，此时此刻，我的耳边不由再次响起104年前我社要立志实现"学校无不用之成材，社会无不学之执业；国无不教之民，民无不乐之生"的铮铮宣言。对照104年后的今天，职业教育让每个人都有人生出彩的机会，我相信，每一位职教人应当感到光荣和自豪，也应当感到初心如炬、使命如磐。

踏遍青山人未老，百年恰是风华正茂。让我们以习近平总书记"七一"重要讲话精神为指引，以此次黄炎培职教思想学术年会的召开为契机，大力发扬红色传统，传承红色基因，秉持中华职业教育社"爱国爱民、为国为民"的理想信念，以更加昂扬的斗志，大踏步向着全面建成社会主义现代化强国的第二个百年奋斗目标迈进，奋力谱写新时代职业教育的壮丽华章。

最后用我本人为大型话剧《国士》作词的主题曲《你走来》特此向黄炎培同志致敬。

你从腥风血雨的历史中走来，
脸上是深深的忧患。
山河破碎，
你想力挽狂澜；
民族危亡，
你要慷慨赴难。
兴职教，"双手万能"除万难；
赴延安，共探"周期"启未来。
创民建，誓与中共同前行，
为中华，敢叫日月换新天。
你从开国大典的壮丽中走来，
身后是朝霞满天。
五星旗下，
你抒满腔情怀；
国计民生，
你呈忠心赤胆。
为国是，理必求真勤思虑，
献华夏，事必求是建箴言。
遍神州，言必守信作表率，
为人民，行必踏实是典范。
你走来，走过千山万水，
人民就是江山。
你走来，走过人生漫漫，
国士是这样的伟岸。

目录

序

始终坚持党的领导 弘扬职教百年传统 奋力书写职业教育新篇章（代序）郝明金

写在前面的话……………………………………………………………周汉民

第一部分　上海职业教育改革发展报告

一、上海职业教育发展总体情况 / 4

（一）中等职业教育 / 4

（二）高等职业教育 / 5

（三）职业技能培训 / 9

二、"十三五"上海职业教育改革发展取得的成就与经验 / 10

（一）持续扩大贯通培养规模，现代职业教育体系基本形成 / 10

（二）推进专业内涵建设，人才培养质量显著提高 / 11

（三）开展分层分类培训，师资力量不断增强 / 14

（四）聚焦服务发展，职业教育品牌效应充分彰显 / 16

（五）输出优质教学资源，职业教育国际影响力扩大 / 18

（六）对接上海城市发展需求，职业技能培训能级提升 / 20

三、完善现代职教体系建设，彰显上海职业教育类型特征 / 25

（一）发展本科层次职业教育：释放类型教育的引领作用 / 25

（二）开展"五年一贯制"试点：创建新型高职"样本" / 27

（三）推进1+X证书制度试点：完善职业教育与职业培训体系 / 29

四、落实教育评价改革方案，建立科学的职业教育评价制度 / 32

（一）确立新时期职业教育"跨界参与"的评价理念 / 32

（二）构建新时期职业院校"多元多维"的系统评价体系 / 33

（三）围绕新时期产业和社会发展需要评价专业性技能人才培养模式 / 35

五、高质量发展："十四五"上海职业教育深化改革实施方略 / 38

（一）建设现代的职教体系，充分彰显职业教育的类型地位和特征 / 38

（二）推进产教深度融合，增强职业教育改革发展的内外部适应性 / 39

（三）完善体制机制，培养"专业型、事业型、创新型"职教师资 / 40

（四）加强标准体系建设，助推产业需要的高素质技能型人才培养 / 41

（五）建设职教创新发展高地，完善支撑职教高质量发展的制度体系 / 43

第二部分　上海职业教育专题研究

一、党的领导与百年中国职业教育 / 47

（一）黄炎培职业教育思想研究会第十一次学术年会综述 / 47

（二）以史为鉴，坚持党的领导书写职业教育新篇章 / 49

（三）与时俱进，传承践行黄炎培职业教育思想 / 53

（四）开拓创新，助力新时代职业教育高质量发展 / 56

二、职业教育提质培优行动计划的三大特征 / 61

（一）完善体系，明确职业教育的类型特征 / 61

（二）重点突破，聚焦德技并修的育人特征 / 65

（三）压实责任，彰显共建共享的治理特征 / 68

三、职业教育助力高质量减贫的实践探索与反思 / 72

（一）职业教育助力高质量减贫的依据 / 72

（二）职业教育助力民族地区减贫的实践特点 / 76

（三）职业教育助力民族地区高质量减贫的反思 / 78

四、面临疫情防控形势的上海职业院校发展思考 / 83

（一）疫情防控中的上海职业教育改革发展 / 83

（二）职业院校防控疫情的问题分析及建议 / 85

（三）防疫中面临的教育教学问题及对策 / 87

五、上海职业教育的"十三五"亮点及"十四五"思考 / 90

（一）培育"少年工匠"，服务"四大品牌" / 90

（二）第二届"上海职业教育新闻人物"掠影 / 92

（三）实施"筑基强脊"计划，重铸产业发展新优势 / 95

六、构建与上海三大制造业发展相适应的现代职教体系 / 97

（一）立足产业调研，树立系统思维 / 97

（二）大飞机产业人才队伍亟需优化结构提高质量 / 99

（三）率先建成现代船舶工业体系亟待提升本地化人才供给能力 / 102

（四）形成服务新能源和智能网联汽车产业发展的人才供给体系 / 107

七、建设"职教高地"的政策导向、推进情况与上海应对 / 111

（一）在全国建设若干个"职教高地"的背景 / 111

（二）目前在部分省份率先试点的职教高地建设特点 / 112

（三）上海职业教育如何实现跨越式发展 / 114

八、职业教育更好支持技术创新和实体经济发展的基础和策略 / 117

（一）三大优势：规模、布局、典型经验 / 117

（二）党和国家重大决策部署的有效推进 / 118

（三）职业院校提升服务能力的对策建议 / 119

第三部分　上海职业教育案例分析

一、德育创新篇 / 125

1．关怀下一代，最美夕阳红 / 125

2．课程思政背景下中职校礼仪教学改革策略探究 / 133

3．新时代关工委工作有效性的实践研究 / 138

4．党建视野下高职高专思政教育内涵建设路径研究 / 143

5．中职思政教育困境及其融入机制探索 / 149

6．学生品格塑造中家校共育模式的实践探索 / 156

二、教学改革篇 / 163

7．以"四维路径"，探索中职学生数学应用能力的培养方法 / 163

8．CBL+情景模拟教学法在康复实践技能课程中的应用效果分析 / 169

9．中职船舶电气专业学生学习数学瓶颈及突破途径的研究 / 175

10．从"耦合"到"融合"："思政+电竞"教学模式的现实意义与实践 / 180

11．基于"学习共同体"理念的中职英语词汇教学设计反思 / 187

12．引入电子产品自动化测试进入课堂 / 194

三、课程育人篇 / 202

13．助力学生成长，提升中职学生的口语运用能力 / 202

14．基于OBE理念的中职金融专业课程教学的优化研究 / 206

15．巧用教学策略，提升学生参与 / 214

16．实施行动导向教学　打造活力课堂 / 219

17．中职学校历史教学融入职业素养的价值逻辑和基本路径 / 225

18．中职英语翻译教学中色彩词语义对比分析及翻译技巧 / 230

四、职教发展篇 / 237

19. 以行业要求为标准的主题式联合教学 / 237

20. 高职学生教育管理的法治化路径探索 / 242

21. 多维度教育生态架构下中等职业学校融合育人机制之探索 / 248

22. 上海医药职业教育发展定位与走向探析研究 / 256

23. 浅析德国"双元"职业教育制度的核心要素 / 262

24. 上海郊区职业农民培训课程建设的几点思考 / 267

五、抗疫求学篇 / 273

25. 厉兵秣马踏实地　厚积薄发上云端 / 273

26. 新冠疫情迫使我们重视体育运动及身心健康 / 278

27. 指向学科核心素养的云课堂教学设计 / 282

28. 浅谈疫情期间中职数学线上教学方式 / 287

29. "停课不停学"背景下化工安全与清洁生产课程网上教学探索与实践 / 291

六、学生成长篇 / 296

30. 中职特教班自闭症学生个案研究 / 296

31. 中职生认知风格调查报告 / 301

32. 中职班级管理中的问题及策略探析 / 307

33. 教育扶贫背景下云南学生创新创业能力培养模式的研究 / 311

34. 对抑郁症学生开展家庭教育指导的实践 / 316

35. 积极心理学在中职院校特教班级管理中的实践探索 / 322

第四部分　2020年上海中华职业教育社职教理论与实践探索报告

一、引　言 / 331

二、大力加强职业教育理论及政策问题研究 / 333

（一）出版发行《2020上海职业教育事业蓝皮书》/ 333

（二）开展《长三角实施〈国家职业教育改革实施方案〉调研》重点课题研究 / 334

（三）围绕区域经济发展广泛开展课题调研 / 335

三、全面推进职业教育实践探索 / 347

（一）疏通技能人才就业通道 / 347

（二）服务职业教育办学实践 / 348

（三）开展职业教育扶贫助学 / 356

（四）搭建职业技能大赛舞台 / 357

后记 / 374

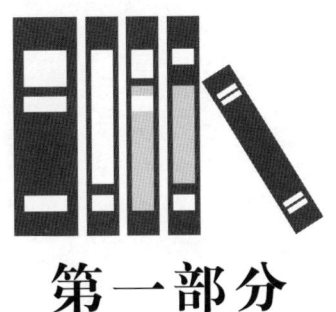

第一部分

上海职业教育改革发展报告

2020年是具有里程碑意义的一年。经过8年持续奋斗,在党中央的坚强领导下,完成了新时代脱贫攻坚目标任务,消除了绝对贫困和区域性整体贫困,如期全面建成小康社会,实现了第一个百年奋斗目标。2020年是中华人民共和国历史上极不平凡的一年,这一年党中央团结带领全国各族人民,进行了一场惊心动魄的抗疫大战,取得抗击新冠肺炎疫情斗争的重大战略成果。2020年是"十三五"收官之年。"十三五"以来,上海职业教育聚焦上海"五个中心"、对接"四大品牌"建设、对标《国家职业教育改革实施方案》等文件精神,着力构建职业教育体系,提升职业教育质量,服务上海产业升级和经济结构调整,为上海城市发展提供了大批高素质技术技能人才。2021年是"十四五"开局之年。在开启全面建设社会主义现代化国家新征程的重要历史时刻,全国职业教育大会在北京召开。习近平总书记对职业教育工作作出重要指示,李克强总理作出批示,孙春兰副总理出席会议并讲话。习近平总书记强调,职业教育前途广阔、大有可为,要坚持党的领导,坚持正确办学方向,坚持立德树人,优化职业教育类型定位,深化产教融合、校企合作,深入推进育人方式、办学模式、管理体制、保障机制改革,稳步发展职业本科教育,建设一批高水平职业院校和专业,推动职普融通,增强职业教育适应性,加快构建现代职业教育体系,培养更多高素质技术技能人才、能工巧匠、大国工匠,并对各级党委和政府提出明确要求。习近平总书记关于职业教育的重要指示为新时代职业教育改革发展指明了前进方向、提供了根本遵循。

一、上海职业教育发展总体情况

（一）中等职业教育

上海市共有中等职业学校 80 所，其中，职业高中 23 所，中等专业学校 50 所，技工学校 7 所，共有全日制在校生 8.7 万人，其中职业高中近 2 万人，中等专业学校 5.7 万人，技工学校近 1 万人。另有成人中等专业学校 10 所，在校生 1.3 万人。2020 年，71 所全日制中等职业学校中，19 所隶属市教委，29 所隶属各区教育局，21 所隶属行业企业，2 所是民办学校，呈现多元办学格局。[1]

2020 年上海中等职业学校根据自身特点和人才培养需要，主动与具备条件的企业在人才培养、技术创新、就业创业、社会服务、文化传承等方面开展合作，积极探索深度校企合作模式，校均合作企业数量 37 家，其中校均合作 500 强企业数为 3 家。

上海中职学校面向"上海服务""上海制造""上海购物""上海文化"四大品牌建设，对接人工智能、集成电路、生物医药、大飞机、大船舶、大汽车、养老、护理、学前教育等重点产业以及区域支柱产业发展需求，积极调整专业布局，有针对性地培养适应需求的高素质劳动者和技术技能人才。新增工业机器人技术应用、电子竞技营运与管理等专业点 30 个，扩大增材制造技术应用（3D 打印）、录音艺术等紧缺人才专业的招生规模，调整关闭部分不符合发展需求或重复设置率高的专业点 100 余个。

2020 年，中职毕业生总体就业率保持在较高水平。中职学校毕业生 28052 人，就业（含升学）人数为 27632 人，就业率 98.5%，与 2019 年基本持平。毕业生直接就业（含进入企、事业单位以及自主创业、自谋出路、参军、出国等其他方式就业）6625 人，占就业学生总数的 24%。其中，在上海本地直接就业 5263 人，占比 79.4%；国内其他省市就业 1228 人，占比 18.5%；境外就业 134 人，占比 2%。全市中职毕业生平均薪酬增至 3844.8 元，比 2019 年增加 16.4%。[2] 升入高一级学校就读的学生有 21007 人，占比 76%。其中，89.3 进入专科就读，8.6% 进入本科就读。[3]

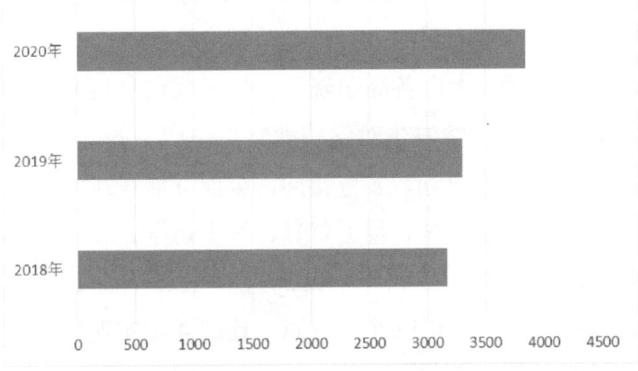

图 1　2018-2020 年上海中等职业学校毕业生平均起薪

上海中职学校积极开展多层次职业技能培训和技能鉴定。2020 年，上海中职学校共有 70 余个职业技能鉴定站（所），开展职业技能鉴定超过 10 万人次；共有 19 个全国行业企业培训中心、71 个上海行业企业培训中心，开展职业培训超过 14 万人次，培训到款额超过 4000 万元。[4]

（二）高等职业教育

上海共有 21 所高等职业院校（1 所为本科层次职业院校），其中公办 11 所，民办 10 所。上海工艺美术职业学院入选国家"双高计划"院校，上海工艺美术职业学院、上海电子信息职业技术学院、上海城建职业学院 3 所院校进入上海一流专科高等职业教育建设单位；上海出版印刷高等专科学校、上海旅游高等专科学校、上海交通职业技术学院、上海农林职业技术学院 4 所院校进入上海一流专科高等职业教育建设培育单位。职业教育规模发展基本符合国务院和上海市人民政府关于上海职业教育规模和结构的发展要求。

上海高职院校主动对接上海及长三角地区现代制造业与现代服务业转型升级

发展战略,立足一流定位,以理实一体化教学改革、校企合作办学为抓手,积极推进与华为集团、携程集团、商飞集团、上海城投集团、航天集团、上汽集团、电气集团等大型企业集团公司的深度合作,共建集人才培养、技能培训、技术研发等多种功能于一体的产学研战略联盟平台,推动产业优秀元素深度融入教育教学过程。全市职业院校共设置300余个专业、1000余个专业点,基本覆盖了上海国民经济的主要行业。专业结构不断优化,学校向教育部申报37个符合上海"四大品牌"战略的专业,专业布局与上海产业匹配度不断提高。

面对突如其来的疫情,上海各高职院校依托现代信息技术,积极发挥线上教学优势,最大限度降低因疫情发生对学校教学工作产生的影响,在疫情发生后,各高职院校科学部署、细致谋划、多方协同,全面开展在线教学等工作,包括组建网络工作队伍,开展线上教学、线上督导、线上访学、线上招生、线上招聘等工作,有效稳定人才培养的各个环节。2020年,应届毕业生对母校的总体满意度为96.12%,比2019年提高0.52个百分点,连续4年实现增长,高职院校教育教学质量得到毕业生普遍认可[5]。

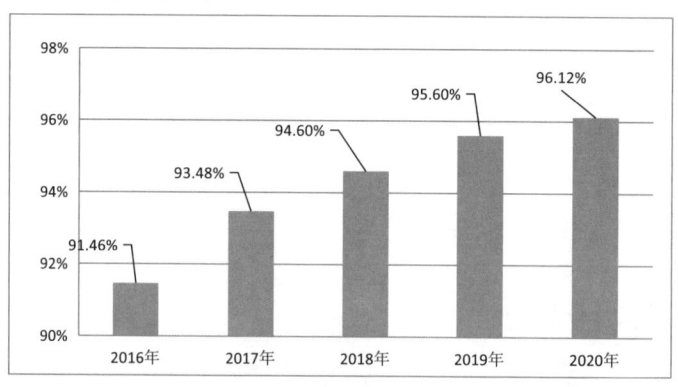

图2 2016-2020年上海高职院校毕业生对母校的满意度(%)

2020年,上海市高职院校34218名毕业生中,就业人数为32416人,总体就业率为94.3%。面对突如其来的新冠肺炎疫情,在教育行政部门、行业企业、学校、学生等的共同努力下,毕业生就业率仍然维持在较高水平。其中,理工农医类专业毕业生工作岗位与所学专业的相关度为71.07%,比2019年略有下降。公办高职院校毕业生专业相关度为76.37%,民办院校为65.19%。2020年,上海市高职院校毕业生到中小微企业等基层服务就业人数为22080人,占68.1%。毕业生到500强企业就业工作2867人,占毕业生总数8.8%,比2019年略有提高。[6]

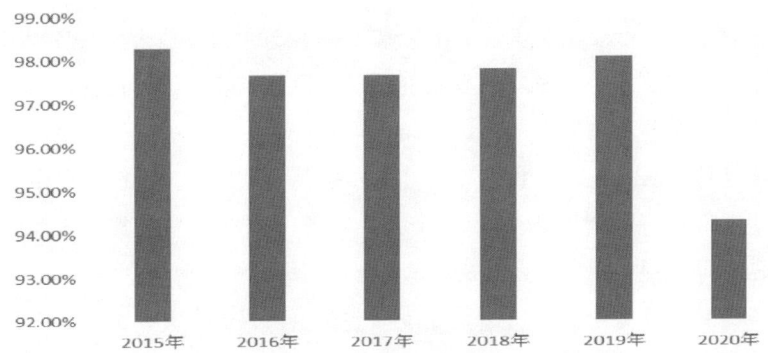

图3 2016-2020年上海高职院校毕业生半年后就业率（%）

2020年，第一届全国职业技能大赛召开，本次大赛是中华人民共和国成立以来规格最高、项目最多、规模最大、水平最高的综合性国家职业技能赛事。大赛以"新时代 新技能 新梦想"为主题，共设86个比赛项目，其中，世赛选拔项目63个、国赛精选项目23个。上海参赛代表团共计获得10金、10银、7铜及45个优胜奖，团体总分排名第三。

第一届中华人民共和国职业技能大赛参赛人员

以赛促教，以赛促学，技能大赛摘金夺银

上海市城市建设工程学校（上海市园林学校）在中华人民共和国第一届职业技能大赛中，花艺项目等5名选手获得1金1银2优胜的成绩，并全部进入国家集训队。2020年，该校成为"建筑信息建模项目上海选手培养基地"和"国家住房和城乡建设行业花艺赛项集训基地",并成为中国技能大赛住房和城乡建设行业选拔赛优秀承办单位。该校世赛花艺中国集训基地团队被授予"上海市模范集体"荣誉称号。

上海市杨浦职业技术学校以打造"工匠摇篮"为目标,积极组织学生参加各类比赛,2020年获得省级奖项28个,区级奖项27个。学校拥有完善的技能训练梯队,每年都从新生中选拔技能大赛种子选手,培养的学生蝉联第44和45届世赛车身修理项目金牌,17级汽车专业学生李杰代表上海参加中华人民共和国第一届职业技能大赛斩获车身修理项目金奖。

上海市城市科技学校通过校园文化营造技能氛围,通过世赛基地选拔种子选手,该校建筑工程系建筑装饰专业学生孙岩在入学之初加入创意木工社团,将兴趣与专业结合起来,之后被选作学校世赛基地的种子选手,一路过关斩将,成为中华人民共和国第一届职业技能大赛精细木工项目金牌获得者。

上海工业技术学校拥有第46届世界技能大赛数控车、数控铣、塑料模具工程三个世赛基地,注重将赛事标准融入教学之中,该校在教育部组织的"2020年全国职业院校技能大赛改革试点赛"中,有3名同学从来自全国的35支参赛队105名选手中脱颖而出,获得中职组数控综合应用技术赛项团体二等奖。

上海市贸易学校师生在技能大赛中表现优秀,1名教师获得第46届世界技能大赛上海选拔赛烘焙项目一等奖并经过选拔进入国家集训队;1名学生获得中华人民共和国第一届职业技能大赛烘焙项目上海选拔赛第一名,全国银奖,并获得"全国技术能手"称号;1名学生获得中华人民共和国第一届职业技能大赛物联网技术项目上海选拔赛第一名,全国优胜奖;1名学生获得上海市"四大品牌"职业技能大赛咖啡项目第一名、第三届上海咖啡大师赛暨2020年上海市咖啡行业职业技能竞赛总冠军。

上海高职院校参与第六届中国国际"互联网+"大学生创新创业大赛,共有6所学校的8个项目进入全国总决赛,上海城建职业学院"缮瓷——文物修复领军者,技术转移带路人"项目在全国总决赛中荣获金奖。上海出版印刷高等专科学校"童研无际——优秀儿童读物与研发平台"项目和"衣衣相链——打造绿色循环可持续的时尚产品模块化生产平台"项目分获银奖和铜奖。上海科学技术职业学院"小熊猫智能垃圾分类箱"获铜奖。

资料来源:2020年度上海中等职业教育质量年度报告

（三）职业技能培训

面对疫情，上海全面推广线上线下深度融合的培训模式，在全国率先出台线上职业培训补贴政策。实施"以工代训"补贴政策。加大新生代农民工等重点群体职业技能培训力度。全年完成补贴性职业培训 176.25 万人次，其中农民工补贴性职业培训 95.7 万人次；开展职业技能鉴定 21.27 万人次，鉴定发证 12.6 万本。

高技能人才培养成效显著。上海全面推行企业职业技能等级认定，累计备案 64 家认定评价机构。制定本市职业院校实施育训结合激励计划指导意见，落实与职业院校培训工作考核挂钩的绩效工资奖励办法。上海选手在首届全国职业技能竞赛获得 10 金、10 银、7 铜的优异成绩，名列全国第三。年末高技能人才占技能劳动者的比重达 35.03%。

表 1　2020 年上海市职业技能鉴定工作情况表

项　目	参加职业技能鉴定人数（万人）	核发证书（万本）
专项职业能力	4.12	3.37
职业技能鉴定五级（初级）	6.2	3.74
职业技能鉴定四级（中级）	4.38	2.62
职业技能鉴定三级（高级）	5.23	2.4
职业技能鉴定二级、一级（技师、高级技师）	1.34	0.47
合　计	21.27	12.6

参考文献

[1] 2020 年度上海中等职业教育质量年度报告．
[2] 数据来源：《2020 上海市中等职业学校毕业生就业情况》．
[3] 数据来源：《2020 年度上海中等职业教育质量年度报告》．
[4] 数据来源：《2020 年度上海中等职业教育质量年度报告》．
[5] 数据来源于 21 所独立设置高职院校面向社会公布的本年度质量报告．
[6] 2021 上海高等职业教育质量年度报告．

二、"十三五"上海职业教育改革发展取得的成就与经验[1]

（一）持续扩大贯通培养规模，现代职业教育体系基本形成

1. 中高、中本贯通培养试点规模持续扩大

截至 2020 年，全市共开展 320 个中高职贯通、52 个中本贯通、16 个高本贯通培养模式试点，2 个五年一贯制高职院校、1 个本科职业大学试点，"中职—高职—应用本科"相互衔接的框架初步形成。每年招收的中高中本贯通生源已占整个中职招生的 25%，占总专业点的 35%。同时，建立常态化的中本联合教研机制，近两年增加了 5 个中本贯通联合教研组，形成"纵向沟通、横向联合"联合教研。开展中高职贯通专业点检查评估，动态调整相关专业点招生规模，持续做好 23 个中高职贯通专业教学标准开发和 32 个中高职贯通高水平专业建设。2019 年，首次在上海震旦职业学院和上海电子信息职业技术学院开展"五年一贯制"职业学院试点，2020 年 9 月南湖职业学校改制为区属五年一贯制学校，在进一步推进中高职贯通培养一体化发展道路上迈出了重要一步。2020 年新增设 8 个五年一贯制专业。

2. 高职—本科贯通培养稳步推进

2017 年，开启高本贯通人才培养试点申报和立项工作，首次增设 2 个"高本贯通"试点专业，招生 79 人。2018 年，扩大试点范围新增第二批 6 个试点专业，同时扩大市属高校应用型本科专业建设试点，启动第六批 26 个建设试点，试点专业数量达 152 个。2019 年和 2020 年分别启动第三批和第四批高本贯通人才培养试点申报和立项工作，分别增设 3 个和 5 个试点专业，逐步扩大高本贯通人才培养试点范围，拓宽职教人才培养"立交桥"。

3. 职业教育与终身教育实现相互衔接

以上海开放大学为合作平台，探索建立职业院校与开放大学的学分转换机制。不断拓展中高职立交桥学分银行模式试点范围，制定了若干中高职衔接专业教学实施方案，确定了专业联合小组的沟通课程目录，有效推进了职业教育与终身教育的相互衔接。

（二）推进专业内涵建设，人才培养质量显著提高

1. 专业品牌建设成效凸显

一是打造专业品牌。2020年，上海市教委认定上海市城市建设工程学校（上海市园林学校）的园林技术等42个专业为市中等职业学校示范性品牌专业，上海市工程技术管理学校的园林技术等68个专业为市中等职业学校品牌专业。二是专业教学标准开发持续优化。职业院校建立专业教学标准与职业标准联动开发机制，持续开发一批服务上海重点、特色和新兴产业的新专业教学标准，推进中、高职专业教学标准一体化设计。三是"高职一流专业"稳步建设。加强一流高职院校建设，对接国际国内先进水平开展一流专业建设，辐射带动专业群协同发展。举办上海市高职高专院校重点专业（一流专业）建设比武大赛，实现了以赛促教、以赛促学的目标。2019年印发《上海深化产教融合推进一流专科高等职业教育建设试点方案》，着眼上海城市所需，立足一流定位、服务需求的导向，打造若干所国内同类最好的高职院校，建设一批国内领先的品牌专业。2020年，上海高职院校专业结构不断优化，学校向教育部申报37个符合上海"四大品牌"战略的专业，专业布局与上海产业匹配度不断提高。

> **创新路径，推进高职一流专业建设**
>
> 上海工艺美术职业学院在上海一流专科高职院校及专业建设过程中，以专业建设和人才培养模式改革为核心，围绕环境艺术设计等5个重点专业建设，开展教育部现代学徒制、1+X证书试点等人才培养模式改革。2020年学院获批5个1+X证书试点，覆盖8个专业；启动2个专业群资源库建设，新增1个国家专业教学资源库建设、5个省级专业教学资源库建设；立项1门国家级精品在线开放课程、2门省级精品在线开放课程，立项建设32门在线开放课程和混合式课程。
>
> 上海出版印刷高等专科学校通过以赛促教、产教融合，推进一流专业建设。在近两年的一流专业建设期间，艺术设计（印刷美术设计）专业已累计荣获德

国红点至尊奖1项、红点奖2项、美国印制大赛班尼1金3银1铜大奖、CGD"当代好设计"奖1项等优异成绩。师生团队作品获工业与信息化部首届"东方之星设计大赛"银奖1个、优秀奖及入围奖7个，并获大赛组委会优秀组织奖，实现了通过参加国际、国内顶级专业大赛提升专业建设的目标。

上海工商职业技术学院按照"优势互补、资源共享、双赢共进"的理念，与大唐电信集团共建"双主体人才培养"二级学院——大唐信息技术学院，推进一流专业（群）建设，实现了专业布局发展融入企业核心业务发展。校企共同根据技术发展方向，动态调整专业布局，淘汰与产业发展不相适应的专业3个，新申报中高贯通专业2个，建立了移动互联网应用方向的专业群。

资料来源：2021上海高等职业教育质量年度报告

2. 现代学徒制形成"以点带面"的发展格局

至目前，上海市现代学徒制试点中职学校已达32所，试点专业数达33个，涉及加工制造、交通运输、轻纺食品、旅游服务、商贸财经和文化艺术等6个专业领域。

目前已组织3批现代学徒制试点项目，出版本市第一批现代学徒制试点成果《现代学徒制的推进——上海市首批11所中等职业学校的探索》，完成本市4个教育部现代学徒制试点项目的年检（第三批）和验收（第二批）工作，形成项目年检报告和验收报告4份、上海市年度报告1份、典型案例5个。到2020年省级现代学徒制试点高职院校已达11所，试点专业数达32个，参与学生1087人，参与企业68家。其中8所试点学校被确立为教育部现代学徒制试点学校，涉及汽车运用与维修技术、烹调工艺与营养等12个专业。订单培养人数7242人，占在校生总数的6.7%。目前上海逐步建立以部市级立项先行先试为引领、区域与学校层级自主探索为补充、带动面上逐步扩大的现代学徒制工作格局。加大政策保障和投入力度，不断完善政府、行业、企业、职业学校等共同参与的学徒培养质量评价机制，切实提高校企合作育人成效。

3. "双证融通"人才培养改革试点提质扩面

2015年，上海市人社局会同市教委共同出台《关于本市开展"双证融通"试点工作的实施意见》和《关于开展"直通车式双证融通"试点工作的实施办法》，对于有提升学历需求的培训学员，开展"直通车式双证融通"试点项目。首批设计了上海开放大学的7个学历教育专业与15张国家职业资格证书的对接方案，并在学历教育课程中设计了理论与实践相结合的融通课程,考核合格者可同时获得学历教育学分和国家职业资格证书。同年12月,上海市教委印发《关于开展"学分认可型双证融通"和"证书认可型双证融通"试点工作的实施办法》,开始开展"学分认可型双证融通"和"证书认可型双证融通"两类"双证融通"人才培养改革试点。2016年,高职教育专业开始列入试点范围。截至2018年,上海"双证融通"改革已覆盖全市38所中职校的15个专业、61个专业点,近8000名学生从中受益;试点班平均取证率91.6%,高出市平均26.6%。上海"双证融通"工作从中职教育开始试点,逐步扩大到高职教育、应用型本科和终身教育中去,推动职业教育的纵向衔接与横向贯通。

4. "1+X"证书制度试点工作广泛开展

上海市积极贯彻落实"职教20条",推动职业院校积极参与"1+X"证书制度建设,完善试点院校与培训评价组织的对接机制,确保沟通效率和政策统一。指导院校完善人才培养方案,准确把握职业技能等级证书及标准的主要内涵与实施要求。加强对校外兼职教师的聘任与培训,全面提高专业师资的教育教学水平,保障试点人才培养质量。2020年,上海持续推进第一、二批1+X证书制度试点工作,并开展第三批1+X证书制度试点申报工作。共有25所院校(含上海开放大学)申报第三批试点职业技能等级证书55种,参与试点的专业193个。上海各高职院校将"1+X"证书制度试点与专业建设、课程建设、教师队伍建设、校企合作等工作紧密结合,推进"1"和"X"的有机衔接,有效提升了职业教育质量和学生就业能力。目前,全市有57所院校的227个专业点15000余名学生参与"1+X"证书制度试点。

试点 1+X 证书制度,推进专业人才培养模式改革

上海工艺美术职业学院在上海一流专科高职院校及专业建设过程中,以专业建设和人才培养模式改革为核心,围绕环境艺术设计等5个重点专业建设,开展现代学徒制、1+X证书试点等人才培养模式改革。2020年学院获批5个1+X证书试点,覆盖8个专业;启动2个专业群资源库建设,新增1个国家专业教学资源库建设、5个省级专业教学资源库建设;立项1门国家级精品在线开放课程、2门省级精品在线开放课程,立项建设32门在线开放课程和混合式课程。

上海城建职业学院科学谋划推进"1+X证书"制度试点。以专业(群)为单元,开发、对接专业技能等级证书和标准,创新校企合作路径,推进学历证书和职业技能等级证书的有机衔接。学校成立专门的工作机构，重构"1"与"X"深度融合的人才培养方案。迄今已参与29个"1+X证书"试点，覆盖全校57%的专业、67%的在校学生；承担6个证书的全国和上海市牵头院校工作，参与6个证书的标准制定，建立了13个证书考点。

上海旅游高等专科学校与行业龙头企业合作，校企联合推进1+X证书的改革与实践。学校旅游管理专业自2018年开始，与头部企业携程集团合作，打破原有的旅游管理专业人才培养模式，开设旅行定制服务微专业，建立产教融合微学院，联合开发1+X证书。在院校主动作为、校企共同发力探索1+X证书制度方面进行了探索，形成了"1+X推进四步走战略"，即：第一步课程合作开发；第二步产教融合微专业建设；第三步旅行定制师职业技能证书开发；第四步联合申报教育部1+X证书试点。

上海民航职业技术学院与中航协合作，推进1+X证书试点工作。学校作为"民航旅客地面服务项目"副组长单位和"民航货物运输项目"成员单位，在成功配合中航协完成两个证书评价组织申报后，继续参与评价组织的相关后续工作，包括题库建设、师资培养等多个方面。与此同时，还积极申报两个证书的试点机构，充分利用民航运输特色一流专业项目资助，搭建"1+X"证书教学与培训平台，扩大服务范围，提升服务水平，开展具有示范效应的、先进的"1+X"证书教学与培训平台试点工作。

资料来源：2021上海高等职业教育质量年度报告

5. 集团化办学成为职业教育多元主体办学的重要实现形式

目前，上海共建成26个职教集团，其中包括10个行业职教集团和16个区域职教集团，成员单位达1300余个，其中行业企业占比超过六成，已覆盖了全市所有16个区和三类产业的绝大部分行业，已实现"到2020年，职业教育集团覆盖全市各区和主要行业"的规划目标。此外，上海建筑职教集团、上海电子信息职教集团等5个职教集团已入围全国首批示范职教集团。上海职教集团建设紧贴区域经济和行业发展需求，已成为有效推进产教融合、校企合作的重要平台。

（三）开展分层分类培训，师资力量不断增强

1. "双师型"教师比例平稳上升

2017年，上海市中职学校校均"双师型"教师比例为51.3%，高职院校"双

师型"教师占比 55.2%。2019 年，上海市中职学校校均"双师型"教师比例上升至 58.1%，其中上海音乐学院附属中等音乐专科学校、上海市机械工业学校、上海市交通学校、上海市城市科技学校、上海市奉贤中等专业学校等 5 所学校"双师型"教师比例达到 85% 以上。中、高职"双师型"教师占比平稳上升，均超过"规划"50% 的发展目标。

2. **分层分类开展教师培训**

一是开展专业教师专项培训。依托市级师资培训基地，上海积极开展"教师专业发展工程""上海高校青年教师培养资助计划""中德合作骨干教师能力提升"等多项市级培训项目。2019 委托有关社会培训机构先后开展 38 个市级专业教师专项培训项目，项目培训教师多达 600 余人。二是开展新进教师规范化培训。2017 年上海市建立职业教育新进教师规范化培训制度，首年完成 191 位新进中职教师、41 名新进高职教师的规范化培训任务。2019 年上海市组织开展以职教理论、专业教学能力、育德能力、专业实践、自主研修等五大模块为主要内容的第四期 141 位新进教师规范化培训，为新进教师搭建成长阶梯平台。三是开展管理人员能力提升培训。上海持续开展中职学校校长领航班项目，2019 年遴选 6 位中等职业学校校长开启两年的专项培养，着力打造在上海乃至全国有影响力的知名校长。此外，上海自 2016 年起连续开展 5 期高职院校教务处长培训，通过培训切实提升高职院校管理干部的组织领导、教育教学、社会服务等方面能力。2020 年，全市高职院校在岗教职员工总数为 7735 人，专任教师总数增加，生师比有所改善，21 所高职院校校均生师比达到 15.4∶1。3 支教学团队获 2020 年全国职业院校技能大赛教学能力比赛奖项。

3. **教师下企业实践工作稳步开展**

2016 年，181 名中职学校教师在 31 个企业实践基地参加了 10 个专业大类的共 43 个培训项目。2017 年，199 名教师赴 29 个企业实践基地开展近 60 个培训项目，确定第二批上海市职业教育和职业培训教师企业实践基地和第三批上海市中等职业教育教师企业实践基地，同时 18 所高职院校共 46 名教师赴企业开展为期 3 个月的全脱产企业实践。2019 年探索制定教师专业大类企业实践培训标准，开展 2020 年市级高职院校教师企业实践工作，认定 15 个全市中等职业教育教师企业实践基地和 7 个首批全国职业教育教师企业实践基地，切实提高教师企业实践工作成效。

上海市交通学校教师参加企业实践培训

2020年永达汽车教师企业实践需求诊断会在上海举办,与会领导、专家和企业负责人等围绕永达汽车基地重点工作、教师企业实践培训等主题展开讨论。由于受新冠疫情防控工作影响,企业实践培训工作较往年有所延迟。上海市交通学校前期做好充分的准备,与上海永达汽车集团有限公司人力资源中心密切沟通,积极组织相关专业教师报名,并根据实际情况做好相关安排。

全市共有7名教师参加此次永达汽车项目企业实践活动,包括上海市交通学校3名党员教师。还有部分基地将承接上海市对口支援西部地区的专业教师来沪参加企业实践培训任务。

学校除汽车运用工程系外,还有机电技术与信息系、城市交通管理系、航运与物流管理系、文化基础部、社科部等多个系部教师,将到企业开展为期1~2个月的暑期培训与学习。

通过教师企业实践培训,能够加强各专业教师对本专业大类企业和产业发展的了解,学习所教专业的新知识、新技能、新工艺、新方法,并结合相关产业实际改进实践教学,服务于知识型技能人才的培养目标。同时,教师利用专业特长参与企业实践,实现了校企深度合作和共同发展,加强了上海市职业院校"双师型"师资队伍建设。

资料来源:中国交通新闻网

4. 名师培育工作室试点成果显著

为进一步创新和完善中职学校优秀教师成长的机制和平台,2015年上海市启动中等职业教育名师培育工作室首批试点,成立了47个以主持人姓名命名的中职名师培育工作室,试点发挥示范引领作用,仅在工作室成立后的一年半内,主持人与学员获区级及以上获奖(荣誉)共587项,其中获国家级以上152项,获市级356项,获区级79项,人均达到3项。在首批试点取得突出成效的基础上,又进一步推出第二批20个工作室试点,目前两批共工作室已覆盖本市中职教育主要专业大类和学科。

(四)聚焦服务发展,职业教育品牌效应充分彰显

1. 各级各类技能大赛已成为职教品牌展示的重要舞台

上海职业院校积极参与各级各类技能大赛并表现卓越。一是世界技能大赛取

得历史性突破。上海市杨浦职业技术学校、上海市城市建设工程学校以及上海信息技术学校分别在第 44 届和第 45 届世赛中获得车身修理项目和花艺项目金牌以及网站设计与开发项目优胜奖,在国际舞台展示了上海职教学生的风采。二是全国职业技能大赛成绩突出。2016—2019 年,上海职业院校学生在全国职业技能大赛中获奖率稳定保持在 90% 左右,获奖数量和赛项覆盖面逐年上升。三是"星光计划"大赛表现卓越。经过 8 届 15 年的打造,上海"星光计划"大赛与全国和世界技能大赛的衔接日趋紧密,参赛学生众多,涉及专业大类较广,比赛项目多样,学生在大赛中表现卓越,日益成为上海职业院校学生展示自我的"星光"舞台。

2. 扶贫攻坚上海力量彰显

按照"中央要求,当地所需,上海所能"的指导思想,上海职业教育积极开展对口支援,助力扶贫攻坚。依托沪喀、沪果、沪遵、沪滇四大职教联盟积极开展对口支援。组织全市中等职业学校多个专业对云南省丽江市、保山市、楚雄彝族自治州建档立卡"两后生"(未升学的应往届初、高中毕业生),实施对口兜底式招生工作。开设内地中职班,通过校校合作、校企合作、人才交流、师资培训、技术支持等方式,在学校规划、专业建设、师资培养、干部培训、实训基地建设、课程开发等方面为贫困地区学校提供全方位的援助。同时按照"一校为主、多校对一"原则,在一带一路项目申请、校外实习实践基地建设等多个方面持续深入开展南疆对口支援全覆盖工作,助力当地现代职业教育体系建设。

3. 社会服务能力显著增强

一是服务市民社区治理。上海职业院校充分发挥专业技能、实训资源优势,创新参与社区治理方式,深入开展公益培训、社区建设、开放教育资源、社会服务实践,参与农村基层建设、社区幼教等民生问题,持续拓宽服务领域,为社区和谐发展提供支持。二是服务社会公益事业。上海职业院校积极发挥学生组织的作用,依托专业优势,参与内容丰富、形式多样、传递正能量的社会公益活动。三是服务文化传承创新。上海职业院校主动承担文化传承使命,依托职业教育体系,通过非物质文化技能大师工作室建设、社会培训、专业实践活动等多种形式,重点培养文化创意人才、基层文化人才,保护、传承和创新民族传统工艺与非物质文化遗产。到 2019 年,上海市教委共创建 11 个"上海市中等职业学校民族文化传承教育基地",各中职学校利用教育基地创新传承载体和方式,依托专业特色设立了 50 个非物质文化传承点,通过丰富课程内容、发展社团、编制教材、开发微信公众号、制作网络课程和微课等多样化的方式，推进非物质文化的保护和传承。四是开展职业培训，助力行业转型发展。中职学校积极发挥行业企业培训中心和职业技能鉴定站（所）的功能，开展多层次的职业技能培训和技能鉴定。

> **中华职业学校面向社会开展多层次职业技能培训**
>
> 中华职业学校建有上海市三星级烹饪开放实训中心，设有2个全国行业企业培训中心即中国烹饪协会"国际烹饪技艺交流中心"、日式料理调理培训认证中心，2个市级行业企业培训中心即上海市餐饮烹饪行业协会"上海餐饮国际培训中心"、对德厨师培训考试中心，盘扣、茶艺、海派编织、剪纸、衍纸5个非物质文化传承点，1个职业技能鉴定所即"市第34国家职业技能鉴定所"，1个与企业共建职工培训基地即上海市技师协会咖啡专业委员会中华职业学校培训基地。
>
> 2019学年，学校开展国家职业资格证书培训59人次、职业技能鉴定5762人次、其他职业培训820人次（其中政府委托项目20人次、公益类培训20人次）、"日式料理专项能力"培训147人次、开展社区服务287人次，为本市行业系统提供培训数量30人次，接待各初中校学生体验200余人次。
>
> 疫情期间，推出了《果酱画制作》《高尔夫下场那些事》《夏日色拉制作》《企鹅标志LOGO设计制作》4门线上体验课程，500多位中小学生参加了线上体验活动。
>
> 学校完成了国家人社部西式面点师、西式烹调师国家题库的开发工作，通过终审；承担了黄浦区对口援建的青海省果洛州学员为期12天的烹饪职业技能培训，承担市总工会与青海省总工会举办的拉面技能大赛，还承担区招办布置的事业编制招录、社工招录考务工作。
>
> 资料来源：中华职业学校

（五）输出优质教学资源，职业教育国际影响力扩大

上海高职院校积极参与职业教育中外合作，积极开发国际通用的专业标准、课程标准和教学标准，在合作中展示上海形象，扩大本市职业教育贡献力与影响力。2020年，上海高职院校开发了3个国（境）外认可的专业标准、51个国（境）外采用的课程标准；国（境）外技能大赛获奖2项。上海思博职业技术学院开发

的基于国际护士执业标准以及欧盟国家护士通用能力标准，被欧盟采用；上海工艺美术职业学院开发的艺术设计专业、数字媒体艺术专业两个专业标准，被西班牙巴塞罗那大学采用。2020年11月，"中欧高级别人文交流对话机制第五次会议"在线上举行。孙春兰副总理与欧盟教文总司委员共同出席，上海思博职业技术学院院长沈小平与其他60位中欧专家学者应邀参会，会上正式公布《中欧高等教育学分互认指导纲要》，并就引入护理专业国际标准等教学问题及其解决方法进行了交流研讨。

表2　2020年上海高职院校国际交流情况 [2]

指标	奖项	学校
开发并被国（境）外采用的专业教学标准	开发基于国际护士执业标准以及欧盟国家护士通用能力标准被欧盟采用	上海思博职业技术学院
	开发艺术设计专业、数字媒体艺术专业两个专业标准，被西班牙巴塞罗那大学采用	上海工艺美术职业学院
开发并被国（境）外采用的课程标准	开发《智能建造生产方式变革下的BIM技术应用》课程标准，被加拿大乔治布朗学院、马来西亚泰莱大学采用	上海城建职业学院
	开发（1）摄影（摄像）（2）设计快速表现（3）图形图像设计基础（PS/AI）（4）展示施工图设计制作（CAD）（5）展示视频编辑基础（PR）（6）创意设计基础（产品设计）（7）展示设计项目实训I（博物馆，展会，展厅）（8）展示设计项目实训II（博物馆，展会，展厅）（9）中德夏令营（三维有机形体创意设计）（10）展示新媒体综合实训（11）毕业设计（12）摄影与图像制作（13）形态与色彩构成（14）速写与默写（15）图形创意（16）数字音效（17）三维造型制作（18）数字绘画（19）摄像与视频剪辑（20）低保真界面设计（21）网页动画设计与制作（22）三维多媒体元素制作（23）高保真界面设计（24）影视后期特效制作（25）动态网页编程制作（26）版面编排与移动读物设计（27）三维粒子特效制作（28）三维浏览演示动画制作（29）影视栏目包装制作（30）互动多媒体展示项目设计与制作（31）手机互动游戏设计与制作（32）移动多媒体项目综合设计与制作（33）互动多媒体展示项目设计与制作（34）专业导学（35）职业体验（36）顶岗实习（37）就业创业指导（38）职业技能考证（39）版面编排与移动读物设计（40）数字插图（41）静物广告摄影（42）服装摄影（43）摄影与图像制作（44）照片及三维静帧影像制作（45）影视语言与微电影创作（46）影视特效与栏目包装制作（47）视频广告设计与制作（48）多媒体虚像展示项目设计（49）三维影视广告项目综合设计与制作（50）多媒体展示影像项目设计与制作门课程被德国科堡应用学院、西班牙巴塞罗那大学采用	上海工艺美术职业学院

（续表）

指标	奖项	学校
国（境）外技能大赛获奖	1. 屠立、袁野、高欣，在"2020一带一路暨金砖国家技能发展与技术创新大赛之佛山未来技术技能国际挑战赛"，荣获人工智能计算机视觉应用赛项一等奖	上海城建职业学院
	2. 张沁琳、许政宇同学在2020一带一路暨金砖国家技能发展与技术创新大赛首届人工智能训练与应用（人工智能训练师）大赛高校组，获二等奖（指导教师刘海红、张杨荣获优秀教师奖）	
	3. 刘帅领、车力文同学在2020一带一路暨金砖国家技能发展与技术创新大赛首届人工智能训练与应用（人工智能训练师）大赛高校组，获高校组三等奖（指导教师鲁明旭、别红玲）	
	4. "缮瓷——文物修复领军者，技术转移带路人"项目，在第六届中国国际"互联网+"大学生创新创业大赛总决赛，荣获金奖	上海出版印刷高等专科学校
	5. 刘金花、李艾霞，第六届中国国际"互联网+"大学生创新创业大赛中，荣获银奖	
	6. 周清盈、李启文、吴昉，"2020德国红点设计大奖"，荣获至尊奖(最佳设计奖)	
	7. 方乃卉，获2020中日韩中小学校服设计大赛金奖	上海工艺美术职业学院
	8. 马千倩，获2020中日韩中小学校服设计大赛银奖	
	9. 张宇杰，获2020中日韩中小学校服设计大赛铜奖	
国（境）外办学点	1.2020年，在马来西亚泰莱大学设立上海城建职业学院鲁班学堂	上海城建职业学院
	2. 在泰国设立中泰申谷学院	上海电子信息职业技术学院

（六）对接上海城市发展需求，职业技能培训能级提升

1. 贯彻落实国家职业技能提升行动，大规模开展职业技能培训

一是推进落实疫情期间援企政策。在全国率先出台《关于做好本市受疫情影响企业职工线上职业培训补贴工作的通知》，帮助企业降成本、提技能、稳队伍。印发《上海市人力资源和社会保障局等四部门关于落实企业稳岗扩岗专项支持计划实施以工代训补贴的通知》，落实企业以工代训补贴政策。做好疫情防控和培训机构帮扶工作。二是做好各类重点群体职业技能培训工作。做好企业新型学徒

制培训，以及对新生代农民工、失业人员、院校毕业学生、退役士兵、残疾人等各类人群开展有针对性的技能培训工作。三是推广线上线下相融合的培训模式。会同市财政局出台《关于在本市实施职业技能提升行动"互联网＋职业技能培训计划"的通知》，全面推广线上线下深度融合的培训模式，进一步扩大培训规模。2020年，全市开展补贴性职业技能培训176.25万人次；农民非农培训17.8万人次；企业新型学徒制培训1.8万人。

2. 组织开展职业技能竞赛

本市以首届全国技能大赛集训和参赛工作为引领，广泛开展各级各类职业技能竞赛。一是做好首届全国技能大赛本市集训参赛工作。会同市教委等相关单位，组织开展选手集训工作。本市97名选手，83名裁判参加了全部86个项目的比赛，取得了10金、10银、7铜和45优胜的好成绩，取得了金牌榜、奖牌榜和团体总分榜的第三名。二是做好全国行业职业技能竞赛本市集训参赛工作。在全国扶贫职业技能竞赛中荣获2银7优胜，奖牌数位列全国第三。在全国人工智能应用技术技能大赛中，荣获1个学生组三等奖、1个职工组优胜奖。三是组织开展上海市第二届"四大品牌"职业技能大赛。会同浦东新区、闵行区举办"上海制造""上海服务"和"上海购物""上海文化"两个专场共58个项目比赛，全市近100支参赛队近700名选手参赛。四是指导开展行业性、区域性职业技能竞赛。支持并指导相关行业主管部门、高技能人才培养基地、企业（集团）、市级行业协会等70家单位开展职业技能竞赛，涉及433个竞赛项目。指导13家单位开展全市行业性展示型职业技能竞赛，涉及18个项目。五是加强政策支持和资金保障。会同市教委、市财政局建立第46届世赛上海选手培养基地，并择优推荐申报第46届世赛中国集训基地。组织开展第46届世赛上海选手培养基地经费资助，并委托审计事务所对第45届世赛集训基地资助经费进行专项审计。会同市财政局、市教委、市总工会、团市委、市妇联，研究制定首届全国技能大赛表彰奖励政策。

3. 积极推进养老护理员队伍建设

调研出台上海市人力资源和社会保障局等九部门《关于加强本市养老护理员队伍建设提高养老护理水平的实施意见》，以养老护理员"进得来、留得住、稳得了、干得好"为目标，实施人才培育计划、激励保障计划、稳岗扩容计划、管理提升计划，构建统一的教育培训体系、统一的薪酬等级体系、统一的政策扶持体系、统一的质量监管体系，在全国率先形成养老护理员职业化、专业化建设的制度性安排。会同相关部门制定《关于进一步完善本市养老护理员职业技能培训评价工作的通知》，大规模推进养老护理员培训，建立统一的技能评价体系，实施培训补贴政策，提高培训评价质量。会同相关部门制定《关于建立养老护理员薪酬等级体系的指导意见》，建立养老护理员职业化、专业化发展通道和工资正常增长机制。2020年，全市开展养老护理员培训2.2万人。

4. 深化技能人才评价制度改革

以推进企业技能人才自主评价为重点，建立健全本市职业技能等级认定工作体系。一是全面推进企业技能人才自主评价工作。在前期试点基础上，研究出台《上海市人力资源和社会保障局关于全面推行企业职业技能等级认定工作的通知》（沪人社职〔2020〕240号）的要求，本市新增17家单位备案成为本市企业职业技能等级认定机构。截至2020年11月底，本市已备案的企业职业技能等级认定评价机构为64家，完成评价人数16984人，发放职业技能等级认定证书14940本。二是稳慎开展社会化职业技能等级认定工作。研究制定《上海市人力资源和社会保障局关于开展社会培训评价组织征集工作的通知》（沪人社职〔2020〕439号），公开征集遴选首批16家社会培训评价组织，涉及32个职业（工种）。三是做好水平评价类技能人员职业资格退出国家职业资格目录的工作。贯彻落实"放管服"部署要求，做好本市电梯安装维修工等30个职业于年底前分批退出国家职业资格目录的相关工作。同时，继续做好2020年职业技能鉴定工作，新增取得高级工以上职业资格证书和技能等级证书的人数为33626人，完成比例101.9%，新增取得技师高级技师职业资格证书和技能等级证书的人数为5047人，完成比例为126.18%。四是研究起草职业技能提升补贴政策。在充分调研基础上，会同市财政局起草关于对本市劳动者取得职业技能等级证书实施职业技能提升补贴的政策措施。

5. 推进高技能人才队伍建设

2020年，上海继续加大对优秀高技能人才的评选表彰力度。一是完成年度"上海市技能大师工作室资助""上海市首席技师资助"项目的申报受理和评审，新建市级技能大师工作室资助19个，追加资助6个，市级技能大师工作室累计资助252个；新建首席技师资助177人，追加资助18人，市级首席技师资助累计2011人。二是推荐丁海绍技能大师工作室等5个技能大师工作室获得"国家级技能大师工作室"资助。三是推动高技能人才培养基地健康发展，聚焦在线新经济、数字新基建等产业领域，新建高技能人才培养基地 13 家，推荐国家级高技能人才培训基地 2 家。截至目前在有效期内的市级高技能人才培养基地 125 家，国家级高技能人才培训基地 20 家，覆盖先进制造业、战略性新兴产业、现代服务业等行业领域。

6. 加强职业培训机构审批管理

2020 年新冠疫情期间，根据《上海市培训市场综合治理工作联席会议办公室关于培训机构、托育机构暂缓开展线下相关服务的通告》（沪培联办〔2020〕1 号）、《上海市培训市场综合治理工作联席会议办公室关于培训机构、托育机构继续暂缓开展线下相关服务的通告》（沪培联办〔2020〕2 号）等文件要求，指导各区督促做好培训机构暂缓开展线下职业技能培训工作。5 月起，根据《上海市培训市场综合治理工作联席会议办公室关于部分培训机构恢复线下培训服务的通告》（沪培联办〔2020〕5 号）要求，指导各区做好培训机构恢复办学的相关准备及备案检查工作。

为贯彻落实《关于在全市范围内推广实施"证照分离"改革全覆盖试点举措的通知》（沪审改办发〔2020〕19 号）精神和任务要求，进一步提升改革整体效能，扩大改革受益面，制定出台《上海市人力资源和社会保障局关于在全市推广民办职业培训学校审批设立"证照分离"改革举措的实施意见》（沪人社职〔2020〕481 号），并制定配套相关工作指引，加强对本市民办职业培训学校的审批管理，规范和促进民办职业培训市场健康发展。

7. 全面实施职业技能提升行动"互联网＋职业技能培训计划"

为贯彻落实党中央、国务院决策部署，大力推进职业技能提升行动，落实人社部关于实施职业技能提升行动"互联网＋职业技能培训计划"，根据《上海市人力资源和社会保障局 上海市财政局关于在本市实施职业技能提升行动"互联网＋职业技能培训计划"的通知》（沪人社职〔2020〕395 号）要求，在本市 2018 年以来开展互联网职业技能培训试点的基础上，全面实施线上线下相融合的"互联网＋职业技能培训计划"。鼓励支持企业、院校和社会培训机构等建设线上培训平台，开发数字培训资源，推进线上线下深度融合，发挥分散教学和集中教学相结合的优势，整合社会优质培训资源，满足广大劳动者更便捷、更有效的职业技能培训需求，构建线上培训资源充足、线上线下有机衔接、政策支持保障有力、监督管理有序到位的工作格局，进一步扩大职业技能培训规模，提升职业技能培训水平。

8. 推进职业技能鉴定各项试点工作

2020 年，职业技能评价工作着力加强鉴定过程管理和质量控制，做好职业资格鉴定与技能等级认定的有序衔接。全年组织 21.27 万人参加职业技能鉴定。一是完善鉴定运行管理机制，进一步优化命题阅卷、成绩、证书管理质量。二是加强考评员等各类人员队伍建设，强化鉴定所现场规范管理和质量督导，完善鉴定质量督导体系。三是推进职业技能鉴定试点工作，结合技能评价制度改革加快开发技能评价项目，全面推行企业职业技能等级认定工作，规范专项职业能力考核，健全完善技能人才多元化评价体系。四是深入推进"一网通办"公共服务事项，提升为民服务水平。

参考文献

[1] 占小梅，陈嵩．上海职业教育，2021（1）．
[2] 2021 上海高等职业教育质量年度报告．

三、完善现代职教体系建设，彰显上海职业教育类型特征

推动职业教育从"层次"到"类型"的转变，是新时期职业教育改革的重要方向。2019年，《国家职业教育改革实施方案》从国家政策层面把职业教育定位为一种教育类型，近期公布的《中华人民共和国职业教育法（修订草案）》（以下简称"修订草案"）则进一步用法律形式确定了职业教育的类型地位。为构建和改革以类型教育为导向的职业教育，《修订草案》明确我国职业教育体系的基本框架，即职业学校教育与职业培训并重，职业教育与普通教育相互融通，初、中、高职业教育贯通，为深化职业教育改革提供了法律基础。职业教育作为一种类型教育，主要包括职业学校教育和职业培训，具有多种特征：其一，职业教育是面向市场和基于技能的就业准备教育，与普通教育基于知识的逻辑大相径庭；其二，职业教育是一种面向职业能力和针对岗位群的实践教育；其三，职业教育是一种面向社会和多元主体办学的跨界教育；其四，职业教育是面向人人，并在每个职业生涯阶段都能够提供相应教育服务的终身教育。类型教育的提出是对职业教育在认识上和理念上的重大突破，职业教育的类型定位为上海构建现代职业教育体系提供了理论与实践依据。着眼类型教育属性，强化体系建设，不断推进职业教育优化升级、提质增效，真正凸显职业教育的人才培养模式特征和类型属性，构建与上海经济社会发展战略和产业发展需求相适应的职业教育新体系。

（一）发展本科层次职业教育：释放类型教育的引领作用

发展本科层次高等职业教育对完善现代职业教育体系意义重大，是实现类型教育的"等值与不可替代"的重大举措，也是高等职业教育探索突破专科层次限

制，不断提升培养层次的必然要求。由于社会经济发展、产业结构升级和社会受教育者群体对更高层次职业教育的追求，发展本科层次的高等职业教育已成为上海职业教育改革发展必然趋势。2014年以来，国家相继出台教育政策，不断推进本科层次职业教育的发展，为上海本科层次职业教育体系建设提供了政策基础和法理依据。上海根据国家政策文件精神开展本科层次职业教育试点，推动具备条件的地方普通本科高校向应用型大学转变，积极引导应用型大学科学定位、坚守本位，强化其在职业教育体系中的引领责任和作用。旨在发挥本科层次职业教育在职教类型建设中的引领作用，彰显职业教育改革发展特色，上海可从如下方面推进建设。

1. 推动优质公办高职院校成为职教本科建设的主体

优质公办高职院校承担本科层次职业教育，对于职业教育类型地位的确立具有基础性和实质性意义。公办院校作为高等教育的主体，在办学水平、办学实力、学生培养质量等方面综合实力较强，而当前全国建设本科层次职业教育试点主要集中在民办高职院校，因此，上海要支持具有良好建设条件的公办高职院校逐步有序开展本科层次职业教育试点，发挥"双高计划"高校和上海一流高职院校建设的示范引领作用。优质公办高职院校发展本科层次职业教育，在价值导向上，着力突出人才服务地方、科技服务地方、智力服务地方等"三个贡献度"，做实应用型本科建设，促进上海本科层次职业高等教育发展。

2. 确立依托高职院校建设的职教本科实施重要路径

现今，上海推动现有高职院校独立举办本科层次职业教育，对于构建具有上海特色的职业教育新体系、增强上海职业教育吸引力以及服务上海经济社会发展等都具有重要的现实意义。依托高职院校，通过建立和完善相关硬件条件及体制机制，推进专科层次高职教育转向实施本科层次高职教育。在这一过程中，一是政府和教育行政部门要牵头建立起本科层次高等职业教育办学的质量保障机制，确保其办学的职业性和人才培养的高质量。二是要建立专科层次高等职业教育和本科层次高等职业教育的衔接机制，通过改革招生模式，制定相应的专业设置对接目录和构建适合的课程衔接体系，畅通人才成长路径和通道。

3. 注重营建本科职业教育建设发展的良好制度环境

法律制度保障缺乏，学位制度不完善，专业学位断层，阻碍了本科层次职业教育的发展。为促进上海本科层次高等职业教育的高质量发展，基于职教本科办学和人才培养的特殊性，制定出具体的、有针对性的改革举措。在制度建设上，建立并完善本科层次高等职业教育的招生考试制度、专业学位制度、评价制度，明晰本科层次高等职业教育的专业学位种类、层次以及授予资格认证等。

（二）开展"五年一贯制"试点：创建新型高职"样本"

当前，上海职业教育正在探索的"五年一贯制"试点工作，是彰显职业教育类型定位的重要举措。"五年一贯制"是指职业院校招收初中毕业生，采用三、二分段形式组织并实施教学。其中前三年为第一阶段，课程以公共课为核心，主要学习文化基础知识，聚焦一般能力的培养；第二阶段是后两年，着重侧重对职业能力的培养，在课程层面以专业课为主，侧重学习专业技术理论和培养职业能力。"五年一贯制"实现阶段式教学的相互联系、相互兼顾和补充，从而服务与提升人才培养质量。"五年一贯制"的人才培养模式打通了我国中、高职业教育彼此割裂的格局，鲜明地突出了职业教育的类型特色。

从宏观层面来看，实施"五年一贯制"的直接目的是提升职业院校人才培养质量，根本目的在于促使职业院校人才培养能够与经济发展、产业结构调整相适应。此外，"五年一贯制"试点为职业院校搭建了畅通的人才层次提升渠道，有效解决了职业教育之间的衔接问题。从微观层面上来看，"五年一贯制"使得职业教育的生源更加稳定，生源结构得以优化，通过职业体验等多种组合形式，能够有效激发学生的学习兴趣，最大程度上提升职业院校的人才培养质量，进而彰显职业教育的类型特色。

作为彰显职业教育类型定位的重要改革举措，"五年一贯制"在本市的职业教育改革试点推行中也存在一些不足，主要表现在：第一，试点覆盖面相对有限。作为深化职业教育人才培养模式改革的重要举措，"五年一贯制"改革试点工作的覆盖面较为有限。目前仅有南湖职业技术学院进行相关试点。小规模、局部化的试点格局，对于确立职业教育类型地位的支撑作用相对有限。第二，内涵衔接深度不够。"五年一贯制"打破了职业教育彼此割裂的育人格局，构建了一体化人才培养机制，但当前的衔接多是学制层面的衔接，在专业设置、实践教学等涉及职业教育内涵发展的核心层面尚未做到真正衔接。此外，衔接主要集中在学历教育领域和学校教育体系内部，非学历教育与培训还未真正纳入衔接轨道。第三，试点配套措施不够完善。"五年一贯制"试点改变了职业院校既有的人才培养格局，对于"双师型"教师队伍建设、中高衔接课程体系开发、生源选拔方式及标准等一系列配套措施都提出了较高要求。着眼新时代背景下职业教育的类型定位，只有完善的配套措施才能保障"五年一贯制"试点的顺利推行，才能真正确立起职业教育的类型地位。

中高职衔接是职业教育改革发展的必然趋势，是巩固和确立职业教育类型定位的关键举措。在推进这一试点工作过程中应该从注重形式的衔接转向关注内涵的衔接发展，从而释放在确立职业教育类型地位中的应有效能。为了实现这一改革目标，未来在推进"五年一贯制"试点工作过程中应重点从以下4个方面寻求突破。

1. 改革招生考试制度，推动职教人才的贯通培养

建立与职业教育发展相适应的招生考试制度是体现职业教育作为一种类型教育的重要环节。长久以来，职业教育的类型定位未能得到有效彰显，其主要原因在于没有与其相适应的招生考试制度，只能依附于高等教育体系之中，作为一个办学层次而非一种类型教育。参照香港在职业技能人才培养过程中推进"职学计划"的实践经验，要持续完善符合职业教育发展需要的考试招生制度，构建容纳社会人员与在校学生"双轨并行"的升学通道，推行"文化素质＋职业技能"的"职教高考"制度，力求打破传统职业教育生源供给格局，逐步提高优化生源结构，提高生源质量，使贯通培养成为上海职业教育人才培养的主要模式与方向，真正确立起职业教育的类型地位。

2. 构建贯通培养机制，推动现代职教体系的建设

在职业教育改革发展的新时代，构建能够与经济发展相适应的现代职业教育体系显得尤为紧迫，而贯通一体化的人才培养模式理应成为现代职业教育体系的核心内容。随着职业教育改革的逐步深入，中本贯通、中高贯通、高本贯通等形式多样的人才培养一体化设计开始涌现。并积极推动普职融通探索，进一步拓展和夯实高质量应用型人才培养基础。在这一层面，上海市未来的职业教育改革应结合区域发展实际逐步扩大试点院校规模，尤其要强化优质高等职业院校和本科层次职业院校的参与，鼓励优质中等职业院校深度参与，形成"中—高—本"多层贯通的人才培养体制，打通人才培养层次提升的通道。

3. 建立配套保障举措，推动试点工作高质量开展

"五年一贯制"作为一项重要的改革举措，需要相应的配套措施予以保障，以推动职业教育类型地位的建立。结合这一实践举措，尤其应当关注以下两个方面：首先，注重中高衔接课程体系的开发。应立足职业教育本质特征和生源特点，灵活调整"五年一贯制"课程体系，使之能够契合人才培养需要。其次，强化师资队伍建设。"五年一贯制"人才培养体系对既有的师资构成提出了较大挑战，职业院校应持续强化"双师型"教师队伍建设力度，在积极拓展师资来源的同时，注重对现有师资的质量建设，更加关注"双师型"教师队伍的实践能力提升，进而彰显职业教育的类型特征。最后，要注重加大对试点院校的经费投入。"五年一贯制"试点工作的推进，对院校资源的有效供给提出了较高要求，经费投入的有力保障是试点工作有效推进的重要支撑。

（三）推进 1+X 证书制度试点：完善职业教育与职业培训体系

进入新时代，我国经济由高速增长阶段转向高质量发展阶段，建设现代化经济体系、提高供给体系质量对人力资源开发质量提出了更高要求。职业院校全面开展职业培训促进创业就业，是培养高技能人才的重要方式，也是推动职业教育转型发展的重要举措，更是确立职业教育作为类型教育，推动经济转型发展的重要抓手。当前，职业院校的发展主要围绕服务发展、促进就业的这两大逻辑主线展开，也正在加速形成学历教育与职业培训二者并重的类型发展特色。

在新时代背景下，职业院校广泛开展职业培训有以下重要作用：首先，有利于劳动者素质的提高。与普通高等教育不同的是，职业院校广泛开展的职业培训是面向人人的开放性教育，职业培训活动的受众面不仅包含在校接受学历教育的学生，也面向其他行业的从业人员开放。通过短期、长期等多种职业培训相结合的方式，进而提升劳动者的专业素质。其次，推动产业结构的转型升级。职业院校承担的职业培训是建立学历教育与职业培训"双轨并行"、构建现代职业教育体系的新设计、新安排，具有跨界、融合、开放性的鲜明特征。通过专业的职业培训，对接行业产业发展需要。在此基础上，进而引领行业发展趋势，担负起促进行业产业转型升级的重要使命。最后，彰显职业教育的类型特征。体现职业

教育的开放性，职业院校开展的职业培训既面向在校学生，也面向社会其他人员；彰显职业教育的融通性，通过学分银行等载体，对接受职业培训的人员进行终身记录，实现培训学习成果的转化；保障职业教育的针对性，根据所需技能的差异化需求，开展分层分类的专项培训，提高培训的适用性。

职业培训的形式丰富多样，结合当前职业教育正在实施的重要改革，可以1+X证书制度试点工作的实施为载体，着力提升技能等级证书的含金量，进而提高院校学生和社会培训人员的培训质量。在1+X证书制度的改革实施过程中，培训评价组织是职业技能等级证书的开发主体，强化对培训评价组织的治理是保障职业技能等级证书的关键。

1. 建立遴选与激励机制，引导行业龙头企业积极参与

遴选与激励机制的建立是保障行业龙头企业积极参与证书开发的基本前提。

一是开展培训评价组织的资质遴选。对于培训评价组织的选择，优先从符合政策要求且具备行业认证资质的龙头企业中遴选，将行业认证资质作为培训评价组织的重要依据。同时，注重培训评价组织的诚信经营，对有不良经营记录的实施一票否决，严格培训评价组织的准入门槛。二是培训评价组织的动机审查。优先遴选在实践经营中能够主动承担社会责任、积极服务于职业教育改革发展的行业龙头企业，促使培训评价组织的运行与1+X证书制度的实施形成协同效应。三是培训评价组织的能力评价。优先选择具备专家师资团队、技能考核题库、技能等级标准体系、证书开发与推广、考核与评价能力的龙头企业进入培训评价组织的行列。

二是建立推动培训评价组织参与的激励机制。一是政策激励。出台专门的政策文件，鼓励和支持行业龙头企业参与1+X证书制度试点，以政策为手段，明确培训评价组织在具体实践中的权利与义务，保障龙头企业的合法利益，打消其参与顾虑。二是财政激励。探索中央与地方两级财政补贴机制，强化财政支持，对培训评价组织在一定程度范围内的利润予以肯定。利用税收减免、转移支付、无偿信贷等多种财政补贴方式，弥补企业因参与1+X证书制度工作而产生的显性与隐性成本。三是宣传激励。借助报刊、网络等媒介，对于积极参与试点工作并在提升人才培养质量等层面取得突出成效的企业进行典型案例宣传，营造良好的参与氛围，帮助企业赢得业界口碑，树立良好的企业形象。

2. 完善考核与退出机制，实现培训评价组织规范运行

考核与退出机制是实现培训评价组织规范运行的重要保障。在推进试点过程中，需要从制度层面为社会化机制的落实留足空间，既充分调动企业参与的积极性，又坚持和维护教育的公益性。

第一，完善考核机制建设。一是完善专项考核标准。将技能等级证书的开发质量、行业认可度、学生满意度等指标作为培训评价组织的重要考核内容，进一步细化考核指标体系。二是组建专业的考核队伍。建立一支多元的、专业化的且具备实践考核经验的考核队伍，通过量化考核等方式，对证书的认可度等方面进行客观呈现，保证考核结果的客观公正。三是及时反馈考核结果。要及时将考核结果反馈给相应的培训评价组织，并作为其下一阶段工作改进的依据，完善培训评价组织的内部质量保证体系。

第二，建立完善退出机制。一是建立培训评价组织的退出标准。对培训评价组织实施负面清单管理，将过度盈利、串通教师、恶意推销、软件捆绑等违规行为作为证据，对违规失信企业实施强制退出，定期开展"双随机、一公开"抽查，加强对培训评价组织行为的监测、评估。二是实施职业技能等级证书的动态调整。职业技能等级证书与产业结构变化同向同行，通过建立1+X证书制度专家指导委员会，根据国家产业结构调整及发展需要，对试点证书作出前瞻预判和专业指导，并以此为依据对培训评价组织进行动态管理。三是保障培训评价组织的合法权益。对于经考核实施退出的培训评价组织，应准予交流申诉，听取其反馈的管理意见和建议，以修订完善相关管理制度。同时，对于将退出培训评价组织所涉及的试点证书，要建立过渡期，加强指导与管理，实现相关工作的平稳过渡。

四、落实教育评价改革方案，建立科学的职业教育评价制度

2020年10月，中共中央、国务院印发《深化新时代教育评价改革总体方案》（以下简称《总体方案》），为新时代职业教育评价改革提供了新的指导思想，也为职业教育的类型发展提供了有力保障。总体来看，《总体方案》中提出的职业教育评价改革举措，充分关照了"以评促建"和评价导向的办学规律，同时，从原则、理念、内容与主体，以及方式等层面，建立起具有教育类型特征的职业教育评价观。在新的职业教育评价改革政策背景下，如何确立科学的评价理念、怎样科学地实施评价，这是彰显职业教育类型属性，确保职业教育的类型地位，进而实现职业教育高质量发展的重要议题。

（一）确立新时期职业教育"跨界参与"的评价理念

1. 聚焦产教融合和校企合作，彰显职业教育运行本质

产教融合、校企合作，这是开展职业教育评价应该遵循的基本原则，是确保职业教育类型特征的必然要求。《总体方案》将产教融合、校企合作作为健全职业学校评价的重点工作。基于此，高职教育需要探索构建一种具有类型教育特征的新型评价体系，以充分彰显其独特教育价值。围绕校企双元结构的特色，通过评价促进教育部门与产业部门的深度合作。产教融合是产业系统与教育系统相互融合而形成的有机整体，更是职业教育类型特征的鲜明体现。将产教融合校企合作列入评价要点，是推进职业教育校企"双元"育人的必然要求。教育部门和产业部门应充分利用自身优势，以互信和合约的形式在项目合作、技术开发与转移

转化、文化共融等方面进行深度融合，以主体身份共同参与职业教育的改革发展，构建起了校企协同育人模式，实现职业教育作为经济发展助推器的目标。

2. 推进职业教育的多维评价，提升职业院校办学效能

《总体方案》提出，坚持科学有效，改进结果评价，强化过程评价，探索增值评价，健全综合评价，充分利用信息技术，提高教育评价的科学性、专业性、客观性。根据职业院校及其学生的特点，在此特别提出要探索增值评价，这为职业教育构建具有类型教育评价模式提供了契机。增值评价是指以职业院校及其师生的发展成长幅度为参照进行的评价。通过探索职业院校增值评价，就是要综合考虑职业院校发展的动态累积性和"生命周期"现象，以发展和成长的增值理念来对职业院校的各个方面进行评价。增值评价可以从激发院校的发展动力和学生的创新潜力的角度出发。一方面，探索"增值"的结构要素，构建职业院校学生增值发展评价的指标体系，从能力性评价、社会性评价、经济性评价等多维度开展增值评价，从而为教师工作的开展提供有意义的指导。另一方面，职业教育增值评价应当服务于院校的教育教学管理，通过自我检查和评估，通过与同类型学校的比较，找出自身的不足，进一步改进工作，以探索和制定出更加科学的、适合学生发展的课程模式及育人模式，激发院校发展动力，实现院校办学效能的有效提升。

（二）构建新时期职业院校"多元多维"的系统评价体系

类型教育视野下的职业院校评价不同于传统评价中的院校竞争力排行或院校办学水平评估，新时代背景下，职业院校评价应体现职业院校的内涵与质量、特色与文化，构建职业院校多元评价体系，推进落实立德树人根本任务，突显职业教育类型特征，新时期职业院校的评价应明确和解决"谁来评""评什么"及"怎么评"三大问题。

1. 构建多元化的评价主体，形成院校内外评价机制

内部评价是院校自我评价，院校自评得益于院校对自身情况的充分了解，有针对性地发现问题并进行整改，能够充分发挥院校在教育评价过程中的自主性，有利于提高院校自我审查意识。外部评价包括党委及政府、行业企业、培训评价

组织、社会等。外部评价组织通过客观、公正的视角对院校进行科学评估,具有独立性、专业性和公正性。作为具有跨界特征的职业教育,保障第三方评价组织的评价地位,有利于彰显职业教育的类型特征。第三方评价组织是具备评估资质、独立于行政部门与职业院校之外的一类外部评价组织。通常由企业、行业高素质技术人才、专业评估人员等构成。通过健全第三方评价机制,从政策法律层面给予合法保障,从人员资质和培训层面给予专业规范,从权力和制度层面给予自主权限,扩大行业企业的评价参与度,加大行业企业的评价权重,保障行业企业在院校评价中的重要地位。构建院校内外结合的评价机制,整合内外决策和资源,实现多方共同参与院校治理,以评价提升职业院校治理能力现代化。

2. 明确多维度的评价内容,完善职业院校评价指标

基于评价主体的多元化,职业院校评价内容也应具备多维度、多类别、多标准等特征。职业院校要以落实立德树人根本任务、促进学生全面发展作为评价出发点,坚持德技并修的培养目标,制定"文化素质+职业技能"双元评价指标,将学业水平、技能水平、工匠精神、职业精神、良好品德、特长等共同纳入评价内容。得益于对社会资源及当地教育水平的了解,党委及政府在职业院校办学水平与教学资源评价中发挥着重要作用,如教学环境、教学设备、人员管理、治理水平等。加大行业企业等专业评价机构在院校专业建设、师资水平及人才培养等方面的评价力度,针对院校专业设置、课程建设、工艺开发、成果转化、教师能力、教材编写等进行专业评估,实现专业与产业的有效对接,保障灵敏的市场反应,推动产教融合、校企合作制度的深入运行。还应看到,当前职业院校办学定位、学科专业各具特色,因此,针对不同院校类别,实施分类管理与评价方法,在"双高计划"背景下,建立职业教育核心竞争力的评价指标体系。各院校可以依托当前的项目构建适合本校特色的评价方式与指标体系,提高评价的针对性、有效性和决策的科学性,促进职业院校的差异化发展。

3. 实施立体化的评价方式,创新职业院校评价工作

《总体方案》提出,教育评价改革要"改进结果评价,强化过程评价,健全综合评价"。转变教育评价方式,创新评价技术,从过程、结果、综合方面构建职业院校立体化评价方式。改进结果评价,就是要克服追求外在的可量化指标、项目、成果及荣誉、帽子等具有显示度的办学证明,而应注重职业院校的长远发

展，将立德树人、服务发展等办学思想具体化，可通过项目评级引导，转变以往更多关注量化指标的评价方式。强化过程评价以动态发展的视角对职业院校发展过程进行全周期的评价与诊断，如对院校日常教学和管理过程进行评价，使评价过程与院校办学过程同步化。健全综合评价，要兼顾计量评价与专家评价相结合提高办学质量，提升评价结果的代表性。在评价方法上要坚持融合方法论，采用定性定量融合、主客观评价融合、综合与个性融合、横向与纵向融合，增强评价结果的系统性、全面性和科学性。此外，瞄准区域发展动态，通过人工智能、大数据等现代技术运用，自动搜集评估对象海量的数据信息，分析汇总形成归一化的评估数据，为职业院校发展的治理与诊改提供数据支撑，并发挥其多维数据分析、常态过程检测、信息预测预警等价值，推进职业院校结果评价改进与强化过程评价、健全综合评价，推动职业院校的特色高水平发展，彰显职业教育类型特征。

（三）围绕新时期产业和社会发展需要评价专业性技能人才培养模式

数字化是当今时代发展的大趋势，正在深刻改变着我们的生产生活方式，新冠肺炎疫情进一步加速推动数字化时代的全面到来。数字化引起的产业转型升级归根结底是人才培养方式、人才培养类型、人才培养质量等系列问题的探讨，这非常有助于职业教育技术技能型人才培养目标的实现。数字化是不可错失的大机遇，如何探讨在数字化的背景下，培养大批高素质的技术技能人才，这是上海职业教育人才培养改革评价要关注的重要方面。

1. 根据产业的数字化发展趋势优化职业院校专业设置

上海当前加快建设具有全球影响力的科技创新中心，打造全球科技创新策源新高地，培育战略性新兴产业，亟需培养大批高素质的技术技能型人才，需要围绕集成电路、人工智能、生物医药等关键数字化领域，进行专业设置的调整与优化，职业院校在设置以这些新领域为基础的新专业的同时，其他专业也应注重结合新领域专业重构形成交叉性学科的专业。职业院校需要建立专业设置对接产业需求的动态调整机制，专业设置不仅要遵从数字化产业发展的外部逻辑，通过分析数字化产业链和技术链的现状、要求，以及解构、重组趋势，解析职业岗位和人力资源的结构、数量及层次要求，将对数字化产业发展的理性认识转化为专业设置的行动实践。也要对接教育发展的内部逻辑，把握专业和专业群发展建设规律，结合当前各专业生命周期的不同阶段与数字化领域专业群发展水平的阶段特征，合理评价专业（群）设置情况。院校专业设置既要立足当下数字化产业发展的需求，也要对接数字化产业变革和技术创新趋势，适时开设符合变化的新兴专业，升级传统专业内涵，适度超前储备人才，提升专业设置前瞻性。

2. 基于社会发展需求确立职教人才质量标准和课程体系

基于社会需求数据确立职教人才质量标准，是指根据新技术、新产业"数字化思维"需求，围绕"信息技术＋数据分析"研究优化各个专业的培养目标。各专业定期面向企事业用人单位、毕业生开展全方位、多频次调研，根据调研数据的智能化分析结果，从知识、能力、素质等方面对人才需求标准作进一步分解，确定核心知识和核心能力标准，并建立相应的人才培养方案动态调整机制。并根据数据分析结果相应地调整了专业培养目标或专业核心课程，增设了职业技能类专项实践教学环节或跨专业综合创新实践环节。要根据新领域建设"学科交叉融合"的内涵要求，融合大数据和人工智能等新兴工科知识体系，以效果导向研究构建课程知识体系。此外，要建立以培养符合产业变革要求的工程实践能力为目标，以"数字化运营"为主线，研究产教深度融合的协同创新进阶式实践教学体系。把数字化作为学科专业体系建设的核心突破方向，实施数字化学科战略，加快发展数字化领域的新学科专业集群，加快推动传统学科与数字化的结合，建立开放的数字化课程供应链。要注重把学科专业集群化发展作为学科专业体系建设的主要发展模式，推动学科专业集群与数字化平台相向发展、融合发展。

3. 依托数字化教学资源建设构建学生中心的教学环境

在数字化时代，职业院校教师要注重开放式教育资源的再处理、重新整合和共同分享。基于"设计导向"的教学理念，把在工作场所或职业学校开发的学习资源（如数字学习模块、屏幕录像等）发布在学习管理系统、学习对象存储库中，以开放式教育资源的形式实现学生的"翻转学习"，培养学生从事未来工作所需的技术技能，推动学生专业知识和媒体技能的融合发展。教师也要善于运用虚拟现实实现学生的交互式学习。依托数字媒体，建构"虚拟学习场所"，使学生能独立于时间和空间，实现同步学习和异步学习，实现碎片化和泛在化学习，使学生拥有更多的教育机会，获取与工作过程相关的实践和学习经验。此外，教师还要注重掌握运用信息技术工具，开拓学生职业能力测评的新方法。注重开发数据测量工具，把现代信息技术支持的技能与能力评价引入职业教育，跟踪收集学生学习全过程的实时数据，客观地确定学习绩效，并推动以能力为导向的考试和考试制度的现代化。基于区块链、大数据、人工智能等新技术的学生学习效果记录、转移、考核、评价、认证等有效方式也值得深入探索。要基于数据挖掘和深度分析创建智能化评价方法，推进信息技术和数字技术深度融入教育教学评价全过程，通过开发数字测量和诊断工具，促进教育数据的跟踪、采集和可视化分析，实现学生学习质量评价从粗放走向精准，更好地推进高素质技术技能型人才培养目标的实现。

五、高质量发展:"十四五"上海职业教育深化改革实施方略

增强适应性、实现高质量发展是我国职业教育"十四五"时期的发展主题。"十四五"上海职业教育要锚定"建设高质量教育体系"总目标,在系统性、整体性、协同性思维引领下,以服务国家发展战略需要为基本使命,以技术技能人才成长规律为基本遵循,以完善职业教育生态系统为基本线索,坚持多元主体参与,以生态效益为尺度,汇聚多渠道力量,加快区域特色现代职业教育体系建设,着眼"嵌入现代化的高质量发展",通过体系内涵的现代性、制度嵌入的现代性、育人模式的现代性,推进"建设高质量职业教育体系"目标的实现进程;通过优化职业教育类型定位,坚持内涵发展,打造纵向贯通、横向融通的现代职业教育体系,为促进上海经济社会发展和提高国家竞争力提供有力人才和技能支撑。

(一)建设现代的职教体系,充分彰显职业教育的类型地位和特征

"十四五"期间,上海职业教育的建设与改革发展要以"形成适应发展需求、产教深度融合、中职高职衔接、职业教育与普通教育相互沟通,体现终身教育理念,具有中国特色、世界水平的现代职业教育体系"为目标指引,围绕上海产业转型升级,启动新一轮职业院校专业结构布局调整。稳步推进中高、中本、高本贯通培养,提升贯通培养质量。加强职普融通,继续组织开展职业体验日活动,配合做好初中学生综合素质评价。完善育训结合激励机制,鼓励职业院校更加积极主动开展职后培训。

现代的职教体系首先要关注学校职业教育体系的建设工作,一体化的学校职业教育体系是职业教育成为类型教育的基本前提和重要支撑,同时,只有强化类

型特征，才能真正实现职业教育的高质量发展。"十四五"期间，着眼上海纵向贯通、横向融通的现代职教体系的建立完善，以及高质量的现代职业教育体系的建设工作，必须一体化设计职业学校体系，持续巩固中职学校的基础地位，进一步夯实专科层次职业教育的主体地位，稳步发展本市本科层次职业教育，加快建设结构合理、定位清晰的职业学校体系，实现职业中等教育、专科层次职业高等教育、本科层次职业高等教育自下而上的有效衔接，充分释放职业教育在各个层次与教学阶段的突出功能，为本市职业教育人才培养提供绿色通道。

现代的职教体系建设必须确立科学的职业教育发展理念，必须遵循技术技能人才的培养和技术技能型人才的成长两个规律，准确把握职业教育的本质属性：职业教育是面向市场的就业教育、是面向能力的实践教育、是面向社会的跨界教育、是面向人人的终身教育。要在上述理念的指导下，开展现代职教体系深化建设的改革实践。"十四五"期间，上海还要充分发挥全国职教理论研究高地的作用，在理论研究上，进一步探索职教体系"现代性"的内涵，深化对职业教育现代化的理解，围绕"现代职业教育体系""职业教育现代化"和"职业教育类型地位"这三大概念，推进相关的理论研究和理论构建，进一步丰富职业教育现代化的理论内涵，为"十四五"职业教育的现代化发展，为职业教育类型地位的真正确立奠定良好基础。

（二）推进产教深度融合，增强职业教育改革发展的内外部适应性

职业教育是面向社会的跨界教育，没有社会各方面的共同参与就办不好职业教育。同时，职业教育的改革发展、推进产教的深度融合也需加强顶层设计。要支持职业院校根据自身特点和人才培养需要，主动与具备条件的企业在人才培养培训、技术创新、就业创业、社会服务、文化传承等方面开展合作。鼓励支持行业企业深度参与职业学校教育教学改革，以多种方式参与院校专业规划、教材开发、教学设计、实习实训等工作。深化职教集团建设，支持行业领军企业主导建设职教集团，打造实体化运行的示范性职教集团（联盟）、技工教育集团（联盟）等。围绕关键核心技术，推动公共教学资源和实训资源共建共享。全面推行现代学徒制和企业新型学徒制，鼓励企业利用资本、技术、知识、设施、设备和管理等要素参与校企合作。以上海高职产教研协同中心建设为抓手，采取多种形式促

进校企合作，有效推进技术协同创新中心、技能大师工作室、生产性实训基地三大平台建设。培育产教融合型企业，建立覆盖主要专业领域的教师企业实践流动站，深入推进教师企业实践。支持行业组织积极参与产教融合建设试点项目，鼓励开展混合所有制、股份制办学改革试点。

上海职业教育的产教深度融合要体现鲜明的战略性和区域性要求，上海作为首批国家产教融合型试点城市，在"十四五"期间，对职业教育"产教融合、校企合作"水平势必提出更高要求。在宏观层面，要建立起"教育和产业统筹融合、良性互动"的发展格局，在微观层面，要努力形成"校企协同、实践育人"的人才培养模式。要思考在"互联网+""人工智能+"等技术因素和平台经济、共享经济、数字经济等系统因素共同发挥作用背景下，探索推动上海职业教育变革产教融合的理念与策略。在实践操作上，要围绕临港新片区国家产教融合试点区及5个新城教育规划布局，优化整合职业教育资源，推动产教融合信息平台、产教融合型实训基地、协同创新平台、高科技技术转化等项目落地。围绕集成电路、人工智能和生物医药等新兴产业，以及六大产业集群，集聚行业企业、高校、职业院校、研究机构等资源，推动职教集团聚焦产教融合转型发展。

关于产教深度融合如何实现，在形式和载体上，产教融合表现为基于国家人力资源开发与配置体系的人才信息整合、分析、服务中介平台，主要以市场主体为存在形态，职业教育相关主体以购买服务的方式维系其发展。它作为中介平台联结职业教育相关主体，为职业院校和企业的人才供需匹配、培养、培训提供定制化专业服务；为政府制定人才政策提供决策咨询；为高素质技术技能人才的职业发展提供生涯指导。"十四五"时期，上海在推进国家产教融合型试点城市的建设过程中，孕育和发展产教融合中介平台非常迫切和必要，要通过这一平台的建设，为校企深度合作提供宏观的系统保障。

（三）完善体制机制，培养"专业型、事业型、创新型"职教师资

教师队伍是职业教育最薄弱的环节，加强教师队伍建设是发展职业教育的重要内容，是提高人才培养质量的关键，是职业教育高质量发展的核心资源。"十四五"期间，上海职业教育的师资队伍建设要进一步加强职业学校教师的师德师风建设，充分体现职业教育特色，推动师德师风建设迈上一个新台阶。要针对上海职业教育教师队伍还存在着数量不足、来源相对单一、高质量的"双师型"

教师和教学团队短缺、教师标准和评价体系不够完善、培养体系不太健全、校企双向流动不够通畅、教师供求结构性和区域性矛盾相对突出、管理体制机制不太灵活、专业化水平相对偏低等问题，坚持问题导向，健全教师标准体系，完善评价机制，突出"双师型"教师队伍建设，更好地服务职业教育高质量发展和现代职业教育体系建设。

"十四五"上海职业教育的师资队伍建设改革要关注如下方面：第一，建立"双师型"教师标准体系，引领职教教师队伍建设。在国家相关文件的指导下，尽快出台上海"双师型"教师指导性标准或基本要求，建立中等和高等职业教育层次分明，覆盖公共课、专业课、实践课等各类课程的教师专业标准体系。第二，加快教师教学创新团队建设，推动职业教育"三教"改革。以《国家职业教育改革实施方案》提出分专业建设一批国家级职业教育教师教学创新团队为指引，围绕本市重点发展的集成电路、人工智能和生物医药等新兴产业领域，在相关专业培育建设一批国家和省市级的高质量教师教学创新团队，统筹"三教"改革，通过团队的力量深化课程教学改革，开发新式教材，变革教学方法，创新教学模式，开展课堂革命，推动高素质技术技能型人才的培养。第三，改革职业院校教师评价机制，引领教师专业化发展。要不断创新评价方法和完善评价主体，要借鉴企业技术技能人才评价的方式方法，广泛采用过程性评价和表现性评价等多种评价方法，吸收多个利益主体参与评价，积极引入第三方力量来开展教师的评价。对于高职院校而言，则要注重在突出师德师风建设的基础上，遵循培养高素质技术技能人才的要求，结合"双师型"教师标准的要求，形成符合院校办学特点的职称评审制度，全面打造以"双师型"为核心的高素质、专业化、创新型教师队伍。第四，实施新一轮教师素质提高计划，完善职教师资培训体系。制定上海完善的职教师资培训计划，突出师德师风、专业实践能力、信息技术应用能力、教师教学创新能力和团队建设能力、1+X 证书制度实施、"三教"改革、职业院校高质量发展等内容，设计特色培训项目，满足区域经济社会发展对技术技能人才的特色需求；同时，推进职教师资培训基地的专业化建设，使其逐渐向专业化方向发展，提高市场竞争力。

（四）加强标准体系建设，助推产业需要的高素质技能型人才培养

标准具有基础性、门槛性作用，高质量发展需要高质量的标准体系支撑，标

准体系的构建是职业教育高质量发展的突破口。在迭代更新旧标准的同时，要按照职业教育高质量发展要求，进一步健全职业教育标准体系，结合贯彻落实党的十九届五中全会和"十四五"规划纲要精神，对标对表产业发展、民生改善，加快完善专业、教学、课程、实习、实训条件等"五位一体"的职业院校办学国家标准，促进不同层次职业教育培养标准、内容的有机衔接，保障不同主体办学基本质量。"十四五"期间，上海职业教育要根据教育部颁布的中职、高职、本科职业教育一体化设计的专业目录，设计融入新技术、新业态、新职业等职业教育发展的新要求，制定与之配套的专业教学标准，为构建纵向贯通的职业教育人才培养体系提供依据。要加强人才培养标准的建设研究，保障体系内部专业、课程、教材衔接的连续性与科学性。应根据有关要求，尽快优化专业设置、调整培养方案、更新培养内容。此外，要加强对标准落实情况的监督检查，及时发现和纠正存在的问题，对不达标准的及时清理。

"十四五"期间，上海职业教育标准体系的建立完善要关注如下重点工作：第一，主动对接国家标准要求，确立上海标准开发的指导思想和主要范围。标准体系的建设应着眼构建职业教育现代化标准体系，坚持以理论研究为基础，以质量提升为核心，以规范开发为路径，以应用机制为保障，致力于建设"理念先进、体系完备、结构合理、内涵丰富"的职业教育省市级标准体系，在内容维度上包括：现代化目标、人民满意度、全方位社会服务、现代职业教育体系建设、现代职业教育治理体系建设、信息化教学与管理、国际交流与合作、职业教育条件保障、职业教育发展特色和职业教育社会美誉度等多个方面。第二，根据教育部院校设置文件要求，建立科学的职业技术大学设置标准。根据教育部印发的《关于"十四五"时期高等学校设置工作的意见》（教发〔2021〕10号）文件精神，结合上海推进现代职教体系建设的规划安排，组织开展职业技术大学设置标准的构建工作。第三，通过育人标准与用人标准的对接，实现上海职业教育培养产业需要的高素质技能型人才目标。围绕"上海服务""上海制造""上海购物""上海文化"四大品牌，以1+X证书制度试点工作的深入实施为载体，开展区域重点发展行业产业职业技能等级标准的研究开发工作，并推动其融入专业教学标准开发，建构能力本位的专业教学标准，基于职业岗位要求的技能考核标准，基于"双师"素质提升的教师培训与考核标准。第四，借鉴国际标准，输出成熟标准，提高技术技能人才的培养水平。利用第46届"世界技能大赛"在上海举办的契机，推进世赛标准向人才培养标准的有效转化，全面地提升和推进职业院校高素质技术技能型人才培养目标的实现，此外，要以实施"一带一路"国家战略为载体，加大上海高质量标准的输出力度，提高上海职教改革发展在世界范围内的影响力。

（五）建设职教创新发展高地，完善支撑职教高质量发展的制度体系

职教创新发展高地建设是贯彻落实《国家职业教育改革实施方案》的重大举措，是遵循教育一般规律和职业教育特殊规律，办好新时代职业教育的重大改革，是按照类型教育特色探索国家职业教育发展模式的有效路径，对于增强职业教育适应性、大力培养技术技能人才具有重要意义。"十四五"建设期间，上海职业教育要申报和推进职教创新发展高地的建设工作，通过职教高地的建设，推动部分普通本科高校向应用型大学的转型进程，鼓励普通本科高校与职业院校联合培养高层次应用型人才。深入探索 1+X 证书制度试点，推进职业教育与普通教育融通，探索职教高考改革制度，改革职业教育与普通教育现有考核评价机制，保障两者间学分与学习成果互认。持续推进职业院校与开放大学进行学分转换，建立各级各类教育培训学习成果认定、积累和转换机制。强化学校职业教育体系与非正规职业教育的结合，实现学历与非学历教育之间的衔接和转换。

在职教高地的建设过程中，上海职业教育要充分发挥职业院校"1+X"证书制度试点专家委员会的作用，通过 1+X 证书制度的设计与实施，构建起一种市场取向的新技能评价制度，并借助学历证书和职业技能等级证书的融合，实现技术技能人才培养的现代化和职业教育治理的现代化。同时，通过"职教高考"制度的改革，响应"中等职业教育——职业专科教育——职业本科教育"内部贯通的新需求，通过升学考试的制度化变革，实现人才评价与升学的规范化和体系化。同时，以举办第 46 届"世界技能大赛"为契机，推动部省共建技能型社会试点建设，加大"高技能人才培养研究中心"智库建设工作，为推动高素质技术技能人才的培养加大制度创新和政策供给，打造技能型社会建设的地方样板。要按照教育部领导提出的高地建设"起步成势（势头）、一年成式（模式）、两年成是（理论）、三年成事（成功）"的要求，有效探索职业教育央地分权治理模式、营建职业教育发展的良好社会氛围、创设更加丰富的职业教育制度供给模式，更好地激发地方的职业教育改革活力。

"十四五"期间,上海要通过职教创新高地的申报与建设,努力回答"现代职业教育体系需要什么样的制度基础"这一重要问题,从现代职业教育体系建设的根本目标出发,梳理已有的制度优势及不足,找准制度供给的发力点,进一步提升制度嵌入的现代性。要探索中等职业教育和职业高等教育的新发展模式,强化职业教育体系内外部的制度协调和有效供给:一方面要强化教育体系内部的制度建设,推进教育系统内部资源的优化配置,如服务职业本科教育人才培养的学位制度,服务中职、职业专科教育和职业本科教育贯通的职教高考制度,服务职业教育与其他类型教育学习成果沟通衔接的资格框架制度等;另一方面,要促进职业教育体系与其他社会系统间的制度匹配和衔接,如促进产教融合校企合作的产教融合激励制度,完善技能评价的职业技能等级证书制度,促进技术技能人才就业和发展的工资分配、学习进修、积分落户、休假疗养等制度,提升技术技能人才社会地位和待遇的技能荣誉制度等。在人才培养改革上,可考虑依托"三教"改革构建校内教学治理体系,通过探索中国特色学徒制的模式与实施策略,突出学徒制与学历教育的融通,与1+X证书制度的融通,构建体现现代性的学徒制内容体系、教学模式、教师专业发展模式,要探索实施德技并修的职业教育评价改革,做好增值评价的类型化设计、过程评价的系统化建构、综合评价的科学化实施、结果评价的高质量改进,重点研究和探索技能评价的内容与方式,职业道德与职业素养评价的有效实施,以及"学校内部评价——省域学业水平评价——职教高考"的职业教育评价体系建设。

当前,上海正紧紧围绕国家重大战略和中央对上海改革发展的战略定位,主动适应经济发展新常态,以提高经济发展质量效益为中心,加快建设"四个中心"和具有全球影响力的科技创新中心,着力推进现代化产业体系和"四新"经济发展。这势必对传统职业教育样态产生冲击,客观上要求职业院校在办学模式上更加融通开放,对劳动力市场需求反应更加及时,对接产业优化布局结构更加精准,产教融合校企合作更加深化、人才培养规格不断向高端技术型拓展等。"十四五"新的五年征程中,上海职业教育的发展需要凝聚起各方智慧和力量,聚焦重点、疏通堵点、破解难点,以建设具有国际影响力、国内示范性一流的职业教育为目标,不断提升上海职业教育的产业贡献度和显示度,全面达成上海职业教育高质量改革发展的建设目标。

第二部分

上海职业教育专题研究

一、党的领导与百年中国职业教育

2021年是中国共产党成立100周年，是"十四五"开局、全面建设社会主义现代化国家新征程开启之年。7月1日，庆祝中国共产党成立100周年大会在北京天安门广场隆重举行，习近平总书记作了振奋人心的重要讲话，庄严宣告实现中华民族伟大复兴进入了不可逆转的历史进程。中国共产党的百年历程也是党领导职业教育发展不断取得重要成就的一百年。在这个有着特殊历史意义的时刻，全国职教人满怀建党伟业的荣光和奋进前行的豪情，热议"党的领导和百年中国职业教育"，重温黄炎培提出的"求学为服务，服务勿忘爱国"的职教报国精神，感受职业教育的初心与使命，弘扬和传承黄炎培职业教育思想，为助力新时代职业教育高质量发展建睿智之言，献务实之策。

（一）黄炎培职业教育思想研究会第十一次学术年会综述

2021年7月16—17日，由中华职业教育社和上海中华职业教育社主办，上海出版印刷高等专科学校承办的"黄炎培职业教育思想研究会第十一次学术年会"在上海举办，会议主题是"党的领导与百年中国职业教育"。全国人大常委会副委员长、中华职业教育社理事长、黄炎培职业教育思想研究会会长郝明金出席并作题为《始终坚持党的领导 弘扬职教百年传统 奋力书写职业教育新篇章》的主旨讲话。上海市政协副主席、上海中华职业教育社主任周汉民，中华职业教育社副理事长苏华，民建北京市委会主委、北京市科协常务副主席司马红，民建中央社会服务部部长程喜真，中共上海市委统战部副部长蔡忠，上海中华职业教育社副主任胡卫，中华职业教育社党组成员、《教育与职业》杂志社社长刘华，中华职业教育社党组成员、副总干事李英爱，上海出版印刷高等专科学校党委书记顾春华等领导出席。中华职业教育社党组书记、总干事方乃纯主持开幕会议。

郝明金指出，前不久党中央隆重庆祝中国共产党成立100周年，在这个有着特殊历史意义的时刻，我们来到中国共产党的诞生地和中华职业教育社的发祥地——上海，围绕"党的领导和中国百年职业教育"的宏大主题召开本次大会，有着特别的历史意蕴和时代意义。中华职业教育社是在救亡图存的艰辛求索中创立、在服务中国革命的洗礼中成长、在社会主义建设的探索中不断创新、在改革开放的大潮中蓬勃发展、在新时代产业转型升级中完成飞跃。职业教育社事业始终与中国共产党的领导紧密联系，与党和国家的中心工作紧密结合，留下了鲜明的时代印记和中国特色。他强调，从党发展职业教育的百年历程中看到，职业教育深深熔铸在中国共产党艰苦卓绝的奋斗史和波澜壮阔的创新历程之中。在新征程上，要从党的百年历史中汲取前进的智慧和力量，始终坚持党对职业教育的全面领导、深入挖掘黄炎培职业教育思想的当代价值、加快构建新时代特色职业教育体系，为全面建设社会主义现代化国家提供坚实的人才和技能支撑。

周汉民代表上海中华职业教育社致辞。他说，上海是中国共产党的诞生地，是中华职业教育社的发源地，还是黄炎培职业教育思想的发端地。研究黄炎培职业教育思想要与百年中华职业教育社的初心使命相结合，与百年中国职业教育的发展历程相结合，要从黄炎培职业教育思想的精神内涵中汲取加快发展现代职业教育体系的创新源泉和不竭动力。今天，我们在初心之地，回顾中华职业教育社与中国共产党共同走过的光辉历程，回顾党领导下的百年中国职业教育，弘扬和传承黄炎培职业教育思想，为助力新时代职业教育高质量发展建睿智之言，献务实之策。他现场深情朗诵了自己为话剧《国士》主题曲《你走来》作的词，向黄炎培同志致敬。

蔡忠代表市委统战部致辞。他说，上海将深入学习领会贯彻习近平总书记"七一"重要讲话，继承发扬伟大建党精神，以此次会议为契机，学习借鉴兄弟省市的经验做法，推动上海中华职业教育社工作迈上新的台阶。希望上海职业教育社突出"统战性"，赓续传承红色基因，加强政治引领；立足"教育性"，继续发挥特色优势，服务发展大局；体现"民间性"，不断深化对外交流，广泛凝聚共识。

会上，郝明金等领导为《教育与职业》杂志社理事会理事、中华职业教育社产教融合和校企合作委员会委员颁发聘书。中华职业教育社党组成员、副总干事李英爱，中华职业教育社专家委员会副主任、上海教育科学研究院原副院长马树超分别主持专题发言环节。24位专家学者围绕"党的领导与百年中国职业教育""传承黄炎培职业教育思想""助力新时代职业教育高质量发展"议题作了发言。来自全国28个省（区、市）的职业院校、行业企业和部分地方组织、新闻媒体等方面的350余位代表与会。人民日报、新华网等30多家全国媒体报道了本次活动。

（二）以史为鉴，坚持党的领导书写职业教育新篇章

福建中华职业教育社副主任、福建江夏学院校长、福建省教育厅原副厅长陈国龙作了《习近平与福建职业教育——丰富和发展职业教育的七个规律性认识》的发言：福建是习近平总书记关于职业教育重要论述的孕育地、探索地、实践地。重温习近平总书记在闽工作期间关于职业教育的理念思路，对学深悟透做实习近平关于职业教育的重要论述、推动职业教育高质量发展具有重大的指导意义和现实意义。提出丰富和发展职业教育的七个规律性认识，形成七个标准，铺就七条道路。一是坚持优先发展职业教育事业。职业教育强省，标准是人民满意，道路是优先发展。二是坚持把立德树人作为职业教育根本任务。思想政治教育，标准是立德树人，道路是统领方向。三是坚持适应社会需要的职业教育理念。办好职业教育，标准是满足需要，道路是特色发展。四是坚持内涵式改革发展道路。人才培养工作，标准是质量提升，道路是超越发展。五是坚持把教师队伍建设作为职业教育基础工作。教师队伍建设，标准是人才成长，道路是内培外引。六是坚持畅通职业教育资源获取渠道。协同创新发展，标准是互惠共赢，道路是产教融合。七是坚持推进职业教育治理体系和治理能力现代化。体制机制创新，标准是激发活力，道路是治理改革。

上海中华职业教育社原副主任生杰灵作了《中华职业教育社坚定跟共产党走的历史性选择 爱国爱民为国为民》的发言：中华职业教育社从教育救国出发，经过抗日救国和民主建国的艰难征程，最后作出了坚决跟共产党走的历史性选择，让他再一次读懂了中国共产党伟大光荣正确的道理。职业教育社作出这一选择的前提是中华职业教育社具有符合共产党初心的爱国爱民、为国为民的思想基础，

关键是中国共产党有伟大的马列主义理论武装，有伟大的共产主义理想指引，有伟大的统一战线法宝感召，有伟大的共产党人坚贞不屈的牺牲精神的鼓舞。循着时间脉络，可以清晰地看到中华职业教育社与中国共产党从相识相知、联系交往，到认同认可、风雨同舟，直至认准认定跟党走的历史道路。从启教育救国之程到赴抗日救国之难，从走民主建国之路到奔社会主义大道，在我国革命、建设、改革的伟大进程中，职业教育社始终是中国共产党和人民事业的坚定同盟者、拥护者和积极参与者，迈入新百年，仍将继续在党的领导下，以习近平总书记"七一"讲话精神为指引，为建设现代化强国，为实现中华民族伟大复兴中国梦，作出更大贡献。

中华职业教育社党组成员、《教育与职业》杂志社社长刘华作了《回首百年峥嵘路 奋进未来新征程》的发言：1917年10月，作为我国职业教育界第一本出版发行的期刊，《教育与职业》杂志伴随中华职业教育社的成立应运而生，蒋梦麟先生担任首任主编，顾树森、邹韬奋、何清儒等知名人士先后担任主编，黄炎培也曾亲任主编。100多年来，《教育与职业》坚持"研究和宣传职业教育，沟通教育与职业"的办刊宗旨，详尽记载了中华职业教育社历代仁人志士的活动轨迹、主要观点、鲜明主张和中国近现代职业教育发展历程中的大事要事。《教育与职业》坚持正确办刊方向，加强舆论引导，坚持质量为本，加强学术引领，始终注重将统战性的政治特色和教育性的专业属性有效结合，服务好统战工作，始终注重服务广大职业院校和职教工作者，为广大职业教育界同仁提供交流和沟通的渠道，使杂志成为思想交流、观点碰撞的重要平台，为职业教育发展探索新思路、新路径。在新的历史时期，《教育与杂志》更应当贯彻落实习近平总书记重要指示和全国职业教育大会精神，以及习近平总书记给《文史哲》编辑部回信精神，展示高水平研究成果，支持职业教育优秀学术人才成长，不断提高刊物的高度和水平，继续打造教育类精品学术期刊，推动我国现代职业教育高质量发展。

兰州石化职业技术学院党委委员、教授何华作了《中国共产党领导的百年职业教育的甘肃探索》的发言：中国共产党领导的百年职业教育，已经深深地嵌入百年党史的煌煌史册中，闪耀在波澜壮阔的创新实践中，把党的宗旨与职业教育特色完美结合，是中国共产党一路走来原创性的伟大实践之一，党汇聚起职业教育磅礴力量，扎根祖国大地，服从国家需要，出色完成了在各个历史阶段的使命任务。在这一伟大实践中，甘肃在党的领导下，整省推进教育发展，打造"技能甘肃"，突出"职教报国"这一主旨，组建职教成果展宣讲团、举办建设工匠人才培训基地、成立工匠学院、成立国际职业人才培训中心、成立国家职教研究所等；组织国家优质职业院校，集中优势力量制定国家标准。通过精准招生、精准培养、精准就业、打造国家样板。通过打造高质量专业来促使高质量就业，强化"高职教育就是就业教育"这一理念，成立甘肃高职思政联盟，打造以党建为引领的甘肃职教标杆。通过创办甘肃职教刊物，增强科研力量，加大职教宣传力度，高质量发声、高分贝讲好甘肃故事。

中华职业教育社党组成员、副总干事李英爱作了《植根社会 服务人民——中国共产党领导的中华职业教育社》的发言：100多年来，植根社会、服务人民的核心理念贯穿于中华职业教育社的全部社会实践，成为整个机构文化的重要组成部分，社会服务工作成为我社事业的重要组成部分。立社伊始，职业教育社在倡导、研究、推行职业教育理念的同时，坚持"举例示人"，举办以中华职业学校为代表的一批职业教育办学机构，培养了张闻天、华罗庚、顾准等一批杰出人才。抗战爆发后，职业教育社"以最高的积极性参与抗战救国"，"全力赴国难"，成立"抗日救国研究会"，创办《救国通信》，举办"星期讲座"，大力宣传抗战。中华人民共和国成立后，职业教育社满怀豪情地投身祖国教育、建设事业，创办中华函授学校，举办语文学习讲座。改革开放后，职业教育社一是实施温暖工程，温暖千万人心；二是举办"双创大赛"，搭建筑梦平台；三是开展黄炎培职业教育奖评选表彰活动，弘扬黄炎培职教思想；四是搭建对话平台，助力城市发展。职业教育社坚持"服务社会、服务基层、服务团体社员校"的原则，在推动职业教育改革发展，助力决胜脱贫攻坚，服务职业院校和社员方面，做了大量的工作，把社会服务工作提升到一个新的高度。

湖南中华职业教育社副秘书长周勇作了《同心同德 同向同行——中华人民共和国成立前中华职业教育社与中国共产党的交往》的发言：中华职业教育社在中华人民共和国成立前与中国共产党的交往中，对中国共产党与各民主党派通力合作，以及爱国统一战线的形成进行了有益的探索，逐渐成为了一个既致力于职业教育又在国家政治生活中发挥积极作用的进步团体。这种交往总结来看，有这么几个方面的特点：一是无惧得失，绝对信任。中华人民共和国成立前，国内党派林立，良莠不齐；国民党作为执政党，对民主进步人士拉拢、挤压，手段用尽；外来侵略复杂多变，各种势力此起彼伏。但是，职业教育社自始至终信任共产党的事业和追求，并紧跟共产党的步伐不离不弃，始终保持对中国共产党的绝对信任。二是不畏艰险，绝对拥护。国民党执政期间，职业教育社毫不犹豫地选择了中国共产党领导的革命战争。在白色恐怖时期，职业教育社以机关的工作阵地为掩护，积极参与中国共产党领导的与反动派的残酷斗争，期间形势严峻，险象环生，但始终没有丝毫的犹豫。三是敢于建言，绝对忠诚。中华人民共和国成立前，职业教育社自与中国共产党交往，就始终把对党忠诚摆在首位，自觉在政治上、思想上行动上做到对党忠诚。特别是黄炎培和毛泽东关于历史周期率的对话，无不体现了中华职业教育社敢于建言献策，对党的一片忠心。

云南中华职业教育社办公室主任王学光作了《风雨同舟 与党同心、同向、同行》的发言：中华职业教育社作为党领导联系职业教育和民办教育的群众团体，立社百年来与党同行，听党指挥，对党忠诚，助党育人，为党聚力，其立社宗旨与中国共产党的初心同频共振。周恩来总理曾感慨："从职业教育社发展的道路，就可以看出中国知识分子成长的道路。"因此，职业教育社百年不平凡的奋斗历史同样是我们身边的教科书，同样是我们必须继承和学习的精神富矿。云南职业教育社1939年5月7日成立伊始，就与中国共产党风雨同舟，同心、同向、同行，受中国共产党的深刻影响和直接领导，经历了一系列艰苦卓绝的斗争：一、掩护党的地下电台。二、参与组织影响极大的"保卫大西南群众大会"。三、组织各种进步的社会活动和文艺演出。四、创办《少年报》，发行量曾达4000多份。五、秘密刻印《新华电讯》等党的文件，每周出刊《新华电讯》一、二期，还刻印了部分党中央文件和毛泽东著作的汇编本。六、秘密发展党的外围组织，秘密建立"新民主主义少先队"，按照党组织部署发展积极分子约2000余人，发展"民青"和"妇协"成员40余个。七、面对国民党反动派始终不屈不挠，坚持参加中共领导的武装斗争。八、秘密制作昆明的第一批五星红旗。九、参加昆明保卫战，迎接昆明解放，中共昆明市委委员、职业教育社党总支副书记、在中华小学工作的王维彩担任"昆明义勇自卫总队"总队长，参加抵抗国民党反动军队的猖狂进攻。

重庆中华职业教育社秘书长唐勇作了《与时俱进跟党走 中华职业教育社在重庆的峥嵘岁月》的发言：抗日战争爆发，中华职业教育社总部西迁重庆，正是在重庆期间，中华职业教育社积极投身抗日救亡、参与民主运动，使职业教育社逐渐成为既从事职业教育，又致力于祖国独立、自由、民主、富强的进步政治团体，成为中国共产党统一战线的重要力量。历史证明，选择跟共产党走的道路是正确的，是中华职业教育社历经百年仍保持着勃勃生机的根本所在。总部迁至重庆后，中华职业教育社就马上投身抗日救亡运动，通过《国讯》、"星期讲座"等大力宣传抗战，刊发大量知名人士如周恩来、茅盾、叶圣陶、张友渔、陶行知等的抗日文章，其中周恩来为"星期讲座"作的"国际形势和中国抗战"的演讲影响最大。1938年在重庆设立四川办事处，继续开展职业教育，开办中华职业学校（渝校）、重庆中华职业补习学校、中华工商专科学校、职业指导所等，编译出版各类职业教育书刊、组织职业互助保证协会、设立难民职业介绍所和收容所、创办永川赈济造纸厂等。抗战中后期，积极参与中国共产党领导的和平民主运动，先后参与发起组建中国民主政团同盟和民主建国会，为反对国民党一党专政、反对国民党独裁统治、积极推动民主宪政，为中国共产党的抗日民族统一战线工作作出了积极贡献。

（三）与时俱进，传承践行黄炎培职业教育思想

北京师范大学教授、博导，国家职业教育研究院副院长俞启定作了《传承黄炎培大职业教育观》的发言："只从职业学校做工夫，不能发达职业教育；只从教育界做工夫，不能发达职业教育；只从农工商职业界做工夫，不能发达职业教育。""大职业教育主义"的实施突出一个"大"字。概括说，就是办职业教育要"参与一切，有最大的度量容纳一切"。具体说，就是"办职业学校的，须同时和一切教育界、职业界努力的沟通和联络"。"提倡职业教育的同时，须分一部分精神参加全社会的运动"。所谓大职业教育主义不仅主张要构建由职业学校教育、职业补习教育、职业指导、农村改进事业和劳工教育一体化的全方位职教系统，而且强调职业教育应该参加到改革社会的政治活动中去，不能只限于教育自身的范围，办职业教育也不能只从资本家愿望考虑，而应顾及劳动人民的利益、需要和可能。职业教育的最终目标是"使无业者有业，使有业者乐业"，"办职业学校最大的难关，就是学生出路"。这个目标才是职教的本质——出口指向就业。"设什么科，要看看职业界的需要；定什么课程，用什么教材，要问问职业界的意见；就是训练学生，也要体察职业界的习惯，有时聘请教员，还要利用职业界的人才。最好使得职业界认为我们的学校是自家的学校，那就打成一片了。"

上海中华职业教育社专家委员会主任、原上海师范大学校长李进作了《黄炎培职业教育思想的精神内涵》的发言：黄炎培职业教育思想对我国职业教育的发展具有重大影响，其深层的精神内涵是：中华复兴之爱国激情，做人做事之人格价值，教育兴邦之兢兢于心。黄炎培先生职业教育思想的精神内涵，具体体现在中华复兴有十讲、教育后代言人生、救国强国倡职教的实践活动中。1942年，

黄炎培先生开办"中华复兴讲座",宏论教育与民族复兴息息相关。他提出:中国传统文化的忠、孝、信义、勇侠、气节,经过几千年积淀,形成了中华民族国民共同心理,抗战时期成为最坚强的基石。引黄炎培先生的爱国思想、职业教育思想和发展路径,新时代之国魂在于民族必振兴,铁肩担道义;新时代的职业教育,为党育人,为国育才,要讲职教之爱国,职教之自强,更要讲职教之精神,职教之国魂。概括地说,必须坚持"职的基因,技的精髓,匠的品质,国的情怀"。黄炎培先生对做人做事之人格有精辟论述:人格首先做人、人格必须有品、人格必须完整、人格必须服务、人格必须爱国。新时代面临新职教,新技能,新梦想,新青年要成为体面就业的祖国新人。新时代的职业教育是面向人人的教育,核心主题是民众的生活与技能;为国家培养技术能人,养成素质国人。职业教育更要强调以职业道德为核心的素质教育:命在职业技能,脉在价值观念,魂在职业精神,根在行业企业。

南京工业职业技术大学党委书记吴学敏作了《黄炎培职业教育思想在育人中的传承与创新》的发言:对于职业教育如何育人,黄炎培先生有很多深邃的论述。南京工业职业技术大学在传承"金的人格""铁的纪律"的基础上,提出"美的形象""强的技能""创的精神",熔铸以"金铁美强创"为特质的育人目标与内涵,形成回答"培养什么人,怎样培养人,为谁培养人"根本问题、落实"五育并举"总要求的南工方案,在育人实践中对黄炎培职业教育思想进行了传承与创新。南工从 3 个方面践行黄炎培职业教育思想:一、同向同行,党的百年伟业与学校百年职教。在黄炎培先生职教初心和家国情怀的引领下,南工始终与祖国心连心、同呼吸、共命运,践行职教初心、厚植家国情怀,聚焦制造领域,与时代同向同行。二、传承践行,落实"五育"并举的南工方案。学校把"金铁美强创"特质的育人目标,切实融入进高水平人才培养体系构建之中,切实推动人才培养"提质升级"。三、再思再行,示范开展职业本科人才培养。学校将继续全面加强党对人才培养工作的领导,持续优化人才培养顶层设计,把育人目标融入教学内容,着力深化评价机制改革,注重发挥研究引领作用,做好示范引领。

全国人大代表、浙江金融职业学院院长郑亚莉作了《与时俱进践行好黄炎培职业教育思想》的发言:黄炎培先生以毕生精力奉献于中国的职业教育事业,为改革脱离社会生活和生产的传统教育,建设中国的职业教育作出了重要贡献。先生的职教思想对于我们新时代的职业教育工作者依然具有重要的指导意义和启示价值,激励着我们以他为榜样,怀着一颗赤子之心,身体力行参与到我国职业教育事业之中来。浙江金融职业学院对黄炎培职教思想践行的体现主要有：成立高等职业教育中心，牵头开设《职教新语》微信公众号，组建研究团队深入研究黄炎培职业教育思想体系和中国特色职业教育思想体系和实践体系；通过论坛、研讨会等多种形式宣传黄炎培职业教育思想。此外，还推动开展社会服务各项工作，助力乡村振兴和中西部协作，推进校企协同育人，大力开展社会职业培训等。今后，学院将继续与时俱进发展好黄炎培职业教育思想，在新时代、新征程，落实好习近平总书记对职业教育工作重要指示。

江苏省连云港市教育局副局长、教授刘旭光作了《黄炎培职业教育"适应性"的内涵与价值》的发言：黄炎培在倡导和践行职业教育的过程中，提出了职业教育与社会发展相适应的问题，"适应性"的内涵包括"外适于社会分工制度之需要，内应天生人类不齐才性之特征"两个方面，揭示了职业教育科学发展的两个基本规律，具有跨越时代的生命活力和指导意义。黄炎培职业教育"适应性"的主要内涵有：一、关注人的个性，使"人人得事，事事得人"；二、人才培养质量要适应社会发展需要；三、职业教育体系要适应社会发展需要。黄炎培内涵清晰地揭示了职业教育两个基本规律，一是职业教育与社会生产力、政治经济制度的必然联系，即外部规律；二是职业教育在发展过程中本身各部分内在的必然联系，即内部规律。这两个基本规律为当下新时代职业教育高质量发展提供了科学的理论指导。虽然我国职业教育取得了很大的成绩，但职业教育不适应社会经济发展的问题依然比较突出，党的十九届五中全会提出职业教育要"增强适应性"的要求，是对职业教育高质量发展的要求，也是黄炎培赋予职业教育改革发展的永恒课题。

山东外事职业大学校长孙承武作了《做适应性教育 育高质量创新型人才——黄炎培职业教育思想的当代启迪》的发言：教育兴国，职教先行。党的十八大以来，尤其是 2019 年，国务院颁布《国家职业教育改革实施方案》以来，我国职业教育面貌发生了格局性变化，走上了提质培优、增值赋能的快车道。饮水思源，追忆我国职业教育发展的历史，就职教先驱们职业教育思想的深度和广度而言，中国现当代无人能与黄炎培比肩。黄炎培是现代职业教育的开拓者和中国现代职业教育思想的奠基者，他的职业教育思想及其办学实践至今仍然是我国职业教育的重要思想资源和有益借鉴。黄炎培先生关于职业教育要端正办学方向，要重视人文素质的培养，要树立正确的职业教育教师观和学生观及大职业教育主义思想系列论述，是我们宝贵的文化遗产和精神财富，具有长期的研究和借鉴价值，他的思想为当代职业教育的发展给予了重要的思想启示，促使当代职业教育工作者立德树人，铸人铸魂；紧跟时代潮流，厘清办学方向；调整培养模式，力促校企合作，深化产教融合；知能并重，从提高人才适应性上下功夫，推动职业教育高质量发展。

（四）开拓创新，助力新时代职业教育高质量发展

山西省中华职业教育社副主任闫晓红作了《庚续百年精神 推动现代职业教育高质量发展》的发言：习近平总书记在2021年全国职业教育大会上强调，在全面建设社会主义现代化国家新征程中，职业教育前途广阔、大有可为。我们要庚续中国共产党百年精神，深刻把握职业教育本质属性，遵循类型教育发展规律，汲取先贤智慧力量，着力构建现代职业教育高质量发展新格局。黄炎培先生及其思想深刻影响山西职教的历史和发展。第一，黄炎培职教思想对民国时期山西职业教育有重要影响。1925年黄炎培深入山西调研，强调"因地制宜、因材施教"，培养大批社会适应性较强的人才；"向社会里边去实施"，实现教育与实业发展双向前进的良性互动；"从平民社会入手"，开设平民工厂等。第二，黄炎培职教思想对现代职业教育有重大启示。要立足为党育人、为国育才，始终坚持社会主义办学方向；立足服务经济发展，始终坚持走类型化的发展道路；立足以人为本，始终坚持培养高技能人才。第三，从黄炎培职教思想中汲取职业教育社奋进力量。大力传承弘扬黄炎培职教思想，大力服务区域经济发展，大力开展社会服务工作，努力为山西省职业教育高质量发展作出更大贡献。

吉林省中华职业教育社副主任刘海作了《诞生新时代 服务新发展——一个年轻职业教育社的成长》的发言：黄炎培的"社会化、平民化和科学化"职业教育思想，既符合传统教育提倡的"有教无类"思想，又符合社会发展进步的潮流，是我国职业教育发展的重要理论和思想基础，也是吉林职业教育社这个年轻组织开展工作，不断成长的重要思想遵循。吉林省中华职业教育社2014年成立以来，积极服务新时代职教发展实践。一是聚焦传承弘扬,打造职业教育文化传承高地。建设以中国职业教育博物馆为引领、专题馆和特色馆为基础的现代职业教育文化场馆教育体系。二是积极建言献策，彰显职业教育社的社会责任与使命。推动我省率先出台《吉林省职业教育校企合作促进条例》。三是提升研究水平，深入践行黄炎培职业教育思想。推进教学改革，参与省委省政府关于教育领域重要政策文件的起草工作等。四是汇聚资源优势，提高全省职业教育教研科研水平。出台课题管理办法，建立课题管理平台。五是服务民生为本，积极落实温暖工程项目。

积极推进精准脱贫，扩大结对帮扶工作辐射面。六是汇聚多方力量，提高创新创业教育水平。联合八部门举办"双创"大赛。七是承担重大任务，出版首部职业教育年鉴。2021年7月完成总社《中华职业教育年鉴》编撰任务。

江苏省中华职业教育社副秘书长、江苏省委统战部党派处副处长丁哲军作了《继承弘扬优良传统 打造黄炎培品牌 接续努力开创江苏职业教育社事业新局面》的发言：江苏省职业教育社自成立以来，继承优良传统，积极弘扬与践行黄炎培职业教育思想，深入挖掘其当代价值，主动服务"强富美高"新江苏建设，创特色、树品牌，取得了显著成效。江苏省职业教育社深化职教理论创新，着力创建黄炎培江苏品牌：一、推动黄炎培职业教育思想研究院作用发挥。努力将研究院打造成研究黄炎培职业教育思想的重要平台、推动职业教育理论创新的高端智库、展示江苏职业教育成就的重要窗口。二、设立江苏省黄炎培职业教育奖。三、继续办好第五期黄炎培职业教育思想培训班。四、做好《黄炎培文集》出版发行工作。五、推动南京高职创新创业园冠名"黄炎培"工作。六、举办黄炎培创立院校年会。联合有黄炎培标识的院校等单位，共同开展黄炎培职业教育思想研究。七、开展黄炎培思想教育基地命名授牌活动。八、举办首届江苏省"黄炎培杯"创新创业大赛和国际创新创业教育论坛，开展双创课程设计、教学方式改革和实践体系建设的讨论和交流。

中央财经大学绿色金融国际研究院研究员、健康金融实验室主任任国征作了《黄炎培职业教育思想助推新中国史话语权》的发言：我们必须深入研究黄炎培职业教育思想、新中国史话语权，以及二者之间的关系，必须深入挖掘、系统分析黄炎培职业教育思想的文化内涵和当代价值，以此构建新时代新中国史话语权。黄炎培职业教育思想将对新中国史话语权在内容层面进行转换，从而使其更容易被民众理解、接受，并内化于行为之中从而增强其影响力。黄炎培职业教育思想有助于构建起具有现代性的话语内涵与话语表达形式的新中国史话语权。黄炎培职业教育思想是新中国史话语权建构的迫切需要。中国传统文化与西方思想文化的关系重构需要黄炎培职业教育思想为其突破；精英文化与世俗文化的差异需要黄炎培职业教育思想为其融通；理论与实践的隔阂需要黄炎培职业教育思想为其准确表达。黄炎培职业教育思想是新中国史话语权的构建途径。（1）内容层面。黄炎培职业教育思想的内容设计更加强调平等性、交互性、平面性，将对新中国史话语权在内容层面进行转换，从而使其更容易被民众理解、接受，并内化于行为之中。（2）载体层面。新中国史话语权的传布依赖现代传媒载体，以具有现代价值取向的理论为核心去适应新时代发展;(3)系统层面。对应于新中国史话语权的多层面性:以核心价值为中心层,体制建设为中间层,配套法规为外显层,黄炎培职业教育思想建构也将呈现出一种系统性。

上海理工大学副校长、上海出版印刷高等专科学校校长陈斌作了《学习黄炎培职业教育思想,推进学校职业教育教学改革》的发言:上海出版印刷高等专科学校把践行黄炎培职业教育思想和贯彻新发展理念相结合,创新运用黄炎培先生提出的"手脑并用、做学合一"的社会化职教思想,以创新思维、改革思路和务实举措推动学校教育教学改革。学校坚持"工文艺融汇、编印发贯通、教学做互动、产学研结合"的办学特色,构建起职教特色的现代大学制度。学校以市场需求为立足点,优化调整专业结构,目前已成功入选上海一流专科高等职业教育建设培育单位,6个专业获批上海一流专科高等职业教育专业建设立项;以推进产教深度融合为方向,与优质企业建立产业学院、产业园和示范项目,积极促进教育链、人才链与产业链、创新链有机衔接;以世界技能大赛为引领,推动人才培养模式改革,学生在世界和全国各类大赛上屡获佳绩,在历届全国印刷职业技能大赛中包揽半数以上奖项;以培养应用型技术人才为目标,与中外院校广泛开展合作项目;以社会服务和科技服务为己任,打造"环版专"文化创意产业带,助力上海文创产业转型升级。学校将继续深化办学体制机制改革、畅通技术技能型人才成长渠道,培养更多大国工匠、能工巧匠,为全面建设社会主义现代化强国作出应有贡献。

中华职业学校校长黄玉璟作了《传承黄炎培职业教育思想 培养新时代技能人才》的发言:创办于1918年的中华职业学校是中华职业教育社第一个职教实验基地,成功实践了中华职业教育社的职教理想,被誉为"最富有试验性的学校"和中华人民共和国石油工业的"黄埔军校",为中国革命、建设和改革事业培养了一大批各领域杰出才俊。学校一以贯之黄炎培职业教育思想,传承红色基因,发扬光荣传统,始终秉承"使无业者有业,使有业者乐业"的办学宗旨和"敬业乐群"的校训,坚持"手脑并用""做学合一"的教学原则和"金的人格、铁的纪律、强的技能、美的形象"的育人准则,成为一所独具历史文化底蕴和专业品牌特色的现代化职业学校。"十三五"时期,学校面向现代服务业,开设"航空旅游"和"文化创意"两大专业群,积极试点中本贯通、中高贯通、双证融通、现代学徒制等培养模式创新,坚持德育首位,深化校企合作,探索产教融合,建设师资队伍,开展教育科学研究,改善办学条件,办学品质不断提高,社会美誉度持续提升。展望"十四五",学校坚持"文化立校、依法治校、创新兴校、质量强校",将围绕环境建设、专业建设、队伍建设、文化建设和制度建设,实施德育一体化、优化专业群、数字校园建设、师资队伍提升、文化品牌打造、社会培训扩大、双创教育推进、国际交流合作加强"八大工程",更好地传承黄炎培职教思想,把学校打造成现代化精品学校。

  吉安职业技术学院党委书记欧阳亮作了《新时代革命老区职业教育品质建设》的发言：革命老区的职业教育发展与时俱进,凸显红色文化育人底色,按照自身办学实际发展特色,最终培养高质量人才,提升职业教育品质。2020年8月,教育部、江西省启动部省共建中部地区职业教育创新发展高地,江西用好部省共推机制,加快构建现代职业教育体系,实施：(1)整省推进,全域覆盖,构建职教新发展格局。全省42个部门、11个设区市重点在高职教育提质、中职教育扩容方面联动发力。(2)一市一策,聚焦重点,促进职教改革成果落地。吉安市开创"校·企大学"办学新模式,服务地方产业链,并依托红色文化资源,培养红色培训人才；赣州市探索"湾区+老区"职教发展新模式,对接粤港澳大湾区优质职业院校组建职教发展联盟；鹰潭市成立乡村振兴职业技术大学,面向农村开展人才培养。(3)示范引领,突出特色,形成高地建设重要抓手。重点打造10所区域高水平高职院校(成立G10联盟),提升办学水平和层次。为进一步深化产教融合校企合作,职业院校紧贴地方产业发展,聚焦人才培养和社会服务两大职责,找到地方产业和区域经济发展需求的关键点,坚持与本地龙头企业开展校企合作,开展了订单班、校中厂、厂中校等合作方式,探索实践出一条"合作育人、合作就业、合作发展"的校企融合之路,实现了地方、企业、学校、学生四方共赢的局面。

  湖南体育职业学院院长谭焱良作了《传承黄炎培职业教育思想 创新卓越工匠培养模式》的发言：黄炎培职业教育思想是"活着"的,"有业乐业"是"活"的灵魂,"社会化""科学化""平民化"是"活"的特征。湖南体育职业学院以黄炎培职业教育思想中"活"的灵魂与特征为指导,为培养新时期卓越工匠而探索创新出了一套五环模式,走出一条充满自身特色的卓越体育工匠培养之路。目标环包括学、思、行、竞、创五大职业核心能力,既有对黄炎培"敬业乐群"思想的拆分与发展,又统一于"使无业者有业"的三个内核要素中；机制环践行"大职业教育主义"理论,紧密结合政、行、企、校、社,系统有效地为卓越工匠培养护航；过程环由学、研、训、赛、产五环相扣,为"手脑并用,做学合一,理论和实际并行，知识与技能并重"的具体延伸；活动环以真、善、美为内在要求，实、创为外在表现形式，是对近代活动教育思想的继承与创新；评价环由行业、企业、社会、教师和学生多方面完成，助力优化评价生态，保障职教质量。

山东水利职业学院校长于纪玉作了《新时代职业教育创新发展的山水探索与实践》的发言：新时代背景下，职业教育创新发展体现在人才质量提升、人才培养优化、人才发展全面3个维度。黄炎培创造性提出了"大职教"和"乐业观"两种思想，为新时代职业教育创新发展提供了诸多启示，包括人才培养要注重实现人的全面发展，教学改革要增强职业教育的实践性、适应性，合作办学要构建职业教育的命运共同体。山东水利职业学院将"创新创业教育"作为切入点，深入推进职业教育创新发展的"山水探索与实践"。(1)深化三教改革，坚持大赛引领，提升了办学质量。(2)注重创新行动力、创造活跃力、创业意志力、就业竞争力"四力"培养，强调赛创、专创、训创和思创四维融合，提高了人岗适配度。(3)推动校企、校地、校校、中外共同体建设，凝聚职教合力，突出了创新发展特色。(4)打造"1+1+6"职教双创新媒体矩阵，增强了类型自信和文化自信。最终实现职教双创从改变到成长，从格局到生态，有效增强职业教育的适应性，使职教走向高端。

河北工业职业技术大学副校长韩提文作了《新时代职业教育发展的使命、经验与实践进路探析》的发言：职业教育发展新时代使命是为党育人、为国育才，构建中国特色现代职业教育体系，走高质量发展之路。河北工业职业技术大学与河北钢铁产业同发展、共成长，主动担当"践行钢铁报国，培育钢铁工匠"的宗旨使命，将"铁的纪律，钢的意志，火的热情"贯穿人才培养全过程。学校通过优化产业群建设格局，做实育训结合模式改革，打造高水平教师团队，搭建国家级产教融合平台，建设先进技术研发中心，共建技术技能大师工作室等举措，不断深化产教融合，强化技能培养。着力构建德育、教学、科技、双创、文化、社会六大实践体系，持续提升学生职业能力。学校始终坚持社会主义办学方向，以新发展理念引领学校内涵式建设，发展至今已成为河钢集团、首钢集团、新兴际华集团等单位招聘毕业生的首选学校，2021年1月经教育部批准成为公办本科职业技术大学。

（执笔：毕鹏宇　朱松杰　黎同炎　王黎明　王茹婷）

二、职业教育提质培优行动计划的三大特征

日前,教育部等九部门联合颁布《职业教育提质培优行动计划(2020—2023年)》(以下简称《行动计划》),是指导推进全国职业教育高质量发展的纲领性文件,是职业教育领域贯彻落实习近平总书记关于教育重要论述的重要行动,是对《国家职业教育改革实施方案》(以下简称"职教20条")的落实、落地,体现出完善体系、重点突破、压实责任三大特征。

(一)完善体系,明确职业教育的类型特征

如何办好新时代职业教育,"职教20条"已将党和国家的顶层设计转化成了施工蓝图,并且开宗明义地提出"职业教育与普通教育是两种不同教育类型,具有同等重要地位"。在这一"类型教育"重大判断前提下,针对"我国职业教育还存在着体系建设不够完善"等突出问题,《行动计划》将"职教20条"蓝图进一步转化为具体行动,设计了10个方面的27项重点任务。其中,推进职业教育协调发展、完善服务全民终身学习的制度体系、深化产教融合校企合作三大任务的实施,将党的十九大关于"完善职业教育和培训体系"的战略部署落到了实处。

1. 推进职业教育协调发展,使职业学校教育体系更加完善

中职教育要继续强化基础性作用。《行动计划》就强化中职基础性作用提出5条主要措施:首先,坚守两条政策底线,继续强调"职教20条"的"把发展中职教育作为普及高中阶段教育和建设中国特色现代职业教育体系的重要基础"和"保持高中阶段教育职普比大体相当"两大原则;其次,通过资源整合"提质培优",要求全面核查基本办学条件,整合"空、小、散、弱"学校,优化学校布局,并

结合实际鼓励各地将政府投入的职教资源统一纳入中职调配使用，提高办学效益；其三，积极支持普职融通，提出建立普通高中和中职学校合作机制，探索课程互选、学分互认、资源互通，支持有条件的普通高中举办综合高中，这也为推进高职教育改革开辟了新的政策空间；其四，支持贫困地区中职教育，集中连片特困地区每个地市原则上至少建好办好 1 所符合当地经济社会发展需要的中职学校，加大"三区三州"等深度贫困地区的普职融通力度，发挥职业教育促进义务教育"控辍保学"作用；其五，设立中职"双优"重大专项，到 2022 年在实现整体教学条件基本达标的同时，遴选出 1000 所左右优质中职学校和 3000 个左右优质专业、300 所左右优质技工学校和 300 个左右优质专业，这一中职"双优"计划将与高职"双高"计划一道成为推进职业院校建设的重要抓手。

专科高职教育首次提出巩固主体地位。确立专科高职教育在职业教育中的主体地位，是我国职教事业发展中具有标志性意义的事件和重要表述。李克强总理在 2019 年的政府工作报告中提出"改革完善高职院校考试招生办法，鼓励更多应届高中毕业生和退役军人、下岗职工、农民工等报考，今年大规模扩招 100 万人"，这一高职扩招政策不仅有力影响了高等教育结构，也深刻影响了职业教育结构。最新统计数据显示[1]：2019 年全国专科高职教育（含成人专科）的招生数和在校生数分别为 635.27 万人和 1607.95 万人，第一次超过中职教育（含成人中专）的 600.37 万人和 1576.47 万人，也是自 2009 年以来第一次超过普通本科招生规模（普通本科招生 431.29 万人，普通专科招生 483.61 万人），普通专科和成人专科年招生规模分别比上一年度增加了 114.78 万人和 18.38 万人。2020 年的政府工作报告进一步提出今明两年"高职院校扩招 200 万人，要使更多劳动者长技能、好就业"，专科高职教育的主体地位由此更加得到巩固和确立。

高层次职业教育要分层推进、稳步发展。在"职教 20 条"提出"开展本科层次职业教育试点"基础上，《行动计划》明确把发展本科职业教育作为完善现代职业教育体系的关键一环，培养高素质创新型技术技能人才，畅通技术技能人才成长通道，设计了 3 条具体落实路径：一是支持符合条件的中国特色高水平高职学校建设单位试办职业教育本科专业，二是推动具备条件的普通本科高校向应用型转变，三是根据产业需要和行业特点适度扩大专业学位硕士、博士培养规模。这样的"三箭齐发"，不仅有利于保障本科层次职业教育办学质量，而且拓展了"高层次职业教育"的发展空间。

2. 完善服务全民终身学习的制度体系，落实职业院校实施学历教育与培训并举的法定职责

落实"健全服务全民终身学习的职业教育制度"的责任主体。《行动计划》不仅强调了"职教20条"中关于推进国家资历框架和国家"学分银行"建设的政策举措，而且明确了国家开放大学系统在全民终身学习制度建设、体系构建、质量保障和提供终身学习服务等方面不可替代的重要作用，支持国家开放大学体系创新发展，着力提高办学质量和水平，服务全民终身学习体系建设；同时下放学校办学自主权，支持学校按照相关规则研制具体的学习成果转换办法，按程序受理学分兑换申请，符合条件的学生可免修部分课程或模块。

落实"推动学历教育与职业培训并举并重"的量化指标。2019年国务院办公厅印发《职业技能提升行动方案（2019—2021年）》（以下简称《技能提升方案》），提出三年共开展各类补贴性职业技能培训5000万人次以上，其中2019年培训1500万人次以上的目标，李克强总理在2020年政府工作报告中要求"今明两年职业技能培训3500万人次以上"指的就是这项任务。《行动计划》明确要求和支持职业院校承担更多培训任务，成为落实《技能提升方案》的主力军，规定1300所优质职业学校年培训人次要达到在校生规模的2倍以上，引导职业学校和龙头企业联合建设500个左右示范性职工培训基地。而《技能提升方案》也对职业院校作出了一系列有利并有助其开展补贴性职业培训的制度安排，如在核定职业院校绩效工资总量时，可向承担职业技能培训工作的单位倾斜；允许职业院校将一定比例的培训收入纳入学校公用经费，学校培训工作量可按一定比例折算成全日制学生培养工作量；职业院校在内部分配时，应向承担职业技能培训工作的一线教师倾斜，保障其合理待遇等。

落实"强化职业学校的继续教育功能"的新发展空间。这是《行动计划》的一大亮点，要求强化职业学校承担和提供继续教育的服务功能定位。明确提出鼓励职业学校积极参与社区教育和老年教育，与普通高校、开放大学（广播电视大学）、独立设置成人高校、各类继续教育机构互联互通、共建共享，形成服务全民终身学习的发展合力。这一举措在当前形势下具有重要现实意义：就中职教育发展而言，与前述整合"空、小、散、弱"学校，优化中职学校布局等政策举措相互配合，不仅为全民终身学习注入了强大的教育资源，也为学校提质培优和资源整合拓展了操作空间；就高职教育发展而言，不仅是贯彻落实十九届四中全会

"完善职业技术教育、高等教育、继续教育统筹协调发展机制"的重大举措,而且为高职扩招政策的实施提供了现实的、可持续的路径。

3. 深化产教融合、校企合作,凸显职业教育作为类型教育的本质

确立产教融合在职业教育中的战略地位。职业教育的本质性特征突出表现在产教融合,没有产教融合其作为一种类型教育就失去了根本依据。2019年9月,国家发展改革委和教育部等六部委联合出台《国家产教融合建设试点实施方案》(以下简称《产教融合方案》)指出要"把深化产教融合改革作为推进人力人才资源供给侧结构性改革的战略性任务",对此《行动计划》要求深化职业教育供给侧结构性改革并作出具体部署,包括建立产业人才数据平台,发布产业人才需求报告,促进职业教育和产业人才需求精准对接;研制职业教育产教对接谱系图,指导优化职业学校和专业布局,重点服务现代制造业、现代服务业和现代农业;遴选建设一批产教融合型城市,推动试点城市建设开放型、共享型、智慧型实训基地等。需要指出的是,产教融合作为职业教育的类型特征"知易行难",相关省份实践证明产业人才数据平台往往呈现碎片化分布,而且供需各方对岗位、工种、能力等要素的理解很难一致,建设产业人才数据平台、发布人才需求报告、研制产教对接图谱等工作存在较大困难,需要由政府部门牵头制定相关方案,落实数据和信息渠道,明确数据和信息分析机构,建立基于供需信息使用主体的分析报告评价机制,政府与市场相结合推进此项战略性基础工作。

支持企业在协同育人中发挥主导作用。《行动计划》提出深化校企合作协同育人模式改革,明确支持国有企业和大型民营企业举办或参与举办职业教育,为职业院校资源整合,尤其是优化中职学校布局引入重要办学主体;支持行业领军企业主导建设全国性职教集团,分领域建设服务产业高端的技术技能人才标准和培养高地,行业领军企业作为重要办学主体将在全国性职教集团、人才标准和培养基地建设中发挥"主导"作用;鼓励企业利用资本、技术、知识、设施、设备和管理等要素参与校企合作,为推进职业教育混合所有制改革提供了操作路径;并提出打造500个左右实体化运行的示范性职教集团(联盟)、100个左右技工教育集团(联盟),这种"实体化"的运行为深化校企合作指明了方向。

明确校企双方在产教融合中的相互关系和中心任务。《行动计划》提出要健全以企业为重要主导、职业学校为重要支撑、产业关键核心技术攻关为中心任务的产教融合创新机制,再一次清晰地明确产教融合创新机制是要企业主导,要求职业学校能够成为重要支撑，而产教融合的中心任务则指向核心技术攻关这一中心任务。这就是说，职业院校深化产教融合是有明确功能定位的，是支撑而非主导；有明确的目标任务，支撑核心技术攻关而不是学校花钱买融合、买合作。此外，《行动计划》落实《产教融合方案》有关政策，对纳入产教融合型企业建设培育范围的试点企业，兴办职业教育的投资符合规定的可按投资额的30%抵免当年应缴教育费附加和地方教育附加；充分发挥市场配置资源作用，鼓励地方开展混合所有制、股份制办学改革试点，推动各地建立健全省级产教融合型企业认证制度，落实"金融+财政+土地+信用"的组合式激励政策。

（二）重点突破，聚焦德技并修的育人特征

习近平总书记在全国教育大会上的讲话中，不但强调各级各类教育都要"坚持把立德树人作为根本任务"，而且还专门针对职业教育提出了"健全德技并修、工学结合的育人机制"[2]的明确要求。由此，"职教20条"将"落实好立德树人根本任务，健全德技并修、工学结合的育人机制，完善评价机制，规范人才培养全过程"作为健全国家职业教育制度框架的方向性内容。《行动计划》围绕上述要求，紧扣培养什么人、怎样培养人、为谁培养人这个根本问题，抓住立德树人、教师队伍改革和国际交流合作育人等重点领域，对中央一系列重大战略部署有落实、有安排、有创新。

1. 在推进落实立德树人根本任务方面，有具体的落实

推动习近平新时代中国特色社会主义思想进教材进课堂进头脑。"职教20条"明确要求"指导职业院校上好思想政治理论课"，教育部相关文件也有具体的规定，2019年11月教育部办公厅印发《关于加强和改进新时代中等职业学校德育工作的意见》和2020年6月教育部印发《高等学校课程思政建设指导纲要》都强调要求推动习近平新时代中国特色社会主义思想进教材、进课堂、进头脑。此次《行动计划》进一步明确提出，要以习近平新时代中国特色社会主义思想特别是习近平总书记关于职业教育的重要论述武装头脑、指导实践、推动工作，并要求推进理想信念教育常态化、制度化，落实《新时代爱国主义教育实施纲要》和《新时代公民道德建设纲要》，加强"四史"教育和爱国主义、集体主义、社会主义教育。

将劳动教育纳入职业学校人才培养方案。贯彻落实《中共中央 国务院关于

全面加强新时代大中小学劳动教育的意见》和教育部相关文件精神,《行动计划》明确把劳动教育纳入职业学校人才培养方案,设立劳动教育必修课程,统筹勤工俭学、实习实训、社会实践、志愿服务等环节系统开展劳动教育,规定加强职业道德、职业素养、职业行为习惯培养,职业精神、工匠精神、劳模精神等专题教育不少于16学时,同时要求加强艺术类公共基础必修课程建设。

狠抓高职辅导员、中职班主任和企业兼职德育导师队伍建设。《行动计划》有针对性地提出高职学校按照师生比不低于1∶200的比例设置专职辅导员岗位,构建省校两级培训体系,建立辅导员职务职级"双线"晋升通道,推动辅导员专业化、职业化发展;加强中职德育工作队伍建设,办好中职学校班主任业务能力比赛;鼓励从企业中聘请劳动模范、技术能手、大国工匠、道德楷模担任兼职德育导师,建设一支阅历丰富、有亲和力、身正为范的兼职德育工作队伍等一系列"实招",按照习近平总书记"政治要强、情怀要深、思维要新、视野要广、自律要严、人格要正"的要求塑造"人师"。

2. 在实施职业院校教师队伍改革方面,有明确的安排

提升教师个体的"双师"素质。《行动计划》提出到2023年专业教师中"双师型"教师占比要超过50%,并遴选一批国家"万人计划"教学名师;要求根据职业教育特点核定公办职业学校教职工编制,实施新一周期"全国职业院校教师素质提高计划",校企共建"双师型"教师培养培训基地和教师企业实践基地,落实5年一轮的教师全员培训制度;探索有条件的优质高职学校转型为职业技术师范类院校或开办职业技术师范专业,支持高水平工科院校分专业领域培养职业教育师资,构建"双师型"教师培养体系;改革职业学校专业教师晋升和评价机制,破除"五唯"倾向,将企业生产项目实践经历、业绩成果等纳入评价标准;改革完善职业学校绩效工资政策,通过校企合作、技术服务、社会培训取得的收入可按一定比例作为绩效工资来源。

改善教学团队的"双师"结构。到2023年要遴选360个国家级教师教学创新团队。这些教学创新团队都应当具有专兼职结合、制度化分工、育训并举的"双师"结构特征,因为从国际比较看即使教师个体难以普遍具备"双师"素质,但团队整体的"双师"结构仍是可以做到的,事实上很多发达国家和地区的职业教育都是这么做的[3]。因此《行动计划》强调要完善职业学校自主聘任兼职教师的办法,实施现代产业导师特聘岗位计划,设置一定比例的特聘岗位,畅通行业企业高层次技术技能人才从教渠道，推动企业工程技术人员、高技能人才与职业学校教师双向流动；并要求人力资源社会保障和财政部门充分考虑职业学校承担培训任务情况，合理核定绩效工资总量和水平，对承担任务较重的职业学校在原总量基础上及时核增所需绩效工资总量，专业教师也可按国家规定在校企合作企业兼职取酬。

通过教师队伍改革推进教材和教法改革。"三教改革"的关键在于人，教师队伍的改革首当其冲，教材改革和教法改革说到底还是要依靠教师实实在在地去做的。《行动计划》提出到2023年，遴选10000种左右校企双元合作开发的职业教育规划教材、职业学校专业课程全部使用新近更新的教材、建立健全教材动态更新调整机制和创新教材形态等，以及实践性教学学时原则上占总学时数50%以上、遴选1000个左右职业教育"课堂革命"典型案例、完善以学习者为中心的专业和课程教学评价体系等一系列目标，都对教师队伍提出了新的更高的要求。

3. 在开展职教国际交流合作育人方面，有现实的创新

聚焦产能，体现职业教育国际化的"真价值"。2020年6月，教育部等八部门出台《关于加快和扩大新时代教育对外开放的意见》，要求"把培养具有全球竞争力的人才摆在重要位置"和"推动职业教育更加开放畅通，加快建设具有国际先进水平的中国特色职业教育体系"。《行动计划》首次把职业教育开展国际合作与交流落在"国际产能合作"上，提出要实施职业教育服务国际产能合作行动，不仅体现了职业教育的类型特性，而且展现了合作共赢构建人类命运共同体的价值取向，在当前形势下具有特殊重要的现实意义。

着眼于人，加快培养国际产能合作急需的人才。加强职业学校与境外中资企业合作，支持职业学校到国（境）外办学，培育一批"鲁班工坊"，培养熟悉中华传统文化、中资企业急需的本土技术技能人才；鼓励国家开放大学建设海外学习中心，推动中国与产能合作国远程教育培训合作；统筹利用现有资源，实施"职业院校教师教学创新团队境外培训计划"，选派一大批专业带头人和骨干教师出国研修访学；鼓励引进国（境）外优质职业教育机构来华合作办学，促进国际经验的本土化、再创新。

落到项目，着力提升职业教育国际影响力。推进"中文＋职业技能"项目，助力中国职业教育走出去，提升国际影响力；引导职业学校与国（境）外优秀职业教育机构联合开展学术研究、标准研制、师生交流等合作项目，促进国内职业教育优秀成果海外推介；对接联合国教科文组织，积极承办世界职业教育大会，在"一带一路"沿线国家举办中国职业教育发展成果展，贡献职业教育的中国智慧、中国经验和中国方案，展示当代中国良好形象。

（三）压实责任，彰显共建共享的治理特征

"一分部署，九分落实"。在改革进入攻坚期和深水区的今天，习近平总书记对于"落实"的态度和方法论，以及关于抓落实的一系列重要指示和部署，直接体现并影响着改革发展的大局[4]。推进国家治理体系和治理能力现代化，一个重要的方法论就是通过压实各方责任狠抓落实，通过深化体制机制改革推动制度逐步成熟定型。此次《行动计划》的重要亮点正在于机制建设，不仅明确提出了地方主责，而且设计了发展职业教育的部省共建机制和部委协同的共治机制。

1. 围绕标准、质量和人才三大环节，提升治理能力

健全国家、省和学校三级标准体系。按照"职教20条"中"发挥标准在职业教育质量提升中的基础性作用"的要求，《行动计划》提出"构建国家、省、校三级专业教学标准体系"，国家面向产业急需领域和量大面广的专业，修（制）订国家标准；各地根据经济社会发展需要和有关技术规范，补充制定区域性标准；职业学校全面落实国标和省标，开发具有校本特色的更高标准。此外，在国家层面，还要适时修订中职学校、专科高职学校设置标准，研制本科职业学校设置标准，实施职业学校教师、校长专业标准，制定"双师型"教师基本要求，统筹修（制）订衔接贯通、全面覆盖的中等、专科、本科职业教育专业目录及专业设置管理办法。尤其值得指出的是，《行动计划》提出要结合职业教育特点完善学位制度，并在重点任务（项目）一览表中，明确教育部和国务院学位办为承担此项任务的责任部门，为推动具备条件的普通本科高校向应用型转变，推动各地发展以职业需求为导向、以实践能力培养为重点、以产学研用结合为途径的专业学位研究生培养模式提供了制度保障。

巩固国家、省、校三级质量年报发布制度。按照"职教20条"关于"建立健全职业教育质量评价和督导评估制度"的要求，《行动计划》要求巩固国家、省、校三级质量年报发布制度，进一步提高质量年报编制水平和公开力度。实践中，中职和高职的三级质量年报要进一步提高编制水平和公开力度，进一步发挥这一成熟制度工具在职业教育办学质量管理、学校治理体系和治理能力建设中的积极

作用。此外,《行动计划》要求完善政府、行业企业、学校、社会等多方参与的质量监管评价机制,具体包括3个层面:在宏观层面,要完善职业教育督导评估方法,构建国家、省、校三级职业教育督导体系;在学校层面,重在完善以章程为核心的校内规则制度体系,健全职业学校内部治理结构,作为办学质量保证的主体在教学工作诊断与改进制度建设中切实发挥主体作用,展现改革的自觉性;在教育教学的微观层面,要把职业道德、职业素养、技术技能水平、就业质量和创业能力作为衡量人才培养质量的重要内容。特别提出要对职业学校的办学质量进行考核,要求省级政府统筹开展职业学校办学质量考核,建立技能抽查、实习报告、毕业设计抽检等随机性检查制度。

建立国家、省、市(县)分级专业化管理队伍培训机制。首先是强化职业学校校长队伍建设,完善选拔任用机制;其次是赋予学校更多自主权,落实和扩大职业学校办学自主权,健全完善职称评聘、分配制度等办法,支持学校在限额内自主设立内设机构,按规定自主设置岗位、自主确定用人计划、按规定自主招聘各类人才;其三是建立国家、省、市(县)分级培训机制,组织开展职业学校校长和管理干部培训,造就一支政治过硬、品德高尚、业务精湛、治校有方的管理队伍。《行动计划》提出到2022年,国家组织集中培训中、高职校长(书记)5000名左右和1000名左右,各级各类培训覆盖全部职业学校管理干部。千军易得一将难求,抓住了高素质管理干部队伍专业化建设,尤其是校长书记队伍建设这个"牛鼻子",职业教育治理能力和治理水平提升就能责任到人、落到实处。

2. 以职业教育创新发展高地为抓手,完善共建机制

整省推进职业教育提质培优。《行动计划》提出主动适应国家区域发展战略,要在东中西部布局5个左右国家职业教育改革省域试点。与优质中职学校和专业建设计划、中国特色高水平高职学校和专业建设计划以学校为载体的专项建设不同,以省域为整体的改革推进提质培优高质量发展的体量、力度、空间、影响和效益都更大,这也是职业教育战线在总结多年重大专项建设经验成果基础上的重大实践创新。因此,按照"一地一案、分区推进"原则,在学校设置、重点项目建设等方面加大政策供给,支持试点省份探索新时代区域职业教育改革发展新模式;并要求引导地方落实主体责任,完善地方职业教育工作部门联席会议制度,推动各部门形成工作合力,优化职业教育办学体制机制,加强治理体系和治理能力现代化建设,探索职业学校毕业生高质量就业模式等。

合力打造职业教育样板城市。《行动计划》还提出通过国家、省、市三级推动,建设 10 个左右国家职业教育改革市域试点。具体举措是支持地市政府把握功能区定位，加强市场化资源配置，在职业教育服务城市文明、服务城市创新、服务民生需求、服务绿色发展等领域重点突破、先行示范，率先建成与城市经济和民生相适应的现代职业教育体系，开创职业教育开放办学新格局，形成一批基层首创的改革经验。

在实施创新发展高地建设行动中推进共建共享。目前教育部在与山东、江西、甘肃共建省级职业教育创新发展高地建设中建立了部省协调推进机制，共建共享的改革成果初显。江西在高地建设文件中明确要求各市县政府和省级部门协同落实职业院校教师绩效工资改革制度，提出院校通过校企合作、技术服务、社会培训、自办企业等项目所得扣除必要成本外的净收入可提取 60% 用于劳动报酬，教师根据相关规定取得的科技成果转让费计入当年本单位绩效工资总量但不受总量控制、不作为调控基数等；山东也提出公办职业院校绩效工资水平最高可达到所在行政区域事业单位绩效工资基准线的 5 倍，学校对外开展技术开发、技术转让、技术咨询、技术服务取得的收入结余可提取 50% 以上用于教师劳动报酬且不纳入单位绩效工资总量管理等，体现了教育部和地方政府在共建共治中努力使改革成果重新成为职业教育提质培优正向激励机制和扩大治理效能的重要理念。

3. 完善经费倾斜和协同推进等机制，压实各方责任

压实各级新增经费向职教倾斜的财政支持机制。《行动计划》明确提出新增教育经费要向职业教育倾斜，逐步建立与办学规模、培养成本、办学质量相适应的财政投入制度，进一步完善职业学校生均拨款制度，合理确定生均财政拨款水平；支持地方将职业教育纳入地方政府专项债券资金支持范围；鼓励社会力量兴办职业教育，健全成本分担机制，落实举办者的投入责任，拓宽经费来源渠道。部省共建的三省发布的高地建设文件中都作出了新增财政性教育经费（投入）或教育经费向职业教育倾斜的政策承诺，其中山东进一步提出要探索建立"基本保障＋发展专项＋绩效奖励"的财政拨款制度，逐步提高公办中、高职院校生均拨款；甘肃则明确提出将职业教育纳入政府专项债券资金支持范围，支持学校申报地方政府专项债券，加强基础设施建设。

压实《行动计划》落地落实的各方协同推进机制。在国家层面，明确由国务院职业教育工作部际联席会议加强对《行动计划》实施工作的指导，教育部负责实施工作的统筹协调，国务院相关部门在职责分工范围内落实相应任务的协同机制。国家建立《行动计划》执行情况检查通报制度，国务院将《行动计划》执行情况列入国务院大督查范围，列为省级政府履行教育职责的重要内容，各地实施成效作为国家新一轮重大改革试点项目遴选的重要依据。在省级政府层面，要求统筹有关部门，积极承接任务项目、制定工作方案、协调支持经费、加大政策供给，将《行动计划》与"十四五"事业发展同规划、同部署、同考核，确保改革发展任务落地。要求各地要将《行动计划》执行情况列入省政府督查范围，将目标责任完成情况作为督查对象业绩考核的重要内容。

压实顶层设计和科研引领的科学决策机制。"职教 20 条"提出要在政府指导下组建国家职业教育指导咨询委员会，以及通过政府购买服务等方式听取咨询机构提出的意见建议并鼓励社会和民间智库参与。《行动计划》在此基础上进一步提出要"完善国家职业教育指导咨询委员会工作机制"和"加强职业教育研究，加快构建中国特色职业教育的思想体系、话语体系、政策体系和实践体系"，这将使国家职业教育指导咨询委员会和职业教育研究机构的作用得到更有效的发挥。

纵观《行动计划》通篇，在考试招生制度改革、信息化 2.0 建设等其他方面都有明确的行动安排，还有不少亮点，也都能看到以上三大特征，首先是体现在通过"完善体系"使得职业教育作为一种类型教育的理念能够落地，其次是在方法论上通过"重点突破"和"压实责任"使得"职教 20 条"部署的改革任务能够落实。我们期待着这份纲领性文件在职业教育高质量发展中发挥重大作用。

参考文献

[1] 中华人民共和国教育部. 2019 年教育统计数据：全国基本情况/各级各类学历教育学生情况 [EB/OL]. http://www.moe.gov.cn/s78/A03/moe_560/jytjsj_2019/qg/202006/t20200611_464803.html.

[2] 习近平. 习近平谈治国理政. 第三卷 [M]. 北京：外文出版社，2020：351.

[3] 郭扬. 职业院校专任教师的角色转换 [J]. 职教论坛，2012（31）.

[4] 刘少华. 崇尚实干 狠抓落实（习近平治国理政关键词：一分部署 九分落实）[N]. 人民日报海外版，2017-06-22.

（执笔：张晨、马树超、郭扬）

三、职业教育助力高质量减贫的实践探索与反思

2012年以来,我国组织实施了脱贫攻坚战,经过8年持续奋斗消除了绝对贫困和区域性整体贫困。脱贫攻坚时,职业教育是"五个一批"中"发展教育脱贫一批"的重要组成部分,也是与经济社会发展联系最为密切的一种教育类型,发展职业教育具有明显的"益贫"功能。进入后脱贫时代,需要更加科学的认识职业教育助力减贫的实践探索,推动职业教育在巩固拓展脱贫攻坚和助力乡村振兴中更好地发挥作用。本文结合对西藏地区职业教育的调研分析,拟从职业教育助力高质量减贫的合理合法性、民族地区实践探索的特点与优化提升空间等角度进行分析。

(一)职业教育助力高质量减贫的依据

职业教育是国民教育体系和人力资源开发的重要组成部分,助力减贫不但是职业教育本身的重要功能,也是检验职业教育成效的重要方面。这不但源于其本身的内在逻辑,还源于现实需要。职业教育之所以能够助力高质量减贫,主要有以下几个依据。

1. 理论依据:职业教育作为类型教育的独特优势

反贫困是古今中外治国理政的一件大事[1]。从终结贫困的思想渊源来看,伴随时代的发展,贫困越来越不被容忍,它被看作是对人类自由和社会包容的关键物质限制、一种权利可被剥夺的风险、实现其他重要目标的障碍等[2],对贫困的认知经历了物质匮乏、能力不足与权利缺失3个阶段[3]。从消除贫困的实践历程来看,贫困人口能够参与的经济增长、有利于贫困人口的技术进步、有利于贫困

人口的再分配等，是国家减贫的重要途径。从助力扶贫的国际经验来看，提升可行能力，促进贫困人群实现体面就业，是改变贫困人口生存状态和具备可持续发展能力的基础，构建"教育与就业"互动的教育扶贫体系是联合国教科文组织、世界银行、经合组织、世界劳工组织的教育扶贫理念[4][5]。2020年，我国脱贫攻坚战取得全面胜利，形成中国特色反贫困理论。新时期，巩固拓展脱贫攻坚成果，建立预防贫困和解决相对贫困的长效机制将成为新重点。

职业教育以传递技术知识为媒介有助于发展贫困人口的生产力。职业教育与普通教育是两种不同的教育类型，职业教育是使学习者获取某种职业或行业或数种职业或行业特定的知识、技艺和能力的教育[6]。它着重提升受教育者的职业素质和职业能力，以技术知识为重的教育生产性特征明显，具有消除绝对贫困、缩小相对贫困、消解能力贫困、消除文化贫困的多元化功能[7]。可见，职业教育能够通过提高受教育者的技术水平，提升劳动生产率，从而提高受教育者的收入水平和生活质量。这契合了中国减贫学的核心要义，即解放贫困者的生产力，使他们不仅成为分配的受益者，也成为增长的贡献者，推动实现整个社会更加均衡、更加公平的发展[8]。与普通教育相比，职业教育的减贫功能更为突出，有学者研究指出，职业高中教育和普通高中教育均能缩小贫困与非贫困居民之间的收入差距，但相比普通高中教育而言，职业高中教育缩小收入差距的效果更为明显[9]。

基于此，职业教育具备助力高质量减贫的独特优势。它首先通过提升人力资本，激发贫困人口的内生动力，使得贫困人口能够依靠自己的主动响应来增加收入的机会，通过内源式发展实现可持续脱贫，提高了贫困人口参与到经济增长进程中的能力。其次，通过提高教育水平促进经济增长，进而减少贫困是教育影响贫困变动的主要手段[10]，职业教育坚持产教融合、校企合作、工学结合、知行合一，紧贴市场的办学模式决定了其服务产业发展的功能，能够推动教育、产业、就业相联结，教育扶贫、产业扶贫相助益，也使得技术进步能够尽快融入贫困人口发展。第三，发展职业教育是社会资源再分配的过程，提高了贫困人口受教育的机会和参与公共事务的能力，使原本在某些方面可能不利于贫困人口的经济增长显示出更多益贫的功能。因此可以说，发展职业教育既是一种激励性的扶贫工具，也是促进社会资源分配更加公平的手段，它能够解决的不仅仅是贫困问题，还有益于解决贫困背后的不公平问题，对于增加贫困地区的社会服务供给、整合升级剩余劳动力资源、提高就业收入等方面具有综合性的扶贫功效和脱贫价值，可以有效放大扶贫资源的"益贫"效应。

2. 实践依据：职业教育助力减贫事业的现实表现

遍布城乡的院校布局为减贫和统筹城乡发展作出贡献。调研显示，我国县级行政区的中职学校覆盖率接近90%，600余所高职院校布点在地市级及以下城市，200余所高职院校在县级城市办学，形成了覆盖区域更加广泛、分布更加均衡的院校网络，面向中小城市、民族地区、贫困地区提供技术技能人才支撑。西藏、新疆、青海、四川、云南、甘肃分布在"三州三区"等相对贫困地区的中高职院校超过350所，在校生总数超过70万人，近半数毕业生在当地就业，成为支撑当地产业发展重要的新生力量。高职院校每年300多万名毕业生中85%以上是家庭第一代大学生，52%来自农村家庭，且连续几年该比例呈现总体上升趋势[11]，职业教育在一定程度上成为阻断贫困代际传递的重要方式。

覆盖全产业结构的专业布局为服务当地产业发展集聚了能量。职业院校专业设置对接区域产业和社会需求，构建了对接产业行业分类的专业图谱，全国职业院校开设近1000个专业、近10万个专业点，基本覆盖三次产业各领域各行业。职业教育发展坚持立德树人与服务经济社会发展并重，形成服务地方服务行业办教育的特征，2019年、2020年政府工作报告连续提出高职大规模扩招任务，重点面向应届高中毕业生和退役军人、下岗职工、农民工等，体现了国家对职业教育的认可，也将进一步推动职业教育发展为新型的全纳式教育，有效惠及更多不同阶层、不同人群。

多措并举推动实现"职教一人、就业一个、脱贫一家"。首先是精准助贫推动教育公平，中职免学费、助学金分别覆盖超过90%和40%的学生，高职奖学金、助学金分别覆盖近30%和25%以上学生，使更多家庭经济困难的学生上得起学，促进了教育公平和社会公平[12]。其次是依托专业助力产业，通过技术扶贫、人才扶贫、培训扶贫、产业扶贫等方式，让贫困人口拥有一技之长，实现就业创业脱贫，助力贫困地区人力资源开发和产业发展。《中国高等职业院校精准扶贫报告（2013—2020年）》显示，近8年高职院校累计为贫困地区派遣技术专家7.6万人次，开发特色产业项目8421个，引进产业项目4323个，累计帮扶贫困地区产业增收45.2亿元[13]。第三是东西协作、组团帮扶，各省对口支援、组队帮扶机制不断完善，一大批优秀职业院校开展扶贫协作，29个省份的142所职业院校发起成立"全国职业院校精准扶贫协作联盟"等，山海相连帮助贫困地区脱贫。

3. 政策依据：服务脱贫攻坚是重要的政策导向

发展职业教育助力脱贫攻坚是习近平相关重要论述的组成部分。2012年12

月，习近平在河北阜平考察扶贫开发工作时提出治贫先治愚，要把下一代的教育工作做好的重要思想。2014年6月，对全国职教工作会议的指示强调要加大对农村地区、民族地区、贫困地区职业教育支持力度，努力让每个人都有人生出彩的机会。2014年9月，在中央民族工作会议上要求教育投入要向民族地区、边疆地区倾斜，实行免费中职教育，办好民族地区高等教育。2015年11月，在中央扶贫开发工作会议上把"发展教育脱贫一批"列入"五个一批"，并强调，要重点做好职业教育培训，一个贫困家庭的孩子如果能接受职业教育，掌握一技之长，能就业，这一户脱贫就有希望了。2020年08月，在中央第七次西藏工作座谈会上指出，着眼经济社会发展和未来市场需求办好职业教育，科学设置学科，提高层次和水平，培养更多专业技能型实用人才。2020年9月，在教育文化卫生体育领域专家代表座谈会上要求，大力发展职业教育和培训，有效提升劳动者技能和收入水平，通过实现更加充分、更高质量的就业扩大中等收入群体，释放内需潜力。可见，减贫功能已经成为职业教育的重要使命，并且引导和提升职业教育减贫能力正在成为我国宏观战略的重要内容。

  助力脱贫攻坚是职业教育改革发展的内在要求。相关的政策萌芽应始于1985年《中共中央关于教育体制改革的决定》，该决定指出中等职业技术教育要适应农民劳动致富的需要。1991年，《国务院关于大力发展职业技术教育的决定》（国发〔1991〕第55号）提出，要重视并积极帮助老、少、边、山、穷地区发展职业技术教育。该要求写入1996年的《职业教育法》第七条，扶持少数民族地区、边远贫困地区职业教育的发展。2002年《国务院关于大力推进职业教育改革与发展的决定》（国发〔2002〕第16号）明确，要把职业学校办成人力资源开发、技术培训与推广、劳动力转移培训和扶贫开发服务的基地。2005年，《国务院关于大力发展职业教育的决定》（国发〔2005〕第35号）进一步提出，把加快职业教育发展与繁荣经济、促进就业、消除贫困、维护稳定、建设先进文化紧密结合起来。2014年，《国务院关于加快发展现代职业教育的决定》（国发〔2014〕19号）强调，推进中等职业学校与城市院校、科研机构对口合作，实施学历教育、技术推广、扶贫开发、劳动力转移培训和社会生活教育。2019年《国家职业教育改革实施方案》（国发〔2019〕4号）要求加大对民族地区、贫困地区和残疾人职业教育的政策、金融支持力度。此外，从我国精准扶贫的战略全局来看，职业教育还通过服务脱贫攻坚战略目标融入国家脱贫政策体系、通过政策手段嵌入专项脱贫攻坚行动等，来服务国家脱贫攻坚需要，比如嵌入教育扶贫工程、深度贫困地区技能扶贫行动、易地搬迁就业扶贫等[14]。

（二）职业教育助力民族地区减贫的实践特点

习近平指出，各民族都是中华民族大家庭的一份子，脱贫、全面小康、现代化，一个民族也不能少。民族地区的相对落后问题，是发展不平衡不充分的突出表现，这也与自然条件、资源禀赋、历史文化等客观限制密切相关。以西藏为例，治国必治边、治边先稳藏，西藏战略位置十分重要，是我国重要的边疆民族地区、重要的生态安全屏障。国家历来重视西藏工作，改革开放以来中央先后七次召开西藏工作座谈会，专门研究和谋划西藏工作。2017年，西藏是国家明确的原"三区三州"深度贫困地区中唯一的省级集中连片特困地区，是典型的贫中之贫、困中之困、难中之难、坚中之坚。在此背景下，调研发现，西藏职业教育助力减贫的实践具有以下几个特点。

1. 布局职业院校、发挥教育功能助力减贫

西藏自然条件恶劣，自然灾害频发，生态环境脆弱，2019年人均GDP为48902元，仅达到全国平均水平的0.7；全年一般公共预算收入222亿元，仅为一般公共预算支出的0.1，财政支出很大程度上依赖转移支付[15]。在此情况下，西藏布局建设了11所中职学校，覆盖全区7个地市州，形成每个地市州至少建设一所中职学校的格局，中职学校和普通高中招生规模达到3：7。同时，西藏建有3所高职（专科）学校，成为优化地区高等教育结构和培养能工巧匠的重要方式。可以说，西藏体现出一种小财政办大教育的特色，而发展职业教育本身就是一种公共资源的配置，是有利于贫困人口的再分配。尤其是，西藏是人口最少、密度最小的省份，全区人口分布又很不平衡，藏西阿里、藏北那曲往往百里不见人烟，加之当地恶劣的自然环境，能够建立全覆盖的职业学校网络，是着眼未来发展的希望工程，也是助力当地减贫的重要潜在力量。

职业教育是面向人人的全纳式教育，本质上能够发挥兜底、托底的功能。西藏重视发挥职业教育的作用，实施职业教育富民行动，职业学校以培养服务当地的实用型技术技能人才为突破口，主动招收离校未就业中职和高校毕业生、下岗职工、农牧民等，助力相对弱势的群体实现技能就业，并建立健全了学生资助体系，中职教育阶段实施免费教育。尤其值得注意的是，职业教育对学生的正面影响是多方面的。宗教对西藏有着悠久和深远地影响，藏传佛教不仅影响了藏区民

众的生活方式，还影响民众对贫困、财富的认识，民众社会交往圈较窄。有学者指出，西藏宗教的消极影响很强，有的贫困农民每年都会在宗教方面花费很多，而且根本没有财产积累的观念[16]。而职业院校通过加强学生的日常管理与思政教育，把提高学生文化知识、提高学习能力和掌握就业技能相融合，教育、技能和文化相结合，一定程度上重塑了学生的人生观和价值观。

2. 专业对接产业、推动产教融合助力减贫

西藏是世界屋脊、亚洲水塔、地球第三极，全区45%的区域划入最严格保护范围，因此要在保护与合理开发之间寻求平衡。这也是当地市场开放程度不高、经济发展相对滞后的重要影响因素，导致产业吸纳就业能力不高，缺乏劳动密集型产业。职业教育主动适应西藏当地的现实情况和发展需求，2019年职业学校开设80余种专业，覆盖18个专业大类，其中农林牧渔类、医药卫生类、旅游服务类等在校生规模最大，适应了西藏重点发展青稞、牦牛等特色农牧产业，藏医药、藏毯、民族服饰、民族家具等民族手工业，以及乡村旅游和休闲旅游业的需要；财经商贸类、能源与新能源类、资源环境类专业则对接了面向南亚大通道的边贸物流业和清洁能源产业发展需求。专业设置对接当地重点产业发展，通过优化布局提高了助力脱贫的成效。

西藏职业院校加强与行业企业的沟通联系，校企合作、工学结合成为人才培养的基本模式。调研显示，职业院校与超过200家企业开展合作，九成以上的学校建立了校外实习实训基地，校外实习实训基地总数超过240个，校内实践教学工位总数超过8000个；七成学校有专业教师进入合作企业实践并聘请了企业兼职教师，五成学校开展了企业订单培养。职业教育一方面结合当地重点产业需求开设专业，另一方面通过产教融合校企合作培养人才，不但为当地重点产业发展储备了人才，也提升了受教育人群的可行能力和人力资源水平，有助于推动受教育者通过实现体面就业进而成为经济增长的直接受益者。

3. 促进技能提升、传承民族技艺助力减贫

提升可行能力是精准扶贫的政治哲学基础，也就是说要通过制定对应的产业、就业扶持等来提高贫困者的"可行能力"，使他们自己走出贫困[17]。2015年，《中共中央国务院关于打赢脱贫攻坚战的决定》提出"要确保贫困劳动力至少掌握一门致富技能，实现靠技能脱贫"的要求，明确了"技能"在扶贫中的重要作用。2018年西藏政府出台《关于建立推行终身职业技能培训制度的实施意见》，提出对建档立卡贫困家庭、农牧区低保家庭等人员，开展技能脱贫攻坚行动等。2019

年，再次印发《职业技能提升行动实施方案（2019－2021年）》要求依托各级职业院校等，对就业重点群体开展职业技能提升培训。西藏职业院校将人才培养与职业培训相结合，聚焦农牧区转移就业劳动者特别是建档立卡贫困劳动者、登记失业人员和转岗职工、离校未就业中职和高校毕业生、就业困难人员等提供技能培训，年职业培训超过5000人次，发挥了技能开发在减贫扶贫中的作用。

西藏是以藏族为主体的少数民族自治区，全区还有汉族、门巴族、珞巴族等45个民族，民族文化技艺传承是扶贫的重要组成部分，非物质文化遗产是致富的重要路径。职业院校依托自身优势，积极开展"非遗＋扶贫"活动。拉萨市两所中职学校开设了民族美术（唐卡、民族绘画）、民间传统工艺、民族音乐与舞蹈等民族特色专业，建设了藏药制药、唐卡绘画、藏式木雕等7个现代化实训车间和8个实训室，学校聘请唐卡画师和民间技艺能手担任教师，培养民族文化技艺人才，促进了民族传统工艺、民间技艺传承创新，助推了文化产业园区、小工艺传统作坊建设，使传统唐卡绘画、金属器具、手工编织、木雕、藏香等在西藏扶贫产品中推广。

（三）职业教育助力民族地区高质量减贫的反思

职业教育处于人力资源供给侧与产业发展需求侧的中间环节，既可以提高供给侧的人力资源水平，又可以通过产教融合促进需求侧产业变革，在激发贫困地区、贫困人口的内生发展能力上具有独特优势。通过对职业教育助力高质量减贫的本质认识，以及对西藏职业教育助力减贫实践的分析，从现实与未来发展的视角来看，在新时期全面实施乡村振兴战略中，职业教育助力西藏等民族地区高质量减贫还有更大的发展空间值得挖掘。

1. 育训并重完善适应减贫需求的职业教育与培训体系

阻断贫困代际传递是职业教育承担的重要使命，职业学校教育体系是职业教育的重要组成部分。但在目前，民族地区职业学校教育体系建设尚不够完善，内部贯通、衔接不畅，高职教育规模不足，高层次应用型人才培养体系欠缺。2019年，西藏中职毕业生数是高职招生数的1.8倍，高中阶段毕业生数是高职招生数的6.8倍，该倍数是31个省份中的最高值[18]。如果西藏中职毕业生数与高职招生数的比值达到全国平均水平，则高职教育规模需要翻一番；如果高中阶段毕业生数与高职招生数的比值达到全国平均水平，则西藏高职教育规模需要增加更多。

调研显示，超过70%的西藏中职学校有转型升级为高职院校的意愿。对此，西藏职业教育还要进一步突出专科高职教育的主体地位，稳步扩大高职教育规模，落实中央第七次西藏工作座谈会要求，提高职业教育层次和水平，更好适应经济社会发展和未来市场需求。在相对落后的民族地区发展高职教育过程中，对口支援、组团帮扶机制可以更好发挥作用，比如上海高职探索政府、院校和科研机构组团援疆模式[19]，东西协作、沪喀合力打造喀什职业技术学院，在"三区三州"深度贫困的南疆喀什地区实现高职教育"零"的突破，助力了当地脱贫攻坚。

有效开展高质量的职业技能培训，是职业院校助力脱贫攻坚的重要举措。但在目前，西藏职业教育职前职后一体化水平不高，职业培训存在不足，学校开展社会化的技能培训、社区教育等工作主要还是基于学校的坚持和教师的奉献，教师的培训工作量难以计入绩效工资体系，甚至还会因此影响原有教学工作，行业部门委托开展的培训项目经费也较难使用。这与《深化新时代教育评价改革总体方案》关于"将承担职业培训情况作为核定职业学校教师绩效工资总量的重要依据，推动健全终身职业技能培训制度"要求已经不相符合。与此同时，根据调研，目前中职学校事业单位法人证书中的"业务范围"大部分仅局限为培养全日制中职学生，缺少职业培训与技术服务等相关内容。从更好发挥益贫功能和自身可持续发展的角度，建议政府部门出台鼓励政策，引导职业院校把职业培训、技术服务等纳入业务范围，让职业培训成为职业院校的主业，推动"职业教育与培训并举"的法定职责落地，完善学历教育与培训并重的现代职业教育体系。

2. 产教融合更好地助力民族地区特色产业发展

贫困户之所以贫困，主要原因之一是没有合适的产业帮助他们获得足够的经济收入[20]。受地理环境等影响，西藏企业总体数量偏少，市场发育程度偏低，企业参与职业教育明显不足，这在客观上也增加了产教融合校企合作的难度。全国31个省份中，西藏每百平方公里的企业数仅有4家，仅为全国平均水平的2%，校企合作的难度大[21]。调研显示，近90%的中职教师认为专业对应的产业规模不大、用工需求不多。对此，职业院校需要更好地面向地方产业服务地方行业，围绕当地重点产业布局专业、瞄准当地企业难题建设服务平台、聚焦当地新技术需求培养新技术应用人才，努力成为当地技术技能积累中心，在提升劳动力素质、增强区域活力、推动区域产业发展中发挥引领作用，进而逐步形成"职业教育、产业发展、就业创业"良性互动的减贫体系。比如，贵州铜仁职业技术学院紧贴贵州生态畜牧业大省及纯天然中兽药产业可持续发展的需求，联合相关企业、科研单位共建"民族中兽药分离纯化技术国家地方联合工程中心",支持中医兽药创新与山地生态畜牧产业发展,成为引领贵州民族地区中兽药产业发展的科技进步与创新平台,带动15家农牧企业升级养殖标准,年产值增加3000余万元。

就业创业是推动当地产业发展的重要路径,促进就业创业也是职业教育的重要职责。我国中职毕业生就业率连续10年保持在95%以上,高职毕业生半年后就业率持续超过90%[22],对稳定和扩大就业的作用日益显现。但贫困地区的职业教育还要进一步强化就业导向,推动高水平就业,让广大来自基层的学生毕业后再回到基层、扎根基层,下得去、留得住、用得上。与此同时,青年返乡创业是可预期的长期解决贫困地区产业发展人才不足的重要举措,这可以形成一支内生的本土创业领办人和脱贫致富带头人,支撑贫困地区扶贫产业的长期可持续发展[23]。因此职业院校在发挥稳就业作用的同时,还要立足当地实际强化创新创业教育,并通过与政府、企业等合作,为学生搭建各类创业实践平台、举办各种创新创业竞赛,积极培育孵化创新创业项目,培养合格的市场主体所应具备的权利意识、协商观念和契约精神等,从而为当地市场经济发育和重点产业发展培育一颗颗"种子",点燃一个个"火苗"。

3. 德技并修更大地激发贫困人口内生发展动力

德技并修是职业教育育人的基本机制,育德、修技是提高职业院校学生就业创业能力的"双引擎"。从育德的角度看,就是通过构建以社会主义核心价值观为引领的一体化德育体系,做好、用好、上好大思政课,引导学生增强爱国情感、强化国家认同,树立中华民族命运共同体意识,破除宗教文化的消极影响,引导形成正确的和益贫的人生观、价值观。从修技的角度看,要让学生能够从社会、经济和技术技能变化中受益,就必须提高学生学习技能的能力,还要有效提高学生获得技能的可迁移性,使他们不会因为技能的过时而束手无策,而可能迁移到另一个职业环境中应用,从而不断发展[24],而要达到这个目标,需要通过深化产教融合、校企合作,推进教育教学改革,提升技术技能人才培养的有效供给。在此基础上,不断激发贫困人口自我发展的内生动力,增强贫困人口的"自我造血"功能,通过消除精神贫困进而建立消除物质贫困的长效机制,真正提高贫困人口的生计韧性和发展潜力。

贫困文化理论指出,贫困人口的突出表现是"持续的贫困而产生与世无争和消极被动,他们往往只顾眼前,今朝有酒今朝醉,对未来没有未雨绸缪的安排""由于生活的圈子太小,他们往往坐井观天""因缺少机会而产生抱负低下"[25]。当贫困文化与宗教文化相结合，在某种程度上进一步放大这种消极效应，进一步降低贫困人口对贫困的认知和感知。如何应对这一挑战，对民族地区的职业教育提出了新要求。民族地区的职业教育除了具有职业教育的一般属性之外，还具有自身独特属性，即民族性[26]。而融合、传承并创新民族文化，就应该是职业教育民族性的着力点，将民族文化融入专业设置和人才培养，主动适应并推动民族特色产业发展，形成符合民族区域特征的办学特色，通过弘扬民族文化来破除贫困文化。对于扶贫、减贫来说，少数民族文化不是阻力，也不是摆设，而是一种资源，这种资源是世代延续、活态传承的，由此才有了旺盛的生命力[27]。如果职业教育在办学过程中能够充分融合这种民族文化，并结合当地自然资源禀赋、生态资源优势，产教融合共同打造文化名村、特色小镇、民族传统手工艺基地、文化创意产业项目库等，将能够推动减贫与乡村振兴更好地融合，职业教育也将展现更为强大的生命力。

参考文献

[1] 习近平.在中央扶贫开发工作会议上的讲话[M]//十八大以来重要文献选编（下）.北京：中央文献出版社，2018：31.

[2] 马丁·拉瓦雷.终结贫困的思想渊源[M]//吴敬琏.比较（2020年第6期）.北京：中信出版社，2020：1-55.

[3] 许源源.深度贫困地区可持续脱贫的治理工具选择[J].人民论坛·学术前沿，2019(23)：46-59.

[4] 虞崇胜，余扬.提升可行能力：精准扶贫的政治哲学基础分析[J].行政论坛，2016(01)：22-25.

[5] 唐智彬，胡媚，谭素美.比较视野中教育扶贫的国际经验与中国路径选择——基于主要国际组织和机构理念与行动的分析[J].比较教育研究，2019(04)：37-44.

[6] 国际教育标准分类法ISCED(2011)[EB/OL].[2016-05-27] http://www.uis.unesco.org/Education/Documents/isced-2011-ch.pdf.

[7] 侯长林，游明伦.职业教育的多元化扶贫功能及其定位探讨[J].教育与职业，2013(36)：26-28.

[8] 新华社国家高端智库.中国减贫学：政治经济学视野下的中国减贫理论与实践[R]，2021：2.

[9] 李强谊，钟水映，曾伏娥.职业教育与普通教育：哪种更能减贫？[J].教育与经济，2019(04)：19-27.

[10] 郭新华，戎天美.国外关于教育与贫困变动理论研究新进展[J].教育与经济，2009(01)：48-52.

[11] 马树超，郭文富.高职院校百万扩招的战略意义与实现路径 [J].中国高教研究，2019(05)：88-91.

[12] 谢俐.奋力推进新时代职业教育实现高质量发展 [J].中国职业技术教育，2018(19)：25-28.

[13] 张烁.职教一人 就业一个 脱贫一家 [N].人民日报，2021-02-28（5）.

[14] 瞿连贵，石伟平.职业教育精准扶贫的政策设计、实施成效及优化策略 [J].教育与职业，2020(24)：26-33.

[15] 西藏自治区统计局.2019年西藏自治区国民经济和社会发展统计公报 [EB/OL].[2020-12-20].http：//www.xizang.gov.cn/zwgk/xxgk_424/zxxxgk/202004/t20200414_137222.html.

[16] 徐伍达.西藏打赢深度贫困地区脱贫攻坚战的路径选择 [J].西南民族大学学报 (人文社科版)，2018(05)：57-62.

[17] 虞崇胜，余扬.提升可行能力：精准扶贫的政治哲学基础分析 [J].行政论坛，2016(01)：22-25.

[18] 教育部发展规划司.2019年教育统计数据：各地基本情况 [EB/OL].[2020-12-20].http：//www.moe.gov.cn/s78/A03/moe_560/jytjsj_2019/gd/.

[19] 上海市教育科学研究院,麦可思研究院.2019中国高等职业教育质量年度报告 [M].北京：高等教育出版社，2019：66.

[20] 吴晓燕.精准扶贫政策实施中存在的问题、原因及其完善——以公共政策的运行为分析视角 [J].湖北民族学院学报 (哲学社会科学版)，2019(02)：56-64.

[21] 陈嵩，张玲玉，纪帅.不同区域开展校企合作差异性分析——基于我国31省区中等职业学校的比较 [J].职教论坛，2021(02)：144-148.

[22] 教育部职业教育与成人教育司.数说新时代职业教育 [EB/OL].[2019-07-20].http：//m.jyb.cn/rmtzcg/xwy/wzxw/201902/t20190219_213865.html.

[23] 左停.升级扶贫产业价值链是高质量减贫的关键 [J].人民论坛·学术前沿，2019(23)：33-39.

[24] 马树超，郭文富."双高计划"引导育训结合、德技并修 [N].中国教育报,2019-04-23（9）.

[25] 阿瑟·刘易斯.贫困的文化 [M]// 丁宏.民族研究文集：国际学术交流卷.北京：中央民族大学出版社，2006：525-527.

[26] 许锋华.精准扶贫：民族地区职业教育发展的新定位 [J].高等教育研究，2016(11)：64-69+76.

[27] 王建民.扶贫开发与少数民族文化——以少数民族主体性讨论为核心 [J].民族研究，2012(03)：46-54+108.

（执笔：郭文富）

四、面临疫情防控形势的上海职业院校发展思考

（一）疫情防控中的上海职业教育改革发展

1. 疫情防控的形势与任务

2020年注定是一个不平凡的年份。新冠肺炎疫情发生以来，党中央高度重视，重点支持湖北和武汉疫情防控工作，采取最全面、最严格、最彻底的防控举措，坚决遏制疫情扩散蔓延势头。经过艰苦努力，疫情防控形势发生积极向好变化，取得重要成果，实现了稳定局势、扭转局面的目标。当前任务是一手抓疫情防控，一手抓复工复产。2月23日，习近平总书记在的统筹推进新冠肺炎疫情防控和经济社会发展工作部署会议上要求，"在确保疫情防控到位的前提下，推动非疫情防控重点地区企事业单位复工复产，恢复生产生活秩序"。3月10日，习近平赴湖北省武汉市考察疫情防控工作时强调，"这次新冠肺炎疫情防控，是对治理体系和治理能力的一次大考，既有经验，也有教训。要放眼长远，总结经验教训"。

结合中央精神和上海情况，职业教育战线要做好3项工作。一要贯彻落实教育部全国教育系统应对新型冠状病毒感染肺炎疫情防控工作视频会议要求，把防止疫情向学校扩散、守护师生安康、维护校园稳定，最为一项重大政治任务和当前最重要的工作；二要按照上海市教委《关于做好本市中职学校春季学期开学疫情防控工作及网上教学安排的指导意见》，制定和实施防控工作的"两案十制"，精心组织网上教学；三要借鉴此次新冠疫情防控的经验教训，深刻学习领会《上海职业教育高质量发展行动计划（2019—2022年）》精神，系统思考和谋划未来3年上海职业教育"向哪里去"的问题。

2. 对上海职业院校防控工作的几点建议

目前，上海职业教育（中职和高职）共有学校100余所，21万在校生。尽管在校生规模相对较小（中职生只有普通高中生的56%，高职生只有本科生的35%），但是由于管理体制相对复杂、教学内容相对复杂、学生管理相对复杂，疫情防控工作面临一些特殊困难。

第一，加强市级统筹。一要指导学校按照属地化管理等有关要求，做好疫情防控工作；二要树立"中职高职一盘棋，职业院校一盘棋"的观念，做好全市职业院校联防联控和教学工作；三要建立工作机制，加强决策研究，科学指导防控。

第二，优化院校联防。上海职业院校可以发挥依托行业办学的资源优势和专业优势，在市教委指导下，依托护理、医药、建筑、交通等行业院校或职教集团，成立"上海职业教育疫情防控校企合作联盟"，组织力量、协调物资、联防联治。

第三，守住安全底线。一方面，要指导职业院校科学制定和严格实施"两案十制"等具体举措，确保当前防控工作"万无一失"；另一方面，要提前谋划，抓紧研究制订学生返校复学后的防控预案，抓紧落实全市和学校两个层面的设备设施、资源配置、处置流程等。

第四，落实教学指导。一要进一步指导学校合理开展网上教学，做好网上教学安排；二要统筹配置和合理开发在线教学资源；三要落实经费保障、资源配置和制度安排，切实解决部分学生的在线学习的实际困难，做到"应学尽学"。

第五，弘扬职业道德。要结合当前疫情防治中的先进事迹，在学生中树立和弘扬爱岗敬业、无私奉献、求真务实、实干兴邦、精益求精和劳动光荣等职业精神，为学生"上好职业生涯第一课"；要加强师德师风建设，激励教师立足本职、关爱学生，迎难而上深化教育教学模式改革，把论文和成果发表在疫情防控的教学一线。

3. 此次疫情防控给上海职教改革的启示

一是树立危机意识。上海职业教育取得过辉煌的成绩，但是当前正面临中职办学"效益不高"，专科高职"整体偏弱"，应用本科"龙头缺位"等问题，对此应有清醒认识，切忌盲目乐观。

二是依法科学决策。习近平总书记深刻指出"疫情防控正处于关键时期，依法科学有序防控至关重要"。无论政府还是学校，出台政策或投入资金都应坚持依法科学决策，不能"拍脑袋""想当然"。

三是运用系统思维。过去上海职业教育用"头痛医头、脚痛医脚"的方式进行改革，已出现"成果多"而"效果少"的怪象，迫切需要运用系统思维方法，从整体上推进供给侧结构性改革。

四是保持敬畏之心。改革不仅需要有破局的勇气，更要有"戴着镣铐跳舞"的艺术与技术，须在法制框架下依法推进。不可妄自尊大，不可掩耳盗铃，不可触及红线。心存敬畏，方得始终。

（二）职业院校防控疫情的问题分析及建议

2020年2月4日，教育部党组书记、部长陈宝生主持召开党组会，传达学习习近平总书记在2月3日中共中央政治局常务委员会会议上的重要讲话精神，对教育系统疫情防控工作再研究再部署。会议强调，疫情防控工作是当前最重要的任务，要深入贯彻落实习近平总书记系列重要讲话和指示批示精神，增强"四个意识"、坚定"四个自信"、做到"两个维护"，把守护师生身体健康和生命安全放在第一位，坚决打赢疫情防控阻击战。学生返校、考试等问题将给教育系统疫情防控工作带来严峻挑战。

1. 上海市职业院校可能面临的疫情问题

在校学生是疫情的易感人群，不容忽视。一些学校的新疆内职班学生、留学生等在寒假期间不返乡，没有办法像其他当地学生那样居家自我防护，在自主外出采购生活用品时存在潜在风险。此外，留学生语言不通，对网络信息内容的理解及保护自己的能力有限。因而，这批学生是疫情的易感人群，学校对这批滞留学生的防护工作、衣食住行保障工作、宣传指导工作尤为关键，如果管理不善有可能引发校园感染疫情事件，应给予重视。学校是否有专人负责全面摸查返家或返乡的学生的现在住址、身体状况、离校期间所到之处、计划返校日期等信息，这是学校、教育管理部门了解学生总体情况，是学校健康监控体系是否完善的重要考量。对有意愿返校学生发出预警，对提前返校的学生进行隔离，都需要学校有可供执行的应急预案。

延迟开学是阻隔疫情的重要之举，但亟需关注教学问题。因新冠肺炎疫情持续发展，教育部下发通知，要求2020年春季学期延期开学。市教委决定本市各级各类学校2月底前不开学。延期开学是防治疫情在学校蔓延的重要举措之一，而这并不代表学生学习停滞，市级、校级层面的教学平台在当下的形势下对支撑专业教学具有不可替代作用。但开展教学工作仍有一些问题需考虑。从学校角度考虑，学校的每个专业是否都具备网络教学所需的课程、素材、条件，平台正常运营需要学校提供哪些保障举措等；从任课教师角度考虑，学校网络平台是否具有录播、直播、辅导的功能，学生管理问题如何解决，教师课酬如何计算等；从学生自主学习角度考虑，每位学生是否都具备了用电脑进行网络学习的条件，学校是否可提供依靠手机即可实现课堂学习的课程，接受网络教学能否算作学分，返校后即可纳入总学分。

疫情防控已成为众多工作之重。新冠状病毒疫情的爆发，疫情防控工作有诸多问题需要学校努力应对。这些可能的问题有：受信息化迅速发展的影响，疫情的信息被广泛传播，这对师生的心理和精神上产生了巨大的影响；新冠病毒的传染源和传播途径的健康宣教是否得到有效推广；职校学生由于价值观等尚未完全建立，在抵制谣言传播方面较为薄弱，容易造成恐慌，应尽可能避免谣言在学生之间的传播。

2. 对上海职业院校改善疫情防控的建议

一是加强对全市职业院校疫情防控的指导。新冠状疫情要求各职业院校高度重视疫情防控工作的开展，由于各学校采取的做法不一样，需要教育行政部门与卫生部门合作加强防疫指导工作。在"上海市高校公共卫生防控工作会议"精神等的指导下，建议市教育行政部门听取卫生部门建议，编写指导性文件，指导职业院校编写"新冠状病毒"防范工作手册，加强疫情的提前预警，防控关口的前移，落实疫情的管理，建立市级、区级教育部门、校级肺炎疫情防控领导小组，指导相关工作，同时，组织职业院校参与卫生工作，鼓励学校组织参与优秀党员干部参与学校周边疫情防控工作，加强对社区人员传染病源的排查。

二是借助信息化技术，助力学生自主学习。为了保证青年学生学习任务的完成，市政府与职业院校应通力协作，开放现有的上海职教在线、中职易班等在线教学平台，建立符合教学进度安排的灵活课程表，向学生推送点播课程，为其提供良好的外部教育资源；完善中职易班学生平台、中职课堂平台的教学功能，提供教师与本班级、办校学生在线讲课、互动辅导等功能；增设网络课程，为师生提供充足的学习资源。同时，针对应届毕业生的就业问题，鼓励毕业生借助就业网络平台等寻找工作机会，切莫耽误时间。

三是关注疫情变化，加强学校疫情舆论引导。一是做好在校学生的防疫工作。

由院疫情防控领导小组,制定院级疫情防控预案。采取有效措施,阻止疫情发生的举措有:有序组织在校学生生活用品的采买事宜;严格控制校外人员随意进入校园;多途径地组织疫情防控宣教;加强师生信息报送管理,借助微信每日核查师生健康数据;加强校园防护工作;及时做好学生离沪返沪时间、交通工具等信息的汇总。二是做好疫情防控。各职业院校需认真配合有关部门开展防疫工作,接受疾病预防控制机构、医疗卫生机构的指导,做好应急预案,一旦发现疑似病例,及时向相关部门报告,全面落实早发现、早报告、早隔离、早治疗等措施。三是增强舆论引导。各职业院校要加强对学生的教育和引导,充分利用微信公众号、微博等网络媒体手段传播正确的防控措施,引导师生增强防范意识,保持良好的个人卫生习惯,避免前往人员密集场所,相信党和政府的处置举措,不造谣、不信谣、不传谣。

(三)防疫中面临的教育教学问题及对策

1. 面临的问题

一是在线教学质量如何保障。在教育部和市教委的统一部署下,各职业院校积极开展在线教学资源开发、制定在线教学组织和实施方案,为在线教学做好充足的准备。市教委也专门组织力量开发全市统一的公共基础类课程在线教学资源。在线教学的实施将实现疫情防控期间"停课不停教、停课不停学",但受制于教师在线教学资源[1]开发能力有限、在线教学能力参差不齐、在线教学活动与质量监控难度大等影响,在线教学面临质量如何保障、如何防止流于形式的重要挑战。

二是学生顶岗实习如何安排。根据相关文件规定,职业院校学生一般需要完成为期6个月的顶岗实习。受此次疫情影响,职业院校已暂停安排学生顶岗实习。企业在疫情防控期间的经营和生产情况各不相同,疫情给企业未来发展带来的影响也各不相同。企业复工和未来发展的不确定,使得职业院校难以按照原计划安排学生进行企业顶岗实习。

三是毕业生就业工作如何开展。本次疫情短期之内对部分行业尤其小微企业的生产经营产生了较大的影响,经营困难加剧。2003年受非典影响,我国当年第二季度即非典爆发期间的GDP由第一季度的11.1%下降到9.1%,第三产业受到的影响最大,其中又是以中低端劳动者为主的产业为首。此次疫情爆发正值春季招聘的黄金季节,市场招聘需求下滑,线下招聘活动停止,毕业生求职受阻。而对于就业面向以生产一线中低端岗位为主的职业院校毕业生来说,就业形势更是不容乐观。因此,如何做好2020届毕业生就业工作是全市职业院校面临的重要挑战。

四是学校专业发展如何预判。本次疫情对消费行为、生活方式、商业模式、管理模式、行业发展趋势等都将产生较大影响,传统产业的数字化进程将加速推进,大数据、人工智能、区块链、云计算、VR等新技术将得到更广泛的应用,产业结构将得到优化。智慧城市、交通管理、医疗体系、农产业供应链、物流效率、应急灾备、信息溯源等业务快速发展,餐饮、健康、保险、培训、汽车等行业也将发生变化。产业变化及行业、企业经营方式的变化需要职业院校在专业建设和人才培养上做出相应的调整。

2. 对策建议

第一,加大优质在线教学资源的开发力度。建议在已有基础上,增加对职业院校的专业大类基础课程的在线教学资源的统一开发,整合名师名企力量,集中优质力量开发出高质量的教学资源供职业院校使用。同时发挥专家组织的作用,指导院校选好在线资源、用好在线资源、讲好在线课程。

第二,加强在线教学与学习的师生培训工作。建议开展职业院校师生在线教学与学习的在线培训,确保师生掌握在线教学的技术要求和基本规律,切实保障在线教学质量。同时着眼于未来,经过直播课堂、远程教学等在线教学场景的广泛应用,线上线下相结合的混合式教学将更加普遍。因此,建议将职业院校教师在线教学培训内容纳入年度继续教育必修学时范畴,特别是中职校教师培训,提升教师队伍信息化素养和组织在线教学的能力。

第三,加强在线教学质量监测与评价工作。建议建立在线教学组织实施进展定期报告制度。委托第三方机构负责有关教学业务指导,对在线教学的实效进行调查研究,提出针对性改进措施与服务。充分利用教学行为大数据分析,加大对职业院校及其教师、学生参与在线教学的组织、评价、考核力度。

第四,改变毕业生顶岗实习方式与考核要求。建议鉴于疫情防控这一特殊情况,对2020届职业院校毕业生顶岗实习方式和时长不作硬性要求,允许职业院校根据企业实际情况和岗位特点适当缩短顶岗实习时间,同时鼓励或允许职业院校探索与企业合作开展学生毕业设计、综合性实训项目、大型作业等方式代替部分毕业顶岗实习学时学分，保障学生的综合职业能力培养质量。

第五，指导职业院校开展好毕业生就业工作。建议人社、教育、国资委等部门联合加强本市职业院校毕业生就业工作指导，充分利用网络平台、信息技术手段，及时发布就业与招聘供需信息等。职业院校应加强学生就业创业指导、就业政策宣讲等，积极开拓就业渠道，组织开展网络校园招聘活动，妥善安排好毕业生就业与离校的有序衔接，切实做好毕业生就业工作。

第六，提前预判，做好专业发展规划与调整。建议职业院校密切关注本市行业、产业的发展趋势，提前做好预判，做好专业建设规划、专业布局结构调整或专业人才培养方向调整、专业人才培养方案优化等，更好地实现院校与区域产业的联动发展。

参考文献

[1] 截至 2020 年 2 月 2 日，教育部组织了 22 个在线课程平台制定了多样化在线教学解决方案，免费开放包括 1291 门国家精品在线开放课程和 401 门国家虚拟仿真实验课程在内的在线课程 2.4 万余门，供高校选择使用。但因各职业院校即便是相同专业也有着不同的培养目标和要求，仍然需要教师结合本专业的实际情况开发在线教学资源，在线教学资源质量在很大程度上仍然取决于职业院校教师的资源开发能力.

（执笔：张晨、徐静茹、兰小云）

五、上海职业教育的"十三五"亮点和"十四五"思考

（一）培育"少年工匠"，服务"四大品牌"

上海要打响"四大品牌"，关键在于能否拥有一支高素质的"上海工匠"队伍，上海职业教育对此责任重大。"十三五"以来，聚焦新时代城市发展和产业结构调整需求，上海职业教育主动对接"四大品牌"建设，持续优化中、高职院校专业布局，努力提高自身能力和水平，培育一批高水平的"少年工匠"，厚植上海的技术技能人才优势，以此引领上海经济竞争优势并促进长三角区域整体竞争力提升。

1. 专业齐全，贯通培养

目前，全市职业院校共设置 300 余个专业、1000 余个专业点，基本覆盖了上海国民经济的主要行业；开展 320 个中高职贯通、52 个中本贯通、16 个高本贯通培养模式试点，2 个五年一贯制高职院校、1 个本科职业大学试点，"中职——高职——应用本科"相互衔接的框架初步形成，职业教育对城市发展的服务能力切实增强，有效助力上海教育现代化总体实现。依据本市中职和高职两份质量年度报告系统数据的初步统计，"十三五"期间全市职业院校毕业生近 35 万人，25 万人直接就业，其中 19 万人留在上海就业，占比达 76%。近 17 万毕业生进入中小微企业等基层单位就业，成为提升"上海服务"和"上海制造"品质、促进"上海购物"和"上海文化"发展的生力军，在服务"四大品牌"中擦亮上海职教自身的品牌。

2. 技能大赛 星光灿烂

上海职业院校所培养的"少年工匠"们积极参与各级各类职业技能大赛，表

现十分出色。一是参加世界技能大赛取得历史性的突破，上海市杨浦职业技术学校、上海市城市建设工程学校（上海市园林学校）分别在第44届和第45届世界技能大赛中，连续获得车身修理项目和花艺项目的4块金牌，在国际舞台上展示了上海职业教育的人才培养成就。二是参加全国性的技能大赛成绩突出，"十三五"期间，上海中、高职学生在全国职业院校技能大赛中的获奖率稳定保持在90%左右，获奖数量和赛项覆盖面逐年上升，2017年上海有5所中职学校入选全国技能大赛选手在沪国家集训基地，12所中职学校当选成为上海选手培养基地。三是在"星光计划"大赛中表现卓越，经过8届15年的打造，上海"星光计划"大赛与全国和世界技能大赛的衔接日趋紧密，涉及专业面广，比赛项目多样，参赛学生众多并且表现突出。各种职业技能大赛日益成为上海职教品牌展示的重要舞台，成为上海中、高职院校学生展示自我、展示未来"上海工匠"风采的"星光"舞台。

3. 工学结合 德技共育

上海职教的文化育人氛围开始形成，职业体验活动影响力逐步扩大。作为不同于普通教育的一种"类型教育"，职业教育落实立德树人根本任务的主要抓手在于习近平总书记所要求的"健全德技并修、工学结合的育人机制"。为此，上海一体化构建了符合职教规律和特点的德育内容体系和工作体系，建立健全"三圈三全十育人"的思政工作机制，在产教融合服务学生发展方面取得可喜成果。如，上海工商信息学校的"青藤文化"、上海商业会计学校的"清荷文化"等颇具职教特色的校园文化已逐步成形。上海市职教协会举办两届"上海职业教育新闻人物"评选活动，以"弘扬工匠精神，服务'四大品牌'建设"为主题，引起热烈反响。强调"类型教育"并不意味着要与普教分家，上海职普融通的"职业体验活动"已建立起相对完善的运行机制，形成了诸如"全国职业教育活动周""教博会职业体验与展示""科技馆体验与展示""未成年社会实践活动之职业体验""暑期职业体验夏令营"等具有上海特色的职业体验精品项目，得到多家主流媒体的重点报道，品牌影响力不断扩大。

4. 职教帮扶 授人以渔

上海职教在实施教育扶贫战略举措、助力国家脱贫攻坚战中作出贡献。按照"中央要求，当地所需，上海所能"的指导思想，上海职业教育积极开展对口支援工作，依托沪喀、沪果、沪遵、沪滇四大职教联盟全力服务扶贫攻坚，组织全市中等职业学校多个专业,对云南省丽江市、保山市、楚雄彝族自治州等地区,实施对口兜底式招生工作;并开设内地中职班,通过校校合作、校企合作、人才交流、师资培训、技术支持等方式,在学校规划、专业建设、师资培养、干部培训、实训基地建设、课程开发等方面为贫困地区学校提供全方位的援助。同时,按照"一校为主、多校对一"的原则,在"一带一路"项目申请、校外实习实践基地建设等多个方面持续深入开展南疆对口支援全覆盖工作,为当地实际规划并创建高等职业院校,助力当地现代职业教育体系建设。上海市教科院职成教研究所还组织科研人员深入"三区三州"进行实地调研,为当地职业教育规划设计"一地一案"的发展方案,受到教育部专家高度评价。

5. 产教融合 服务社会

上海职教的社会服务能力显著增强。一是在服务市民社区治理方面,上海职业院校充分发挥专业技能和实训资源优势,创新参与社区治理方式,深入开展公益培训、开展社区建设、开放教育资源、开展社会服务实践,参与农村基层建设、社区幼教等民生问题,持续拓宽服务领域,为社区和谐发展提供支持。二是在服务社会公益事业方面,积极发挥学生组织的作用,依托专业优势组织学生志愿者队伍,让成长中的"少年工匠"有机会参与内容丰富、形式多样、传递正能量的社会公益活动。三是在服务文化传承创新方面,依托产教融合的职教体系,通过非物质文化技能大师工作室建设、社会培训、专业实践活动等多种形式,重点培养文化创意人才和基层文化人才,主动传承、创新民族传统工艺等非物质文化遗产。截至 2019 年,上海市教委已创建 11 个"上海市中等职业学校民族文化传承教育基地",各校利用教育基地创新传承载体和方式,发挥专业特色设立了 50 个非物质文化传承点,以丰富课程内容、发展社团、编制教材、开发微信公众号、制作网络课程和微课等方式推进非物质文化保护传承,上海职教自身的品牌效应也得以彰显。

(二)第二届"上海职业教育新闻人物"掠影

2020 年 12 月,由上海市职业教育协会主办的"第二届上海职业教育新闻人物"评选揭晓。在 10 位获奖的新闻人物中,有从事职教工作多年、引领团队改革发展的校长，有专注培养"少年工匠"、全心奉献职教事业的教师，有专业成绩优异、综合素质突出的职校学生，也有来自用人单位、热心支持职教的行业代表。上海市教育委员会主任王平和上海市职业教育协会会长马树超在表彰会上为他们颁了奖，随后他们又在"弘扬工匠精神——服务上海四大品牌建设"专题访谈中相继上台讲述和交流了各自的心路历程。

1. 传承"上海制造"品牌，需要"上海服务"创新

要擦亮"上海制造"这个品牌，靠的是能够造就一批未来的"上海工匠"。上海市杨浦职业技术学校的卞建鸿校长首先代表我国在近两届世界技能大赛中连续夺冠的金牌团队闪亮登场，并特别推荐了该校另一位因外出参赛而未能到场领奖的新闻人物——世赛车身修理项目中国集训队教练组组长马波老师，他不仅秉承工匠精神刻苦钻研、创新"发明"相关用具，而且全身心投入高强度的指导训练中，完全忘记了自己曾是一名动过大手术的病人，如今他又奋斗在备战下一届世赛的征程中。江南造船集团职业技术学校的韦方方校长作为"上海江南制造"的传人，重点介绍了他们为国家中职教育改革发展所贡献的"江南技校经验"，以及确定学生在校三年学习模式、招收国内贫困地区 24 个民族数百名学生等探索与实践。上海市商贸旅游学校的阮毅老师则作为上海市的"技术能手""教学能手""五一劳动奖章"等荣誉获得者，从她创办"学生创意工作室"讲到她的学生在中央教育电视台节目采访中获得"少年工匠"称号，由此提出了我们的"上海制造"需要传承，更需要创新。

接着是体现职业教育"以服务为宗旨"的几位优秀代表上场。上海市贸易学校的杨晋是一位一切想着学生、一心服务学生的好老师，被学生们亲切地称为"杨妈妈"的她认为，学校为学生提供优质服务的目的就是为了让他们更好地成长成才，能够在未来的职业生涯中切实地提升"上海服务"品质。当然，不少学校由于专业教师紧缺而受到制约，但谁能想到一位音乐老师却能成功转型为汽车营销的专业老师，而且连续多年带队在国赛、市赛中争金夺银？这便是上海市大众工业学校的"全国职业技能大赛优秀指导教师"田凤霞，从湘西十八洞村走出的她对"教育扶贫"的理解也比常人更为深刻，来沪任教后多次深入贫困地区以"上海服务"助力脱贫攻坚。而来自上海市经济管理学校的吴鑫淼同学作为"全国最美中职生"获得者则在社会服务方面颇有成就，他不仅致力于非遗传承、向世界展示吴语之美,而且十分关注城市建设尤其是公交发展问题,撰文提出了"集群调度智能化发展、低碳纯净绿色化运行、减压减劳人文化关怀"的政策建议。还有一位因抗疫任务繁忙而无法到场的上海交通大学医学院附属仁济医院护理部主任杨艳,她带领仁济护理团队积极参与上海现代护理职教集团组办的国际护理技能大赛,在八届大赛中 4 次获得一等奖,是一位实实在在地践行着产教融合服务社会、服务职教的白衣天使。

2. 打响"上海购物"品牌,传播"上海文化"内涵

上台发表获奖感言的还有分别代表着"上海购物"和"上海文化"这两大品牌的获奖者。一方面,为了打响"上海购物"品牌,就要大力促进流通技术的创新应用,而上海邦达隆飞物流有限公司作为全国一流的综合性物流企业与多所职业院校开展校企合作,开辟了 40 多门企业职场课程及各类物流场景体验与教学课程,培养了一批适应用人单位需求的交通物流人才,该公司创始人严鹏总经理被上海交通物流职教集团授予"物流大师"称号。另一方面,上海不少职业院校通过多种形式传播"上海文化"内涵,如上海市工商外国语学校利用他们的专业优势积极开展跨界文化交流,该校在第 24 届世界高中生日语演讲大赛中夺冠的曾佳依同学是首次由中职生代表我国参加这项大赛的选手,她在与来自世界各地的选手较量中展示了我国职校学生的青春风采而一举夺得第一名。最后,兼任上海市现代音乐职业学校校长的"上海市教育功臣"卞建鸿又再度出场,从"上海文化"和职教文化育人的角度切入提出无论是围绕具体哪一个品牌,都要实实在在地落在如何落实立德树人根本任务、德技并修产教融合、提高职教质量、增强学生素质、培养工匠精神上。

习近平总书记在全国劳动模范和先进工作者表彰大会上的讲话中要求"完善现代职业教育制度,创新各层次各类型职业教育模式,为劳动者成长创造良好条件",并号召"全社会要崇尚劳动、见贤思齐,加大对劳动模范和先进工作者的宣传力度,讲好劳模故事、讲好劳动故事、讲好工匠故事,弘扬劳动最光荣、劳动最崇高、劳动最伟大、劳动最美丽的社会风尚"。上海市职教协会举办此次新闻人物评选就是为了更好地宣传职教、展示成果,而这些获奖者正是为上海职教发展汇聚强大正能量的优秀代表,是服务上海"四大品牌"建设的最佳实践者、代言者与传播者,从他们身上折射出的是工匠精神的时代光芒。

（三）实施"筑基强脊"计划，重铸产业发展新优势

1. 形势与挑战

——新变局：世界面临百年未有之变局，全球产业分工重新洗牌，迫切要求职业教育主动应变，为产业人才队伍建设"筑牢基础"。

——新征程：上海职业教育历经百年积淀，见证中国近现代工业沧桑巨变，应当承担起打造产业工人"钢铁脊梁"的历史责任。

——新需求：新一轮产业革命推动产业链、岗位群和工作方式深刻变化，要求职业教育主动对接，优化专业布局和创新培养模式。

——新任务：国家明确要求深化产教融合、促进校企双元协同育人，期待职业教育对经济发展和产业升级的服务贡献显著增强。

——新期待：人民群众对美好生活的向往，呼唤职业教育深化供给侧结构性改革，提供更加多元和优质的职业教育与培训服务。

2. 突出问题

——从教育外部看：社会对职业教育存在忽视、鄙视、歧视等现象，尚未形成劳动光荣、技能宝贵、创造伟大的社会风气。

——从教育内部看：在各级各类中，职业教育处于边缘地带，中等职业教育招生规模连年下滑，高等职业教育占高等教育的比重与国家要求存在不小差距，中职和高职学校的生均一般公共预算教育经费在各级各类教育中也处于较低水平。

——从自身改革看：职业院校服务意识不够，服务能力不足；行业企业办学不断弱化，产教深度融合的体制机制远未建立；校企合作流于形式，教学内容与生产实践脱节等问题仍未得到有效解决。

——从体系建设看：应用型本科尚未在职业教育体系中发挥龙头作用，专科高等职业教育资源条件整体偏弱（专科高等职业教育民办比重偏高），中等职业教育培养规格难以适应发展要求、专业布局不能满足高质量产业体系和高端制造业发展需求。

3. "十四五"目标愿景

在中国现代工业和现代职业教育百年传承的基础上，继承和发扬中国工人阶级发祥地海纳百川、吐故纳新、追求卓越的精神品格，以改革开放再出发的决心

和勇气,实施上海职业教育"筑基强脊"战略,用 5 年时间,着力打造与上海高质量产业体系和高端制造业发展相适应的现代职业教育体系,形成支撑"五个中心""四大品牌"建设的职业院校布局和专业布局形态,营造上海"产教融合发展"新生态,形成支撑上海新一轮改革开放和产业发展的新战略优势。

——更完善的体系:引导 4—8 所应用型普通本科高校明确职业教育办学定位,发挥龙头作用;整合中职学校、专科高职院校和行业企业优质资源,重点建设 10—20 所产教融合型五年制高等职业学校;与各区和相关行业企业协同打造 30—50 所特色优质中职学校(见附表)。鼓励院校实施学历教育与职业培训、学历继续教育并举,全面开展普职融通,积极推进专业硕士、专业博士试点。

——更匹配的布局:按照上海经济社会发展和产业布局要求,调整优化职业院校空间布局和专业布局;重点聚焦人工智能、集成电路和生物医药等战略性新兴产业,大飞机、大船舶和大汽车等高端制造业,以及养老护理、家政服务和学前教育等民生行业,加大政策指导、资源整合和投入力度,在相关重点行业、产业和领域形成完整的技术技能人才培养与供给体系。

——更融合的环境:着力恢复和提高行业企业参与办学程度,健全多元化办学体制,全面推行校企协同育人;积极推动建立以各区为节点、行业为支点、企业为重点的产教融合改革推进机制;建设一大批产教融合型企业、产教融合型职业院校,为产教融合型城市建设注入丰富内涵;聚焦产教融合、校企合作中的难点、痛点和堵点,积极寻求政策突破,为上海产教融合型城市建设提供制度保障。

——更有力的支撑:着力落实和巩固职业教育的类型教育地位,把加快发展现代职业教育摆在更加突出的位置,充分发挥职业教育在服务经济社会发展中的独特基础性作用,围绕产业链部署院校链(群)和专业链(群),为实体经济尤其是高端制造业和现代服务业发展培养和输送一线的高素质劳动者和技术技能人才,夯实支撑本市经济社会高质量发展的人力资源基础和社会基础。

(执笔:郭扬、张晨)

六、构建与上海三大制造业发展相适应的现代职教体系

(一) 立足产业调研,树立系统思维

上海三大制造业(大飞机、大船舶、大汽车)具有技术含量高且成熟、市场份额大且可测、产业基础好且门槛较高等特征,可以通过大规模提升一线产业工人整体素质和技能水平,进而构筑和保持上海高端制造业发展的新战略优势。

1. 上海三大制造业的产业发展特征

首先,技术含量相对较高,而且相对成熟。与养老护理等民生产业比,三大制造业技术含量相对较高;而与人工智能等"卡脖子"科技产业比,三大制造业技术相对比较成熟。其次,市场占有份额较大,且前景可预测。无论是大飞机、大船舶和大汽车,上海相关企业都占有相当市场份额,能按照未来数年订单数量安排生产,市场前景稳中有进。其三,产业发展基础较好,且有准入门槛。上海在三大制造业产业领域基础较好,拥有商飞集团、江南造船集团、上汽集团等一批标志性龙头企业,产业链布局完整。上述产业发展特征显示,在现阶段,本市三大制造业需要和可以通过大规模提高一线技术工人的能力、水平促进产业科学发展,而供给侧的职业教育可以发挥积极作用。

2. 三大制造业对人才的需求各有不同

一是"大飞机":技术高端,上海总装,对技术技能人才需求较大。未来20年,C919单通道客机将交付6119架,每年约需新增总装人员800人,维修人员1800人。二是"大船舶":劳动密集,按件总装,对技能人才尤其是本地技能型人才的需求量相对较大。船舶生产过程重复作业比率低,较难采用流水线生产,需要大量的技术工人同时作业,对工人的专业素养和技能水平要求较高,属于高技术系统

工程、劳动密集型产业，迫切需要大量技能型人才。三是"大汽车"：产业链长，对复合型人才要求高。上海汽车产业产能布局已趋稳定，总体用工规模不会急剧扩张，队伍结构面临调整——生产层扩张，以中职、高职为主；管理层稳中有升，以本科为主；研发层相对稳定，研究生为主。企业对"三修工"（维修、模修、返修）等"复合型"人才（高职生）的需求将日趋旺盛（但要考虑产业转移因素）。

3. 对"三大"制造业人才供给现状的基本判断

从制造业全局看：上海应用型本科院校定位不准、龙头缺失，专科高职整体偏软，中职专业建设和办学效率低下，总体上难以有力支撑"上海制造"尤其是高端制造发展。从"三大"制造业人才供需看：目前尚能满足"大飞机、大船舶、大汽车"发展的低水平需求。大飞机方面，在"大飞机"发展起步阶段，一批本科高校和高职院校积极主动对接产业发展需要，调整和优化专业设置；大船舶方面，以江南造船集团职业技术学校为代表的职业院校，依托企业办学，为行业企业人才培养作出了突出贡献；大汽车方面，由于产业发展相对成熟（产业可转移），校企合作和人才培养模式改革的实践（订单班）有一定基础。但从教育供给侧人才培养看存在着问题：大飞机方面，面对未来20年数以千计的大飞机制造量，整建制、成体系培养技术技能人才的企业办学模式尚待探索；大船舶方面，江南造船厂企业办学模式发挥重要作用，但是办学层次不高，不利于技术技能人才可持续发展；大汽车方面，相关行业院校转型困难，办学消极，专业布局和人才培养模式改革亟待深化。

4. 树立系统思维，构建与上海现代产业体系相适应的现代职业教育体系

（1）引导一批应用本科转型发展，发挥"龙头作用"。明确一批应用型本科院校的职业教育办学定位，打造上海应用型高校支撑"上海制造"的龙头学校（上海电机学院、上海工程技术大学、上海第二工业大学），全力打通技术技能人才培养和发展的"断头路"。

（2）重点打造上海三大制造业高职院校。整合现有行业企业中职资源，做大做强制造类专科高职。通过产教融合、校企合作，可重点打造"上海飞机制造职业技术学院"（可整合民航高职、飞机制造厂技校等资源）、"上海船舶制造职业技术学院"（可整合本市几个造船技校资源）、"上海新能源汽车制造职业技术学院"（整合本市城市科技、大众工业等汽车类中职学校资源）三大高等职业技术学院，通过开展全日制和高等学历继续教育，大面积提升三大制造业产业工人整体素质和技术技能水平。

（3）全面优化职业教育专业布局和人才培养模式改革。加大对现有公办高职院校投入和指导力度，引导全市高职院校明确办学定位，进一步加强产教融合、校企合作，优化专业布局，深化人才培养模式改革。同时依托专业科研机构建立职业院校人才培养信息和数据采集制度，完善职业教育供给侧信息采集和分析系统，定期发布职业院校专业布局分析研究报告，为政府和学校优化专业布局提供科学决策的依据。

（二）大飞机产业人才队伍亟需优化结构提高质量

1. 人才需求状况

（1）人才需求量较大，供给在数量上能够满足需求。伴随我国民航业的快速发展，本市飞机制造业已经形成完整的产业链，人才需求量较大。调研表明，未来5年本市大飞机制造人才总需求量约1.4万人。其中，研发设计科研人员约600余人，制造（总装）人才约4000人，维修人才约9000人。从相关学科专业设置及在校生数来看，目前全市高校飞机领域相关学科专业本专科在校生17911（年毕业近5000人），在数量上可以满足本市人才需求。

（2）人才需求以技术技能和研发岗位为主，迫切需要高素质创新型复合型人才。调研表明，本市飞机制造业未来对高技能人才提出大量需求，中国商飞上海飞机制造有限公司平均每年录用的技能人才占总需求量的60%以上，技术人员占30%左右，管理人员占10%左右。随着航空制造业的智能化生产，越来越需要一线员工更多地参与到产品的设计和管理工作中，需要极高的分析问题和解决问题能力，急需具备足够的吃苦耐劳精神、安全意识和良好沟通协作能力的高素质创新型复合型人才。

（3）人才需求以专科及以上学历为主，未来需要更多本科以上基础学科专业人才。在学历结构方面，本市飞机制造领域技能人才主要面向专科高职生招聘，维修人员中60%以上为专科、高职学历、30%为本科学历；技术和管理人员才以本科及以上学历为主。每年飞机制造业岗位至少需要高职生1560人以上、本科生800人以上。目前，本市飞机制造领域人才需求仍以机械类、电子信息类、力学类、材料类专业人才为主。未来，随着人工智能、自动化生产技术的发展，飞机制造领域对数学、智能制造、大数据、新能源、虚拟企业管理等领域人才的需求将快速提升。

2. 人才培养状况

（1）人才培养质量和专业配备度有待提高。本市飞机制造业人才需求总量虽然能够得到满足，但其中大多为通用类专业如机械、电子、机电、材料等，与大飞机制造业密切相关的学科专业较少，专业匹配度不高。需要进一步加强布局直接对接大飞机产业领域的学科专业。同时随着智能化、轻量化和自动化生产技术在飞机制造业的推广应用，迫切需要一线员工更多地参与到产品的设计和管理工作中，需要极高的分析问题和解决问题能力。然而高校毕业生重视操作技能，轻视发现问题、解决问题和自主学习能力，技能单一、发展后劲不足，难以满足大飞机批产提速需要。

（2）校企合作取得成效但面临合作深度不够问题。为推动本市大飞机制造业的发展，中国商飞先后与复旦大学、同济大学、上海交大、上海工程技术大学等4所高校签订战略合作协议，共同培养人才、协同创新。上飞公司也与上海民航职业技术学院、上海行健职业学院、上海电子信息职业技术学院等高职院校合作开展了订单培养等人才共育模式。但由于地理空间、培养成本等因素，高校与企业合作关系仍有待紧密，订单班、冠名班规模不大，订单培养学生特别是本科和硕士生的留任率不高，校企联合开展技术攻关、"1+X"证书制度等方面有待提高。

（3）实践教学条件较难满足人才培养需求。受资金等因素限制，高校特别是高职院校航空专业实践教学条件难以达到与企业同步的技术水平。专任教师普遍缺乏航空制造、维修实践经验。除民航类院校以外，其他职业院校的航空专业普遍是在原通用类专业如机械、机电一体化等专业的基础上开设的，由于航空业的特殊性，专任教师较难在企业获取实践经验。专业教学条件不足将影响学生培养质量。

（4）技术技能人才薪酬待遇有待提高。与大汽车和大船舶两大制造业相同，本市飞机制造业技术技能人才的发展体系与薪酬待遇也缺乏吸引力，招聘的人才流动率高。生产一线职工尤其是技能人才的地位和待遇整体较低、发展通道不畅，给大飞机产业未来的人才建设带来挑战。

3. 举措建议

（1）对接民用航空产业链，调整优化本市高校航空学科专业布局。推动本市高校进一步设立航空特色专业。新设或强化系统工程、空气动力学、人因工程、流体机械、适航管理等民用航空专业；加大智能制造、大数据、新能源、虚拟企业管理等前瞻性专业建设；协调高校优势专业共建，进一步促进各高校电子信息、机械、力学、材料等专业资源共享。支持上海工程技术大学、上海电机学院、上海民航职业技术学院、上海电子信息职业技术学院、上海行健职业学院、上海航空服务学校等院校加大飞机装配、飞机制造、航空机电设备维修、试验检验等技术技能人才培养力度。

（2）加强跨学科、复合型人才培养，提升大飞机制造业人才关键能力和素质。推动高校探索建立跨院系、跨学科、跨专业交叉培养新机制，培养复合型专业人才。在课程设置方面，加大通才培养力度，增加工程试验和通用能力课程比重，着力培养学生的创新集成能力、跨专业分析能力、工程实践能力和团队协作能力。强化实践育人理念，根据专业人才培养方案，系统设计实验、实训、实习等实践教学内容，规范实践教学文件，加强生产性、综合性实训环节教学。

（3）发挥企业重要的育人主体作用，创新大飞机制造业人才培养模式。鼓励中国商飞及其子公司与高校共建共管大飞机二级产业学院，实行理事会或董事会领导下的院长负责制，实现从招生到就业的全过程人才培养；与高职院校联合申报1+X证书制度试点，依托校企双方各自优势，联合打造飞机制造行业专项职业技能等级证书（从业证书）及其培训鉴定中心，培养学生专业技能，同时为企业员工及飞机制造行业从业者提供培训与考证。

（4）建立大飞机企业实践培养基地，弥补"双师型"教师培养短板。鼓励中国商飞与高校联合建立双师型教师培养基地，高校成立"领军人才""大师名匠"等系列工作室，实现技能人才培养与青年教师培养的协同开展。建立校企人员柔性互动机制，校企联合打造高水平结构化"双师型"教师教学创新团队，全面提升教师开展教学、培训和评价的能力以及团队协作能力，为提高复合型技术技能人才培养培训质量提供强有力的师资保证。

（5）搭建市级校企对接平台，推进中国商飞与本市高校的紧密合作。借鉴波音、法航、汉莎等航空公司人才培养经验，成立大飞机制造产业联盟或协会，依托重大工程项目，推进企业与学校深度合作。采用多方共建方式在高校、职业院校建设一批大飞机制造工程技术研究中心、工程创新实践中心、教师发展中心和职工培训中心等。鼓励商飞在与部属高校合作的基础上，积极开拓与上海大学、上海理工大学、上海工程技术大学等市属高校的合作。多种形式支持商飞建设兼具生产和教学功能的实习实训基地，支持职业院校、应用型本科高校与商飞共同建设教学型基础技能实训设施、岗位专业技能实训基地等。

（6）引导学生树立正确的择业观和成才观，为重要行业和领域建功立业。通过高校校园巡回演讲、宣传栏海报、飞机制造基地参观等方式，加强国家重大发展战略和大国工匠精神宣传，不断提高学生对国家重大战略产业的认同感和归属感，树立服务国家重大战略产业的目标与理想。建立健全涵盖思想教育、职业发展指导、就业工作管理等多个方面的就业引导系统工程，引导学生树立正确的择业观和成才观。探索为重点制造业企业培养输送人才特殊政策和长效机制，把制造业关键领域和紧缺人才培养纳入上海版"强基计划"。

（三）率先建成现代船舶工业体系亟待提升本地化人才供给能力

上海是我国船舶工业发源地和现代船舶工业重要基地，也是我国海洋工程装备和高技术船舶的重要建设基地，其发展目标是率先完成现代船舶工业体系建设，成为我国高端船舶产业和海工装备的龙头基地。目前，上海正在加速推进包括"航运中心""科技创新中心"在内的"五个中心"建设，同时全力打响包括"上海制造"在内的"四大品牌"行动，上海的船舶产业企业将在这过程中发挥重要作用。因此，有必要深入大船舶重点制造业领域，调研行业企业人才需求情况，并与人才培养"供给侧"情况进行匹配分析。

1. 人才需求情况

（1）"量"的需求情况。一是大船舶制造产业人才需求总量相对稳定。大船舶制造属于高技术系统工程、劳动密集型产业，目前已处于世界前列，产业人才需求总量基本稳定，人才需求总量增长幅度不大，行业人才需求量年均增长1%—2%。《制造业人才发展规划指南》显示，2020—2025年海洋工程装备及高技术船舶人才总量年均增长比例为1.7%；2017—2025年、2030年沪东中华造船从业人员增幅分别仅为6%（8年的增幅）、17%（13年的增幅）。二是智能化、数字化等新技术应用亟需更多跨领域复合型人才。《推进船舶总装建造智能化转型行动计划（2019—2021年）》《智能船舶发展行动计划（2019—2021年）》相继出台，推进"船舶智能化+船厂数字化"将成为船舶工业发展方向，跨领域的复合型人才将更为紧缺。三是国产大型邮轮建造亟需大批高素质人才支撑。大型邮轮是大国重器，技术更复杂、设计建造要求更高，大型邮轮被誉为造船工业"皇冠上最耀眼的明珠"。2019 年首艘国产大型邮轮落户宝山催生新增长点。建造豪华邮轮亟需各类型高素质人才支撑，包括研发设计人员、项目管理人员、船舶电工与调试人员等，所需人才学历层次涵盖从中职到研究生的各级各类人才。

表1　制造业十大重点领域人才需求预测　（单位：万人）

序号	十大重点领域	2015年人才总量	2020年人才总量预测	2020年人才缺口预测	2025年人才总量预测	2025年人才缺口预测	2020年—2025年人才总量增长比例	2020年—2025年人才总量年增长比例
1	新一代信息技术产业	1050	1800	750	2000	950	11%	2.1%
2	高档数控机床和机器人	450	750	300	900	450	20%	3.7%
3	航空航天装备	49.1	68.9	19.8	96.6	47.5	40%	7.0%
4	海洋工程装备及高技术船舶	102.2	118.6	16.4	128.8	26.6	9%	1.7%
5	先进轨道交通装备	32.4	38.4	6	43	10.6	12%	2.3%
6	节能与新能源汽车	17	85	68	120	103	41%	7.1%
7	电力装备	822	1233	411	1731	909	40%	7.0%
8	农机装备	28.3	45.2	16.9	72.3	44	60%	9.8%
9	新材料	600	900	300	1000	400	11%	2.1%
10	生物医药及高性能医疗器械	55	80	25	100	45	25%	4.6%

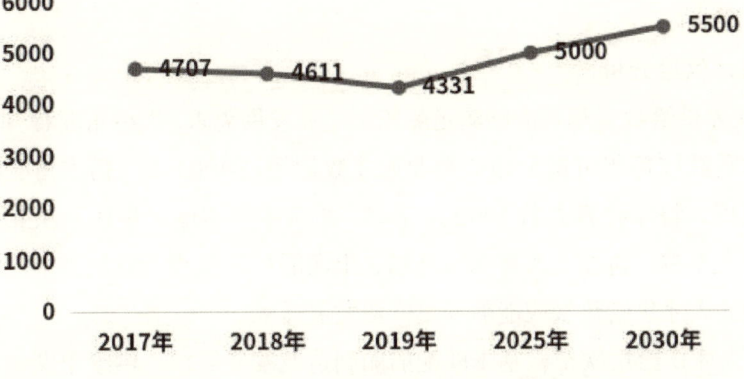

图1　沪东中华造船（集团）有限公司从业人员数量预测（单位：人）

（2）结构的需求情况。船舶行业劳动密集型、高技术密集型的特点决定了企业对不同学历层次的用工需求，调研显示，企业对中职、本科及以上层次具有更迫切的需求。中职生主要定位是技能型人才，从事企业操作、检验岗位，需求量大；多年来，中职毕业生受企业欢迎，企业评价学生"用得上、留得住、叫得应"。未来需求及发展前景广阔。高职生主要是高级技能型人才，学生对自身期望相对较高，定位不够清晰（技能不如中职，技术不如本科），从事的高技能操作岗位、生产调度、管理等技能或技术岗位，与中职生高度重复，实际竞争力反不如中职毕业生。企业需求不旺。本科及以上层次毕业生定位技术型人才和科研型人才，主要从事生产计划、设计和研发岗位，助力企业优化生产模式、提高生产效率、提升企业核心竞争力。企业有一定需求量，对素质要求高。

（3）"质"的需求情况。一是行业更需要学生具备家国情怀。船舶制造业属于军工、国防行业等关系国家战略的重点产业，但也有苦、脏、差、累、险的特点，行业吸引力弱。因此，更需要学生具备爱国情操和家国情怀，但调研企业普遍反映学生在就业时更多追求的是自我实现，而不是到祖国最需要的地方去。二是企业急需高素质复合型人才。从目前本市船舶行业发展现状来看，其船舶工业是正处于一种变革时期中，正由传统的造船模式向着现代化造船模式转变，在这个过程中急迫地需要大量的专业型、复合型的人才。三是期待学校面向市场培养实用人才。对不同层次人才，企业具有不同的需求。一是研究生，要加强与企业研发需求的沟通，增强研究生专业研究方向与企业实际需求的匹配。二是本科，要加速更新教学知识体系，使学校知识体系与实际技术和市场发展一致。三是中职、高职，加强学生对本行业的认可程度，增进学生对对口企业的了解，降低跨专业就业率。

2. 人才供给分析

（1）人才供给数量基本能够满足船舶制造业发展需求。供给角度看，本市中职、高职、本科院校每年可供给相关专业人才数量超过4000人。需求角度看，江南造船（集团）每年招聘人数1000人左右，沪东中华造船（集团）从业人员每年增加100人左右，再加上海外高桥造船、上海船厂等重点企业的需求，本市学校相关专业的人才供给数量应能够满足产业发展需求。

（2）人才供给层次结构基本匹配船舶制造业发展需求。供给角度看，每年可供给专业人才中，中职、高职、本科院校所占比例分别在55%左右、10%左右、

35%左右，层次结构比较合理，符合行业劳动密集型、高技术密集型的特点，也大体匹配企业的人才需求结构。但在同时，在专业人才供给层面，要加强船舶工程技术、船舶检验、船机制造与维修等紧缺急需专业人才培养。

（3）大船舶产业领域本地化人才供给明显不足。一是学校招生生源中，本市户籍人数占比低。比如，2019年相关中职校及专业招生中，本市户籍学生仅占11.4%；在校生中，本市户籍学生仅占17.0%。二是企业人才招聘中，本市院校供给毕业生占比不高（这种情况在高校毕业生中表现更为明显）。江南造船（集团）每年200人左右的本科招聘学生中上海院校的仅占20%左右，公司未来3—5年的招聘计划中，上海户籍人才比例预计仅为5%。

（4）高端的创新型人才在高校培养过程中对实践能力、奉献情怀重视不足。高校在船舶专业人才的培养方面还存在着一定的问题，例如在教学中重视理论教学、忽略实践能力培养，课程体系不完善等问题，导致了培养出来的毕业生基本知识不扎实、专业性不强、实践性较差，不能够满足当前船舶企业对人才的要求。同时，企业希望学校加强对学生择业、就业的合理引导，提高奉献精神。

（5）基层的技术技能人才在职校培养过程中对复合能力的重视不足。调研显示，企业主体技能人员重视复合工作，以实现大岗位（一个人能做多个岗位，一专多能的复合型技能岗位）和工作区域化（围绕一个主体或产品做，存在工种的交接），这样有利于提高效率、提高人员产值、控制员工编制、提高员工收入。但目前学校培养中，尚缺乏对复合能力的培养。

（6）基层的技术技能人才在企业中的发展体系与薪酬待遇有待提高。企业中技术技能人才的发展体系与薪酬待遇缺乏吸引力，招聘的人才流动率高。生产一线职工尤其是技能人才的地位和待遇整体较低、发展通道不畅，将是船舶工业未来在人才建设方面面临的主要考验和挑战之一。

3. 重大对策建议

（1）聚焦需求改革人才培养模式。一是对接船舶产业布局优化院校专业布局。根据上海船舶产业布局形态（"两点一带"），按照就近原则，整合资源，做强附近相关院校（或专业），形成支撑船舶产业发展的院校布局形态。加大航海技术、国际航运业务管理、轮机工程技术、船舶工程技术、船舶检验、航道工程技术、船机制造与维修、船舶舾装等紧缺专业人才培养。二是适应船舶产业发展优化人才供给结构。一方面，提升跨领域复合型人才培养能力，并重点聚焦船舶智能化、船厂数字化加大相关专业人才培养力度。另一方面,提升本地化人才供给水平,"进口"上,鼓励更多本地学生报考船舶产业相关专业;"出口"上,鼓励更多本地院校学生进入船舶产业领域。三是提升大型邮轮建造所需的高素质人才供给。加大国产豪华邮轮所需的各级各类人才培养,通过在招生计划中给予一定倾斜,或者设置新专业方向等,增加研发设计人员、项目管理人员、船舶电工与调试人员等的供给。四是加大职业教育供给侧改革力度。按照做精中职、做强高职、做实应用本科的思路,整合中职相关资源,开展大船舶领域"长学制""复合型"人才培养模式改革试点。五是合理确定人才培养目标并引导学生预期。根据船舶制造业的发展趋势及行业人才队伍的现状,制定科学合理的人才培养规划和培养标准,更多培养船舶制造业所需的、适应造船企业岗位操作要求的、不断掌握和应用最新技术的、能够扎根于生产和服务第一线的人才。

（2）打造高水平双师型教师队伍。一是完善"双师型"特色教师队伍建设制度。聚焦船舶产业发展需求,构建以师范院校为主体、综合性大学参与、产教融合的职教师资培养新体系。二是建设引领教学模式改革的教师创新团队。聚焦船舶产业发展,建设若干市级双师教学创新团队,推动实施基于职业工作过程的模块化课程、项目式教学。三是聚焦"1+X"证书制度开展船舶专业教师全员培训。对接"1+X"证书制度试点和行动导向的模块化教学改革,培育一批职业技能等级证书培训教师。全面落实相关专业教师全员轮训。四是建设校企人员双向交流协作共同体。对接本市船舶企业,建立若干校企共建的教师培养培训基地和教师企业实践基地。完善"固定岗＋流动岗"资源配置新机制。

（3）完善产教深度融合体制机制。一是完善产教融合发展规划和资源布局。在本市船舶产业重大项目布局中,充分考虑教育和人力资源开发需求,将产教融合发展作为基础性要求融入相关政策,同步提出可操作的支持方式、配套措施和项目安排。二是降低校企双方合作的制度性交易成本。推进船舶行业龙头企业牵头,联合职业院校、高等学校组建实体化运作的产教融合集团（联盟）,搭建行业科研创新、成果转化、信息对接、教育服务平台等。重点解决校企合作信息不对称、对接合作不顺畅、评价导向不一致等突出问题。三是完善产教融合信息流通机制。搭建产教融合信息化平台,鼓励船舶企业参与运行,定期发布行业发展动态、人才需求、学校资源等信息,指导、协助学校与相关企业建立合作关系。建立健全上海船舶产业发展人才需求研究中心。

（4）积极推进产教融合项目试点。一是打造产教融合创新平台。面向本市船舶产业领域，建设若干集实践教学、社会培训、企业真实生产和社会技术服务于一体的、高水平专业化的产教融合实训基地。打造高水平的应用技术研发团队，成立应用技术研发中心。二是培育产教融合型企业。探索构建本市产教融合企业认证制度，在船舶产业领域，了解相关企业产教融合开展情况，培育和认定市级产教融合型企业，引导院校与企业真实地、稳定地开展合作。三是推进"1+X"证书制度改革试点。推动高等学校、中职学校积极参与1+X证书试点。坚持育训结合、内外结合、长短结合，促进书证融通，以人才评价模式改革带动教育质量提升。

（5）整体提升学校社会服务能力。一是积极引导学生到国家重要行业和领域建功立业。引导学生树立正确的择业观和成才观，建立健全涵盖思想教育、职业发展指导、就业工作管理等多个方面的就业引导系统工程；探索为重点船舶企业培养输送人才的特殊政策和长效机制；积极培养定向生、联合培养订单班。同时，建议开展省级版"强基计划"，并把船舶产业关键领域和紧缺人才培养予以纳入。二是切实树立船舶类高校为船舶产业发展服务的理念。着力提高高校对船舶产业转型升级的贡献率，使其成为催化产业技术变革、加速创新驱动的策源地。促进船舶类高校学科、人才、科研与产业互动，打通基础研究、应用开发、成果转移与产业化链条。三是全面提升船舶类职业学校的社会服务能力。船舶类职业学校要明确人才培养与社会服务的双基定位，将研发与技术服务作为学校发展的重点内容，不断增强专业支撑与服务船舶产业发展的能力，逐步将服务船舶产业作为学校发展的自觉行动。

（四）形成服务新能源和智能网联汽车产业发展的人才供给体系

1. 人才需求与培养状况

（1）人才供给总量基本满足产业需求。伴随着世界范围内的汽车产业技术更迭，以及我国新一轮的产业布局调整，上海汽车产业产能布局趋于稳定，对人员规模依赖降低，年度用工规模保持稳中有升，而汽车保养、维护等后市场有萎缩趋势，从业人员近5年持续下滑，总体上汽车产业从业人员平均年增长0.33万人左右。调研数据显示，目前上海市中高职院校开设汽车类专业点40余个，年毕业生规模 2500 人左右，基本可以满足产业需求。

（2）人才供给层次与产业需求之间存在错配。上海汽车产业发展已经从劳动密集型向技术密集型转变，对高中学历及以下学历人才需求逐年降低，对专科以及本科层次及以上人才需求逐年加大。调研发现，目前上海市开设汽车相关专业的中职学校有 21 所，年招生规模 1300 人左右；高职院校 10 所，多数为民办院校，年招生规模 1500 人左右，实际报到仅 1000 人左右，人才供给的学历结构与产业对人才层次的需求不相匹配。

（3）专业设置亟待根据产业发展新设与调整。随着新能源汽车、智能制造和智能驾驶与网联等技术发展，上海汽车领域人才需求主要集中在 3 个方面：一是与新能源汽车有关的机电、电子技术、电气控制、能源等相关专业；二是与智能制造技术相关的工业设计类、机械类、物流类、工艺工程、供应链管理等专业；三是与智能驾驶与网联有关的互联网技术、计算机、数学（大数据分析）、智能智驾技术、系统安全等专业；四是随之而来的新能源和智能汽车的维修、维护类专业。

目前，上海市中高等职业院校开设汽车类专业面向主要集中在汽车维修与服务领域，包括"汽车检测与维修技术""汽车车身修复""汽车美容与装潢""汽车整车与配件营销"等专业，其中维修与维护类专业占比 53% 左右，营销与服务类占 44% 左右。而产业急需的"汽车电子技术"仅有 2 所高职校开设，"汽车智能技术"仅一所高职校开设。新能源技术、智能网联技术、自动驾驶等专业几乎没有。

（4）"复合型"人才培养与供给略显不足。节能与新能源汽车技术引发上海汽车行业在快速向前发展。目前从事新能源汽车和智能网联汽车技术领域的企业人才通常来自传统的车辆工程或机电工程等机械类专业人才，知识储备还难以满足新能源汽车产业发展的要求。调研发现，新能源和智能网联汽车产业发展愈加强调对工作岗位的要求更高、更全面、更深入，渴望人才具有"汽车＋IT＋通信"高层次复合型知识和能力，即不仅懂传统汽车技术，还要懂电池、电机、电控，甚至是网络技术，具备多学科融合知识，同时要具备较强的创新意识和实践能力。在汽车维修领域，由于各种汽车新款车型不断推出、配置越来越先进，加上汽车配件、汽车用品的更新换代周期越来越短，汽车行业对维修人员的维修水平和素质要求越来越高。

上海目前在探索中职—高职五年制、中职—本科七年制、专科—本科五年制等衔接培养模式，试图解决复合型人才培养不足问题。但是，目前开展衔接培养模式试点的学校和学生规模均有限，仍难以满足产业需求。调研发现，汽车企业对普遍认为应届毕业生能力与企业需求之间存在缺口，需要对其进行 1—2 年半的时间二次培养，大大提高了生产成本。

（5）产教融合发展、校企协同育人有待提升。由于地理空间、培养成本等因素，高职院校与企业合作关系仍有待紧密，根据上海产业地图显示，上海市汽车产业主要分布于嘉定区和浦东新区，而上海唯一以汽车类专业为主的高职院校——上海交通职院有宝山校区和浦东校区，中职学校以汽车专业为主的上海交通学校和大众工业学校分别地处宝山区和嘉定区，办学规模均十分有限，与产业分布存在着一定的空间距离。同时，上海职业院校与汽车类企业开展订单班、冠名班的规模还不多，工学交替、协同育人等方面有待提高，合作领域与深度有待加强。

2. 对策建议

（1）形成与产业布局相匹配的院校布局与培养规模。一是对接汽车产业布局优化院校布局。按照上海汽车产业布局形态，按照就近原则，整合资源，优化布局，在汽车产业园区内成立汽车职业学院，形成支撑汽车产业发展的院校布局形态。二是调整各层次人才培养规模。按照做精中职、做强高职、做实应用本科的思路，逐步缩减中职汽车制造类专业招生规模；适当扩大高职层次汽车专业规模，尤其是中高贯通模式规模；保持本科及研究生层次现有规模，探索开展高本贯通培养试点。

（2）面向产业技术发展调整专业布局。一是新增有关专业。中职新增开设新能源、智能网联汽车相关的维修类、服务类专业；鼓励已开设机电、电子技术、通信专业的高职院校，增设新能源汽车、智能网联汽车方向；二是缩减维修与营销类专业。适当缩减中职汽车维修与维护类、营销与服务类专业。三是调整专业培养方向。调整传统汽车制造相关专业方向向智能制造转变；引导应用型本科院校进一步明确技术技能人才培养定位。

（3）扩大"长学制""复合型"人才培养规模。一是继续开展"长学制""复合型"人才培养模式改革试点，扩大中高职贯通、中本贯通汽车专业规模，培育复合型人才。二是鼓励探索在高职和本科层面开展订单班、现代学徒制、企业学徒制等培养模式，提高人才培育有效性。三是引导交通类专业院校与本科院校合作开设燃料电池、网联控制、智能驾驶等专业。

（4）深化校企合作人才培养模式。各级各类学校应该紧跟新能源汽车行业发展需求，加强与企业的深度合作，深化新能源人才培养模式的改革。一是明确复合型人才培养定位。结合实际需要，有针对性地培养行业紧缺人才。二是加强学校与企业的深入合作，建立校企合作长效机制，共同组建专业建设委员会，根据企业技术更新变化及时调整教学内容，使学生掌握新技术和新方法。三是优化课程体系。保留传统汽车的一些基础核心课程，如机械制造基础、机械设计、汽车理论等课程，增设具有新能源汽车特色的专业课程，如新能源汽车电池技术、新能源汽车电机技术和新能源汽车电控技术等课程。

（5）落实"学历证书＋若干职业技能等级证书"制度。应将1+X证书中与智能汽车和新能源汽车有关的职业技能等级证书引入学校，将证书培训内容有机融入专业人才培养方案，进一步优化课程设置和教学内容，统筹教学组织与实施，深化教学方式方法改革，改善实训条件，盘活教学资源，提高人才培养的灵活性、适应性、针对性，以使学生工作后能快速适应工作岗位、紧跟新能源汽车技术快速发展的步伐。

（6）推进产教融合、教育与社会服务结合。一是建立上海市产教融合型企业认证制度，培育一批与新能源汽车、智能网联汽车有关的产教融合型企业，对进入目录的产教融合型企业给予"金融＋财政＋土地＋信用"的组合式激励，并按规定落实相关税收政策，提升企业参与职业教育的积极性。二是推动建设若干个具有辐射引领作用的高水平专业化汽车产教融合实训基地。推动开放共享，辐射区域内学校和企业；鼓励职业院校建设或校企共建一批校内实训基地，提升重点专业建设和校企合作育人水平。三是健全促进产教融合的职业教育治理体系。创新治理架构，推动市区政府、企业、行业组织等多方主体共同参与职业教育。完善学校内部治理，推动学校建立健全董事会制度，吸引行业企业深度、全过程参与职业院校办学，包括参与、指导学校专业设置、人才培养方案制定等。加大"订单式"人才培养力度，推动学校人才培养与产业实际需求紧密契合。

（执笔：张晨、兰小云、郭文富、王启龙）

七、建设"职教高地"的政策导向、推进情况与上海应对

(一) 在全国建设若干个"职教高地"的背景

到 2023 年在全国将建成 15 个"职教高地",涉及 3 个主体、2 个层面和 9 项主要任务分工。2020 年 9 月,教育部等九部门印发《职业教育提质培优行动计划(2020—2023 年)》(以下简称《行动计划》),明确提出"实施职业教育创新发展高地建设行动"(以下简称"职教高地")的政策导向,将重点推进 5 个左右省域试点(省、区、市)和 10 个左右样板城市(地级市)的职教高地建设,同时明确了教育部、试点省市和样板城市在高地建设中的重点任务分工。

1. 省级层面

《行动计划》提出要"整省推进职业教育提质培优",要求"主动适应国家区域发展战略,在东中西部布局 5 个左右国家职业教育改革省域试点"。在省域试点中,将"按照'一地一案、分区推进'原则,在学校设置、重点项目建设等方面加大政策供给,支持试点省份探索新时代区域职业教育改革发展新模式。引导地方落实主体责任,完善地方职业教育工作部门联席会议制度,推动各部门形成工作合力,优化职业教育办学体制机制,加强治理体系和治理能力现代化建设,探索职业学校毕业生高质量就业模式等"。

2. 地级市层面

《行动计划》提出要"合力打造职业教育样板城市",要求"国家、省、市三级推动,建设 10 个左右国家职业教育改革市域试点"。在样板城市,将"支持地市政府把握功能区定位,加强市场化资源配置,在职业教育服务城市文明、服务城市创新、服务民生需求、服务绿色发展等领域重点突破、先行示范,率先建成

与城市经济和民生相适应的现代职业教育体系,开创职业教育开放办学新格局,形成一批基层首创的改革经验"。

(二)目前在部分省份率先试点的职教高地建设特点

在教育部推动指导下,山东、甘肃、江西、江苏、广东和浙江等6个省份已率先试点,职教高地建设呈现布局早、有侧重、省级统筹和有所区别等鲜明特点。

1. 布局较早

事实上,早在2020年9月《行动计划》出台前,教育部与山东、江西、甘肃和江苏等4省就已提前布局,相继出台部省共建职教高地文件。如2020年1月10日出台《教育部 山东省人民政府关于整省推进提质培优建设职业教育创新发展高地的意见》,2020年7月27日和30日先后出台《教育部 甘肃省人民政府关于整省推进职业教育发展打造"技能甘肃"的意见》与《教育部 江西省人民政府关于整省推进职业教育综合改革提质创优的意见》,以及2020年9月16日与《行动计划》同一天出台的《教育部 江苏省人民政府关于整体推进苏锡常都市圈职业教育改革创新打造高质量发展样板的实施意见》等。

2. 各有侧重

在教育部指导下,各省职教高地建设文件既对标对表《国家职业教育改革实施方案》(以下简称"职教20条")和《行动计划》的政策导向,有根据各自职业教育改革发展的实际情况有所侧重。如首发出台的山东方案比较全面地体现了《行动计划》中压实地方主责、完善体系建设和重点改革突破等三大特征;甘肃方案对接"一带一路"建设和新一轮西部大开发机遇,立足助力甘肃乡村振兴,率先提出打造"技能社会"("技能甘肃")概念;江西方案以红色文化传承为特色,探索适应新时代中部地区和革命老区需求的职教发展新路,为建设江西内陆开放型经济试验区提供技术技能人才支撑,为中西部地区探索可复制的经验与模式;江苏(苏州无锡常州)方案立足苏锡常都市圈、服务长三角、辐射长江经济带,以若干龙头产业园区为载体,围绕千亿级产业建立20个左右产教融合联合体;广东(深圳)方案立足深圳特区,瞄准"高精尖缺"构建现代智慧职教新生态,推进粤港澳职教联动发展和打造世界湾区职教高地;浙江(温州台州)方案以制度创新推进温台职教与民营经济融合发展,助力打造"活力温台",激发企业参与职教新动能,创新产教融合校企合作方式和建设温台职教"数字大脑"等。

3. 省级统筹

《行动计划》确立了"地方主责,协同推进"的基本原则,明确要求"强化省级政府统筹";在职教高地建设中也明确要"引导地方落实主体责任"。从目前6个省份的试点情况看,无论是省域试点还是样板城市,在部省共建和省级统筹方面展现了高度的一致性。比如,各省都成立了由省委省政府主要领导和教育部主要领导为"双组长"的领导小组,负责统筹协调推进职教高地建设。山东方案明确"建立由中共山东省委书记和教育部党组书记、部长共同担任组长,分管副部长和分管副省长担任副组长,教育部相关司局和中共山东省委、山东省政府有关部门负责同志为成员的领导小组,负责统筹协调推进;组建由教育部职成司司长和中共山东省委副秘书长、山东省人民政府副秘书长3人牵头的工作专班,负责具体推进工作"。甘肃方案明确"设立由甘肃省省长和教育部部长共同担任组长,分管副部长和分管副省长担任副组长,教育部相关司局和甘肃省政府有关部门负责同志为成员的领导小组,负责统筹协调推进"。又如,承担省域试点任务的3个省份都把《行动计划》中关于"新增教育经费要向职业教育倾斜"等要求列入了职教高地建设文件。山东方案明确"持续加大职业教育投入,确保新增财政性教育经费投入向职业教育倾斜,逐步化解公办职业院校债务"。江西方案明确"持续加大职业教育经费投入,逐步提高职业院校生均拨款标准,新增财政性教育经费向职业教育倾斜"。甘肃方案明确"优化教育支出结构,新增教育经费向职业教育倾斜"。

4. 有所区别

尽管6个省份职教高地建设文件都以教育部和省级人民政府名义发文,但是教育部对省域试点和样板城市在政策支持上有所差异。比如,在支持"双高计划"、五年制高职和国家级教学创新团队等重点项目立项方面差异不大;而在支持各省本科层次职业教育方面则力度有所不同。以"省域试点"的《江西方案》为例,教育部的支持政策多措并举、落在学校:(1)支持江西把半数左右省属本科高校转型为应用型本科高校;(2)支持3—5所符合条件的独立学院单独转设或与省内优质高等职业院校合并组建为职业教育本科院校;(3)支持江西新设2—3所由大型企业集团举办的非营利性本科层次职业院校;(4)在中国特色高水平高职学校和专业建设计划中,支持江西创建高水平高等职业院校,遴选特色优势专业试办本科层次职业教育；（5）支持江西1—2所高水平高等职业院校升格为职业教育本科院校；（6）支持有条件的普通本科高校继续教育学院举办本科层次职业教育。以建设样板城市的浙江（温州台州）方案为例，教育部的支持政策则相对较少，且落在学校和专业：一是支持进入国家"双高计划"的温台高职院校升格为职教本科院校或转型为职业技术师范大学，二是并支持其骨干专业试办本科层次职业教育。

（三）上海职业教育如何实现跨越式发展

我们建议，抓住全国职教改革发展"窗口期"，以职教高地建设为牵引，带动体系建设和综合改革，实现上海职业教育跨越式发展。目前，全国职业教育已经进入"强化中职教育的基础性作用、巩固专科高职教育的主体地位、稳步发展高层次职业教育"新的发展阶段，上海应该抓住这次全国职业教育改革的窗口期乘势而上，突破瓶颈，实现跨越发展。

1. 是否建

要建，以高地"一子落"推动改革"满盘活"。上海职业教育具有光荣历史，拥有百年积淀，中职和高职也都曾经领跑全国。但是，近年来受一批优质专科高职院校升本、本科职业教育导向不清、全国范围确立和巩固"专科高职教育的主体地位"，以及产业升级对技术技能人才要求越来越高等因素影响，上海出现了应用本科转型缺位、专科高职整体较弱和中职办学效益不高等问题，与全国职教一样"到了必须下大力气抓好的时候"（"职教20条"），迫切需要通过职教高地尤其是省域试点层面的高地建设，"一子落"带动应用本科转型、双高计划突围、五年制高职破局等一系列改革"满盘活"。一言蔽之：参加建设利益极大，不参加建设则将错失改革窗口期。

2. 建什么

省域试点比样板城市要求高，但改革红利大。与职教高地建设的样板城市（地级市）相比，省域试点要求相对较高，需要强化省级政府统筹，并拿出改革决心和改革诚意，作出将"半数左右省属本科高校转型为应用型本科高校"和"确保新增财政性教育经费投入向职业教育倾斜"等政策承诺。与之对相应，教育部的政策支持也有所区别且支持力度相对较大，《行动计划》明确将"按照'一地一案、分区推进'原则,在学校设置、重点项目建设等方面加大政策供给,支持试点省份探索新时代区域职业教育改革发展新模式"。

3. 怎么建

按照错位、补缺、扬长、聚焦、回避的策略建设。目前各地建设职教高地积极性很高,高地建设存在一定竞争性,需要采取适当策略和优化顶层设计。

——错位:从已经获批的6个职教高地看,教育部立项试点和布局重点各有不同,山东重在示范引领地方主责和整体推进,甘肃重在抛出"技能社会"和服务西部开发、乡村振兴,江西立足红色基因和支撑内陆开放型经济试验区,江苏主打长三角城市圈,广东突出深圳特区、粤港澳大湾区和世界一流,浙江落在与民营经济融合。因此,上海的职教高地建设方案应该从顶层设计上与之错位。

——补缺:比照《行动计划》对职教高地建设要求和相关省份省域试点方案,上海在以下几个方面有补缺空间:(1)在地方主责方面,"完善地方职业教育工作部门联席会议制度"尚可深化;(2)在推进现代治理方面,"各级政府部门要深化'放管服'改革,加快推进职能转变,由注重'办'职业教育向'管理与服务'过渡"亟待突破;(3)在实现高质量就业方面仍然薄弱。

——扬长:上海职教高地建设方案必须扬上海之长,体现上海不可替代的功能和优势。比如(1)上海承办世界技能大赛的天时(推迟到2022年)、地利(主赛场)与人和(全国唯一实现技工学校统筹管理和职业院校支撑服务世赛之地)优势;(2)上海位列"首批国家产教融合型城市的省、自治区、直辖市"试点建设名单,而同在此列的山东、江西和江苏、浙江、广东等省的方案中,对产教融合聚焦不够;(3)上海拥有教育部乃至全国职教改革高度关注且得天独厚的"应用本科转型"公办高校资源(对应"上海制造"的有工技大、二工大、电机学院、应技大等;对应"上海购物"的有商学院、外经贸、上政等;对应"上海服务"的有健康医学院、立信会计金融学院等,对应"上海文化"的有体育学院等)。如能明确部分公办本科高校的职教办学定位和技术技能人才培养功能,不仅可以发挥龙头作用盘活上海职教改革发展全局和支撑上海"四大品牌"建设,而且可以通过承诺"半数左右省属本科高校转型为应用型本科高校"(关键是明确其职业教育办学的目标定位),换取教育部在学校设置、重点项目和模式创新等方面的政策支持。

——聚焦:上海职教高地建设方案应该聚焦自身改革发展的热点难点问题,

向教育部争取支持政策。比如（1）增加上海专科高职学校在"双高计划"中的数量；（2）支持上海盘活优质中职学校资源申办专科层次高职学校举办"五年一贯制职业教育"，给予高职学校设置备案便利；（3）支持上海优质专科高职学校升格为本科层次职业学校和举办本科层次职教专业等。

——回避：纵观当前6个试点省市的职教高地建设方案，有的方案承诺较多、改革力度较大且涉及跨部门政策协调，尽管有省委省政府主要领导挂帅，但相关政策能否落地实施、全面铺开和可持续推进尚有待观察。因此建议上海方案应突出重点、抓大放小，不宜面面俱到，尤其对一些协调复杂且不影响全局的事项可适当回避，等各地实践成熟后借鉴执行。

4. 其他建议

树立系统思维，防止路径依赖，注意深化改革。上海职业教育改革和职教高地建设涉及中职、专科高职和本科层次职业教育，以及职业培训，需要树立系统思维，尊重各级各类职业教育的办学规律，防止惯性思维和路径依赖，深化职教领域"放管服"改革，力争善作善成推进上海职教实现高质量发展。

（执笔：张晨）

八、职业教育更好支持技术创新和实体经济发展的基础和策略

被习近平总书记誉为"民营企业家的先贤和楷模"的张謇,当年在兴办实业的同时积极兴办教育和社会公益事业,其实业教育的理念给予我们诸多的启示。1917年,张謇与黄炎培、蔡元培、梁启超等共同发起成立中华职业教育社,是中国近现代职业教育的主要奠基人和开拓者。张謇主张"实业与教育迭相为用",对今天职业教育深化产教融合具有重要启迪;"凡事必求其适,譬如常人置一冠,购一履,尚唯适之是求",对增强职业技术教育适应性具有重要意义;"实业之所至,即教育之所至",对我国职业教育更好服务地方和产业发展,对不同区域职业教育发展制定针对性政策具有重要指导意义。

(一)三大优势:规模、布局、典型经验

中国职业教育更好支持技术创新和实体经济发展,具有规模、布局和典型经验等三大优势。

首先,从规模看,2019年全国共有中等职业学校1.01万所,年招生600.4万人,高职(专科)院校1423所,年招生483.6万人,中职、高职招生数分别占我国高中阶段教育和高等教育的"半壁江山",每年1000万左右的职业院校毕业生,是高素质技术技能劳动者的新生力量。

其次,从区域布局看,职业院校遍布城乡:县级行政区的中等职业学校覆盖率接近90%,600余所高等职业院校布点在地市级及以下城市,200余所高职院校在县级城市办学,成为分布区域广泛、服务地方经济社会发展尤其是中小城市、中小企业、乡镇农村发展的重要支撑。从专业布局看,全国职业院校共开设

近 1000 个专业、近 10 万个专业点，覆盖国民经济主要行业。高职院校对接新兴产业、新装备、新动能、民生需求的专业发展迅速，智能制造、电子信息、移动互联技术等专业点数达 12000 多个，财经商贸、装备制造、电子信息、医药卫生等专业大类在校生分别在 100 万人以上，形成了一批对接产业发展的优秀院校群体和专业集群，成为支持技术创新和实体经济发展的重要基础。

第三，从典型经验看，一批优秀院校支持技术创新和实体经济作出重要贡献：四川工程职业技术学院与中国二重携手解决大型航空承力结构部件主要依赖进口的卡脖子问题，成建制培养大型模锻压机操作手，累计培养 1000 多名航空模锻技术技能人才，8 万吨压机全部 40 余名操手，在首飞的 C919 上，超过 70%、合计 980 件承力构件出自他们的双手；广东邮电职业技术学院坚持学历教育和在职培训并举，支持信息通信产业升级，近年来围绕网络强国、数字中国和智慧社会建设，开设人工智能、大数据、物联网、信息安全等新专业，培养 5G 等新一代信息技术技能人才，2019 年培训各类在职人员 80.6 万人日，培训业务收入达 3 亿元。贵州省铜仁职业学院获批创建国家地方联合工程研究中心（民族中兽药分离纯化技术研究中心），支持中医兽药创新与山地生态畜牧产业发展，带动 15 家农牧企业升级养殖标准，年产值增加 3000 余万元，共创收近 8000 万元。县级市举办的义乌工商职业技术学院联合义乌市创意园、浙江中国小商品城集团股份有限公司，共建混合所有制商城设计学院，服务 25 万家中小企业、210 余万种商品提档升级，成为中国小商品创意创新策源地，有力支撑中国（浙江）自由贸易试验区义乌片区和义乌世界"小商品之都"建设。上述案例具有代表性，在连续 8 年的《中国高等职业教育质量年度报告》中，每年都发布 50 个左右类似的案例，形成可推广可复制的经验。

（二）党和国家重大决策部署的有效推进

十九大以来，党中央国务院对中国职业教育改革发展作出一系列重大决策部署，强调职业教育服务能力显著提升和深化产教融合，必将有效推进职业院校支持技术创新和实体经济发展。

2019 年中共中央国务院印发《中国教育现代化 2035》，把"职业教育服务能力显著提升"作为八大发展目标之一,勾画了我国职业教育现代化的战略愿景和战略目标是提高服务能力;《加快推进教育现代化实施方案（2018－2022年）》将深化产教融合作为10项重点任务之一,将职业教育现代化远景目标细化为未来5年的具体目标任务,明确了深化产教融合是提高职业教育服务能力的工作抓手；国务院发布《国家职业教育改革实施方案》（即"国家职教20条"）开篇明确"职业教育与普通教育是两种不同教育类型,具有同等重要地位",明确职业教育要"由参照普通教育办学模式向企业社会参与、专业特色鲜明的类型教育转变",为促进经济社会发展和提高国家竞争力提供优质人才资源支撑。

2020年10月,中共中央、国务院印发《深化新时代教育评价改革总体方案》,要求"健全职业学校评价",重点评价德技并修、产教融合、校企合作、育训结合、学生获取职业证书、毕业生就业质量、"双师型"教师队伍等,加大职业培训、服务区域和行业的评价权重。十九届五中全会将"增强职业技术教育的适应性"作为职业教育"十四五"发展的重点任务,就是要求职业教育与经济社会发展需求对接更加紧密、同人民群众期待更加契合、同我国综合国力和国际地位更加匹配,是对职业教育更好支撑地方经济社会发展和国家重大战略的进一步要求。

（三）职业院校提升服务能力的对策建议

习近平总书记最近在广东汕头考察时要求"拿出能够真正解决问题的思路举措",当前中国职业教育更好支持技术创新和实体经济发展最关键的是推广典型经验,针对不同区域职业教育发展制定针对性策略,创新激励机制,将国家政策优势转化为技术技能人才培养和服务地方效能。

1. 形成职业教育类型特征共识,深化产教融合,提升服务技术创新和实体经济的适应性

国家已经明确了加快职业教育由参照普通教育办学模式向类型教育转型的改革目标,当前迫切需要解决3个关键问题。首先,从认识上,要突破类型教育特征仅仅局限于突破原来层次定位的误区,还要强调类型教育的产教融合特征和服务地方和行业的适切性发展特征；其次,从评价上,要确定深化产教融合的绩效评价标准,推进落地落实。深化产教融合是职业教育更好支持技术创新和实体经济的重要前提，也是职业教育提质增效的关键，提高职业教育服务效能必须加快弥补产教融合短板；要通过产教融合来加大教师、教材、教法改革力度，由参照普通教育办学模式向企业社会参与、专业特色鲜明的类型教育转变；要明确院校产教融合绩效评价的标准是，教学资源优化了多少，教学过程优化了多少，学生职业胜任力提高了多少，学校服务地方和行业的贡献力提高了多少。第三，从政策上，要依据类型教育的适切性特征，加强服务地方与行业的适切性指导。类型教育不同于普通教育的重要特征，就是突破普通性，强调类型性。由于不同地方和不同行业的特殊性，不同地区和不同行业的职业院校的发展特点也是不同的，本文展现的四川工程职业技术学院的大型模锻压机操作手培养、广东邮电职业技术学院的大规模职业培训服务、铜仁职业学院的支持山地生态畜牧产业发展、义乌职业学院对接25万中小企业发展等4个典型经验，明显具有不同地区不同产业发展的特性。因此，建议政府部门要重视制定不同地方与不同行业职业院校发展的适切性指导。

2. 调整职业院校《单位法人证书》的"宗旨和业务范围"，增加支持技术创新和实体经济等相关业务范围

据了解，目前在职业院校事业单位法人证书业务范围内容中，大部分院校的业务范围是职业教育和培训，很少有服务技术创新和实体经济的要求，对职业院校开展支持技术创新和实体经济发展带来了诸多障碍。例如，上海信息技术学校在2014年为提高服务企业能力，完成了CMA（中国检测机构和实验室强制认证）认证的前期准备，具体包含制度建设（管理体系、质量体系、运行机制）及人员培训等，经学校聘请上海市计量学会专家审核并认可达到CMA标准后，学校向有关部门提出了正式申请，但是，由于学校业务范围是"培养中等专业技术人才的学校"。有关部门回复学校"无申请资质"，所以在学校标准达到的情况下，申报失败，故无法为社会提供技术服务。2019年"国家职教20条"出台后，学校向上海市编委提出变更业务范围申请并得到支持，业务范围将增加"提供学校相关专业的社会职业技能培训和技术服务"，国家职业教育政策发挥了重要作用。再比如，上海城建职业技术学院对"业务范围"进行了调整修改，目前专门增加了"科研服务"的业务范围，不仅对教师支持技术创新和中小企业发展具有正向激励机制，开展技术开发和技术转让享有免税政策，而且学院还能在政府采购平台获取项目，极大提高了教师开展技术研发和服务实体经济的积极性，学院开展横向技术服务到款额由 2017 年的不足 80 万提升到 2019 年的接近 900 万。同时，教师能够在专业教学中及时将产业最新技术工艺元素引进教学内容和课堂教学，技术创新反哺教学成效显著，2020 年学生就业率"逆势"提高，获选全国技能大赛和世界技能大赛的选手数量也显著增多。

3. 创新教师开展技术研发服务等激励机制，提高双师型教师队伍建设效能

习近平总书记在全国教育大会上强调要"坚持把教师队伍建设作为基础工作"，职业院校教师队伍不仅是"教与学"提质增效的第一资源，也是职业教育更好支持技术创新和实体经济发展的第一资源。职业院校要努力提高校本人力资源开发效能，拿出能够真正解决问题的思路举措来。要在职业院校加快推行类型教育导向的目标管理责任制和教师考核标准，引入竞争和激励机制，着力提高双师双岗能力。同时，要进一步提高企业兼职教师引进和管理的效能，重视输入企业资源对类型教育效能的增量意义，发挥学校领导作为推进校企人员双向流动与兼职机制建设的开发者、分配者和管理者功能。上海工商职业技术学院在计算机应用技术专业和餐饮专业试点教师双岗双薪机制，大大激励了教师参与企业技术创新和实体经济发展的积极性，不仅在服务能力方面大幅度提升，在专任教师稳定性、教学能力提升等各个方面得到显著提高，经过 5 年左右的试点探索，取得明显成果。最近，《教育部和江西省人民政府关于整省推进职业教育综合改革提质创优的意见》重视通过创新激励机制来推进职业教育更好支持技术创新和实体经济，提出"院校通过校企合作、技术服务、社会培训、自办企业等项目所得扣除必要成本外的净收入，可提取 60% 用于劳动报酬，单列核增单位绩效工资，不纳入单位绩效工资总量，在分配时重点向参与校企合作等项目的人员倾斜"，如果这些激励机制能够在更大范围得到推广实施，将极大提高职业院校的服务能力。

4. 推动职业院校教育教学评价改革，将院校提升服务贡献能力和绩效作为重要评价指标并提高评价权重，创新支持实体经济发展的职业培训评价方法

一方面，要按照中共中央国务院关于推进教育评价改革总体方案的要求，加快完善职业院校评价，构建具有职业教育类型特征的评价指标，将德技并修、产教融合、校企合作、育训结合、学生获取职业证书、毕业生就业质量、"双师型"

教师队伍等作为重点评价内容，加大职业培训、服务地方和行业的评价权重。另一方面，伴随着网络信息技术的快速发展和广泛应用，按照张謇先贤主张的"实业之所至，即教育之所至"的理念，终身职业技能培训需求将日益扩大。据此，建议教育管理部门及时研究并建立将职业院校开展职业培训量折算成全日制在校生的评价机制，同时提高职业院校和专业教师开展职业培训的积极性，加快国家关于"对接科技发展趋势和市场需求，完善职业教育和培训体系"要求落地落实。

（执笔：马树超）

第三部分

上海职业教育案例分析

一、德育创新篇

面临世纪之交时,著名老教育家吕型伟先生在"德育:21世纪教育的灵魂"一文中提出"欲成才,先成人,不成人,宁无才"。如今,20多年过去了,他的话依然振聋发聩。毋庸讳言,德育是一切教育的重中之重。在新的形势下,"中国关心下一代工作委员会"应运而生,它是以关心、教育、培养青少年健康成长为目的的群众性组织,切实为青少年的健康成长作出了重要贡献,值得总结、交流和发扬光大。

关怀下一代,最美夕阳红
——上海商业会计学校"关工委"德育导师工作机制探索与实践
<u>上海商业会计学校</u>

中国关心下一代工作委员会(以下简称中国关工委)自2013年成立以来,一批离退休老干部成立德育导师队伍,在关心下一代(学生和青年教师)思想德育建设和职业生涯规划等方面发挥积极作用。老干部工作部门努力探索新形式、新途径、新方法,形成特色品牌,为新时代职教事业发展贡献最美夕阳红。

一、上海商业会计学校"关工委"队伍基本情况

关工委是党中央批准成立的,以热心关心下一代工作的离退休老同志为主体、党政有关部门和群团组织负责人参加的,以关心、教育、培养青少年健康成长为目的的群众性工作组织,是党和政府联系青少年的桥梁和纽带。上海商业会计学校关工委成立于2013年,由党委办公室负责开展工作。学校现有离退休老干部中,身体康健也能够参与学校关工委工作的有 28 人，现聘为德育导师的有 12 人。我校党委高度重视关工委工作，发挥离退休老干部在政治、知识、经验、威望等方面的资源优势，加强老干部德育导师队伍建设。

1. 德育导师队伍发挥作用的途径

主要希望通过关工委、离退休党支部组织及校友会等方式实现。

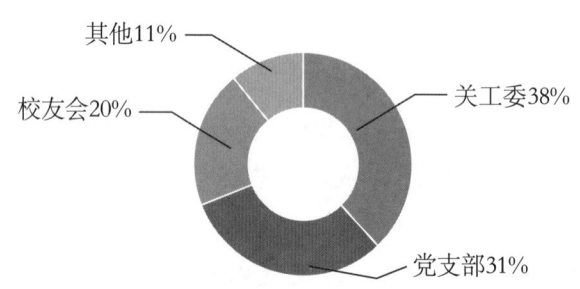

图 1　德育导师队伍发挥作用的途径

2. 德育导师队伍发挥作用的方法形式

调查发现，导师们希望发挥作用的形式多样，不拘一格，尤以参与关心下一代工作、学校讲坛、榜样示范、建言献策的积极性最高。

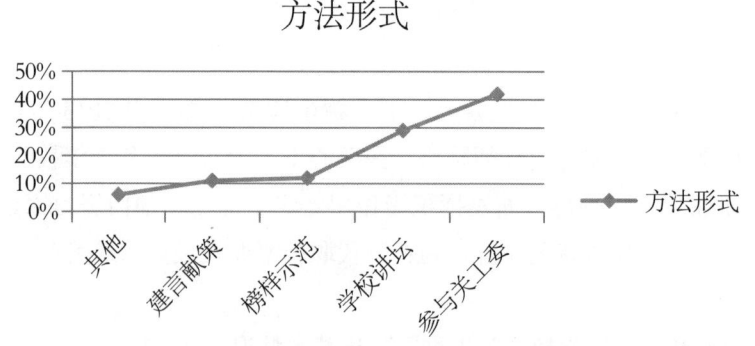

图 2　德育导师队伍发挥作用的方法形式

3. 德育导师队伍发挥作用的资源需求

德育导师队伍对发挥作用有一定的资源需求，需要学校建立相关工作机制、搭建平台，外引内合协同各方资源。

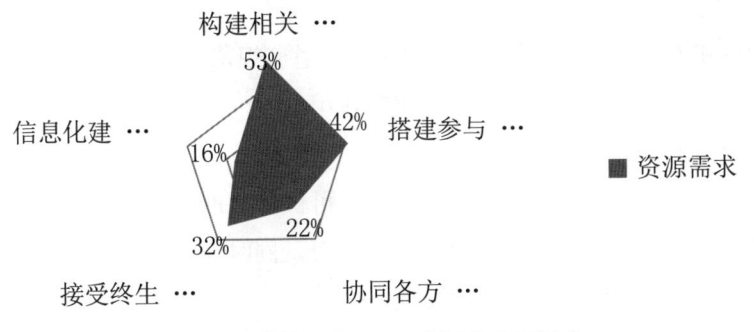

图3 德育导师队伍发挥作用的资源需求

4. 德育导师队伍的教育模式

调查显示，主要以向青年教师及学生开展社会主义核心价值观教育、党史党课教育、主题参观教育、"传帮带"工作、传承学校发展历史、职业教育认同感等方面进行。

二、离退休老干部"关工委"队伍的资源优势

离退休老干部是学校的宝贵财富，挖掘利用好这一群体的丰富资源优势，是做好新形势下老干部工作和关心下一代工作的重要内容，是推动学校科学发展、推进德育导师工作的内在需要。

1. 政治优势

学校离退休老干部中，以前基本都是在校级领导岗位工作过的党员同志，有些还是离退休支部的书记和委员，他们具有坚定的理想信念和政治立场、政治智慧，是对青少年学生和青年教师开展思想政治教育工作的宝贵财富，在不忘初心牢记使命、弘扬社会主义核心价值观、四史教育等方面能发挥重要作用。

2. 经验优势

离退休老干部在是学校发展的亲历者，在学校建设发展几十年的学习工作经历中，离退休老干部具备了丰富的实践经验和处理复杂问题的能力，都是懂政策、善管理、精技术、能干事的行家里手，同时也以自己的思想品德、言行作风、奉献精神，树立起为群众所接受认可的、心悦诚服的高风亮节、德高望重的楷模形象，其中大部分获得过市级以上的表彰和奖项。他们在对青少年学生和青年教师开展活动具有得天独厚的经验优势。

3. 专业优势

离退休老干部中有相当一部分既有较强的领导能力，又有丰富的专业技术经

验和兴趣爱好一技之长。可利用专业特长结合德育工作需要，为学生和青年教师在专业学习和专业发展、职业生涯规划和职业道德规范养成等方面开展献计献策、专业指导、技术服务等，发挥其专业优势作用。

4. 时空优势

离退休老干部从工作岗位退下来以后，可供支配的时间多了，活动的空间大了，可以充分利用课余、节假日时间开展教育。同时在职时的工作人脉和社会关系资源，便于开展各种活动和双向交流。

5. 亲情优势

作为学生和青年教师的"爷爷""奶奶"辈，更有亲和力，他们和蔼慈祥的面孔，循循善诱的语言更能和青年拉近距离，更能和他们交流交心，隔辈亲的情感态度和宽容心不易引起青少年的抵制和反感。

三、探索建立"关工委"参与学校德育工作的机制

学校现有中高职学生近 3000 名，青年教师近 100 名，利用离退休老干部资源开展教育的需求十分迫切。

（一）坚持党的领导，落实工作原则

1. 坚持党的领导

学校党委切实加强对德育工作的领导，建立充实以协助德育工作为主体的关工委组织机构，主任由党委书记亲自担任，具有丰富德育经验的老干部担任常务副主任工作中保持和增强关工委工作的政治性、先进性、群众性，牢固树立四个意识，坚持两个维护。

2. 坚持服务大局

在学校整体战略布局下谋划和开展工作，不断提高服务意识和能力，始终把服务青年教师、学生作为工作的出发点和落脚点，为他们的成熟、成长、成才贡献力量。

3. 坚持改革创新

紧紧把握新时代脉搏，坚持问题导向、需求导向、发展导向，深入探索新形势下离退休老干部发挥教育作用工作规律，努力开创新时代关心下一代工作新局面。

4. 坚持关心支持

学校关工委要设有办公室，做到事情有人管、工作有人干、上下联系方便。校长室在每年财政预算和内涵建设中要专门拨出一部分经费，用于解决老干部德育导师在开展各项活动所需经费，做到人员、经费、场地"三落实"，做到政治上尊重、思想上关心、生活上照顾、工作上支持，鼓励他们在关心下一代工作的新舞台上老有所为、发光发热。

（二）聚焦属性特点，构建工作机制

制定离退休老同志德育工作机制，要深刻领会习近平总书记关于老干部工作的重要论述，进一步尊重老干部、爱护老干部、学习老干部，更加重视发挥老干部作用。

1. 建立德育导师队伍

学校在老干部群体中聘任了10多位德育导师，党政有关部门和工会、团委组织负责人共同组成关工委工作组织。这支队伍坚持以习近平新时代中国特色社会主义思想为指导，坚持服务青少年的正确方向，坚持"急党政所急，想青少年所需，尽关工委所能"的工作方针和"围绕中心，服务大局，积极配合，主动作为"的工作定位，着力加强青少年思想道德建设，引导青少年树立和践行社会主义核心价值观，支持和帮助青少年成长成才。

2. 健全德育工作机制

离退休老同志德育导师队伍实行主任负责制，按照集体领导、分工负责的原则开展工作。

（1）离退休老同志德育导师队伍设主任1名，常务副主任、副主任若干名，秘书长1名。主任由学校党委任免。

（2）离退休老同志德育导师队伍班子由主任、常务副主任、副主任、秘书长组成。领导班子全体会议由主任主持，每年召开1次，研究总结当年工作，安排来年工作，商定其他重要事项。

（3）离退休老同志德育导师队伍下设办公室，为队伍日常办公部门。主要职责是：贯彻落实领导班子会议决定的事项，处理日常事务，做好服务老同志、服务学生和青年教师、开展各类主题活动。办公室配备干部若干名。

（4）每年召开1次工作会议，每5年召开1次工作总结表彰大会。

（5）按照有进有出、进出有序的原则调整和充实领导班子，保持离退休老同志德育导师队伍的生机和活力。

（6）离退休老同志德育导师队伍的经费，实行预算管理，由学校党委办公室内涵经费中拨付。坚持勤俭节约，反对铺张浪费。

3. 明确德育工作流程

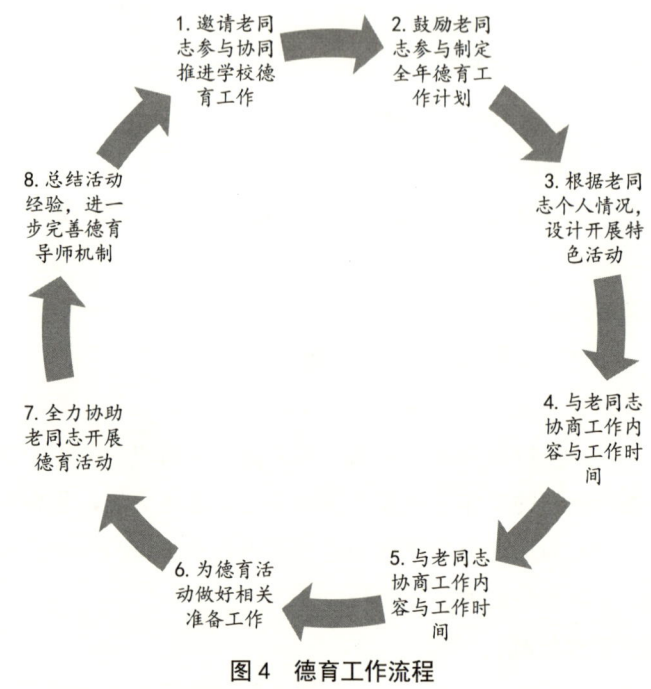

图 4　德育工作流程

（三）利用学校资源，创建工作特色

1. 三个展示馆，从历史走向未来

（1）职教源基地。上海商业会计学校创办于校址前身为黄炎培先生于1918年创办的中华职业学校，是中国创办最早的职业教育之地。学校利用在校园内的老建筑，创建了"职教源——中国职业教育历史互动教育基地"，为更好地让青年教师和学生了解职业教育发展史与学校历史，融入清荷文化。学校依托职教源基地开展初心教育，每年10月学校可组织新生和新进教工参观校内的职教源，老干部德育导师可以结合学校的入职入学教育，通过自己的感触给师生们讲述职业教育发展的历史和国外职教的特色，阐述学校清荷文化的内涵和形成过程，不忘职教初心，传承清荷文化。

（2）会计·珠算文化展示馆。为传承和弘扬民族文化，借助学校会计专业优势，学校建立了珠算文化传承教育基地，基地建有珠算体验馆&会计文化展示馆、建珠算数字资源，实现优质教学资源共享，使得珠算教学理念不断更新，珠算基本知识渗透面不断扩大。依托会计·珠算文化展示馆开展专业教育，老干部德育导师通过讲座、小型剧场谈心等形式，打造一场既有乐趣又有收获的"会"乐文化之旅，使学生成为会计珠算传统文化的继承者、创新者和传播者。

（3）沪商博物馆。沪商博物馆是学校为展示上海商业历史变迁、弘扬上海商业文化精神、凸显上海商界精英风采而建的，有着上海商业100多年的品牌历史的物品和人物展示，用生动的实物资料、国货品牌后的故事对师生进行爱国情感教育。老干部德育导师在沪商博物馆开展四史教育，每年开展"尚商文化节"，邀请具有商业专业经验的老干部德育导师作为讲解志愿者，让学生从认知博物馆展出的百多件上海商业老品牌实物和典型人物着手，了解上海百年沧桑的商业历史，激发学生在新时代为打造上海制造和上海品牌作贡献。

2. 三个文化节，从学生走向职业

（1）青蓝读书节。在每年的世界读书日，学校老干部德育导师与青年教师学生携手开展"图书漂流活动"。可以选取经典的推荐图书，特别是关于职业和行业发展的图书，通过书轮流读，读书笔记轮转互阅，老干部德育导师对青年教师学生的读书笔记做详细的批注，以自己的人生经验和工作经历融入读书心得和批注中，指导青年教师学生树立正确的人生价值观、职业观，激发青年教师和学生的读书热情，使青年人养成好读书、读好书的良好习惯。

（2）青蓝书法节。让资深的书法老干部德育导师，以书法教育为主线开展教育，从书法史教学、书法名家介绍、书法环境营造、书法作品创作等环节中潜移默化地融入职业道德格言，在组织学生参与"笔诵职业"书法节活动和比赛，书写职业道德，以书法为载体将职业道德艺术化，让学生通过认认真真的写、实实在在的观摩，感受职业情感和职业道德规范，充分发挥书法教学潜移默化的教育作用。

（3）青蓝职业节。学校每年组织"职业体验日"活动，开放校园让全市中小学生体验专业学习和专业活动，丰富中小学生对各种职业技能的认识，传授会计和金融小知识，有头脑风暴创意、点钞技能练习、假币识别体验、数字录入比赛、珠算是等项目。在活动开展的过程中，老干部德育导师们对参与各项目的孩子们进行手把手的耐心指导，解答孩子们提出的各类奇趣问题，让参加活动的孩子们感受到：爷爷奶奶为我们讲解的知识开拓了我们的眼界，对青少年进行了职教文化和职业精神教育。

3. 清荷大讲堂，从学校走向社会

清荷大讲堂是学校打造政治思想教育的阵地，通过讲座、培训、演讲、专题报告、移动课堂等形式，以育人为本，营造浓郁的文化氛围，创造和谐的育人环境。学校在每学期组织的各类大讲堂活动中，可以邀请老干部德育导师为青年教师和新生开展讲述"我与职业教育"系列故事会。通过自身与职业教育的点滴故事，帮助他们在回眸历史的过程中找寻"珍宝"，传承黄炎培先生的"学习三宝"：一是敬业乐群，做人之道；二是手脑并用，做学合一；三是专业技能，学有所长。同时鼓励青年教师应当多下企业实践，产教融合更新课堂知识。通过故事会让青年教师学生学以致用，让清荷文化突破创新。

（1）注重清荷大讲堂的思想性，用党的思想理论最新成果武装头脑，用社会主义核心价值体系引领实践，练就过硬的政治素质和政治敏锐性、鉴别力。

（2）注重大讲堂的知识性，设计适应现代学生学习和生活的多元化课程，满足学生成长为高素质复合型人才的需要。

（3）注重清荷讲堂的启发性，设计具有启迪思想、激荡思维效应的，能够引起学生兴趣和热情的课程，引导学生突破思维定势和传统观念，增强学生创新意识，激发学生创新活力。

（4）注重清荷讲堂的传承性，将上海商业会计学校50多年以来传承的文化理念融入课堂，引导学生树立积极健康向上的世界观、人生观、价值观和职业道德，保持优良传统和昂扬向上的精神面貌。

4. 校友会平台，从核心走向外围

积极开展各种特色活动，努力营造精神家园。离退休老干部德育导师为核心，通过开展校友会特色活动，让更多的老同志参与到关工委工作中。通过开展"校友口述校史"活动，在邀请校友进校座谈的基础上，带领青年教师和学生走进校友的家中进行采访，将职业教育初心传递给青年教师，培育新时代商贸类财经学子。

5. 老干部APP，从经验走向充电

"上海老干部APP"是市委老干部局按照中组部老干部局"以信息化带动精准化、规范化，促进老干部工作体现时代性、突出针对性、增强有效性"要求，开发的"互联网＋党建＋服务＋管理"的信息化软件平台。APP为全市离退休老干部提供更迅捷的思想交流平台，也为大家的晚年生活带来更多便利。离退休

老干部德育导师从原来的主要靠经验开展教育发展到主动学习充电，为自己赋能、为教育助力。

（1）突出政治引领，强化政治优势。通过使用APP中习近平文化、重要新闻报道等模块，第一时间学习习近平重要讲话精神，收悉党内重要理论思想，为开展学生德育工作筑牢思政方向。

（2）激发思想火花，强化资源优势。通过使用"工作台"功能，查阅本单位、各区及大口单位老干部工作动态及风采，通过使用"消息"功能，与校外老干部进行沟通互动，学习好的工作方法，拓展德育工作思路，同时进一步提升老干部们的资源优势。

（3）创建工作模块，强化组织优势。通过创建本单位老干部志愿者模块，建立、发布校内德育志愿活动，统一规范工作流程的同时，积极招募校外老干部共同参与校内德育活动，进一步发挥老干部作用，增强德育活动的实效性与多样性。

综上所述，学校老干部德育导师工作在经信委老干部处领导的指导关心和重视下、在学校党委的领导和支持下，在学校相关部门的积极配合下，正在努力探索与实践，争创"关心下一代，最美夕阳红"的老干部工作品牌。

（作者：乔蔓菁、林蔚、胡宾、周寅）

课程思政背景下中职校礼仪教学改革策略探究

上海市大众工业学校

在大思政格局下，以"立德树人"为根本任务，将礼仪教学改革与思想政治教育有机结合，从中职校礼仪教学的各环节融入思政元素是一个重要的现实问题。笔者结合教学工作，从职业教育课程思政的内涵、中职校礼仪教学融入"课程思政"的现状、中职校礼仪课程思政改革的策略等方面加以探讨，以期抛砖引玉并求教于同仁。

一、职业教育课程思政内涵

课程思政是指以构建全员、全程、全课程育人格局的形式，让各类课程与思想政治理论课同向同行，形成协同效应，把"立德树人"作为教育根本任务的一种综合教育理念。

职业教育课程思政的基本理念是尝试通过将思政进入课堂，促进专业内涵发展，提高和完善人才培养的质量；出发点是从职业教育的现实和问题出发，尝试通过课程思政推进一些现实问题的解决，并在此过程中体现职业教育的面向劳动力市场进行人才培养、产教融合等特点；主要思路是将知识技能传授与价值引领相结合，在课程中加强道德教育和价值观的渗透，为实现学生全面发展，成为具有综合职业能力及职业素养的高素质劳动者和技能型人才打下良好基础。

二、中职校礼仪教学融入课程思政的现状

课程思政建设的基础在"课程"。目前，中职校礼仪课程教学主要有两种情况：一种是面向全体学生开设，以学习各种场合礼仪为主，目的是规范学生行为；另一种是在特定专业如文秘、旅游服务等中职专业开设《商务礼仪》《交际礼仪》等以职业礼仪为主的课程。从课程思政的角度来看，存在如下问题。

（一）功利化倾向明显，育德目标不明确

现阶段，中职校越来越重视对学生开展不同形式的礼仪教育，然而面向全体学生开设专门礼仪课程的学校却不多。《职业礼仪》作为专业基础课或专业必修课，在商务类、旅游服务类等专业开设，还有些学校举办礼仪讲座、校园礼仪大赛、校园"礼仪之星"评选等活动，希望通过上述活动来规范学生日常行为，但教育效果的持续性不够，礼仪教育的功利化和工具化倾向较明显。

中职校礼仪课程内容重"仪"而轻"礼"，没有深入挖掘思政元素，未能凸显课程的育人功能和育人责任。具体表现在，教学中重视对礼节仪式的具体模仿，轻视对核心素养的养成教育。例如在人际交往礼仪教学时，有些教师把教学重点放在讲解握手、递接名片、接听电话等规范上，未向学生强调真诚友善等情感表达的作用。学生只关注外在形象的塑造，无法领悟规范得体背后的文化内涵与情感内涵。还有教师在礼仪课程教学内容中，过多偏重西方礼仪，未能起到传承与发展我国优秀传统礼仪文化，树立民族文化自信的作用。可见，现阶段礼仪教学局限于帮助学生建立良好外部形象和促进学生人际交往的工具，对修养与道德内化的引导较少。

（二）教师的综合素养有待提升，思政进课堂的效果不明显

作为学生人生道路上的引路人，教师的综合素养对学生有着至关重要的引领

作用。礼仪教学的授课教师不仅要具备专业的知识结构，规范自己在工作和生活中的言行举止，还应具备深厚的政治和人文素养。而目前中职校礼仪教学的任课教师中鲜有专职的礼仪教师，多为其他学科的教师兼任。他们缺乏礼仪知识方面的专业储备，教学中往往以讲授理论为主，实践教学较少，照本宣科，无法满足学生心智发展、情感陶冶和个性发展的需要。即便教师有心要挖掘时代要求下的思政元素，因自身的政治视野不宽，难以从政治高度和视角，与时俱进地将专业知识与课程思政巧妙融合，造成礼仪教学的课程思政未起到明显效果。

（三）礼仪课程考核形式单一，教学评价体系尚未健全

当前，中职校礼仪课程的教学评价以专业知识和技能模块的考核为主。理论考试通常是学生强记知识点，考前临时抱佛脚，实训技能考核通常是根据学生短短几分钟的礼仪操练评定成绩，缺乏对学生礼仪素养后续的跟踪评价。没有根据课程的特点建立相应的考核标准，教学评价体系中较少考虑对学生思政培养的要求，未融入课程思政模块的考核。

三、中职校礼仪课程思政改革的策略

（一）明确教学目标，突出课程思政理念下礼仪教学的重要性

随着社会经济的快速发展，国家对劳动者素质的要求逐步提高。中职学生是未来我国各行各业现代化建设的生力军，中职校有必要加强学生的素质教育工作，以培育职业道德和工匠精神为核心，全面提升人才培养质量。

中职校礼仪课程的教学目标应将思政素养目标作为首要目标，注重教育性、知识性和技能性三者的有机结合，引导学生树立正确的人生观、世界观和价值观，立德修身，将礼仪规范内化为自身的礼仪素养，才会取得事半功倍的育人效果。

（二）成立工作组，做好课程思政下礼仪教学顶层设计

为了从根本上找到礼仪教学与课程思政的契合点，中职校要组织力量推进课程思政背景下礼仪教学的顶层设计。

首先，成立礼仪课程思政改革工作组。由学校党委书记、校长担任组长，副校长担任副组长，由学生处主任、系（部）主任、专业负责人、班主任、部分任课教师等作为组员，形成上下联动。工作组各司其职，为有序推进礼仪课程思政改革提供有力的组织保障（如图1）。

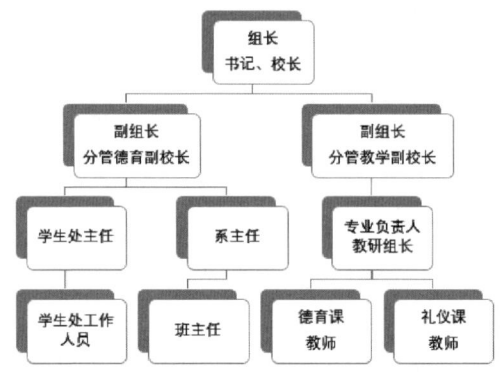

图1　中职校礼仪课程思政改革组织保障图

其次，抓好课堂主阵地，开设符合中职专业特点的礼仪课程。制定"价值引领 德育为先"为核心的礼仪课程标准，在各教学环节中加强德育渗透。运用情景教学、案例教学、角色扮演等教学方法，创新教学手段，进行礼仪活动的行动模拟，组织礼仪热点话题讨论，抨击校园里的不文明现象。

再次，优化校园礼仪文化，营造协同育人的氛围。创设良好的礼仪教学环境和氛围，引导中职学生自觉规范自身行为，不断提高自我约束力。例如在学校走廊、楼梯等处张贴弘扬社会主义核心价值观、传承优秀传统文化的宣传材料；利用好校园宣传栏、广播台、校园网、公众号、校报校刊等媒体传播礼仪知识，充分发挥校园文化和环境无形的育人作用。

最后，将思政元素融入校园礼仪教学和学生具体实践全过程。在学校举办礼仪知识或技能比赛、学生个人风采展示大赛等，在丰富业余生活的同时，让学生增长礼仪知识与技能，提高审美意识；成立校园礼仪社团，负责学校大型活动的迎宾接待和对外宣传工作，树立规范意识，体现良好精神面貌。还可以借助各类校园活动督促学生达到知行合一。例如，成人仪式上，倡导学生向父母表达心声，懂得感恩；教师节时，组织学生集体向老师送祝福，宣扬尊师重教的传统美德。这些活动实践为检验个人礼仪素质提供了条件，也让学生切身感受到礼仪的重要性，激发他们践行礼仪的内心渴望。

（三）加强新时代师德师风建设，提高礼仪教学质量

师德师风是教师综合素养的首要评价标准。开展教师思政培训，挖掘当下的思政元素，深化教师对社会主义价值观内涵的理解。解决中职校礼仪教学中的现

实问题，形成"人人都能成为礼仪教学者，校园内外都能开展礼仪教学"的良好氛围。礼仪课教师和德育课教师可组织联合教研活动，共同探讨，对课程内容加强沟通、协作，实现多向互动，达到礼仪和思政双重育人的教学目的，提高学校礼仪教学的质量。

（四）构建课程思政考核机制 改革礼仪教学评价体系

建立思政考核机制，是开展课程思政育人教学效果评价的重要举措。中职校礼仪课程思政考核评价体系（如图2）涉及教师和学生两个方面：一是对师德师风的考核，聚焦于教师的综合素质评定，考查思政元素在礼仪课程的融合性、时效性和应用性；二是对学生的德育水平考核，包括以学生爱国意识、思想道德等为主的考核，如学生获奖情况、校外实践活动情况、素养的养成情况等。

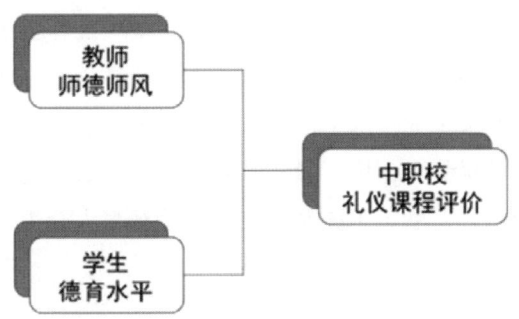

图2 中职校礼仪课程思政考核评价

总之，中职校礼仪教学中，教师在讲授专业知识的同时，也应注重学生职业素养的培育。礼仪教学改革通过融入社会主义核心价值观、中华民族传统美德等思政元素，实现增强学生爱国意识，提升学生职业素养的重要目标，全力培养中国特色社会主义事业的优秀建设者和可靠接班人。

（作者：杨建英）

参考文献

[1] 文艳.中等职业学校礼仪教育提升策略研究——以北京市实验职业学校为例[D].北京：北京理工大学，2015.
[2] 丁银，李丽馨，潘祥，黄玲玲.课程思政背景下汽车物流课程教学改革研究[J].物流工程与管理，2020，42(03)：166-167+115.
[3] 吴蕴慧.高校礼仪课程思政改革的策略[J].现代职业教育，2020(02)：168-169.

新时代关工委工作有效性的实践研究
——以上海市工业技术学校为例

上海市工业技术学校

近年来,习近平总书记在全国教育大会、学校思想政治理论课教师座谈会等会议上就做好新时代教育工作发表重要讲话。他在讲话中多次强调,要在党的坚强领导下,全面贯彻党的教育方针,坚持把立德树人作为根本任务,努力培养担当民族复兴大任的时代新人,培养德智体美劳全面发展的社会主义建设者和接班人。总书记的重要讲话为办好新时代中国特色社会主义教育指明了方向,也为做好新时代关心下一代工作委员会(下文简称关工委)工作提供了依据。新时代的关工委要坚持把立德树人作为根本任务,培养德智体美劳全面发展的社会主义建设者和接班人。上海市工业技术学校关工委,围绕职业教育改革发展的现实要求,充分发挥"五老"的优势和作用,紧密结合学校"匠心文化"育人体系,加强思想政治和职业理想引领,弘扬工匠精神,以家校社育人合力,培育德技并修的高素质技术技能人才、能工巧匠、大国工匠。

一、新时代关工委的根本任务是立德树人

关工委作为学校教育工作的重要力量和组成部分,要深入贯彻落实习近平总书记关于教育的重要论述和对关心下一代工作的重要指示,始终把立德树人作为工作的出发点和落脚点,以关心、教育、培养青少年健康成长为目的,充分发挥老干部、老战士、老专家、老教师、老模范(简称五老)优势,配合主渠道着力对青少年学生和青年教职员工加强教育和引导,在加强青少年思想道德建设等方面具有显著的吸引力和感染力,培育一代又一代的社会主义建设者和接班人,确保中华民族伟大复兴伟业薪火相传、后继有人。

而在当前开启全面建设社会主义现代化国家新征程的重要历史时刻,加快发展现代职业教育被摆在更加突出的战略位置。围绕职业教育改革发展的现实要求,学生工匠精神和精益求精习惯的养成是职业学校学生成长成才的内在需要,也是职业学校关工委的职责所在。职业学校关工委要主动对标职业学校人才培养要求,着力把社会主义核心价值观教育、职业理想教育、职业道德教育、工匠精神和劳

模精神培养作为立德树人的重要内容，协同培养更多高素质技术技能人才、能工巧匠、大国工匠。

二、目前关工委工作的基本问题

1. 工作机制不够健全，纵向渗透有限

学校党政还不能从战略和全局高度充分认识关工委工作的重要性，对关工委工作的重视程度和队伍建设的支持力度不够，致使关工委的组织机制仍处于基础建设状态，组织发动有限，缺乏必要的工作条件。"五老"覆盖面不够广，参与学校德育工作仍主要局限于校级层面组织的活动中，自身优势发挥不充分，向下逐级渗透进相关部门、班级、学生的影响力不够。学生在思想意识启蒙阶段，容易受西方和时代落后腐朽思想的影响，导致价值观念不明确、责任意识淡薄、缺乏理想信念等，无法高效完成学校德育建设工作。而在现有工作方式上仍以灌输式为主，与学生缺乏有效互动，育人成效不明显。

2. 育人体系不够完善，横向拓展不足

关工委应围绕学校三全育人工作，协同构建学校、家庭、社会于一体紧密联系的育人体系，但在实际工作中，受限于各种组织、人员、经费等条件，对内与横向学生部门、团委、党支部等有关部门组织，对外与家委会、社区、社会育人平台，联系不够密切，沟通不够充分，工作效果欠缺，难以形成育人合力。在学校整体的育人体系中位置不明显，所开展的育人活动仍以短期性、参与性为主，不能充分调动老同志的积极性，难以切实落实立德树人根本任务。

3. 思想视野容易固化，知识能力恐慌

思维主体支配教育思想体系的建设，然而思维主体的意识和能力往往制约思维主体的思想，导致教育成效不够理想。在社会生活信息化水平日新月异、互联网快速发展的背景下，关工委的许多老同志碍于年龄较大，创新能力和水平不足，对新信息、新知识、新技术的掌握相对滞后，对职业教育规律和学生身心成长规律研究分析不够，对工作对象特点的把握上还不够与时俱进，缺乏信息化建设。面对青少年思想道德建设的新情况新变化，职业知识技能的更新换代，关工委的老同志难以跟上时代步伐，在与学生的交流沟通上容易产生障碍，能力恐慌的问题凸显。

三、学校做好关工委工作的有效性措施与策略

上海市工业技术学校关工委紧紧围绕立德树人的根本任务，坚持以服务青少年成长成才为宗旨，以青少年个性特征为基点，以培育和践行社会主义核心价值观为主线，以融入学校"匠心文化"育人体系为定位，积极探索新时代的职业学校关工委工作，充分发挥"五老"的优势和作用，着力抓好主题教育活动、青蓝工程、家长学校等工作，助力学生和青年教师健康成长，引导学生争做德智体美劳全面发展的社会主义建设者和接班人，为全面建设社会主义现代化国家、实现中华民族伟大复兴的中国梦提供有力人才和技能支撑。

1. 聚焦铸魂育人，传承红色匠心

加强思想政治教育。学校把学习贯彻习近平新时代中国特色社会主义思想作为首要政治任务，充分发挥关工委老同志的政治引领作用，积极参与党建带团建及学生党课教育活动。通过上党课团课、做辅导报告、交流座谈、选送优秀学生参加上海市中职学生业余党校学习等方式，利用长者优势、亲情优势，把握与学生心理的共性和个性，提高青少年的思想意识形态和觉悟，帮助学生学习党的基本知识，引导青少年增强"四个意识"，坚定"四个自信"，做到"两个维护"，优秀团员青年以实际行动向党组织靠拢。利用党和国家重要历史节点和重大工作，深入参与"四史"学习教育、党史学习教育和抗疫宣传系列活动等各类爱国主义教育活动，激发学生的爱国主义情感和民族自豪感。教育青少年树立正确的历史观、民族观、国家观、文化观，听党话、跟党走。

加强职业理想引领。紧密结合学校"匠心文化"建设，配合学校学生工作部、学生健康成长指导中心、团委等部门开展工匠精神进校园系列活动。通过专题讲座、班级宣讲、演讲比赛、读书活动等形式，让学生认识到中国特色社会主义建设的长期性和艰巨性，正确处理远大理想与现实任务的关系，宣传展示大国工匠和高素质劳动者的事迹，用榜样的力量引导学生树立职业理想，涵养职业精神，合力促进劳模工匠精神进课堂、进教材、进各项工作中。

2. 服务现实需求，培育德技并修

"五育并举"全面发展。结合学校工作实际，主动参与学校三全育人工作，融入"五育并举"育人格局，全面提升学生职业素养，德智体美劳全面发展。配合学生工作部以9S管理为抓手，成立关工委校园文明礼仪督导队伍，参与校园

巡视、学生行为规范的检查督导，以及 9S 班级管理检查等工作，促进形成优良学风、校风。配合健康指导中心以社团管理为依托，发挥第二课堂在育人中的重要作用，做好学生社团活动的督导，促进青少年增强体质、提高审美能力、养成劳动习惯，提高学生社会适应能力与素养。配合有关职能部门加强学校德育工作和校园文化建设，参与国防教育、成人仪式、军训、毕业典礼、主题班会、心理健康月、书香校园诵读、校园文化艺术节、开放日、学校"工技杯"大赛、校运会等各类校园文化技能活动，以指导、评审等形式协助落实爱国主义教育、优秀传统文化教育和职业精神教育，助推学校整体文化育人环境。

"青蓝工程"薪火相传。针对企业市场需求、学校培养目标、学生发展现状，学校从 2004 年开始就大力实施"青蓝工程"，组织动员"五老"结合工作经验和专业特长，关注青年教师的成长，参与带教班主任的工作，协助学校教育教学改革，以传帮带等形式帮助青年教师提高教书育人能力。邀请具有丰富教育经验的专家开展有针对性的讲座和指导，参与学校的教学督导活动，对青年教师进行推门听课，提出建议与指导，不断提高青年教师的育德能力和教学水平。聘请一批具有丰富班主任工作经验的教师为指导老师（师傅），与年轻班主任、新班主任（徒弟）结成对子，建立一对一、以老带新的工作指导和帮扶机制，并积极参与学校主题班会课教案的指导与评审以及优秀主题班会课展示活动等，为年轻班主任保驾护航。还有学校的教学培训、技能考评、行为规范示范校的建设等工作中都有老同志们积极投入的身影。

3. 推进"三位一体"，促进协同共育

关工委在巩固学校教育的基础上，深入推进家庭教育，开拓社会教育平台，形成家校社协同育人合力，共同服务青少年健康成长。以家长学校为主阵地，积极参与学校家庭教育指导、学校家委会建设活动以及家庭教育示范校工作的申报及评审工作，并结合防疫工作关注疫情下的亲子关系，帮助广大家长掌握正确家庭教育理念和科学方法。关爱弱势群体、特殊群体，协同参与预控帮教和法制宣传教育工作，邀请法制部门专家做讲座，联合家校加强思想引导心理疏导，不断提高青少年学法、知法、守法的自觉性和维护自身合法权益的能力，预防青少年违法犯罪。关工委老同志还不断发挥自身资源优势，积极联系校外教育活动场所、专家等教育资源，不断提高育人水平和质量。

4. 加强技术学习，拓宽育人领域

学校定期展开关工委学习培训工作，学习新媒体技术，打造新的育人模式，提高学生对关工委的认可度。老同志通过利用新媒体技术学习最新的科学理论知识，与时俱进，提升理论素养。在新媒体平台中，老同志与学生通过对国际形势、社会热点等问题进行交流、评价，了解学生思想，引导学生树立正确的学习观、民族观、历史观、成长观。通过新媒体平台，将老同志的生活经历、个人感悟进行分享交流，讲述个人经验、叙说个人故事，发挥潜移默化的影响。

四、学校实施关工委工作的成效与经验

我校关工委成立以来，在学校党政领导的支持下，逐步形成党委统一领导、党政齐抓共管、关工委主动作为、有关部门积极配合的工作机制，持续加强关工委工作常态化建设，在实践探索、理论研究和制度建设方面取得一定的成绩。这几年，学校接连获评家庭教育示范校、依法治校示范校等荣誉，师生在文明风采比赛、技能大赛、教学法比赛等赛项中取得佳绩。学生思想觉悟提高，积极向党组织靠拢，近年来有6名学生在年满18周岁后就递交了入党申请书。关工委与相关部门的联系沟通愈发紧密，工匠精神逐步深入人心，学校整体育人水平和质量提高。

回顾工作和实绩，学校总结实施关工委的经验，主要有以下几个方面：一是加强组织建设，确保关工委工作有序衔接。学校高度重视关工委的自身建设，结合学校的实际情况，健全关工委组织机构，形成了在职领导为主导、退休老同志为主体、相关职能部门负责人为成员的关工委工作联络小组，并能根据学校人事变动及时补充和调整。二是抓好工作协同，确保关工委建议有效落实。学校党委把关工委工作纳入党建和德育工作规划中，加强对关工委工作的总体谋划，做到同研究、同部署、同落实。强化沟通协调工作，推动关工委与学生工作党支部、学生工作部门、工会、团委、社区等部门组织联合开展各项工作活动，及时听取采纳关工委老同志提出的建议，打造共建共享共育的育人格局。三是加强主动服务，确保关工委作用充分发挥。学校主动为关工委老同志开展工作提供了必要的经费和办公条件，专设了关工委办公室，加强和完善关工委工作制度建设，建立和健全关工委工作例会、学习制度、工作计划和工作总结等制度。定期召开会议，讨论和研究关工会工作计划，组织老同志参与专题培训班和片区交流学习活动，

提升业务能力。并以党建带关建,加强离退休干部党组织建设,充分发挥离退休干部党组织的战斗堡垒作用和离退休干部党员的先锋模范作用,调动"五老"工作积极性,增强关工委辐射带动作用。

五、我校关工委工作的反思与展望

我校关工委在取得一定成效经验的同时,在推进工作的过程中也发现存在一些问题。比如:主观上开展工作缺乏创新和不够积极主动,现有工作经验还未形成品牌效应,影响了关工委工作的扎实开展。在关工委的制度建设、信息化建设、家校社协同、学习培训、调查研究、舆论宣传等方面还存在薄弱环节,关工委队伍的整体素质和工作能力有待进一步提升。

在"十四五"时期,我校将紧紧围绕立德树人根本任务,明确新时代关工委的工作定位、工作方针和主要任务,进一步深入探索新时代职业学校关工委工作的特点和规律,逐步建立健全适合职业学校特点的制度办法、保障机制,不断创新活动载体和工作平台,推进学习型、服务型、创新型关工委建设,做到政治上尊重、思想上关心、生活上照顾、工作上支持,为新时代关心下一代事业持续健康发展提供坚强保障,共同促进祖国下一代健康成长,培养德智体美劳全面发展的社会主义建设者和接班人,造就担当民族复兴大任的时代新人。

(作者:郭琴 周茜曜 刘长锋)

党建视野下高职高专思政教育内涵建设路径研究
上海交通职业技术学院

近年来,我国高职高专在校生生均规模持续扩大,据《全国教育事业发展统计公报》统计:2010年,全国高职高专全日制在校生平均规模5904人,到2019年,已增加至7776人,增长了近32%。随着中国经济步入新常态,由原先的高速发展转向高质量发展,探索高职高专内涵发展成了适应我国新时代经济与社会发展转型的必需选择,也是满足人民日益增长的对职业教育多元化、个性化的主体诉求以及高职高专教育自身发展的紧迫任务。通过建设党建工作队伍、占领党建工作阵地、搭建"互联网+党建"工作平台,从而改变当前高职高专思政教育中"重显效、轻潜绩""重理论、轻实例""重说教、轻沟通"和"重结果、轻过程"的现象，促进高职高专思政教育的内涵发展。

一、高职高专思政教育内涵发展的含义

2019年，国务院发布的《国家职业教育改革实施方案》明确提出，推进高等职业教育高质量发展是新时代高职高专教育的核心任务。2021年全国教育大会中也把现代职业教育的目标设定为"以提质培优、增值赋能为主线"。思想政治教育工作是高职高专各项工作的生命线，高职高专院校建立健全思想政治工作体系是贯彻党的教育方针，解决好培养什么人、怎样培养人、为谁培养人根本问题的需要，也是完善人才培养体系、落实立德树人根本任务的需要。

因此，本研究所表述的高职高专思政教育内涵发展就是以德技并修的人才培养为核心，将立德树人根本任务与高职高专教育培养的高素质技术技能人才目标定位紧密结合起来，通过一定的理想信念、政治觉悟、职业道德、文化素养对高职高专学生加以有目的、有组织、有计划的引导和培育，使高职高专学生既能符合社会需求，又可以实现个性的全面发展，从而为我们祖国培养出一代又一代社会主义可靠建设者和接班人。

二、当前高职高专思政教育内涵发展存在的问题

（一）办学重心上"重显效、轻潜绩"

在日常工作中，很多高职高专院校工作重心大多扑在专业建设、课程改革和技能大赛比武上，制定出台的文件也大多与此相关。大部分职业院校都将重点工作放在培养职业技能实训人才上，这固然无可厚非，但忽视培育"德育"大师，忽视在专业领域对学生法律常识的普及和职业道德的教化，却已成为当前职业院校共同的软肋。为了追求学生的就业率，学校的课程设置、专业实践和毕业实习等大多以技能学习为主要内容，课程安排的原则也以实用与否作为开设标准，实用则开，不实用则舍。一些职业院校重技能轻人文、重操作轻修养，对于要参加大赛的"种子"学生可能提前1—2年就开始"脱产"进行比赛训练，整个训练的过程就是实操—理论—再实操，而比赛的结果则直接作为评价专业教师和学校教育工作的主要依据，思政教育工作却流于形式。这种做法，势必无法适应当前高职高专院校学生思想的发展变化。

（二）教学内容上"重理论、轻实例"

自从 2019 年习近平总书记召开全国学校思想政治理论课教师座谈会后，部分高职高专院校为增加思政课程的吸引力，已经开始陆续通过专题化教学、多媒体等多种方式让思政课更丰富多彩，但仍还有不少高职高专院校的思想政治理论课以"灌输"和"填鸭"的方式为主。老师习惯将思政教育理论当作知识型对象进行教授和传递，强调传授理论和知识的精确性，而忽视了如何解决学生思想的实际问题。其次，思想政治教育教学内容还不够与时俱进，有些老教师所讲的案例虽有历史观照，但缺乏一定的时代性和对实际社会现象的把握，往往政治性过于突出，稳定有余，鲜活生动不足。对于生活在信息时代的网络原住民的 00 后高职高专学生们来说，难以引起他们的共鸣，无法真正达到入脑入心的效果。

（三）思想引领上"重说教、轻沟通"

在高职高专中主要从事思政教育的工作的以思政教师和辅导员居多。一直以来，我们的老师秉承着"传道、受业、解惑"的古训，习惯以长者的口吻说教的方式，给学生传大道。殊不知正向的价值观和良好职业观的形成，既需要单向的晓之以理，更需要双向的互动交流，它是一棵树摇动另一棵树，一朵云推动另一朵云，一个灵魂唤醒另一个灵魂的过程。如果忽视了日常生活中对学生所为的观察、困惑的倾听及心理健康的关注，那势必会影响价值观养成过程中由知到行环节的转化，这必定导致思政教育过程的断裂。

（四）评价体系上"重结果、轻过程"

当下，高职高专思想政治教育的考核评价方式较为单一。大多考核方式还如其他课程一样，在课程结束后以开卷、闭卷或写论文的形式进行一次性的笔试，在最终课程成绩中，平时成绩比重较少，期末考试成绩比重较高，缺乏将学生的品行、学习态度、组织纪律等有效的纳入考核评价体系，忽视了学生的个体差异。因而一些平时不认真学习甚至连课都不上的学生，有可能通过"临时抱佛脚"这种短期突击的方式取得较好的成绩。这种"重结果、轻过程"考核方式极大地影响了学生的学习积极性、主动性，学生机械化的应对考试，弱化了对学生思考、分析、解决实际问题能力的评价，因而学生的品行也难以得到有效的发展和促进。

三、党建在高职高专思政教育内涵发展中的重要性及优势

（一）党建在思政工作开展中发挥的引领作用

我们目前比历史上任何一个时期都更接近中华民族伟大复兴的目标，也比历

史上任何一个时期都更有信心、有能力去实现这个目标。高职高专学生是祖国未来的中坚力量,自然对这个目标的实现负有重要的使命担当。而党建在高职高专思政教育内涵发展中起着重要的引领作用。我们的教育是社会主义教育、我们的职业教育是社会主义职业教育,我们必须明确思想观点、把握正确的政治方向,办好社会主义性质的高等职业教育。以新时代中国特色社会主义思想为指导,全面贯彻落实党的教育方针,培育和弘扬社会主义核心价值观,增强师生的政治认同、思想认同、理论认同和情感认同。

(二)党建在日常教育管理中发挥的凝聚作用

高职高专的思政工作从本质上说是做人的工作,是围绕学生、关心学生、服务学生的工作,不断提高学生思想水平、政治觉悟、道德品质和文化素养,让学生成为德才兼备全面发展的高素质技术技能人才。我们想要对高职高专学生进行有目的有计划和有组织的影响,就必须团结和凝聚学生群体。马克思主义是中国特色社会主义革命和建设的理论基础和行动指南,青年学生通过马克思主义理论学习,思想认知更加深刻,思路更加开阔。在瞬息万变的社会环境中,才能进一步认清形势,坚定正确的政治方向,从而系好人生的第一粒纽扣,把握好人生的方向。

(三)党建在党团组织生活中发挥堡垒作用

由于高职高专的教育培养主要采用专业制或项目班,入党积极分子和班团干部日常分布在不同专业或项目实训室,从事不同的专业或项目化学习,每位学生的发展存在较大的不平衡性,呈现分散的状态,给我们目前的高职高专的日常党团教育管理造成很大的阻碍和困扰。如果可以通过在项目班设党团小组、在专业系部设立党支部,那么就可以打破不同年级、不同专业、不同班级之间的独立状态。通过党团组织生活常态化开展学习教育活动或专业实践交流活动,实现思政教育的目标;通过党组织的建设和党员的模范带头作用,来引领我们学生的职业道德、品行习惯。党支部作为最后一道防线,对学生的理想信念、政治觉悟、道德品质和文化素养起到堡垒作用。

(四)党建在培养机制落实中发挥服务作用

高职高专学生的培养大多采取二级学院管理培养的模式,因此二级学院党组织在学生的教育培养中起着重要的服务功能。思政教育的内涵发展是以提高人才培养质量和提升技能素质型人才培养为目标的,为了实现这一目标,不仅需要良好的育人环境,也需要科学的激励制度,还需要大量人力物力和财力的支撑。二级学院党组织拥有天然的优势，可以对院内的资源和平台进行整合分配，为我们的高职高专学生的技能培养和质量提升提供服务与帮助。最后，党委作为整个学校党建工作的统领者，高职高专思政教育内涵发展的策划者、组织者和实施者，可以保证各二级学院党组织各项制度的有效实施和各项服务的贯彻落实。

四、党建在高职高专思政教育内涵发展中的实施路径

（一）遵循教育管理规律，建立高职高专党建工作队伍

思政教育内涵发展的路线确定后干部就是决定的因素，高职高专的教育管理需要遵循内涵发展的规律。因此高职高专思政教育工作人员的选配必须做到政治要强、情怀要深、思维要新、视野要广、自律要严、人格要正。思政教育管理队伍必须包含坚定马克思主义理论功底扎实的思政教师、专业课教师、党务工作者和辅导员。强化思政内涵发展的组织基础，形成以专业、项目设置的党建工作队伍1（纵向）和以思政教育、学生管理、就业指导、后勤服务等贯穿整个学生学习过程设置的党建工作队伍2（横向）两种组织模式。以这两支队伍为单位开展扎实有效的活动，不仅可发挥党建队伍的政治核心和战斗堡垒作用，又有利于思政教育的全过程监控和考核。通过纵横交错的两支队伍，从而解决只关注学生卷面成绩、忽视对学生在校期间全过程全方位的考量、思政教育认可度不高的问题。

（二）丰富立德树人的形式，占领高职高专党建工作阵地

履行高校思政教育，内涵发展主体责任，必须守好课堂、宿舍、校园文化和网络四大阵地。课堂是教育的第一阵地，是思政教育开展最直接最主要最重要的场所，是学生理论知识学习和创新能力培养的重要平台。学校必须重视高职高专教育的课程学习，把课堂阵地摆在突出的位置。宿舍是学生的主要生活场所，是思政教育内涵发展中道德规范层面的重要养成阵地，也是开展立德树人教育的天然有利阵地。校园文化主要是把守舆论宣传，要加强对中国传统优秀文化的挖掘和阐释，做好文化的传承，培育好社会主义核心价值观滋生的土壤，对同学进行潜移默化的影响。新时代网络的迅猛发展使得互联网已经逐渐成为思政教育的重要途径和主要阵地，网络阵地是一把"双刃剑"，给思政教育的内涵发展带来了机遇和挑战。我们要因势而新、顺势而为地用好新媒体技术，给思政教育的内涵发展注入新的活力，讲师生自己的故事，舆论宣传着眼师生党员对精神文化生活的向往，积极利用微信、微博、学校新闻网、微电影等新媒体创新思政话语体系。做到以文化人以文育人，同时要积极探索搭建学校自身的主流发声媒体，如学校微信公众号、校园一网通等，为思政教育的内涵建设添砖加瓦。

（三）创新教育交流方式，运用互联网搭建交流平台

充分利用互联网新媒体开展工作，使用学习强国等各种软件和APP搭建党建带团建网络交流平台。通过搭建党建带团建网络平台，实现师生远程网络学习交流模式。通过网络交流学习感受，形成持续有效的线上线下多方式、多元化的思政教育模式。由于其不受时间地域的限制，网络更容易吸引95后、00后的广泛参与。同时还可以搭建党员、团员和其他学生群体交融的党建网络，夯实党的群众基础，弥补校内生活教育学习的局限，形成高职高专思政教育的有效补充。

（四）通过多部门联动，开展协同育人教学模式

目前，很多高职高专学校开展思想政治教育主要通过以下两种路径：第一种是理论教育，主要由专职思政教师在课堂中向学生以知识传授的方式讲授马克思主义理论、思想政治教育原理及价值观念。第二种是行为教育，主要是通过对学生日常的思想道德实践和日常学习生活行为进行指导和规划。第一种路径理论教育通常由学校的思政部或社科部负责，第二种路径行为教育主要由学校的学生管理部门负责。这两个部门属于不同的性质，前者是教学部门，而后者是管理部门，两者基本属于脱节状态。理论教育和行为教育的人为分离致使理论教育效果难以在学生的日常行为中得以验证。因此要坚持立德树人，坚守育人阵地，就必须通过党委的统一领导，整合资源，加强联动，实现全员育人、全过程育人、全方位育人，深入第一线，掌握最新思想动态。

今年是中国共产党百年华诞，高职高专思想政治教育教师队伍是各路大军中的一支中坚力量，已取得的宝贵探索和喜人业绩也理所当然地非常鼓舞人心，并将越做越好。

（作者：袁莺）

参考文献

[1] 单贾汐.新时代背景下高校学风建设项目化改革路径初探——以辽宁中医药大学护理学院为例[J].经贸实践，2018（9）：33.

[2] 蒙玲娟，殷鸿达.新时代高校党建与大学生思想政治教育有机融合探究[J].长江丛刊，2020，12.

[3] 于德勇.高职高专学生思想政治教育存在的问题与对策研究[D].吉林大学硕士学位论文，2016，5.

中职思政教育困境及其融入机制探索

上海船厂技工学校

习近平总书记在 2018 年全国教育大会上明确指出，"要培养德智体美劳全面发展的社会主义建设者和接班人"[1]。思想政治教育已经成为新时代社会发展的新要求，也是推动新时代中国特色社会主义全面发展的重要保障。

一、新时代赋予思想政治教育新要求

1. 人的全面发展诉求

思想政治教育是社会对其成员及其相关组织施加的一种有目的、有计划与有组织的影响活动，旨在不断增强与提高其思想观念、政治观点与道德规范。根据马克思主义关于人的全面发展学说，社会个体的发展应当是全方位的发展，其中既包括知识水平与能力结构的不断提高与完善，也包括情感认知与社会角色的不断培育与丰富，更应当包括思想认知与社会责任的不断锤炼与激励。而思想政治教育所担负的观念引领与规范培育正是促进社会个体不断实现全面发展的重要手段。因此，在推动人的全面发展的过程中，全社会需要不断加强思想政治教育的宣传与推进力度。

2. 社会进步的要求

随着人类社会科技水平的不断发展更迭，人类社会正呈现出科技能力日新月异的发展蜕变。各种高科技不断涌现在人们面前，各种现代化设备不断改变着社会生活。现代科技不仅推动了社会发展，也正有力地改变着社会面貌。作为生活在高科技社会的每一位个体，不仅需要积极提升个体的科技知识结构与科技运用能力，而且需要不断完善科技认知能力与规范操控水平。拥有健康高雅的现代科技意识与科学规范的与现代科技素养，无疑是推动社会进步的坚强思维基础，更是推动社会进步的科技伦理保障。

3. 民族振兴的呼唤

拥有 5000 多年发展历史、缔造了人类社会无数辉煌成就的文明古国屹立于世界民族之林，既是中华民族的骄傲，更是每一位国人的福祉。进入 21 世纪，人类社会的发展序曲在不断吹响。这是社会在召唤时代的进步，更是在呼唤时代超越的不断涌现，既对社会生产生活领域提出了要求，也对每一位社会个体提出了挑战。面对社会科技水平的不断进步，世界各国都在积极应对。作为历史文明古国的中国，更需肩负起历史的责任与时代的呼唤。社会的进步、民族的振兴需要每一位个体既要不断提升自身的综合实践能力，更要不断丰富自己的思想政治素养，用积极的态度、健康的思维引领个体前行、推动民族振兴。

4. 行业进步的渴求

社会的发展离不开科学技术进步的支撑，也离不开各行各业的有机组成。一方面，科技进步为行业的繁荣提供了技术支持与智力保障；另一方面，行业的发展为科技进步提供了应用基础与实践平台。二者的有机结合必将有力推动社会发展的前进步伐。众所周知，科技的进步既需要科技人员的专业智力付出，也需要科技人员的规范思想引导。规范的思想相对于科技的繁荣，犹如船之舵般引领前行的方向与航向的纵深。行业的进步相对于社会的发展，犹如火箭之推动剂般影响前行的力度与航向的角度。由此可见，科技人员的思想政治素养不仅决定了科技发展方向性的规范，也决定了行业进步结构性的布局。

二、中职教学中的思政教育困境

习近平总书记指出，"把思想政治工作贯穿教育教学全过程"[2]。中职教育承担着国家与社会进步所需的技术技能人才的教育与培养，同样需要肩负起对学生思想政治教育的责任与使命。包括中职语文在内的文化基础课程，无疑成为强化对学生思想政治教育的关键因素。透过学科教学的视角来看当前中等职业教育实践中的思想政治教育，目前依然存在着一定的现实困境亟待解决。

1. 课程思政受制于传统的教育理念

长期以来，我国的正规学校教育都是高度重视学生的思想政治教育，并以专门开设的思想政治课或思想品德课等形式予以大力推进。应该说，思想政治教育课程的专门化，是为学生思想政治教育开设的一扇专窗，在一定程度上提高了学生思想政治教育的地位和作用，也彰显了社会与教育机构对学生良好品行培育的关注与投入。然而，这种思想政治教育专门化的设计理念，往往会忽略其他专业课程，尤其是文化基础课程实施思想政治教育的基础作用，给教育者与受教育者带来了思政教育就是思想政治课的教育任务的错误印迹，从而导致思政教育的合力难以形成，更无法有效发挥教育全要素对学生思政教育的综合作用。

2. 教学时间受制于学校专业结构设置

一般来说，中职学生很少具备社会工作经历与社会实践阅历，而中职教育的重要目标就是要培育他们的专业技能和实践能力。因此，大多数中职学校会安排2—3年时间加大对他们专业技能的教育，而文化基础课程多会被缩减在第一学年集中授课。一方面，这种课程安排很难确保基础课程的扎实性与有效性；另一方面，集中授课也很难确保文化基础课对中职学生教育和影响的深远性与稳定性。某种意义上说，由于专业结构设置所导致的这种重专业课轻文化课的课程设置思路会在一定程度上制约了学校对学生思想政治教育的力度增加。

3. 教材内容受制于课程体系设计

以语文学科为基础的中等职业学校文化基础课程，其在进行课程设计与教材编制的过程中都需要遵循学生身心发展与认知提升等教育规律，以及课程编排与内容设计等课程设置原则，从而形成一种规范化的中职教学体系。这种设计理念对于构建中职课程体系化是有积极意义的。然而，这种以学科为视角的课程编排既很难兼顾到不同层次学生的学习基础与实际情况，也很难兼顾到学科教学与思想政治教育等相关教育诉求之间的有效匹配，因而很难发挥通过基础学科教学促进学生思想政治素养提升的综合影响作用。

4. 教学模式受制于片面的专业发展观

受传统的教育理念与教育思想影响，教师们的课堂教学多以教科书为蓝本，以教科书中的内容作为课堂教学与课程教学的主要依据，并以此作为教学任务完成的重要考核标准。在这种教学管理思想驱使下，教师们很难实现课堂教学的有效突破。这种情况对于语文学科教学可能尤为明显。由于课时少、任务重，语文教学不仅要紧扣课程设计要求、教科书的内容编排，还要尽可能服务学生的专业素养提升，也将限制了中职语文教学中思政教育元素的有效呈现与科学发挥。

5. 教育成效受制于学生的思政意识

思想政治教育活动的有效开展不仅需要教育机构的科学设计，以及学校各学科教师的共同努力与智慧付出，还需要受教育者的积极参与和主动作为。只有在教育者、受教育者与教育环境之间形成了良好的推动合力与前行张力，才能真正形成学校思想政治教育的有效局面。然而，在中职学校教育的现实中，对于刚从初中毕业、尚未了解社会的学生而言，受其身心发展与认知能力等因素影响，他们可能更关心自己所学的专业要求，会把更多的精力投入到专业课程的学习和专业实践的操作，而对启迪智慧、开启人生的思想政治教育的关注度往往不高。这也成为阻碍中职学校思政教育工作有效发展的关键因素之一。

三、中职教学中的思政教育融入机制探索

为有效发挥中等职业教育课程，尤其是语文课程等基础学科教学中思想政治教育元素的积极作用，需要在分析相关制约因素的基础上，不断调整和完善相关管理制度与实践规范，构筑积极的思想政治教育融入机制。

1. 以同向同行的思政教育理念推进中职教学

理念是灵魂。科学的教学理念定会有效激发教育实践的现实灵感，推动教育功能的最大化发挥，对于中等职业教育也是如此。一方面，人们不可规避学生思想政治教育专门化的积极作用与关键影响；另一方面，还可以不断强化包括基础学科在内的所有课程教学中的思政教育元素与综合影响力。习近平总书记曾强调指出，"要用好课堂教学这个主渠道，使各类课程与思想政治理论课同向同行，形成协同效应。"[3] 只有把思政教育深化到学校教育的各个领域、各个环节，才可能在教育环境中实现思政教育的综合影响，从而实现以全方位、立体式的思政教育架构对学生施以全面的教育、引导与熏陶。

为此，作为承载着以汉语言文学教育和中国文化传承为核心的中职语文教学，不仅要在课程教学中积极宣扬与传授中国经典文化成果，夯实与拓展我国未来社会建设者的文化底蕴，而且还要积极引导和推动中职学生加大对我国传统文化精华的科学提炼与有效领悟，并有效提升自身的思想认知与社会责任感。因此，包括语文学科教学在内的中职基础课程教学，不仅要对关键课程信息进行有效讲解，还应把课程教学中的思政教育元素加以有机凝练与传播渗透，从而在教育理念的高度实现课程教学与思政教育有机融合的同向同行。

2. 以强化思想启迪推动课程教材更新

对于中等教育教师而言，应加大对全校教师的培训以提高教师思想政治教育的专业化能力[4]。为此，各类课程教学不仅要依据教科书完成预设的教学任务，而且，还需要课程教师积极挖掘教学素材中的思政教育元素。努力做到既始终围绕教科书所设定的基本框架开展教育教学活动，同时，还能通过课程教学与实践活动的紧密融合强化对学生思政教育的综合影响，从而实现整合性课程建设思维[5]。因此，对于中职教材，尤其是语文等基础学科教材的编制不仅要依据课程标准系统反映学科内容，实现对基础学科课程标准的具体化呈现。还需要

有效处理好教学内容的思想性与实践材料的科学性、文化知识的理论性与课程实践的针对性等关系。而且，教材内容所涉及的领域、角度、层面还应随着时代发展而调整与完善。

在选取教学案例时，一方面需要关注教材逻辑体系的完整性，另一方面还需要强化所选素材的思政性与科学性。例如，在设计中职语文教学案例时，就需要增强对传统文化、美丽中国与美好人生等启迪思维与培育智慧的素材的选取与渲染。以文言文《道法自然》一课为例。在课程素材选取时，不仅要向学生有效传授"人法地、地法天、天法道、道法自然"的基本内容，还需要结合社会现实引导学生科学理解与把握对各种自然及社会规律的基本认知，从而为学生更好地融入与推进社会发展奠定坚实的思想基础。

3. 以教育内涵探究增强思政学习意识

对于中等教育而言，为更好地突显教育的社会价值与实践意义，不仅需要强化对教育理念、教材内容与教学技能的调整与完善，还需要强调对学生的思维引导与意识熏陶。学校需要创设各种思想政治教育情境，营造积极的思想政治教育氛围，为学生融入思想政治教育提供环境营养。除了开设思政政治课之外，还应增强学生对各类文化课程与专业课程的思想政治学习意识，通过将部分课程主动权交予学生[6]，积极引导学生主动融入思想政治教育实践。只有促进学生实现各类思想政治教育实践的积极内化，并付诸实践行动，思想政治教育的社会价值才能得以有效体现。

从以就业为导向增强社会适应性的视角来看，中职生在学习的过程中多以所选的专业课程为重的现象是可以理解的。当然，更需要强化对包括语文学科在内的文化基础课的科学认识，引导他们形成基础学科学习在促进自身进步与推动社会发展中的进步意义，必将促进学生个体综合素养的提升。以文学作品《项链》为例，教学过程中不仅要给学生疏通对全文的理解，更需要给学生厘清法国作家莫泊桑在作品创作中所描述的对贪图享乐与爱慕虚荣心理的有效批判。通过培育学生积极的人生哲理与价值判断，科学塑造学生正确的人生观、价值观、世界观与荣辱观。可以说，在中职教学实践中，不仅需要把课程中的关键知识有效传授给学生，还应积极引导学生灵活把握课程知识的潜在寓意与深刻内涵，通过不断增强学生的思政学习意识，提高认识世界与把握世界的能力，增强文化基础课程对学生的思想政治教育功能。

4. 以思政课程教育实践推进学习思维内化

传统的学校教育多以课堂教学为授课方式,兼以少量的校内或校外实践活动辅助完成教学任务。某种意义上说,这种教育模式仍然沿袭了马克思主义的"灌输论"思维。正如列宁曾在《怎么办?》中的描述,"工人阶级本来也不可能有社会民主主义的意识,这种意识只能从外面灌输进去"[7]。而社会的发展不断激发人们对教育规律的认识,以及对教育实践价值的深化理解,对于尚处于身心发展早期的中职生来说,外部的思维灌输很难实现其内心世界的认知感化。从根本目标上说,思想政治教育旨在提高人们的思想道德素质、促进人的自由全面发展[8]。因此,需要不断强化课程实践教学对于学生思维转化的积极作用,这也会在一定程度上促进学校教育的社会功能实现。作为思政教育的有机组成,学校不仅应增强专门化思政课程的教育与引导力度,也应当增强各专业课程,尤其是文化基础课程的思政教育功能。

以文学作品《最后的常青藤叶》课文为例,教学中不仅要全力展示贝尔曼用自己对艺术世界的执着追求所支撑起孱弱的身躯完成的自己人生杰作,那幅唯一仅剩的常青藤叶,更应描绘成老艺术家的信仰和勇气的见证,以及她对唤醒以琼娜为代表的人类社会对生命力量的信心与渴望的伟大成就,还可以引导学生展开对生命教育的理解和诠释。因此,对中职教学来说,应积极引导学生透过教材的案例素材,深刻领悟课文蕴含的思想政治教育真谛。通过加强课程思政的实践教学,推动思想政治教育的感性认知与理性思考的有机结合,积极发挥实践教学的思政教育作用,从而有效凝聚思政教育的核心价值。

5. 以个性品格培养创新课程评价机制

作为学校教育的重要环节,教育评价制度得到了教育管理部门的高度重视,并一以贯之地予以推进。可以说,教育评价制度在教育引导、行为规范与价值引领等教育实践中都发挥了积极的推动作用。而对于中职学生思想政治教育实践来说,不仅同样需要有效推进教育评价机制,更应当有效端正教育评价机制对学生思想引导的科学态度,合理探求教育评价机制在学生能力拓展中的价值判断。同时,还应积极丰富学生思想政治教育评价机制的内涵,改变原先以单一的文化理论考核为主要形式的教育评价,拓展为理论考核与实践拓展有机结合,尤其强调对学生的社会实践环节中的思想引领与价值诉求等实践环节的评价。

通过增强学生思想政治教育评价与完善评价机制内涵相结合的方式,有效净化学生的思想与合理规范学生的行为,实现学生思想政治教育的社会功能。对于中职课程教学的评价,既要关注对文化基础课程的教学,还要强调以学生为本的教育理念的落实,更要关注学生个性品格的培养。要将课堂教学与社会实践生活紧密结合、与学生的思维引领紧密结合,通过中职教学实现对学生积极的思维引领,以及在社会生活中的创新能力培育。

梁启超先生在《中国少年说》中说,少年智则国智,少年富则国富,少年强则国强。接受中职教育的学生,既是支撑社会各行各业发展的重要专业技术人员,更是我国社会主义现代化建设的重要基础力量。在中职教育的过程中,不仅需要加强中职学校思想政治教育专门化的力量和水平,还需要不断增强所有课程,尤其是以中职语文教学为纽带的文化基础课程的教育引导作用。通过对中职教学中的学生思想政治教育元素的有效融入与科学引导,优化对课程教学实施环节的设计[9],更好地凝练思想政治教育在中职教育实践中的中坚力量。借助中职文化基础课程教学的思想引导,通过以文化人,不断增强中职学生的思想觉悟和政治意识,必将实现为新时代中国特色社会主义现代化建设提供优质的建设者和接班人的历史使命。

(作者:周红)

参考文献

[1] 习近平.培养德智体美劳全面发展的社会主义建设者和接班人 [EB/OL]. http://www.xinhuanet.com//politics/2018-09/12/c_1123419534.htm.

[2] 习近平.把思想政治工作贯穿教育教学全过程开创我国高等教育事业发展新局面 [N]. 人民日报,2016(12):9.

[3] 习近平.协同推进各类课程与思政理论课同向同行 [EB/OL]. http://ah.anhuinews.com/system/2017/04/24/007609185.shtml.

[4] 韩静.中等职业学校学生思想政治教育现状及对策研究 [D]. 中北大学,2018:33-35.

[5] 王亚盛.高职专业整合性课程设计的评价标准研究 [J]. 中国职业技术教育,2018(35):63.

[6] 孙磊.以人本管理推进大学生思政教育科学化的对策分析 [J]. 教育现代化,2018(12):256.

[7] 列宁.列宁选集(第一卷)[M]. 北京:人民出版社,1960:247-248.

[8] 何甲男.社会化视野中的初中生思想政治教育创新研究 [D]. 河南大学,2013:21-22.

[9] 钱海军.高职思政教育的"微"生活逻辑:微文化育人 [J]. 职业技术教育,2018(32):74.

学生品格塑造中家校共育模式的实践探索

上海市医药学校

通过以心理健康教育为手段促进班主任、教师更好地助力学生和教师自我滋养共同形成合力，帮助中职生在心理上和生理上得到良好的发展，经过近4年的深化和实践，逐步发展成了为师之心、为家之心、生命之心3部分共同托起学生身心健康发展的家校共育学生心理健康的新模式。

一、中等职业学校学生心理健康特点及品格塑造现状

青少年期不仅是身体发育的重要时期，更是心理成长、塑造完美人格的关键时期。生理变化和社会生活变迁使他们无所适从，成长过程会呈现出独特的心理特点。而中职校学生的年龄大多在15—18岁之间，正属于青春发育特殊时期，他们有着号称"荷尔蒙风暴期"的困难期、困惑期和负重期。具有容易激动、矛盾重重、跌宕起伏、阴晴不定的心理特点。他们常常个性鲜明、活泼好动、感情丰富而强烈，同时情绪起伏变化大、不稳定及容易冲动。再加上中职学校的学生个性张扬，同时也十分自卑，常以桀骜不驯的方式来表达自己。而学习方面，他们的文化课基础普遍薄弱，大部分学生的学习动机及学习习惯不良，常常存在着学习文化课困难、厌学、学业不良的问题。部分学生的家长会对孩子强加过高的期望，学生的自身能力和基础有限，加之当今社会对中职校学生也存在着偏见，未来的社会又有着激烈的竞争压力，给中职生造成了过重的压力、困扰和品格缺陷。从这些现状来看，中职校学生们存在不容忽视的心理健康问题。集中表现在需求、动机、情感、意志、习惯等非智力因素导致文化课成绩欠佳。中考的失利，造成自我的迷失，并产生强烈的自卑感，进而产生逆反、孤独、早恋、追星等偏差行为。学习方面容易考试焦虑、不思进取、迷恋网络、厌学，甚至违反校纪校规以寻求自己的独特性，而一旦遇到挫折又会一蹶不振，甚至自寻短见等。

二、生态系统理论视角下的中职生心理特点影响因素分析

美国著名心理学家、社会学家布朗芬布伦纳（Bronfenbrenner）在《人类发展生态学》提出的生态系统理论认为，基于生态学的视角，强调环境作为一个复

杂的系统对人发展的影响，每个个体的发展都是嵌套于相互影响的一系列环境系统之中的，同时系统与个体相互作用也影响着个体的发展。生态系统理论把家庭、学校、社区、社会等环境因素看作是一个网络，并认为个体一生都是在这样一个环境网络中发展的。个体的发展不是孤立地进行的，而是在与他们的家庭、学校、社区和社会的关系中不断发展的。生活在多个环境系统中的个体，与他人和环境之间的交互作用是发展的关键，具体说就是强调人生来就有与环境和其他人互动的能力，人与环境的关系是互惠的，并且个人能够与环境之间形成良好的相互调和度。个人的行动是有目的的，人类遵循着适者生存的法则，个人意义是环境赋予的，要理解个人，就必须将其置于其环境之中。个人的问题是生活过程中的问题，对个人问题的理解和判定也必须在其生存的环境中来进行。

根据生态系统理论，结合当前中职生所处的时代特征及社会特点，本研究尝试把影响中职生的品格塑造中最直接因素作为主要的工作重点，着力在中间系统——家庭支持环境、学校支持系统、同辈群体环境3个方面，学生在不同环境的互动和相互作用的过程中不同程度地影响着其心理成长的水平。其关系如下图所示。

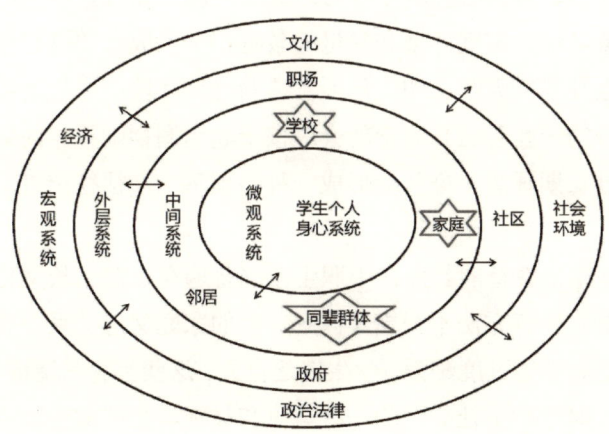

（一）心理健康及心理品格塑造

心理健康是"无生理疾病和缺陷，具备完整的身心状态和良好的社会顺应力"，其标志是：（1）无疾病；（2）有积极向上发展的状态，也是指一种高效而满意的、持续的心理状态。从狭义上讲，心理健康是指基本心理活动的过程内容完整、协调一致，即认识、情感、意志、行为、人格完整和协调，能适应社会，与社会保持同步，能够适应发展着的环境，具有完善的个性特征；且其认知、情绪反应、意志行为处于积极状态，并能保持正常的调控能力。

心理品格塑造指个人在整个生命历程中所发生的一系列积极的心理变换，是矛盾不断运动的过程。积极心理品质是思想情感和行为等方面积极品性的结合。成长、健康、发展、积极品质等都是心理学中关于个体发展研究的重要概念。其共同点在于均以心理过程和个性心理为基础，心理成长是人整个发展过程的心理变化。

（二）家庭环境与心理品格塑造

影响未成年人心理品格塑造的因素纷繁复杂，目前有较明确的共识是：个体心理成长受心理行为和社会文化的共同影响。社会文化因素应从中间系统的家庭、学校和外层系统的社区3个方面出发。对于中职校的学生来说，学校和家庭在很大程度上影响着其心理行为的走向。生态系统理论指出青少年活动和交往的直接环境是家庭和学校。中职校的"00后"们普遍存在着网络沉迷、学业倦怠、代际冲突频繁发生等现象，不但表现为师生关系不良，还突出表现在家庭中亲子关系的恶化；自我的个体部分会出现性征体相不如意、责任能力不足、逆反意识强烈、不良习惯众多、负面心态较多等心理成长问题。家庭是孩子心灵的港湾，家长是孩子的启蒙老师，家庭环境和父母的教育在学生成长的过程中扮演着十分重要的角色。学生几乎每天都在和父母所营造的这个环境中进行着各种互动，互动的过程中，父母的一些看法和观念就会对孩子起到润物细无声的效果。学生们在这种环境下经过长期耳濡目染就会形成一种心理暗示，往往透过父母的眼睛来确认自己的自尊。

家庭环境是学生教育的起点，中职生家庭普遍存在着家长文化素质较低、教育理念较差、单亲养育方法不得当等问题。有的家庭父母关系不和，学生缺少关爱；也有的家庭对学生过度溺爱，学生缺乏自立。这些都容易造成学生性格扭曲，产生心理问题。对中职生社会上的一些偏见和歧视，会造成中职生心理压抑、自卑，对这些社会不良现象缺乏研判、不能客观分析和判断的品格缺陷。

（三）学校系统与心理品格塑造

对中职生而言，同伴关系、亲子关系和师生关系是心理成长最重要也是最主要的三大社会关系。除了家庭，在学校的支持系统就尤为重要了。学校支持系统主要是教师、同伴营造的有规律且能获得直接经验的系统，对他们的身心健康成长极其重要。由于独立意识和批判思维的形成，中职生对父母和老师不再言听计从，易与权威的代表——老师发生冲突，且冲突的情感成分逐渐增多。中职阶段师生关系始终保持在一个较差的水平。中职校的老师也常常会产生职业的疲倦感，对中职学生带有不爱学习、问题学生的偏见，这都需引起重视。

中职生同伴交往有以下特点：朋友关系的作用日益明显，交往范围扩大，交往层次增多，交往的亲密性、稳定性和选择性等均随年龄增长而不断变化。中职生对交往对象的选择也更加挑剔和严谨，他们追寻志趣相同、性格相近、烦恼相似且能相互理解的知心朋友，在同伴选择上逐渐从同性别向异性别过渡。虽然人际交往的主动性、坚韧性、果断性、自制力均有所增强，但相应自我控制能力包括情绪自控、行为自控和思维自控等尚需进一步的提高。

学校心理健康教育有所欠缺。部分中职学校领导层面认识不足、专业人员缺乏、资金预算不合理等原因，以至于对学生的心理健康服务流于形式，较少关注学生心理变化、心理素质和心理健康水平，这无疑对学生的心理也产生了相当大的影响。

三、学生心理品格塑造中家校共育模式的探索和建构策略

针对学生的心理品格塑造，根据生态系统理论，并结合当前中职生所处的时代特征及社会特点，我校自2017年开始把影响中职生个人身心健康和品格塑造最直接的因素作为主要的工作重点，着力在中间系统——家庭支持环境、学校支持系统、同辈群体环境，从这3个方面寻找相关联系，发现学生在不同环境的互动和相互作用的过程中，学校、家庭和同辈群体都会不同程度地影响着学生心理健康的水平。

2018年立项市级课题"家校心理健康生态圈"，以中职生的心理健康发展为基础，倡导学校和家庭共同携手帮助中职生培养健康的心理素质和情绪管理。学生在学校接受教育的过程中有心理健康的介入和家庭教育的配合，学校教育的效果将得到大力提升。同时，让学校和家庭这两大中间系统相互协调，帮助中职生在心理上和生理上得到良好的发展，共同创建家校共育学生心理健康的生态圈。

通过与上海市学生心理发展中心的密切合作，在中心领导和专家的指导下，计划将设计一系列的学生心理委员为抓手的学生活动小组、家长课堂及家长成长沙龙。经过在中职校的家庭助力成长的理念下实施和打磨，通过采用体验式讲座、小组活动、家庭治疗的方式，激发学生和家长的沟通互动的良性循环，提高学生的积极性，实现自我价值，提升自信心，探索适合中职生特点的家庭教育的帮助

学生品格教育提升方式的家校共育模式。经过近 4 年的深化和实践，逐步发展成了为师之心、为家之心、生命之心三部分共同托起学生身心健康发展的家校共育学生心理健康及品格塑造的新模式。上海市医药学校在家校共育学生心理健康工作中作出积极的探索和实践，着力打造家校共育学生心理健康生态圈，也取得了可喜的成效。

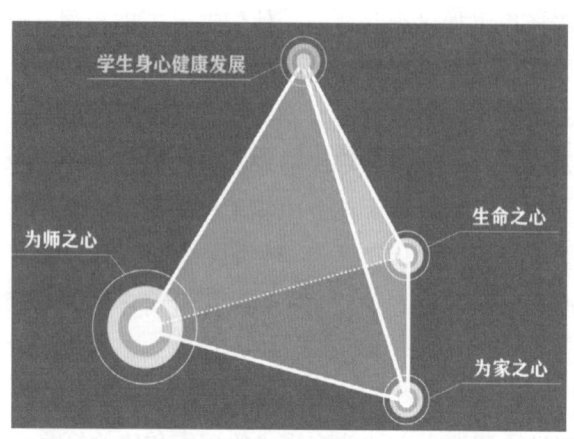

首先共育学生心理健康上党政领导重视、部门分工负责、全体教师配合、心理教师主导、学生积极参与。

（一）心理健康教育课程精彩纷呈

根据教育部印发的《中等职业学校学生心理健康教育指导纲要》，学校要把心理健康教育纳入德育工作体系，建立分管校长负责，心理老师作教师为主体，德育工作教师、班主任和专兼职心理健康教育教师为骨干，全体教师共同参与的心理健康教育工作体制。全校开设心理健康教育课，周课时 2 节，心理健康教育课程面向全体学生，从一年级开始全覆盖。心理老师积极开设心理社团课程《好玩的心理学》《心灵之约》等让学生轻松愉快地与心理学紧密接触。同时也辅以主题讲座、团体辅导阅读自学等多种学习形式，帮助学生自尊自信、积极向上，提升心理品质。

（二） 打造心理支持团队

根据教育部印发的《中小学德育工作指南》（教基〔2017〕8 号）文件中明确将心理健康教育列入中小学德育内容，要求教师"引导学生增强调控心理、自主自助、应对挫折、适应环境的能力，培养学生健全的人格、积极的心态和良好的个性心理品质"。培养学生积极健康的心理品质，促进学校心理健康教育科学、有效实施必须依赖于打造合格的心理健康教师队伍，塑造一支素质优良、专业水平高的师资团队。深度挖掘本校教师中已有心理学相关资质证书的老师，共同组建工作协作组，一起开发实施家长、学校及学生心理集市的活动。目前我校心理健康教育中心的专兼职心理老师共 10 人，专职 2 人，校内兼职老师 4 人，校外兼职老师 4 人。兼职人员采用轮班制共同进行校内班主任老师的心理学培训、家长学校及帮助班主任的支持性团体巴林特小组等，成为中职校系统内少有的组织完善、运作良好的咨询中心。

（三） 强力支持一线老师及班主任

多角度、更深入地跟进教师在日常工作。

首先，全校采取重点学生申报制度，针对班级、部系的重点学生实行心理健康中心报备。应性障碍是很多教师特别是新手型教师容易出现的职业发展屏障，需要坚定的从教意志加以克服，否则将导致职业理想迷茫，最终影响其职业成长。心理老师早期介入，协同班主任解决班级管理及教学过程中的实际困难。

其次，针对班主任进行专项技能的培训。例如《班主任工作中的伦理》《学生工作中的沟通艺术》《危机事件的应急处理》等，使得老师在师生互动中更好地支持到学生的学校系统中间层的关键。针对学生工作中的困惑和冲突，开创性地进行 "巴林特支持小组"，成为我校老师们强有力的支持，也是学校心理工作的一大亮点。

第三，心理普测前瞻性地开展工作。针对中职生的年龄专业、年级、性别等特征开展共性心理问题辅导，如培养职业兴趣、做到人职匹配适应社会发展等。另一方面，也要帮助有特殊需求的来访者客观认识自己和他人，客观地自我分析和接纳社会现象，学会调适心态及管理情绪，促进同伴群体氛围创造更有利于学生心理健康发展的中间系统。

第四，开展心理辅导与咨询服务。作为学校开展心理健服务重要形式的心理辅导与咨询，既涉及学生发展性问题，也涉及适应性问题提供心理咨询服务，同时危机干预时透过全校协作启动应急预案，及时专业地处理好学生的心理发展，建立最后的安全网。

最后，家校联动合力打造学生健康生态圈。家庭影响的关系与心理健康教育的效果是密不可分的，家庭教育极大地影响着学生心理健康状况。中职学校住宿生多，建立高效的家校联动机制，便成了心理健康服务工作必不可少的内容。对于部分中职生家长缺乏教育学、心理学知识，教育理念陈旧、教育方法不当教育素质欠缺，甚至采用简单粗暴、溺爱娇纵、放任自流等教育措施，严重影响学生的心理健康。因此，学校在对学生进行心理健康服务的同时，对学生家长开展家庭教育和心理健康讲座，普及心理健康知识，掌握科学教育方法，共同帮助孩子成长。开展家长学校的同时加强与学生家长的沟通，对家庭环境、经济状况、亲子关系、家庭支持等进行全面的了解，建立真诚和谐的家校关系。我校一向注重家校合作的共育模式的打造。针对重点学生由部系牵头，我们心理中心启动家庭治疗进行学生的家庭干预，收到了非常可喜的工作成果。同时"家庭助力成长"心理咨询辅导模式作为2017年上海市教委的特色展示项目，2017年10月进行了面向全市的中职心理老师的特色项目展示，受到了上海市学生心理健康发展中心的领导及专家的高度评价。所以，应大力推进家庭教育与学校教育的良性合力运行。

四、结语

透过家庭教育的理念可以很快地结合在学生、家长的各类教学、沙龙及家庭治疗的辅导过程中，教师们透过萨提亚模式，可以培养学生的与家长合作互动的沟通模式，创造学校家长齐助学生成长的高峰经验，并达到让家长懂得青少年心理发展规律，懂得心理健康的重要性，了解青少年年龄特点，懂得教育学生的正确方法。立足中职校教学平台，着力打造了家校共育学生心理健康生态圈。开展职校学生、教师及家长的心理健康教育，对家长进行家庭亲子关系教育，同时对重点筛查的学生邀请家长在前期沟通教育的基础上进行萨提亚模式系统家庭治疗的心理辅导。围绕以学生心理品格塑造为中心，根据学生及家庭的基本情况和需求为首要前提，着重突出学生的主体性地位；其次，家长和教师相互沟通，合作共享打造学生心理品格塑造最关键的中间层次，共同探讨相适合的发展模式，让家长和学生共同的成长，围绕学生个人系统的生态圈，使学生与家庭成员彼此尊重和信任，相互关心和支持，有利于中职生摆脱消极情绪的影响，保持愉快、乐观、积极的心理品格，通过以心理健康教育为手段促进班主任、教师更好的助力学生和教师自我滋养共同形成合力，帮助中职生在心理上和生理上得到良好的发展，经过近四年的深化和实践，逐步发展成了为师之心、为家之心、生命之心三部分共同托起学生身心健康发展的家校共育学生心理健康的新模式。

（作者：周庆文）

二、教学改革篇

教学水平是学校教育质量的根本保证，也是教育研究永恒的主题。令人欣喜的是，近年来越来越多的青年教师，积极投身于教学研究，不断改进自己的教学方法。他们走出象牙塔，走出办公室，以课堂为研究场所，以学生为研究对象，开展与工作紧密结合且富有成效的研究，大胆提出自己对教育教学的新看法。

以"四维路径"，探索中职学生数学应用能力的培养方法

上海市航空服务学校

著名教育家陶行知提出"知行合一"的教育理论，意为认识事物并在实际中进行应用。对于中等职业教育的数学教学来说，更是如此。中职数学教学要让学生能够学会应用数学，达到学以致用的目的，因此，在教学中对学生数学应用能力的培养至关重要。目前中职数学教学存在以下一些问题：首先，受传统教学理念的影响，中职数学教学普遍以理论知识讲授为主，只动口不动手，无法吸引基础学科本就薄弱的中职学生；其次，单一讲授数学基础知识，缺少生动的生活实例，造成学生误认：数学只是纸上谈兵、实际没什么用处；第三，忽视数学与专业课程的关联性和服务性，无法让学生感受到数学在专业课程中的应用。通过培养学生的数学应用能力，能很好地解决这些问题。笔者通过自身的教学实践，以用促学，探索出培养中职学生数学应用能力的"四维路径"，让学生体会到数学的学以致用，深刻感受到数学的应用价值，领略到数学的应用之美，真正寓学于乐。

一、以"走进生活"为第一维路径，激发学生数学应用意识

数学知识遍布在日常生活的各个领域，它无时不有、无处不在，学之要义在

于用。而对于毕业就走上工作岗位的中职生来说,让数学走进生活,更显得意义非凡。在教学中,笔者通过结合学生的实际生活经历,设置合理的教学情景,如,手机上网流量套餐问题、学生教室储物柜密码设置,以及出租车车费计算等,这些走进生活的数学实例,让学生明白数学能够解决生活中的很多问题,从而有效吸引他们的学习兴趣,激发他们数学的应用意识。

具体案例:学生教室储物柜密码设置——概率问题

情景设置:教室储物柜是学生每天都要接触的事物。学生很多贵重的东西都放在里面,因此多数学生都设置了密码。笔者就从这个储物柜密码的解密开始,引出概率知识的学习。课堂教学中,教师直接走到教室后面的密码箱处,并提出问题:谁能够在不知道密码的情况下打开密码箱?然后请自告奋勇的学生来试一试。经过一番尝试,学生多数是以失败告终。接着,教师引出第二个问题:我们的箱子上有4个拨盘,也就是4位档的密码箱,打开的概率多大?从而引出概率的计算方法。

首先,概率是要先计算密码的总数,我们都知道设置密码的过程,4位挡就有4个步骤:

第一步:从第一个拨盘确定第一个数字,有10种;

第二步:从第二个拨盘确定第二个数字,有10种;

第三步:从第三个拨盘确定第三个数字,有10种;

第四步:从第四个拨盘确定第四个数字,有10种;

因此,要完成密码设置,应该用乘法原理,即

$$10 \times 10 \times 10 \times 10 = 10000 \text{ 种}$$

所以,若想打开密码锁的概率是 $\dfrac{1}{10000}$。

图1 学生在尝试打开密码箱

当概率知识学完，教师将话题再次转移到密码箱上：根据概率统计，同学们贵重的东西放在密码箱内一般不会丢失。而且拨盘越多，打开的概率越低。从这个联系学生实际生活的案例中，他们的数学应用意识必然得以激发。

二、以"服务专业"为第二维路径，培养学生数学应用能力

笔者所带教的是机电专业的学生。机电专业属于机电一体化的复合型专业，在专业教学中，需要围绕市场需求培养学生能面向社会解决实际问题的能力。而且，机电专业属于理工科专业，理工科专业课程往往都离不开扎实的数学基础。因此，机电专业数学教学，必须要注重培养学生的应用能力，要在向学生传授数学知识的基础上，与专业课程联系起来，起到为专业课程服务的目的。在教学中，笔者通过深入了解专业课程对数学的需求，使数学教学与机电专业课程结合起来，以满足专业课程对数学的需求。如，电工基础课程中正弦交流电的正弦型函数，机械基础课程中齿轮的主从动轮正反比例求值，以及机械制图课程中的三视图等，都需要以数学知识来解决。教师将专业课程中的这些知识点梳理出来，根据教学安排，适当调整这些知识点的学习时间节点。

具体案例：电工基础课程中正弦交流电——正弦型函数问题

情景设置：课堂伊始，教师抛出问题：同学们，你们觉得数学与你们的专业课有没有联系？接着，让学生打开身边的电工基础书，翻到即将要学到的正弦交流电部分。面对陌生而复杂的公式和图形，学生一定手足无措。教师乘此步步引导：不要担心学不会，只要把数学学好，这部分内容就可以轻松拿下。

具体过程如下：

第一，帮助学生回忆初中的正弦、余弦等的特殊角度值，如 $0°$、$30°$、$60°$、$120°$ 等；

第二，引出正弦、余弦等三角函数的基本概念。

第三，从初中只存在于三角形中的正弦、余弦等的角度计算，引入到电工基础中的正弦交流电的应用中。

如，正弦交流电中正弦型函数的表示形式：

$u=220\sin(314t-30°)$

第四，具体例题：

正弦交流电压 $u=220\sin(314t-30°)$ V，此交流电压的频率是多少？周期

是多少？在 t=0.005s 时电压的瞬时值是多少？

解：从该交流电压的数学表达式中可知，Um=220V，ω=314rad/s φ_0=-30°。根据 ω=2πf 得

根据 $\omega = \dfrac{2\pi}{T}$ 得 $T = \dfrac{2\pi}{\omega} = \dfrac{2 \times 3.14}{314}$s=0.02s

将 t=0.005s 代入 u=220sin（314t－30°）V

得对应时刻电压的瞬时值为：

u=220sin（314×0.005－30°）V=220sin（0.5π－30°）V=190.5V

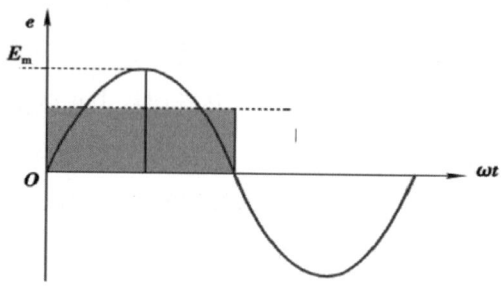

图 2　正弦交流电波形图

这里涉及的数学知识，很好地解决了电工正弦交流电的相关问题。通过运用数学知识解决专业课程中的问题，学生必然会对数学有一个全新的认识，明白数学是一门应用型学科，是专业课程的基础。

三、以"动手实验"为第三维路径，增强学生数学应用乐趣

中职学生基础学科比较薄弱，但动手能力却较强。如果教师能改变传统数学教学模式，恰当地引入数学实验，让学生在"动手实验"中学习数学，探索数学的奥秘，必然会增强他们数学应用的乐趣，培养他们解决问题的能力。在教学中，笔者根据带教学生的特点，设置了很多有趣的实验，让学生在手脑并用中增强数学应用的乐趣。如，利用图钉订纸板棉线学习椭圆、利用容器倒水实验学习体积公式，以及利用铅丝围成图形学习面积最值问题。在学生动手做实验的过程中，教师设置问题，引导学生根据实验结果分析出其中的数学知识点。

具体案例：利用容器倒水实验学习柱体、锥体体积公式

情景设置：教师准备两个同底等高的圆柱和圆锥容器，让学生用圆锥体容器装满水，然后倒入圆柱容器中，学生会发现圆锥体倒入 3 次，圆柱体正好盛满。接着，教师提出问题：这个实验说明什么？从而引出圆柱体积是圆锥体积的 3 倍问题。

图 3　圆柱圆锥体积实验

结论：圆锥的体积 V 等于和它等底等高圆柱体积的 $\frac{1}{3}$。

即 $V_柱 = S_底 h$，$V_锥 = \frac{1}{3} S_底 h$

在这个知识基础上，引出棱柱、棱锥体积也是一样的道理。学生在这种探究合作、实践操作过程中，激发了求知欲，增强了数学应用的乐趣，获得了学习的满足感。

四、以"一题多解"为第四维路径，开拓学生数学应用思路

一题多解是指从不同角度，按不同思维方式，用不同的方法，来解答同一道题。教师通过启发、引导，让学生对一道题目提出 2 种、3 种甚至更多种解法，让课堂成为学生合作与交流、探究与思辨的场所，这样既能调动学生的学习积极性，也能开拓学生数学应用的思路。如，一元二次函数中最值的求取、分段函数的应用，以及集合运算问题，都可以一题多解，让学生开阔思路，锻炼思维的灵活性。

具体案例：集合运算问题

情景设置：教师向学生提出一个问题：你们知道最厉害的解题高手是怎么样的？学生的回答肯定是五花八门。教师笑而不答，故作神秘，在黑板上写下一道题目后说道，今天我们就来做一做解题高手。在学生的疑惑中，教师开始引导学生解题，并在一种解法完成后，激励学生再想出其他多种解法。

（1）例题：若 A、B 是全集∪的两个子集，且 A⊆B，则下列式子成立的是（ ）

A. $C_UA\cup C_UB=\cup$　B. $C_UA\subseteq C_UB$　C. $C_UA\cap B=\varnothing$　D. $A\cap C_UB=\varnothing$

（2）三种解法

解法一：运算法

A：∵ $C_UA\cup A=\cup$ 或 $C_UB\cup B=\cup$　　　　　　　　∴ A 错误；

B. ∵ $C_UA=(C_UA)\cup(C_UB)\to C_UB\subseteq C_UBA$　　　　∴ B 错误；

C. ∵ $A\subseteq B\to A\cap B=A\to C_UA\cap B\neq\varnothing$　　　　　∴ C 错误；

D. ∵ $A\subseteq B\to A\cap B=A$，又 $C_UB\cap B=\varnothing\to C_UB\cap A=\varnothing$　∴ D 正确。

解法二：特殊值法

不妨设全集∪={0，1，2}，A={0} B={0，1}

则：A. $C_UA\cup C_UB=\{1,2\}\neq\{0,1,2\}$　　　∴ A 错误；

B. $C_UA=\{1,2\}$ 且 $C_UB=\{2\}$　　　　　　∴ B 错误；

C. $C_UA\cap B=\{1\}\neq\varnothing$　　　　　　　∴ C 错误；

D. $C_UB=\{2\}$ $A\cap C_UB=\varnothing$　　　　　　∴ D 正确。

解法三：文氏图法

如下图所示，直接可判断 D 正确。

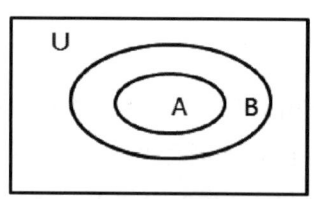

图 4　文氏图

（3）三种解法优劣势分析

法一：要熟练掌握集合运算法则，抽象难度大、要求高；

法二：由特殊到一般、行之有效，便于运算判断；

法三：直观、形象，利用数形结合思想的方法。

完成这道题目的多种解法后，教师回到上课一开始提出的问题，并解释道：现在同学应该知道了，最厉害的解题高手不只是解出题目，而是用多种方法解同一道题目。诸如此类的一题多解，能够让学生形成发散性思维，开拓应用思路，最终提升学生解决问题的能力。

总之，要想让中职数学教学跳出传统教学的藩篱，体现出数学的实用价值，就必须重视学生数学应用能力的培养。笔者通过上述"四维路径"，有效培养了学生的数学应用能力，让他们感受到数学在生活中的美、在专业课程中的能、在实验中的趣，以及在一题多解中的究。笔者经过几年的教学实践，创设诸多教学情景，让学生从分析问题和解决实际问题中得到锻炼和提高，让数学成为走进生活、服务专业的应用型数学，为所带教的学生开启了一段数学学习的新旅程。

（作者：牛迪克）

参考文献

[1] 张晓. 中职数学教学为机电专业服务的对策研究 [J]. 课程教育研究，2018(24)：134-135.

[2] 凌云. 浅析数学教学为中职机电专业的"服务"策略 [J]. 语数外学习 (数学教育)，2013(05)：74.

[3] 潘玉清. 中职数学教学中"一题多解"对学生思维能力的培养 [J]. 数学学习与研究，2015(19)：30

CBL+ 情景模拟教学法在康复实践技能课程中的应用效果分析

上海健康医学院　上海市浦东新区周浦医院

一、研究概览

《技能综合实训》是康复治疗学专业学生进入临床实习前必修的一门实践技能综合性课程，通过整合康复治疗学各亚专科课程模块的理论与实践技能，将真实临床康复案例与康复治疗技术程序相结合，以对患者实施整体康复为主线，提高学生的综合实践能力，使其尽快适应临床实习工作[1]。我校根据2016级康复治疗本科学生在理论学习和临床实习过程中遇到的问题进行汇总分析后，在2017级学生进入临床实习前的《技能综合实训》课程教学中将各亚专科典型案例结合临床康复治疗场景，采用课前预习、课中案例场景模拟、专科教师现场指导、课后总结、督促学生完成课后练习等措施，探讨 CBL 联合情景模拟教学法对促进康复治疗学专业本科生教学效果的作用。

为了探讨 CBL 联合情景模拟教学法在康复治疗学专业《技能综合实训》课程设计中的效果。选取某学院 2016 级康复治疗学 54 名学生为对照组，采用传统教学法；选取 2017 级康复治疗学 61 名学生为实验组，采用 CBL 联合情景模拟教学法。课程结束后分别对两组学生进行期末多站式考核（OSCE）和课程设计满意度问卷调查。结果显示，实验组期末多站式考核（OSCE）总体成绩优于对照组（P<0.05）；课程结束及实习中期的两次问卷调查结果均显示，实验组学生对理论与实际情景相结合、激发学习兴趣、提高自主学习能力、培养专业知识及操作技能、培养临床应急能力 5 个条目的满意度均高于对照组（P<0.05）。给我们的启示是：CBL 联合情景模拟教学法应用于康复治疗学实践技能课程，可以显著提高学生学习成绩，使学生提前了解临床康复实际场景，为尽快进入临床实习奠定基础。

二、研究资料与方法

（一）样本及资料

以康复治疗本科 2016 级 54 名学生为对照组，2017 级 61 名学生为实验组。两组学生年龄、性别、在校各学期成绩比较，一般资料差异没有统计学意义（P＞0.05）。两组学生各自进入临床实习阶段前的《技能综合实训》教学中分别采用两种教学模式：2016 级学生在授课中采用"康复医疗机构见习＋康复治疗基础理论回顾＋基础技能操作"，课程内容和学时占比为：康复医疗机构见习 50%，基础理论回顾串讲占 20%，基础技能操作占 30%。2017 级学生授课采用"康复医疗机构见习＋康复治疗基础理论回顾＋基础技能操作＋案例情景模拟"，课程内容和学时占比为：康复医疗机构见习 30%，基础理论回顾串讲占 20%，基础技能操作占 30%，案例情景（CBL）模拟教学占 20%。分别在《技能综合实训》课程结课后对学生进行 3 次考核，比较两个年级学生的考核成绩。

（二）教学方法

课程设置为 128 个学时，以国际物理治疗师联盟（WCPT）培养要求为教学大纲，选取内外科、儿童、肌肉骨骼、神经四大系统常见典型疾病康复为授课，内容主要包括相关基础理论知识、相关康复评定和治疗技能操作、医患沟通技巧等。

对照组：按照教学大纲内容要求，采用 CBL 传统教学模式，即授课老师根据每次课所要学习的案例，以问题为导向给学生布置一些作业，学生进行课前准备[1, 2]和到相关康复医疗机构见习，课中对学生进行基础理论知识的回顾串讲，教师示教康复评定和治疗技能操作，学生操作和小组讨论[2]。

实验组：按照教学大纲内容要求，采用 CBL 联合情景模拟教学法，由医院内临床各专科治疗技师长筛选临床典型案例，学生进行课前准备和到相关康复医疗机构见习，课中从患者康复病史采集、相关检查、康复评估、遴选适宜康复治疗技术、康复治疗效果评价、康复教育、出院医嘱等环节，设置临床康复实际场景，将康复程序、操作技能、人文沟通融入其中[3-5]。具体实施方法：带教老师遴选临床常见疾病为案例，课前发送给学生，使其能够对案例所涉及的相关知识进行预习资料查找和到相关康复医疗机构见习，在课中对学生进行 CBL 联合情景模拟教学。将学生分成小组的形式，5—6 人 / 组，其中一位学生模拟患者，3 位学生扮演康复治疗师分别对康复病史采集、康复功能评定、适宜康复技术选择并进行操作演练，1—2 位学生扮演观察者进行评价、补充，演练结束后小组成员再根据具体的案例，以及演练期间所涉及的康复技能进行组内反思和讨论，教师现场指导，为各小组成员答疑解惑，并进行重点问题的再次梳理和讲解[5]。课后由讨论小组组长将课堂所学内容重新整理，发至班级群，全班同学参与评价和共享，加深康复治疗临床场景的印象，提升学生实践能力。一般每节课针对一个案例进行系统的训练。

（三）观察指标评价

以课程结束后多站式考核成绩及课程设计满意度问卷调查结果作为评价指标。多站式考核（OSCE）设置 3 站，包含康复病史采集站（15 分钟）、康复功能评定站（15 分钟）、适宜康复治疗技能操作站（15 分钟），3 站的考核得分汇总为最后成绩。操作能力评估量表借鉴李枫《迷你临床演练评估》(Mini-cex)和《操作技能直接观察评估》（DOPS）[5]进行评价。自制课程设计满意度问卷调查包括教学方法满意度、学习兴趣的激发、临床思维培养、人文关怀能力培养、提高沟通交流能力、知识理解及应用能力、团结协作能力等，在课程结束及实习中期进行两次问卷调查，了解两组学生对各自所采用的教学方法的效果评价。

（四）统计学方法

在对本次研究结果进行分析处理时采用 SPSS 22.0 统计软件进行，将其中的计量资料以（$\bar{x} \pm s$）表示，采用 t 检验；计数资料以 n 表示，采用 x^2 检验。以 $P < 0.05$ 表示差异有统计学意义。

三、研究结果

（一）比较两组学生基础理论考核成绩及康复操作成绩

学生基础理论考核成绩、康复技能操作成绩均高于对照组，差异有统计学意义（P＜0.05）。详见表1。

表 1 两组多站式考核（OSCE）成绩比较

组别	n	成绩（x±s，分）
对照组	54	90.21±1.62
观察组	61	92.98±1.12

注：t=2.269，P = 0.039＜0.05

（二）两组教学满意度比较

观察组教学效果满意度高于对照组，差异有统计学意义（P＜0.05），见表2。

表 2 两组教学满意情况比较 [n（%）]

组别	n	满意	一般	不满意	满意度（%）
对照组	54	32（59.2）	12（22.2）	10（18.5）	71.4
观察组	61	52（85.2）	7（11.4）	2（3.3）	96.6

注：x^2=5.231，P=0.032

（三）比较两组学生对能力指标的评价

课程满意度问卷调查中发现学生对教学方法接受度、岗位职业认同感、临床康复思维培养、爱伤关怀能力培养、医患沟通能力、理论实践结合能力、团结合作能力等观察组的评分均高于对照组，差异有统计学意义（P＜0.05）。详见表3。

表 3 两组学生对能力指标评价比较 [n（%）]

项目	对照组（n=54）	观察组（n=61）	x^2值	P值
教学方法接受度	38（70.4）	57（93.4）	6.815	＜0.05
岗位职业认同感	35（64.8）	52（85.2）	4.289	＜0.05
临床康复思维能力	36（66.7）	53（86.9）	8.573	＜0.05
爱伤关怀能力	33（61.1）	54（88.5）	6.978	＜0.05
医患沟通能力	30（55.6）	49（80.3）	4.251	＜0.05
理论实践结合能力	41（75.9）	58（95.1）	5.512	＜0.05
团队合作精神	42（77.8）	56（91.8）	4.962	＜0.05

四、研究结论及启示

随着我国医疗技术水平进步和人均寿命变长，人们对医疗康复服务和康复教育事业有了更高的期待。因此，如何应用更科学方法对康复治疗师进行有效的培养，提高其综合职业素养和学习效果显得迫在眉睫。康复实践教学是康复治疗专业学生将理论与实践相结合的过程，是康复教育的重要组成部分，也是培养综合素质、使其向康复治疗师角色转变的重要阶段，其教学效果会直接影响康复治疗学专业学生的学习热情和其对未来将来岗位工作的认同感。目前，康复技能教学的方法较多，不同的方法产生不同的教学结果[6]。教师实施案例教学法（CBL）是根据教学目标和教学内容选择具有典型性的临床案例为基础，引导学生对案例进行针对分析、讨论，使学生对通过互动、思考后正确理解知识点的一种教学方法[7]。情景教学法是对临床中真是的情景进行模拟，指导学生感同身受的对不同角色（如功能障碍者、康复医生、康复治疗师、家属等）进行揣摩和现场扮演并模拟解决出现的突发状况[8]。《实践技能综合》课是康复治疗学专业学生将理论与实践相结合的过程，也是为康复治疗学在校本科生进入临床实习前开设的一门综合技能训练课程，通过整合心肺、儿童、肌骨、神经模块常见临床疾病康复治疗的基础理论与实践技能，将真实临床案例与康复程序相结合，以对患者实施整体康复为主线，提高学生的综合实践能力，使其尽快适应临床实习工作。它的发展从单纯康复治疗学基础操作到临床康复案例结合康复学基础操作，再到现在的多亚专科临床案例模拟教学，对教师及学生都提出了更高的要求[9]。

本观察显示，在康复的实践技能综合课上采用启迪性和趣味性相结合的CBL联合情境模拟教学法，学生的理论和实践技能考试成绩得到提高，对该教学法满意度方面高于传统教学法，差异有统计学意义（$P<0.05$）。说明新的教学方法应用到康复治疗专业实践技能综合课上取得较好的教学效果，是对传统教学模式的一种改变，有助于培养康复治疗专业学生的评判性思维，激发了学生的学习新鲜感和学习兴趣[10]。本观察结果还显示，观察组学生对岗位职业认同感、临床康复思维培养、爱伤关怀能力培养、医患沟通能力、理论实践结合能力、团结合作精神的评价均高于对照组学生，差异有统计学意义（$P<0.05$）。说明用新的教学方法不仅能够强化康复治疗学专业学生对相关知识的理解，同时也提升综合能力，培养临床思维，使学生在学习过程中获得更好的职业认同感[11]。

因而，在实践技能教学中，CBL教学法联合情景模拟教学法二者可以相辅相成，在巩固理论知识的基础上进一步增强康复临床评估和治疗技能的实用性、灵活性。加大了康复治疗专业学生思考空间，提高辩证思维能力，初步形成临床康复评估和治疗思维能力，而不同类型的典型案例联合情景学习方法在一定程度上提高了学生分析临床实际问题和解决问题的能力 。

（上海健康医学院：覃霞、梁贞文、曹艳杰；

上海市浦东新区周浦医院：李凯、杨松滨）

参考文献

[1] 李萍，温晓妮 .CBL 教学法在运动康复专业本科生作业治疗学教学中的应用 [J]. 中国医药导报，2018，15(25)：51-53 .

[2] 王博玉,柏金秀,安娜 .PBL、CBL 联合多媒体教学法在儿科见习教学中的应用 [J].河北医药，2018，40(7)：1091-1093 .

[3] 张彩霞，徐玉丽 . 以功能障碍为纲：多元实践—理论—实践教学模式在康复护理教学中的应用的构建与实施 [J]. 现代医药卫生，2020，36(17)：2806—2808.

[4] 徐景莲，包孟沙，张晓翠 .TBL 教学法联合案例教学法在基础护理学教学中的应用 [J]. 首都食品与医药，2019（18）：99-101.

[5] 李枫,杨季菱,姜秋慧,等 .情景模拟法在妇产科住院医师规范化培训教学工作中的应用 [J]. 当代医学，2021，27(10)：188-190.

[6] 龚晓明，李萍 .PBL 模式联合情景模拟教学法在泌尿外科护理教学中的应用 [J]. 中国卫生产业，2019（26）：121-122.

[7] 刘晗，陈选民 . 基于微信平台的 PBL 教学法在消化内科临床教学中的应用研究 [J]. 新校园（上旬刊），2018（2）：123-124.

[8] 何艳芳，马程程 . 案例教学法结合情景模拟演练在儿科新护士培训中的应用 [J]. 当代护士，2020，27(10)：167-169.

[9] 王飞，王安庆 . 以问题为基础的学习法结合案例学习法在康复治疗学骨科见习教学中的应用 [J]. 中国康复理论与实践，2018，24(10)：1237- 1240 .

[10] 祝燕，杨海涛 . 项目教学法在物理治疗科临床实习教学中的应用 [J]. 浙江医学教育，2020，19(04)：8-10.

[11] 赵彦，林爱翠 . 案例情景模拟法对康复治疗专业教学效果的影响 [J]. 中国康复医学杂志，2020（35）：972-975.

中职船舶电气专业学生学习数学瓶颈及突破途径的研究

上海船厂技工学校

数学课程是中等职业学校学生必修的一门文化基础课程，它不同于普通的高中数学教育，它是学生学习专业课程和进一步学习的基础，对于船舶电气专业的学生，其重要性更是不言而喻。但是，目前中职数学教学往往与专业课的教学内容是脱离的，为专业课服务的作用较为有限，而且学生学习数学存在困难和瓶颈。本文试图从上海船厂技工学校的"船舶电气"专业入手，对该专业学生学习数学的现状进行较全面的调查，从各角度分析瓶颈产生的原因，并提出针对现状、特点和专业结合的数学教学对策。

一、中职学生学习数学的瓶颈及成因

为了了解中职学生学习数学的现状及瓶颈所在，利用问卷调查、座谈、访谈对该专业的学生和老师进行了调查研究，通过分析发现学生学习数学的瓶颈主要表现在以下两方面。

（一）学习基础薄弱

（1）上课听不懂老师讲课，注意力不能跟上老师的节奏，基础的知识都没有掌握。例如：在解一元一次方程时："x=-2-2"，有的同学甚至会把结果写成："x=4"，令人哭笑不得，这位学生对此还振振有词："老师不是上课说过，负负得正吗？"还有诸如 $2^3=6$ 将幂运算抛至九霄云外。有这样数学基础的同学，怎么去学专业基础课"电工基础"，又如何去应付"欧姆定律"的计算呢？

（2）对数学知识掌握得不牢固，课堂上基本掌握了，但等到下一节课时，上一节课的内容基本忘记了，不能有效地进行知识地衔接。例如：一元二次方程的求根公式，上课时记住了 $x=\frac{-b\pm\sqrt{b^2-4ac}}{2a}$，并且，也知道 a、b、c 分别表示什么；等到下一次上课时，又全不记得了。古人曰：温故而知新，可是你做到了吗？

通过调查研究：现阶段，我校船舶电工专业学生的数学基础：20% 的学生基础较好或尚好；40% 的学生基础存在明显的缺陷或不足；40% 的学生缺乏基本的数学基础知识与数学学习能力。

（二）学习习惯不良

1. 家庭影响

由于"学而优则仕""文凭情节"的传统观念根深蒂固，社会民众、家庭对职业教育的认识有偏见，普遍存在着"重"研究型人才，"轻"技能型人才的现象。"职业教育"是低于"普通教育"的次等教育。进入职业学校，父母对他们的子女感到失望，疏于耐心教导引导，无力管理帮助，甚至放任自流，导致部分学生学习态度不端正，不学习，整天浑浑噩噩。

2. 学校原因

由于学生的基础薄弱，上课很难和老师进行互动，有的老师，索性只管自己讲，把这节课该讲的内容讲完，就自认为完成任务，对学生们的掌握情况不闻不问；还有的老师，很"严厉"，学生不会就对学生用"武力"，学生们现在十七八岁，正处于叛逆期，越是这样，就越不学，从而形成恶性循环。

3. 自身原因

中考失利，很受打击，认为到职校，就是要学技能，"为什么还要学数学？""如果我数学好，就去高中读书了"；对于数学是专业课的基础，没有弄清楚。数学的基础没打好，又怎能学好专业课呢？例如：数学中的科学计数法不会，怎么能进行电流或电阻的单位换算……

二、中职学生数学学习瓶颈的突破途径

（一）激发学生学习数学的兴趣

爱因斯坦说："兴趣是最好的老师。"引导、帮助学生消除厌学情绪，关键是要激发学生的学习兴趣，因为在学生讨厌学习的时候，要提高效率是不可能的。如何激发学生的学习兴趣，这是一项艰巨的系统工作。

数学知识生活化

老师拿 200 块钱，让同学去买蛋糕，有两种蛋糕：一种是 7 元的经典原味，另一种是 10 元的巧克力味。大部分同学喜欢吃巧克力味，我们也尽量多地买巧克力味的，全班共 25 人，怎样才能买更多的巧克力味蛋糕呢？

这样，把知识生活化，这堂数学课，虽然老师花了 200 元钱，但同学们都很起劲，大家在一起讨论，怎么列方程组。最后终于统一列好不等式组，$\begin{cases} x+y=25 \\ 7x+10y \leqslant 200 \end{cases}$

解得 y=8.3，由于是生活中的个数，不可能是小数，只取 y=8 这样，解是 $\begin{cases} x = 17 \\ y = 8 \end{cases}$；一次不一样的数学课，不管以前你对数学是爱、是恨，此时，对数学只有满满的爱。不等式的应用这一知识点，也就掌握了。

（二）正本清源，清除不良学习习惯，帮助学生养成新的习惯

（1）一位哲人说过"播种行为，收获习惯；播种习惯，收获性格；播种性格，收获命运"。不夸张地说，良好的习惯可以改变一个人的命运，影响人的一生。国内外教学研究统计资料表明，对于绝大多数学生来说，学习的好坏，20%与智力因素相关，80%与非智力因素相关。而在信心、意志、习惯、兴趣、性格等主要非智力因素中，习惯又占有重要位置。养成良好的学习习惯，将使人受益终生。

（2）学习习惯的养成应从新生入学的第一天开始。俗话说"万事开头难"。良好的开端是成功的一半。刚刚进入中职学校的学生，面对新教师、新同学、新环境，心中有种全新的观念，对未来的生活、学习充满了憧憬。此时，学校和教师对他们未来发展表现出信心和决心，对他们提出明确的学习目标、任务及应该遵循的各种规则、制度等，他们会欣然接受。

因此，在中职教育阶段要重新塑造学生良好的学习习惯，把中职生等同为需要在学习习惯上，进行反复训练的小学生，实行小学生的训练方法——持续的行为训练，从课前预习、上课听课、观察、思考、提问、合作学习、复习、反思等各个环节的诸方面，为他们补习惯养成的"课"。调查发现，中职生在思想上不是不想学习，不重视学习，只是没有良好的学习习惯，不知道怎样学，所以中职教育首先要解决的问题，就是怎样让学习成为一种自然习惯。

（3）《教育,就是培养习惯》一书指出：由正确认识向正确行为转化需要训练，由正确行为向良好习惯转化更需要训练，由不良习惯向正确行为转化尤其需要训练，没有训练就没有习惯。严格要求，反复训练，不断强化，是实现转化的关键。训练要持之以恒，强调"反复"二字，不反复训练就不能形成习惯。养成教育是一项长期工程，养成一个好习惯不是一天两天、一个月两个月的事，需要时时抓，长期抓；矫正一个不良习惯更不是三天两日的事，冰冻三尺非一日之寒。"习惯成自然"是需要时间的。

（三）科学严格的数学训练

如果将数学教学仅仅看成是知识的传授(特别是那种照本宣科式的传授)，那么即使包罗了再多的定理和公式，可能仍免不了沦为一堆僵死的教条，难以发挥作用；而掌握了数学的思想方法和精神实质，可以由不多的几个公式演绎出千变万化的生动结论，显示出无穷无尽的威力。实际上，通过严格的数学训练，可以使学生具备一些特有的素质，而这些素质是其他课程的学习和其他方面的实践所无法代替或难以达到的。这些素质初步归纳一下：

（1）使学生树立明确的数量观念，"胸中有数"，认真注意事物的数量方面及其变化规律。

（2）提高学生的逻辑思维能力，使他们思路清晰，条理分明，有条不紊地处理头绪纷繁的各项工作。

（3）数学上的推导要求每一个正负号、每一个小数点都不能含糊敷衍，有助于培养学生认真细致、一丝不苟的作风和习惯。

（4）使学生知道数学概念、方法和理论的产生和发展的渊源和过程，了解和领会由实际需要出发、到建立数学模型、再到解决实际问题的全过程，提高他们运用数学知识处理现实世界中各种复杂问题的意识、信念和能力。

（四）结合专业，开拓数学思路，以动态的思想，解决变的问题

数学课讲正弦函数的性质与图像时，把电工学的"正弦交流电"的知识引进来，例如：正弦交流电产生的示意视频，可以用线圈在切割磁力线，看电流表的指针，来判断产生电流的大小和方向，这样，让同学们体会到，学习数学是为专业课服务的。

例如：在讲二元一次方程组时，把混合电路的求节点各支路电流（利用杰尔霍夫定律）；讲二极管的伏安特性时，需要用到数学的直角坐标系，要有能读懂直角坐标系的知识，作为支撑。讲 R-L 串联电路中，R 和 L 两端交流电压的有效值，要用到数学的向量。

例如：在讲到："平行向量"这一数学知识时，可以结合船上各舱室的电缆敷设（应该有图片，这就用到了"平行向量"的问题），但船上的电缆敷设还要考虑空间、合理性等因素，这样，就自然而然地，把数学知识和专业知识相结合了。

总之，在数学教学中，注重教学情境设计，根据整体"技能培养目标"，结合电工专业要求，采用 GGB 教学软件，GeoGebra 软件是根据一种数形结合思路而开发的新型几何软件，能够更好地帮助中职学生学习数学。改变以往枯燥乏

味的知识讲授课，可以看作是数学的自己动手实操模拟课，学生在即景氛围中学习，有效地提高了效率。

三、突破中职学生数学学习瓶颈的成效分析

基于上述的对策，笔者在近半年的教学实践中有意应用，略见以下成效：

（1）在课堂上学生是主体，积极性被充分地调动起来，愿意上数学课，不会的及时问同学或老师，有位同学说："老师啊，如果您从小学一直教我们数学的话，我的数学成绩一定会很好。"被同学们这样肯定，我很自豪。

（2）中职数学教学必须转变观念，由知识型向能力型和应用型转化。教师在实际教学中要转变思想观念，不断提高数学教师的专业素养，数学教学中创造良好专业学习氛围，积极探索数学教学与专业相结合的教学方法，巧妙渗透专业知识，将专业知识融入数学教学，将专业知识融入数学教学，引导学生利用数学方法解决专业问题，全方位提高学生专业能力，真正实现素质教育，为培养应用型技能人才贡献一份力量。

总之，在中等职业教育"以就业为导向，以服务为宗旨，以质量为核心"的大背景下，数学课与船舶电工专业课相结合、相渗透的教学方式更值得提倡，这也是中职数学教学改革的一项长期的任务。

将数学知识与专业实际联系起来，将纯粹的数学问题，转化为一个有实际意义的、"摸得着"的现实问题，使学生容易理解，同时也让学生感受到数学知识与专业知识是相通的，明确认识到学好数学能帮助自己更好地学习、掌握专业知识。这样，一方面能提升学生的数学应用能力，另一方面又能巩固学生的专业知识，为今后学习专业课奠定基础。有待于广大一线数学教师积极探索和实践。

最后，用我的教学经验再次验证了教育界的一句古老的谚语：教学有法，教无定法，贵在得法。

（作者：曲红珊）

参考文献

[1] 滕彤．结合中职专业特色的数学教学现状调查与对策 [D]．山东师范大学，2010．
[2] 刘锐．综合应对学生"上课睡觉"方法新探 [J]．卫生职业教育，2010，28(24)：39-40．

[3] 徐勤菊，许红梅．突破中职课堂教学改革瓶颈　重塑中职生的良好学习习惯 [J]．卫生职业教育，2012，30(09)：25-26．

[4] 李大潜．数学建模与素质教育 [J]．中国大学教学，2002(10)：41-43．

[5] 李建杰．培养中职生数学应用能力教学对策的研究 [D]．首都师范大学，2004．

[6] 宋伟丽．中职数学教学与专业教学相结合探析 [J]．职业技术，2017，16(03)：99-102．

从"耦合"到"融合"："思政＋电竞"教学模式的现实意义与实践

浦东中华职业教育社

随着"电子竞技运动与管理"专业（简称"电竞专业"）的正式设立，确保行业人才的思想道德品质与专业技能素养协调发展，是行业走向成熟的关键。通过"思政课程"与"课程思政""知识传授到技能掌握""价值引领到情感内化"等，使政治认同融入专业课程教育教学中，寓价值观引导于知识传授中，使学生在渴望求知的兴奋、愉悦下接受熏陶，启发学生自觉认同，产生共鸣与升华，产生潜移默化的效果。

一、电竞专业与思政"元素"的耦合性

在电竞人才的培养体系中，思政元素与电竞专业是两个重要的子系统，二者相辅相成、不可分割。这种内生性的紧密联系，塑造了电竞专业与思政元素的耦合关系，这里的耦合是指思政元素传播到专业课程的过程。

（一）电子竞技的数据映射

虽然"电竞"尚未出现科学的定义，但一般认为电子竞技运动是"在信息技术平台上以软硬件设备为基础、在虚拟世界里和要求的规则下开展的博弈性智力电子游戏运动"。[1] 作为"可重复""可比较""可定量"的竞技项目，电子竞技具备了体育规范、规则与特质。因此，国际奥委会于 2017 年 10 月宣布"电子竞技"为一项正式体育项目。

与休闲娱乐、打磨时间的普通网络游戏不同，这项"利用电子设备作为运动器械进行的人与人之间的智力对抗运动"，对于参与者的"思维能力、协调能力、意志力及培养团队精神等"具有助益作用。[2] 在磨练参与者集体观念、纪律观念、职业道德等意志品质的同时，参与者的思想道德修养也会在参与电子竞技的过程

中得以显现。其在游戏环境中的策略、行为、表现往往是其价值观念和思想动态的自然流露。在电竞的模拟情境和后台的数据记录中，参与者最真实的心理和思想状况得到了映射。

这种极具特色的数据资源，对于思政元素具有较大的战略需求。一方面，思政元素对于学生的培养效果可以直观、真实地显现出来；另一方面，个性化、动态化的数据记录，可支持思政元素进行整体改进完善和个体服务指导[3]。可见，电子竞技可以对思政元素进行功能丰富、潜在价值巨大的数据映射。

（二）情境教学中的思政"元素"

迅猛发展的数字信息技术"正在瓦解各地的地方习惯和日常生活模式"[4]，也对思想政治教育的理念、平台、方法、队伍、技术提出了更高的要求。在"万物互联"的技术环境和新时代思政元素"铸魂育人"[5]的时代要求下，"实效性"是思政元素"质量和水平"的重要考量。新形势、新任务、新挑战对思政元素的针对性、时效性、感受性提出了更高要求。[6]

在解决"育人实效性"问题上，杜威的教育理论对我国的思政元素教学实践有一定启示作用。一方面，其教育思想本身便包含了丰富的德育方法论，如道德教育培养"能够承担各种社会关系所赋予责任的人"[7]、"道德教育与各科教学相融合"[8]等主张；另一方面，他提出的"三中心"教育理论也与思政元素发展趋势相契合。"儿童中心论"聚焦学生"积极的生长能力"，立足学生的差异性制定个性化教学，契合"针对性"要求；"社会中心论"主张学校是"雏形的社会"，教育内容"要与社会科学生活密切联系"，契合"时效性"要求；"活动中心论"强调"从做中学"，鼓励学生"用思想做试验"、从活动中获取经验，契合"感受性"要求。[9]"活动中心"统合了教育的学生导向与学校的社会模拟，构建教育情境成为教学实践的"必由之路"。因此，新时代的电竞专业的"情境教学"呼唤有特色的思政元素。

电子竞技的独特功能为这种教学模式提供了现实可能。电子竞技凭借其多媒介刺激、环境模拟及沉浸式体验，引发学生"反应"，"建立了一个净化的学习环境"[10]。在电竞的思政元素可以嵌入在模拟环境中，渗透到课程知识、价值或思维的"经验情境"；在该情境下以竞技目标或游戏任务产生问题，形成"思维的刺激物"；学生运用已有知识对情境进行感知、认同，尝试应对问题；"整理分析已掌握的观察材料"，由内化形成了竞技策略；逐步传播到行为，根据情境的互动与反馈不断调整预判；在活动中检验其观念，提升电竞模拟中包含的知识、价值和思维。

可见，电子竞技可以提供"问题—观察—假定—推理—检验"的"五步思维法"，能够成为"引起思维"的情境的感知、认同与内化，增强思政元素渗透的针对性、时效性、独特性。思政元素的"情境教学"的渗透，也拓宽了新技术、新媒介、新平台进入教学实践的渠道。

（三）大数据时代下的相辅相成

综上，"思政元素"与"电竞专业"两个系统间关联紧密，而信息技术和数字科技的发展，使这种交互关系进一步有机融合、相辅相成。

随着大数据时代带来的巨大社会变革，数据自身的专业伦理问题逐渐凸显。数据、平台、用户构成的大数据生态圈日益成熟，但是"技术治理与算法优化基础性的价值规范与行为导向"[11]还有较大空白。针对新业态、新群体、新资源共同形塑的新生活方式，探讨"数据的道德"问题本就是大数据时代应有之义。同时，"大数据对人们的学习、生产和生活都有深远的影响"，对道德规范的树立与落实"进行创新是非常必要的"。[12]以数据支撑道德教化与时俱进，以道德引导数字行业"科技向善"，是大数据时代的基调。

电竞产业是数字时代的新业态，思政元素是学生专业渗透的奠基石。在道德数据化与数据道德化的背景下，"电竞专业教学"与"思想政治元素"在各自发展中协调、互补、共进，这种交融的动态关系便是一种耦合关系。二者间的耦合性，为发展"思政＋电竞"的融合教学提供实践可能。

二、"思政＋电竞"融合教学的现实意义

探索"思政＋电竞"思维模式，既是现实发展的必然，又是实践亟需的应然。立足于日渐数字化的现代社会，思政元素与电竞教学的融合具有极大的现实意义。

（一）健康的电竞行业

起源于游戏，兴盛于互联网大潮，得益于政策助推的电竞产业一路走来，如今步入行业发展快车道。今天的电子竞技，已经成为集科技、竞技、娱乐、社交于一身的体育产业，涵盖了游戏厂商、电竞俱乐部、职业选手、游戏解说和直播平台，拥有了独特商业属性与市场价值。

（二）优秀的电竞人员

随着 2019 年电子竞技员、电子竞技运营师由人社部认定为正式职业，电竞从业者的定义与工作任务逐渐清晰。"产业蓬勃发展"的同时，"职业信息亟待规范"；因此，"包括职业概况、基本要求、工作要求和比重表等方面内容"的电子竞技员国家职业标准于 2020 年正式开始制定。[13] 电子竞技产业"作为一种国际性语言和交流平台，承载着讲好中国故事、传播好中国文化的重任"；作为国家正式职业的电竞从业者，其职业化进程必然要求体系化的道德修养与职业操守。

作为一名成熟的电竞从业者，一定是激情满怀、思维敏捷的具有创新思维、服务意识、合作共赢理念的，是弘扬爱国主义、奉献精神和工匠精神的教育与人才培养相结合，专业课程中丰富的思想政治因素与专业内容有机结合，对于学生成长成才具有十分重要的意义。

（三）融贯的电竞课程

新时代，在保留传统教学精髓的基础上，促进思政元素由"传统教学方式同专业课程德育功能高度融合"[14]，对推进学校教育工作、提高国民思想水平具有重要意义。打造融贯的电竞课程体系，对思政教学和电竞专业既是机遇又是挑战。

对于思政元素而言，电竞专业提供的技术手段和专业平台为课程改革打开局面。遵循思政元素渗透规律，结合电竞特点，展开教学创新，是思政融入专业课程的新尝试、新思路、新课题。对于电竞专业而言，落实好习近平新时代中国特色社会主义思想"进教材、进课堂、进头脑"，将思政元素"全面融入教育教学全过程"是"确保中国特色社会主义事业兴旺发达、后继有人的一项伟大工程"。[15] 打造有中国特色、和世界接轨的电竞培养体系，形成电竞行业的"文化自信"，利于为电竞专业发展把方向、定基调、提高度。

显然，思政教育与电竞专业的有机融合既具备充足的实践可能、又拥有深远的现实意义。那么，探索"思政+电竞"教学模式如何落实到电竞专业教育实践中，具有极大研究价值。

三、实现融合的机制与途径

随着社会环境的发展和课程改革的深入，思想政治教育在课程标准、教材编写、教学手段上也不断更新换代。在坚持"立德树人"根本任务的同时，教学目标也从"知识—方法—情感"向培养学生的"学科核心素养"进步。[16] 思政与电竞专业的有机融合，有利于将新的教学理念和课程思维贯彻落实。

（一）从"耦合"到"融合"的实现机制

在思政教育与电竞专业相互耦合的现实基础上，加强课程设计和教学实践的相互嵌套，使思政教学的课程内容通过"思政＋电竞"教学模式转换为电竞专业学生的核心素养，实现二者相互融合产生的巨大功能，是从"耦合"到"融合"的基本逻辑。其实现机制如下图所示（见图1），通过二者的耦合关系，将知识、方法、情感的教学目标内化为意识、能力、信念的核心素养，实现课程体系的有机融合。

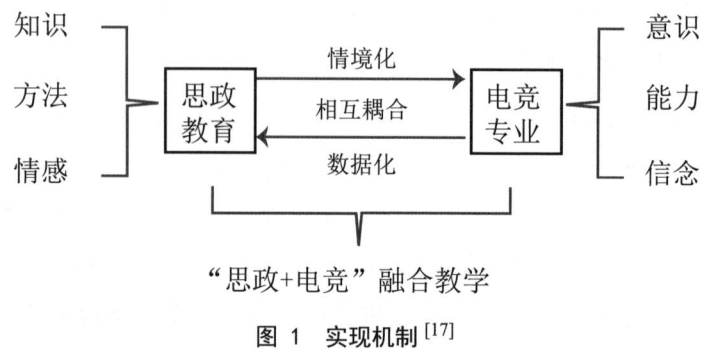

图 1　实现机制[17]

该机制运转的关键是思政教育"元素"与电竞专业"情境化—数据化"的耦合关系，这种关系也决定了"思政＋电竞"教学模式"有机融合"而非"机械结合"的特点。根据涂尔干的"团结社会理论"[18]，"有机"较"机械"是一种"更为符合事物或系统可持续发展的状态"。具体到本文的研究对象上，"机械结合"指思政与电竞两个系统表面的连接，结合方式拘泥死板，课程设计简单呼应、缺少教学实践的深入交互。而"有机融合"则指思政、电竞"彼此进入对方所形成的状态"，配合得当、良性互动，形成了新的教学系统。两个系统内部要素产生实质性联系，从"表面结合"到"深度结合"再发展为"有机融合"，关键是发挥耦合机制的作用（如图2）。因此，抓住"数据映射与情境教学"机制，是"思政＋电竞"融合教学落地生根的关键。该机制在课程目标转化为核心素质的不同方面，会形成相应的具体途径。

图 2　机械结合向有机融合转变流程[19]

（二）从"知识"到"意识"

以波兰尼的"完整知识"理论来看，传统课堂教学内容主要是"明言知识"[20]，即可以通过系统教学表述、传递的"间接经验"。由于思政课程知识的特殊性，传统教学模式下直接体验难以落实。如何将间接的知识内化为学生"认知系统对信息整合"的意识，是思政"元素"渗透能力提高的突破点。

"思政＋电竞"教学模式有助于推动课堂知识转变为学生意识。在电竞游戏中，可以将"社会主义市场经济、民主政治、先进文化"的知识点设计到模拟环境中，构建知识信息的沉浸空间。同时，破解谜题、完成任务嵌入知识点考核，刺激认知系统作出反应。以虚拟的教学情境强化认知系统对知识信息的整合与认同。

（三）从"方法"到"能力"

思政教学传递的是"辩证唯物主义和历史唯物主义的基本原理和方法"，学生需要养成的是"用马克思主义立场、观点和方法面对实际问题"的能力。[21]所谓"实践出真知""思政＋电竞"提供的"问题情境"，为学生作为"经验个体""因应环境行动""运用其智慧以解决问题"提供空间。[22]

游戏环境构建的历史模拟、策略情境中，学生可以通过假定、推理、检验等思维步骤感悟马克思主义的"真"与"理"。在"运用已有的知识内涵"认识情境的过程中，"改变扩展自己原有的认知结构"[23]，作出正确的价值判断和行为选择，进而形成对"中国道路"自觉的政治认同。

（四）从"情感"到"信念"

思政教育旨在培养学生的"爱国主义、集体主义和社会主义"情感；电竞专业的规范化发展也逐渐形成了有特色的职业操守。电竞运动本身既有竞技体育的国家荣誉感，又在"团队合作""说一不二""长期磨练"[24]等方面具有独特优势。

在专业训练和竞技实践中，通过引导与熏陶，学生自觉体验集体与纪律的重要性，国家和民族的自豪感。在情感与操守的统一中，巩固为积极健康的世界观、人生观、价值观。抓住电竞职业规范的关键，有利于在专业实践中将情感巩固为信念。

随着经济、社会与技术的进步，思政教育与专业教育关系愈加紧密。就电竞专业而言，二者间的耦合机制日益显著，在"数据映射与情境教学"的作用下，"思政+电竞"教学模式成为可能。在这种融合教学新思路下，知识嵌套进游戏内化为意识，方法应用于问题转变为能力，情感实践于职业巩固成信念，两个教学系统间相互促进、相互保障、相互拉动。

（作者：张大明）

参考文献

[1] 杜恺.电竞文化观对大学青年骨干思政价值链重构的实证研究.科教文汇（中旬刊），2018(06)：146-147.

[2] 夏晨阳，蒋梦溪，车振卿.电子竞技运动在雅加达亚运会后的发展探究.体育科技文献通报，2020，28(01)：74-76.

[3] 曾小娟，曾君华，蔡嘉敏.基于大数据与思政教育的耦合性创新大学生思想政治教育工作.智库时代，2020(04)：82-83.

[4] [英]安东尼·吉登斯.第三条道路：社会民主主义的复兴.郑戈，译.北京：北京大学出版社，2000：34.

[5] 中共中央办公厅，国务院办公厅.关于深化新时代学校思想政治理论课改革创新的若干意见，2019-08-14.

[6] 崔海英.大数据时代高校网络思想政治教育的价值维度与实现方式.黑龙江高教研究，2015(03)：33-36.

[7] 刘长海.杜威德育思想与我国德育变革.教育学报，2007(04)：69-76.

[8] 杨荣.杜威德育思想的现代借鉴价值.中国成人教育，2007(05)：126-127.

[9] 杜威.民主主义与教育.王承绪，译.北京，人民教育出版社，2001.

[10] 李继刚.再现与表现：情境教学中主体之所为——对杜威的"情境"与"主体"的思考.上海教育评估研究，2017，6(02)：20-23.

[11] 李飞翔."大数据杀熟"背后的伦理审思、治理与启示.东北大学学报（社会科学版），2020，22(01)：7-15.

[12] 何毓敏.大数据时代思想政治教育方法创新研究.大众文艺，2020(02)：210-211.

[13] 中国文化管理协会."电子竞技员"国家职业技能标准开发启动会在京举行.http://www.ccasn.com/index.php?a=show&c=index&catid=129&id=690&m=content,2020-01-17.

[14] 李淑一,李云鹏,张宇晗.浅谈大连海事大学思政课与体育课的融合.体育世界(学术版),2020(02):146+148.

[15] 王殿文.推动习近平新时代中国特色社会主义思想"三进"工作的若干思考.长春理工大学学报(社会科学版),2019,32(01):6-10+45.

[16] 程煜.改革开放40年来高中思想政治课程标准的变迁研究.现代商贸工业,2019,40(32):158-159.

[17] 该图根据"思政课程标准"与本文分析自制.

[18] 埃米尔·涂尔干.社会分工论.渠东,译.北京:三联书店,2000:58-70.

[19] 韩振燕,夏林.耦合视角下的医养:从机械结合走向有机融合[J].河北大学学报(哲学社会科学版),2018,43(05):126-133.

[20] 路宝利."完整知识":职业教育"现象学"向度.职教论坛,2015(28):5-11.

[21] 参见《普通高中思想政治课程标准(实验)》.

[22] 乔治·奈特.教育哲学导论.简成熙,译.台北市:五南出版社,2002:92.

[23] 张凯元.人本主义教育的理念与实践.台北:心理出版社.2003:112.

[24] 杜恺.电竞文化观对大学青年骨干思政价值链重构的实证研究.科教文汇(中旬刊),2018(06):146-147.

基于"学习共同体"理念的中职英语词汇教学设计反思

上海市医药学校

"共同体"的概念进入学科领域起源于1887年滕尼斯(Ferdinad Tonnies)发表的《Gemeinschaft und Gesellschaft》一书,Poplin D(1979)给出的定义是"社区、社群以及在行动上、思想上遵照普遍接受的道德标准聚合在一起的团体"。"学习共同体"的概念是共同体理念在教育领域的应用,最早由Boyer(1995)在《基础学校:学习共同体》的报告中提出[1]。学习共同体的理念风靡全球,佐藤学对这一概念进行了解读与构建,提出了"学校学习共同体(SLC)"的理念,出版了数本著作来进行推介[2],并造访了3500多所中小学校予以示范和推广,佐藤学理论的精髓可以概括为"核心是实现每一个学生的学习权;重要内容是倾听与对话式沟通的合作学习;改革的主要动力来自于教师,注重教师协作信赖的同事性"[3]。由于东亚相似的教学理念和问题,佐藤学的理论在国内推广很快,陈静静[4-6]等人对其理念进行了深入的阐述和实践,并为中国课程改革提出了建议。本研究是基于"学习共同体"理念进行的一场中职英语词汇教学设计实践,开展于 2019 年 11 月,教学对象是上海市医药学校 19611 中加班,教学内容是《Cooking Method》为主题的英语词汇教学。从前期的思路初建、集体备课、框架确定到中期的资料汇总、活动构思、课件制作再到后期的借班磨课、正式上课,我和备课小组一直都按照"学习共同体"的理念,不断完善教学思路和设计。在课程结束后又对整个教学过程进行了全过程回顾、反思和总结。

一、了解学情,分析需求,相互尊重

"学习共同体"被解读为"三个特性"(公共性、民主性、卓越性)与"三个变革"(学习方式、教研方式和学校与家长、社区关系)。对于学习方式的变革"倾听"和"对话"是重要途径,了解学情,分析需求,相互尊重是构建协同学习形式的前提。

本课选用的教材是 Touchstone 3A,讲授的内容主要涉及第五单元 Lesson B 中关于烹饪方法的相关英语表达,课型为词汇课。我的教学对象是中加班 23 名学生。这个新生班在平时的课堂中和我相处融洽,学生总体思维比活跃、表现积极,尤其是男生,课堂活动的参与度较高。但是,班级学生的英语水平存在较大的分层情况,有多名英语基础十分薄弱的学困生,在进行英语口头或"书面"表达的时候由于词汇量较少、语言基础薄弱,在完成英语学习任务时经常感到吃力和困难。

在设计本课之前,我多次深入班级,以聊天的形式真正去了解他们对于食物或烹饪等相关词汇的熟悉情况。通过学情调查,我发现很多学生对烹饪话题非常感兴趣,但是在英文表达上普遍有些困惑。大部分学生由于在家亲自烹饪机会较少,对一些烹饪的常识不是很熟悉,在平时的英语表达中用到的烹饪词汇仅限于诸如 boil 之类的简单词语,其他单词使用频率并不高。虽然在外教的课程中有接触到一些有关烹饪的单词,但是在具体应用的时候仍然容易混淆,如果在书面阅读或写作任务中涉及相关词汇,仍需要借助字典了解单词的词义、拼写和用法。我认为,这次的"看似随意"的学情调查对我和学生都很有帮助。我大致提前了解到他们对不同烹饪方式的理解,以及他们在日常表达中的具体困惑。我还发现他们在表达"食物"相关的话题时,薄弱的词汇量是硬伤,为此,我还特地在上

Lesson A 讲解关于食物量词的课程中给他们补充了许多常见食物的英文词汇，为后期的输出和运用做铺垫。我相信，只有"从学生角度出发"，了解学生真实的学习需求，才能实现有效的课堂学习。如果学生觉得自己被尊重、重视、认同或关怀，他们学习的积极性也很有可能得到促进。

二、简明阐释，图片辅助，自我学习

"学习共同体"强调变革教师的教学与教研方式，提倡教师的教学由"计划与评价"改变为"设计与反思"，而引导学生承担固有的责任，成为参与"学习共同体"运营的主人翁，这也是"学习共同体"民主性的体现。

词汇教学本身是具有挑战性的，尤其是针对学生不熟悉或不常用的词汇，怎样通过教学设计让他们通过步步紧扣的教学步骤记住目标设定的重点单词，是我设计这堂词汇课的主要任务。构思过程中我首先罗列了本课要求学生掌握的重点词汇，并查阅了每个词条的英语释义。在查阅的过程中我发现，有些词条的英语解释过长或者过难。对学生来说，相当于用更复杂的信息去解释本身就不熟悉的词汇，我认为这不一定能达到预期效果，反而会使问题复杂化。因此，我对词条做了简化处理，并根据词义进行合并分类，讲解的时候根据 6 小块进行对比（或单独）讲解，帮助记忆，即 bake 和 roast 一组，barbecue 和 grill 一组，fry、stir-fry 和 deep-fry 一组，steam 和 boil 一组，smoke 和 pickle 单独成组。从实际课堂的效果来看，这种词汇分类的讲解方式确实在帮助学生理清词义方面起到了有效的作用，学生通过单词间细化的对比分析，更容易对词汇本身的含义和词汇之间的区别和关系加深印象。

当然，关于烹饪单词的解释一定离不开真实、准确的图片展示，图片的最大优势是迅速吸引学生的眼球，让他们非常直观地猜测和了解到每个烹饪词汇的意思。因此，我收集了大量相关的烹饪图片，经过筛选，选取最能直观反映词义的清晰图片作为词条解释的辅助。比如在解释 fry（煎）、stir-fry（炒）和 deep-fry（炸）的时候，我选用了 3 张与鸡肉相关的图片，即煎鸡胸肉、炒鸡肉、炸鸡。我发现许多同学通过对图片的观察已能基本猜到词义，再结合旁边简明的英语释义，学生们很快就区别出了 3 个词条的区别。同样，在解释 boil 和 steam 的区别时，学生通过两张辅助图片（显示烹饪时的水泡/蒸汽所在位置）并结合自己的烹饪常识，准确地回答出两个词的区别：boil 是在直接水里煮，steam 是在水的上方蒸。

在教师的问题引导和PPT的词条、图片等多重因素作用下,学生实现了词汇学习过程中的"自我发现""自我探究"和"自我学习"。

三、传授内容,渗透学法,串联记忆

"学习共同体"学习方式的变革强调学习过程从"目标—成绩—评价"转变为"主题—探究—展示",这就要求学生不仅仅要掌握知识点本身,还要掌握学习方法和技巧,从而发挥主观能动性,实现学习共同体的"卓越性"。

无论是课内还是课外,我们应该抓住一切"契机",把我们认为好的或适合学生的学习方法和技巧结合学习内容传授给他们。基于平时对学生的观察,我发现很多同学背诵单词速度较慢,主要原因是因为他们缺乏高效的词汇学习和记忆方法:有些对单词的拼写规则和构词法不清楚,有些不擅长对各类单词进行观察、比较和归纳,有些不擅长结合语境进行理解或联想记忆,还有一些平时没有及时查字典的习惯和意识,在学习新词后也没有进行及时巩固和反复记忆,这样日积月累,不但学习和记忆英语单词的能力没有得到提升,英语学习的整体积极性也遭到了打压,很容易陷入恶性循环。因此,在这堂词汇课的设计过程中,我结合烹饪单词的特征,寻找到了一个适用于大部分学生的词汇学习突破口:分类记忆。我首先将 Cooking Methods 分为 Dry Cooking Methods 和 Wet Cooking Methods 两大类,随后再细分为三小类,把本课需要学生重点掌握的11个词汇根据烹饪手段的共性和特性,进行细化归类,方便学生根据单词所属类别记忆单词,并提醒注意词义上的区别(见图1)。

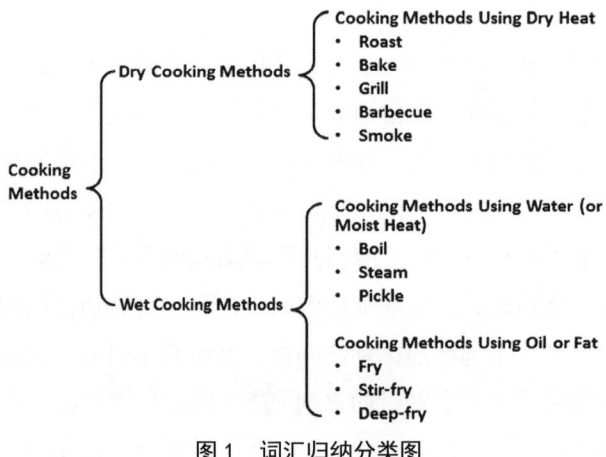

图1 词汇归纳分类图

在课上和课后的抽查中，我发现很多学生运用这个方法记住了课上要求掌握的所有（或绝大部分）烹饪单词，并且通过分类记忆的方法，准确地说出了单词及其词义，程度较好的学生还详细说出了它的同类词以及它们在词义上的区别，效果比较明显。当然，这种词汇学习的方法不仅仅可以运用在根据词义进行分类，它还可以做进一步延伸、串联，根据单词的词性、构词、拼写、读音、用法等各种情形进行词汇分类，举一反三。我在之后进行的烹饪动词转化为形容词的讲解环节中，也根据不同单词的不同转化规则进行了分类归类，总结各类规则，并在后面的课堂练习或活动中对这个知识点进行反复巩固和检验。从课后收集的活动 worksheet 来看，学生的菜名拼写正确率还是比较高的。长此以往，我相信学生的单词学习效率和效果会逐步得到提升。教师把高效好用的学习方法渗透于平时的课堂教学当中，对学生来说一定会得到不同程度的受益。

四、分层设计，深度递进，合作学习

"学习共同体"学习方式的变革强调要从传统意义上学生个人"听讲、做作业"的形式转变为以小组为单位的协同学习形式，此次教学实践我也予以了应用。

为了更好地巩固词汇知识，我根据烹饪词汇的三大类设计了针对性的练习。第一阶段我首先给出菜肴图片和形容词，要求学生说出图片对应的菜名；第二阶段我给定食物原材料和烹饪方式（动词形式），要求学生头脑风暴该食物可以搭配的烹饪方式，并准确地说出相应菜名（以 ed 结尾形容词 + 名词形式）；第三阶段我直接给出"舌尖上的中国"中的经典中式佳肴，让学生灵活运用课上学的语言知识进行菜名翻译；第四阶段为小组活动，要求学生们参考 shopping list 以小组讨论的形式来写菜名，拟定节日菜单。

通过上课观察我发现，不同层次的学生在各个环节中的表现不一。大部分学生在第一阶段的互动中表现积极，没有太大困惑，几位处于 C 层的学生也能根据图片和提示准确说出几个菜名；第二环节在第一环节的基础上做了一些提升，需要学生们进行头脑风暴，既涉及学生的烹饪常识，又考核学生是否能正确地把烹饪动词变为形容词形式，从而正确地表达菜名。这时 A 层和 B 层学生的表现明显占上风，而 C 层学生在表达答案的时候比较犹豫，有时会忘记进行词性转变；差异在继续拔高的第三阶段更加突出，由于该部分对学生的综合能力要求比较高，学生在具体翻译佳肴的时候感到困难。在教师的逐步提示和同学的相

互补充下，A层学生和部分B层学生基本能拼凑出正确答案，C层学生虽然对答案没有把握，但也有好几次尝试参与进来，尤其是对他们比较熟悉的食物，比如Beijing roast(ed) duck。最后一个写菜单的环节是在以上3个环节的基础上进行进一步的书面实践和拓展。令我感到惊喜的是，有些小组通过合作学习较快地完成了菜单任务，而且拼写错误率较低。在讨论的整个过程中学生们的思维相互碰撞，大胆分享观点看法，试图通过分工合作，一起制作出一张紧扣节日特点，合理而又不失创意的menu，这也让孩子们尝到了合作学习的高效和乐趣。由于时间关系，各小组完成任务后在下一堂课上分别进行了展示，组与组之间继续进行更加激烈的讨论和互评互改。

作为课堂中的引导者，我非常享受学生们呈现的整个合作学习的过程。虽然各层次学生在各环节的实际表现和我预想基本一致，但课堂中也不时有惊喜出现，无论任务难度如何，学生都能积极地参与进来。在今后的教学中，我会继续设计更多鼓励共同合作、互助学习的环节，深度挖掘更多更好的话题让他们进行思维拓展，力求在有限的课堂时间内，让全部或绝大多数学生都得到合作学习和展示自己的机会。

五、磨课反思，及时反馈，坦诚相见

"学习共同体"教学与教研模式的变革指出："教学观摩"是教师专业发展的重要渠道，在这一过程中要体现教师专业发展的"同僚性"，并进行现场反思与评课，此次教学实践我就采用了借班磨课和邀请其他老师听课的形式。

在正式上课之前，我进行了一次磨课，效果与我预期的有所不同。由于是临时借班，师生之间相互不熟悉，学生总体性格也比较腼腆，所以在开展词汇教学的过程中，很多原本预设是师生互动的环节就直接变成了教师阐释。虽然学生很安静地坐在教室里，看上去也都在认真听讲，但由于普遍比较害羞，不好意思表达，所以课上学生的回应就主要集中在了几个性格外向且基础较好的学生身上。虽然后期上台展示的小组任务的完成效果还可以，而每个组员的真实学习和接受情况我并没有很大把握。在教学环节的步步推进过程中，我也明显感受到自己成了主角，整体进度偏快。其他听课教师在听课后也反馈了这个问题：教师的讲解多而学生的反馈少，留给学生的时间还应该再思考、再设计、再增加，课堂的节奏也可以更舒缓一些。我个人感受也是如此，虽然词汇课教师的讲解和阐释必不可少，但集中性持续性的讲解并不是我的初衷，我还是很希望能根据学生的整体反馈来推进我的课程，增加更多的互动环节，让他们真正说起来、动起来、交流起来甚至"闹腾"起来。

在正式上课的时候，由于是自己任教的班级，和学生之间已经非常熟悉并且建立了较好的默契，轻松和谐的物理和心理环境使他们在课堂中拥有更好的表现和发挥，由师生共鸣而产生的"交响"在课堂上的出现频次也较之前有明显增多，课堂中的"教"与"学"更加自然、顺畅、和谐。每一次讲解完一个知识点，我都会有意或无意地放慢或停留小段时间和学生进行交流。由于对该班学生情况比较了解，互动过程中我会针对问题的难易程度让不同层次的学生起来回答或交流，很多时候也会让他们自由回答，尽量让更多的人有学习成就感。在磨课之后，我还特意在全部单词词义讲解结束时增加了一个单词复习的活动环节（见图2），在学生不知情的情况下来了个"即时记忆比拼"，一是为了及时检验学生对讲解单词学习情况，二是与引入分类单词记忆方法后学生的学习效果作对比。个人觉得这个环节对学生的课堂单词记忆和后续相关任务的完成有很大的帮助。

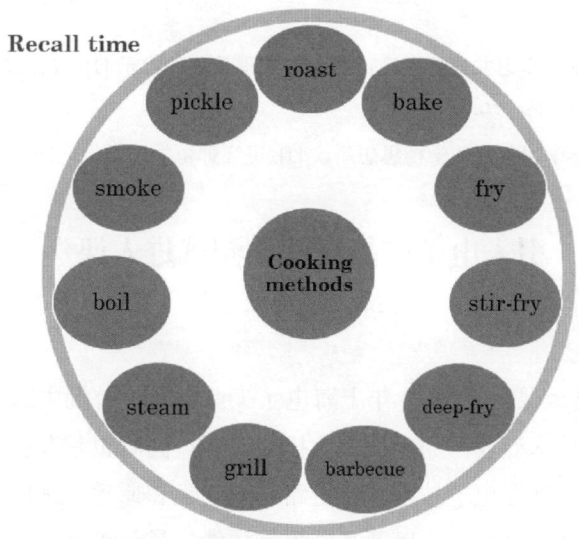

图2　词汇"即时记忆比拼"图

师生之间关系的重要性自然是不言而喻的。师生默契的培养是一个长期的过程，真正了解学生也绝非易事，但是这些都是教师要上好课的必选项。心急的时候，我们需要放下脚步，静下心来等一等孩子们，看看他们的状态，听听他们的声音，并及时地作好调整、给出反馈。正如《教师的挑战》所述："学习是否能丰富地展开，就要看学习是否是以对话地形式来实现的。"如果课堂变成了教师的一言堂，那么课堂的魅力也就至少被夺走了一半。经过这次课，我对这句话又有了更多的感悟。师生之间非常需要坦诚相见、相互倾听，学生之间也非常需要相互学习、合作交流。课堂的"独奏"并不迷人，精彩的"交响"才是灵魂所在。

（作者：纪冰仑）

参考文献

[1] 马露.佐藤学构建"学习共同体"的述评及对我国学校改革的启示 [J].华中师范大学研究生学报，2014，21(02)：151-154+182.

[2] 袁丽."学校学习共同体"理念在亚洲的发展及实践经验 [J].比较教育研究，2016，v.38；No.312(01)：80-85.

[3] 孙海燕.班级学习共同体及其构建策略研究 [D].曲阜师范大学，2019.

[4] 陈静静.佐藤学"学习共同体"教育改革方案与启示 [J].全球教育展望，2018，47(06)：78-88.

[5] 陶玉婷.佐藤学"学习共同体"理论对中国课程改革的启示 [J].吉林省教育学院学报(上旬)，2012，28(01)：29-31.

[6] 邓逢光.佐藤学学习共同体学校思想新议 [J].湛江师范学院学报，2014，35(04)：9-12.

引入电子产品自动化测试进入课堂

上海电子工业学校

《生产与检验》课程是 2010 年上海电子工业学校，首批中高职贯通培养试点专业（应用电子技术专业）的一门专业核心课程，同时也是专业必修课程。课程培养目标是让学生掌握电子技术中各电路基本知识和原理、常用电子元器件识别和检测、常用仪器仪表使用，以及基础焊接技能，最终培养学生掌握电子产品装配与调试过程中分析和解决实际问题的职业能力。

一、案例概要

从实践教学来看，教师抱怨最多的问题："学生人数太多，顾及不到所有学生遇到的问题""设备的数量不够,无法让所有学生进行动手操作""教学的时间不够,来不及对学生一一指导",最终导致一节课的内容无法在规定的课时内完成,教学疲于追赶进度,教师顾此失彼疲惫不堪,学生学得模棱两可一知半解。

究其原因,这与教学设计不合理、教学定位不准确、教学措施不到位、学习指导侧重等都有关。如果只是一味增加课时,其实效也无法从根本上解决问题,只会让课时变得冗长,但教学效果并没有改善,加重师生负担,关键在于教学设计结构的调整和优化。

如何提高在教学过程中有效的教学设计?如何确保在有效的教学时间内让"教师有更多的时间去帮助学生分析问题或是解决学生在技术操作上的困难"?这是摆在实践类教师面前的一个难题。教师思考"怎么在固定的课时内,把更多的精力用在帮助学生答疑与解决困难上""如何让教学设计最有效地达成教学目标"。

因此,考虑时间成本和人力成本,借助在线课程平台资源整合的优势,在电路功能测试环节引入自动化测试是十分有价值的。ATS 是 Automatic Test System 的缩写,中文名称为自动化试验系统。结合有效的教学设计,不仅可以从测试和排故环节减轻教师验证学生电路功能的重复劳动,节省下记录学生测试结果的时间,同时又可以激发学生兴趣,调动学生积极性,鼓励学生的创造性思维,吸引学生探索知识继续学习。

二、背景分析

将计算机和仪器的密切结合是目前仪器设备智能化、轻便化发展的一个重要方向,换一句话说,就是将计算机装入仪器或者将仪器装入计算机成为智能化的仪器。通过自动化测试设备测试被测电路,能够在短短几秒内测出电路板的好坏,并指出坏在哪一个区域及哪一个零件。比如可以很快地找到在生产线中造成的不良品的故障原因,如锡桥、错件、反插等问题一一检查出,大大提高检验效率和产品质量品质。

分析目前中职学校在电子产品检测的现状是在电子电路实践操作实训过程中大都采用教师人工检测,即通过目测或借助万用表、示波器等仪表进行测量。这种方式存在着诸多不足,比如:测试的人为误差、教师数量与学生人数不对等、测试安全性等。自动化测试与传统的人工检测相比(见表1)。

表1 自动化测试与传统的人工检测相比

测试项目	人工检测	自动化测试
测试速度	慢	快
测试效率	低	高
测试出错率	高	低
测试可信度	好	最好
测试一致性	差	好
测试数据	不便于反馈生产	快速反馈于生产
测试成本	昂贵	便宜

通过比较自动化测试与传统的人工检测对数据的分析可以得到：

1. 与传统的人工测试相比自动化测试速度快，测试效率高；

2. 测试内容和规范被标准化，重复测试的可靠性高，一致性好；

3. 通过优化人机界面使得操作简单，人为参与导致的差错率低；

4. 测试平台和相关仪器仪表归一化，使得仪表利用率提高，测试成本和费用降低；

5. 可对测试的数据进行保存和分析，为产品质量改进和生产效率提高提供数据来源和基础。

三、解决思路

线下教学通常指的是传统课堂教学中的实训环节，本课程的实训环节主要是在实训室内学生完成电子元器件检测、线路安装、调试排故，这些实训设施设备通常都是独立存在，数据以往只能由实训设备作为个体的输出，无法汇总，对学生个人来说无法形成实训数据积累，体现个人的学习成长，对教师而言，也只能进行个别的辅导，很难形成系统性数据对整体教学情况进行汇总分析。

本次上海市中等职业学校在线开放课程建设中，将线上线下"双向"贯通就是将线上的实训数据通过自动检测技术记录学生的实训数据，由教学实施平台将实训数据汇总，弥补学生线下学情数据的空白。统一学生技能和知识的掌握情况，教师全面的掌握学生的学习情况。

因此，在《生产与检验》在线开放课程建设过程中，通过对现代企业调研，依托在实训教学电路调试环节中引入自动化测试系统，目的在于提高电路调试效率，全面掌握学生学习结果，更好地解决测试数据反哺教学的问题。

（一）线下测试数据形成线上测试报告

自动化测试平台测试结束之后会对每一位测试学生生成一份测试结果报告。目前能采集的数据字段包括：学生姓名、班级、学号、测试任务名称、日期、开始时间、结束时间、测试使用时间、实训正确步骤明细、实训错误步骤明细、报告波形图、实训结果等。（如图1所示）

图1　学生个人测试结果

同时，通过课程平台可以自行判断记录 FirstPass 数据（一次通过率）、汇总实训任务成绩、实训任务 TOP10 排名、个人/班级错误步骤数分布等（如图2所示）。

排名	姓名	完成时间	FirstPass	操作
1	丁佳骏	2020-11-06 09:14:26	是	查看详情
2	孟思杰	2020-11-06 10:49:50	是	查看详情
3	徐宇豪	2020-11-06 10:51:03	是	查看详情
4	郭海银	2020-11-06 10:54:02	是	查看详情
5	李佳顺	2020-11-06 10:55:58	是	查看详情
6	冯明豪	2020-11-09 14:50:15	是	查看详情
7	聂承宇	2020-11-09 15:06:59	是	查看详情
8	汪越	2020-11-06 10:41:35	否	查看详情
9	马义尧	2020-11-06 11:02:01	否	查看详情
10	樊家晨	2020-11-06 11:17:15	否	查看详情

图 2 实训任务 TOP 10 排名

（二）测试过程中的 3 种人机交互种类

测试过程通过让学生跟随系统提示的步骤要求一步一步检测。在测试过程中有 3 个交互过程。（1）可以通过目测的交互，来完成一些按钮或者电位器调节的确定；（2）可以通过电路的电压调节到测试值，来完成电压值的确定；（3）可以通过电路波形参数调整，来完成波形幅度和频率的确定（如图 3、图 4 所示）。

图 3 学生正在进行测试　　　　图 4 测试过程中的人机交互

（三）因材施教和个性化指导

当每个学生使用自动化测量之后，ATS 系统会将学生测量的步骤结果存储在系统内，由计算机的数据库完成数据的整理和分析。同时可以将测试的结果发给教师，教师及时了解学生测试结果。数据引导教师，能够帮助教师形成针对每一个学生的指导方案。举例，在图 1 中表示一名同学全部测试通过，另一名同学测试到第 4 步骤时出现了问题，导致测试未通过。教师就可以及时给予该学生指导。

实现了实训教学中因材施教和个性化指导。在全班测试结束之后，系统会分析中全班学生出现的故障点分布，可以提示教师在下次的授课中对课程内容的调整（如图5所示）。

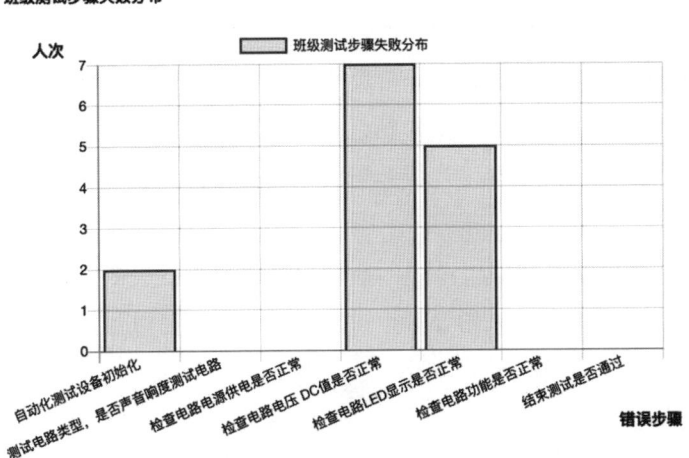

图5　班级测试步骤失败分布

四、经验策略

（一）融合在一个硬件测试不同的电路功能

根据以往的经验，往往一个自动化测试设备 ATE（Automatic Test Equipment），只能针对一个测试电路，本课程有6个不同功能的电路组成，这样对于学校大大增加硬件成本的投入。那如何将自动测试系统平台的统一，通过配置文件来实现对新项目的测试功能和测试标准的标准？

在测试平台开发过程中，经验1：只需执行调用不同的 dll（动态链接库）测试文件就可进行不同实训项目间的切换。经验2：使用测试设备的通用接口，使用相同的硬件测试环境，便于测试项目的灵活扩展如数据采集卡，测试夹具等。

（二）元器件完成在线性能测试（ICT）

ICT（In Circuit Tester），中文名称为在线测试仪，是一种电路板自动检测仪器，主要用于组装电路板(PCBA)的测试。ICT 技术指元器件在线路上，不断开电路，不拆下元器件管脚的测试技术。通过对在线路上的元器件或开短路状态的测试来检测电路板的组装问题。

其中针对液晶显示元器件(LCD)的测试就是一个简单而且十分有效的检查方式。在此次测试项目中增加了液晶的在线测试要求，通过手动调节对比度电位器，视觉检查可以使得显示的图像清晰可见，通过黑白交替、全黑、全白等显示图像，一次完成了液晶元器件在线测试的基本功能。

（三）测试过程数据生成教学数据

测试结果报告对测试信息的分析反哺教学实施过程中的精准教学。比如测试所用时间可以反映学生对电路操作熟练程度；测试步骤可以反映学生的功能完整度；测试的次数可以反映学生焊接装配质量的好坏；测试的电流可以反映电路是否有短路的情况等等。

通过对每个电路在测试过程中的数据记录，当测试失败时，测试系统会弹出图片或文字描述对话框，来指导学生进行排故，教师可以加以分析故障问题的位置，针对教学中内容及时调整，反哺教学不足。

五、反思展望

（一）企业真实平台，为学生提升专业实践能力

电子产品的生产中产品的性能测试是其生产工作中必要也是非常重要的环节。而随着电子技术和电子产业的发展，自动化测试系统越来越广泛的被应用于从产品设计研发到生产制造验证的各个环节。目前几乎所有的企业都使用自动化测试来进行电子产品的生产工作，从而降低成本，使维修工作简单化，加快维修速度，减少维修人员，降低维修成本。

与传统电子实践课程中的测试不同，学生制作的电路结果使用教师人工检测。使用企业真实的自动化测试系统，并实现电路测试的自动化检测，不但效率高，并且能够有效帮助学生提升学习效果，实现与企业生产、检测岗位的紧密对接。

（二）数据引导教学，为教师提供教学策略依据

通过自动化测试设备自动检测将准确、稳定、详细记录每一个学生学习过程的每一个环节和步骤，提供大量的统计数据，以便教师对学生焊接的电路进行及时测试，检测，管理。教师再也不需长时间埋头苦干，用示波器、万用表等慢慢查找故障所在，减少教师的误判错误，避免对学生功能故障的错误猜测。利用采集的这些数据的分析能够帮助实训教师清晰的了解每一个学生的掌握情况，从而开展有针对性的指导。将来，教师可以在后台或自己的办公电脑上通过网络下载

或者查询测试结果，可通过开发专门的测试 log 分析软件，提取测试数据并进行数据分析，为分析学生学习成果提供基础数据。

（三）引入大数据，为实训教学评价内涵提升

维克托·迈克-舍恩伯格在《大数据时代》一书中举了百般例证，就为了说明这一道理：在大数据时代已经到来的时候，要用大数据思维去发掘大数据的潜在价值。大数据时代的诸多好处已在社会生活的方方面面显示出来，然而在中职学校实训教学中大数据的引入还比较少见。将来结合云技术（Cloud technology）及大数据分析，测试结果和过程数据直接上传到云端服务器：通过大量的数据分析之后，可以横跨多个项目和学生历年的分析，形成学生学习评价多维的雷达图。

（作者：张帆）

三、课程育人篇

课程是学校教育的重要载体。"课程思政"是新的历史时期教育部对德育工作提出的新要求,是贯彻落实习近平总书记关于"培养什么人、怎样培养人、为谁培养人"的指示精神的重要举措,也是课程改革的一个重要目标。各校结合自身特点,以"课程思政"为抓手,深化课程改革,积累了许多可贵的经验。

助力学生成长,提升中职学生的口语运用能力

上海石化工业学校

《中等职业学校语文教学大纲》强调语文课程的交际工具性,并明确指出"加强语文实践,培养语文的应用能力"。中职语文教学应积极开展口语教学,切实培养中职学生口语运用能力。加强中职学生口语运用能力有助于提高学生的综合素质,帮助他们更快地适应社会,提升竞争实力。我认为要想提升学生的口语运用能力要分六步走。

一、激发学生兴趣,让学生愿说话

兴趣是最好的老师。在传统的语文课堂教学上,教师都是自顾自地讲课,根据语文教材按部就班地上课。学生被动地听课,记笔记。这样的课堂教学具有权威性,学生几乎没有表达的机会。最多有几次上课的问答,但只能检验学生知识点是否掌握,对于学生语用能力的提高没有任何帮助。兴趣是人的一种带有趋向性的心理特征。一个人当他对某种事物发生兴趣时,他就会主动地、积极地、执着地去探索。在口语语用能力训练时,教师要激发学生的兴趣,从学生身边感兴

趣的话题着手，从学生有话可说的话题着手。

如我在教课文《我的母亲》的时候，先讲了一些历史名人如孟子、岳飞等与母亲脍炙人口的故事，又讲了自己与母亲的故事，接着鼓励学生也来讲一讲自己与母亲的故事，故事不要求很长，只要真实即可。

学生觉得这就是身边的话题，要求不高，也有话可说，纷纷上讲台来说一说自己与母亲的故事，说着说着，学生会觉得说话并没有那么难。说着说着，学生觉得母爱就在身边，但往往被我们忽视。说着说着，学生说话能力慢慢在提高。

又如可以同学生一起谈谈他们熟悉的港台大牌明星，也可以和他们说说现在的名牌服饰，学生对此很感兴趣，进而可进一步引导学生去分析，去研究这些现象说明了什么问题，能揭示什么本质，给我们留下什么思考。学生一开始就对他们身边的这些现象产生很大的兴趣，随着话题的深入，学生们不仅能谈现象，还能说出事物的本质。如崇尚名牌现象其本质是追求一种奢华的生活，"偶像热"其根源是学生对事物缺少一种理性的判断，而多了一份冲动。这样课堂上让学生愿意去说，学生语用能力也得到了提高。

学生对某个问题、现象感兴趣了，才会进一步去认识它，了解它。从学生感兴趣的话题着手训练学生口语运用能力，首先就解决了学生在口头表达时最头痛的一个问题，即无话可说，而变无话可说为有话可说。

二、指导学生积极收集素材，让学生有内容可说

兴趣是入门，不等于有了兴趣，就能顺利流畅地进行口头表达。口语运用能力的培养，是以丰富的知识为基础的。学生现在的学习生活基本上是学校、家庭两点一线，这就使学生缺少说话的素材，无内容可说。我认为可以让学生充分利用校内的图书馆，利用课余时间，每周定期去查阅一些资料，丰富学生说话的素材，加强一些积累，增加一些知识面。还可以在班级中订阅一些如《读者》《青年文摘》等让学生拓展一下视野。另我会在教学中鼓励学生多上网查一些资料。如在教诗歌在《再别康桥》时，我会让学生上网去查一下作者徐志摩的生平及和徐志摩同时代的文学大家的一些趣事，有意识地让学生拓宽一些知识面，为以后说话储备一些知识。

口语运用能力的提高不能只局限在课内，而是要走出课堂走向社会。要善于把各种知识联系在一起。许多知识学生今天不知道，说了就知道，有的知识看似

与语文课无关，但是与生活息息相关，我们也应让学生知道，开拓其知识面，丰富学生知识储备，让学生有内容可说。

三、创新教学方法，让学生会说话

在中职语文口语教学过程中，教师不但要让学生听懂教师讲课，还应该让学生掌握语文口语运用的技巧与方法从而提高学生口语运用能力。在传统的语文口语教学中，绝大部分教师采用填鸭式的教学模式，把一些理论很生硬地告知学生，学生光有理论知识，但没有实践，能力也得不到提高。教师在口语课堂上不妨采取一些灵活多样的教学方法，如采用说话，朗诵，演讲等形式。如在教学《威尼斯商人》时，我就采取了多种形式，首先进行念台词比赛，让学生分组念台词，看那一组念得好。在此基础之上，让学生分角色进行表演，通过表演，最后学生分组说说人物有什么特色。不但能让学生活学活用，还能够训练学生的语用能力。

学生的口语能力是在不断的实践中提高的，只有先让学生愿意说，才能让学生会说，进而让学生说好，学生的说话能力就会有提升。

四、利用现代信息技术，为学生提供口语说话材料

现代信息技术是借助以微电子学为基础的计算机技术和电信技术的结合二形成的手段，对声音的、图像的、文字的、数字的和各种传感信号的信息进行获取、加工、处理、储存、传播和使用的能动技术。信息的多元化和生活化、信息技术的交互性为中职生提升口语运用能力提供了很好的材料。现代信息技术的最大特点是突破时空的局限，突破我们教室的围墙，把生动活泼的东西带到课堂中。信息技术可以给学生提供大量的信息。这为学生提供了丰富的口语运用的材料。

例如在学习课文《绝版的周庄》时，我让学生上网查找江南6个水乡的材料，请学生分别用PPT的形式加以介绍。学生对上网查资料驾轻就熟，做PPT也毫无困难，进行介绍时，由于前期做了功课，有了口语交际的语言材料，在介绍6个水乡时，侃侃而谈，非常详尽地介绍了各个水乡的风土人情和特色。

五、利用中职生普通话测试，让学生学会分层次说话

中职学生都要参加普通话测试，在普通话测试中最困难的是第四部分3分钟命题说话。学生普遍觉得3分钟说话时间太长，难以完成，这与学生口语运用能

力较弱有关系。学生要想说满3分钟，一定要做到分层次说话，例如在说"我的愿望"这一命题时，在表述愿望之后，就要分层次说话，第一层是产生这一愿望的原因，第二层是如何努力实现这一愿望，第三层是愿望实现后的感想与展望。我让学生在说普通话测试30个命题说话时都作这样一个提纲，这样学生才有话可说，有内容要说。其实我们在平时进行口语交际时，也是要进行分层说话才能达到你交流的目的。就说面试吧，面试官最常见问的一个问题就是：你为什么要进入我们企业？如果学生分三层这样回答，一是我了解的企业是怎样的优秀，二是企业需要具有我这样技能的学生，三是到企业后我会努力成为一个好员工，相信面试官会满意。学生通过普通话命题测试养成分层说话的习惯，将对今后的口语运用有很大的帮助。

六、积极开展课外活动，提升学生说的综合运用能力

除了课堂训练之外，课外活动是学生更为广阔的天地，因为"语文学习的外延和生活的外延相等"。生活就是口语运用的来源，丰富多彩的生活给口语运用提供了大量源头活水。所以，提升学生的语用能力，还应安排各种各样丰富多彩的课外活动。如讲故事大赛、演讲比赛、观看电影，还可以让学生在春游时向游客介绍景点。

例如可以让学生观看电影，让学生说说最感人的情节，每个人都可以说出自己的想法和看法。社会是学生最好最大的学堂，学生可以接触到很多在课本、在课堂无法接触到的人和事，开阔了视野，增强了口语运用能力。此时的训练不仅在于技巧，更是将表达和学生的做人、立人融为一体，重在培养学生的生存意识和道德观念，让学生在活动中成长。

实施时应关注以下两个问题：

1. 要传授口语运用的方法

学生饶有兴趣地说，往往能使讲述内容言之有物，但要做到言之有序，还必须教给学生方法。训练时，教师有指导地说与学生自由地说交替进行。即使要讲好一件简单的事也不容易。要教学生从说一句句完整话开始，逐步过渡到说连贯的几句话或一小段话。到了中高年级，要让学生按记叙文的六要素，围绕一个意思有头有尾地说一段话。学生一旦掌握了方法，口语运用才不会感到困难。

2. 要加强考核

这是保证口语运用训练落到实处、取得实效的重要措施。一方面，可使教师了解教学结果，调整教学活动；另一方面，让学生看到学习成果，激发学习信心。口语运用考核可采取分散考核与集中考核、平时考核与期末考核相结合的方式，教师要制订切实可行的考核项目和评分标准，并把考核成绩记载在学生成绩中。考核中允许学生多次考试，选取学生最佳成绩记录在册，鼓励学生多说多练，提高口语运用能力。

最后想强调的是，进行口语运用能力训练应本着能力为本、训练为体、应用为主的原则。所谓"能力为本"，就是一切教学活动的根本宗旨和最后归宿是为提高学生口语运用能力。所谓"训练为体"，是指一切理论知识是基础和依据，教学中训练是主体。所谓"应用为主"是进行训练目的是适应社会交际和"未来职业交际"中实际应用的需要。也就是说"练"是为了用，而"用"又是练的必要途径，最终的目的是提升中职学生的口语运用能力。对中职生而言，因学历、才识的限制，未来的竞争将会很严酷，口语运用能力的提升将对们以后的职业生涯有极大帮助。

（作者：赵慧萍）

（参考文献略）

基于 OBE 理念的中职金融专业课程教学的优化研究
上海经济管理学校

一、OBE 的内涵

成果导向教育 (Outcome-based Education) 简称 OBE，即是以学习成果为基础的教育，是指教学设计和教学实施的目标是学生通过教学过程最后取得的学习成果。OBE 产生于 20 世纪 80 年代末期，最早出现在澳大利亚和美国的基础教育改革。OBE 曾经在美国和澳大利亚是教育界非常流行的术语。美国学者佩蒂认为成果导向教育即 OBE 主要是为了实现学生获得教学成果，而进行有系统性的组织教育活动。与传统的教学理念相比，OBE 理念意味着一种创新和对传统模式的颠覆。而澳大利亚的教育部门对 OBE 有完整的界定，认为 OBE 其本质在于学习产出的驱动教育过程，它的基础是实现学习产出的教育过程，而课程的设计和教育结构都被看作是教育的重要手段，而非教育目的。虽然OBE的定义较多，但是也有很多的共性。主要表现在：一是，在OBE的教学模式中，教育者必须清楚学生毕业时应该达到的水平和能力，然后寻求相对适宜的教育方法去保证学生学习目标的达成。二是教育者不需要考虑学生何时能够完成任务，而是直接评估学生的学习成果并教给学生最关键的知识，直至学生达到预期成果，才能算作成功。而这些显然同传统的课程驱动与教师驱动的教育模式形成了鲜明的对比。

二、基于OBE理念的中职金融课程教学的特点

和传统的教学模式相比，基于OBE的中职金融教学模式有以下几个特点。

（一）确定的学习成果

OBE被称为成果导向教育，顾名思义，该理念对学习成果有着特别的重视。学习成果既是OBE的终点，也是OBE的起点，学习成果可以很清楚地反映学生要具备的能力，因此往往要将学习成果转换成能力指标，这种能力指标需要通过专业课程教学来实现。中职金融专业课程教学要与能力指标有明确的对应关系，能力指标中的每一项都需要有确定的课程教学来支撑，也就是说金融专业课程教学的每个课程都要对实现最终的结果有确定的贡献。OBE重点强调学生学了什么，而不是老师教了什么。

结合OBE理念，在中职金融专业课程教学中应深入理解"成果"的几层意义：

其一，教学成果不应当仅仅侧重于成绩维度，OBE中的"O"虽然是从OUTCOME翻译过来的，但是并非指的是成绩而是产出。这也决定了OBE中是以产出作为教育的导向。这里，产出的内涵要远远大于成绩。

其二，成果不是单一的指标，而是涵盖了成绩、能力、就业技能、薪酬待遇等多重指标。综合性的指标反映出产出的具体内涵。

其三，产出的评价体系不是横向对比，而是从教学过程出发，注重纵向线性的比较，是对全过程的聚焦和集中体现。尤其是，这种产出能够折射出学生学习和教师教学的全过程，而非仅仅是一份答卷或者一个实习报告。产出更多的是综合性的，杂糅了理论和实践的双重结果。

（二）注重学习过程

OBE理念虽然被称为成果导向教育，但是仍然注重学生的学习过程。学习

过程是基础，成果导向是结果。两者必不可分，尤其通过有效的学习控制才能实现出预期的教学产出，可以说，从某种程度上两者构成了自变量和因变量的关系。按照 OBE 理念，在金融专业课的教学中应该注重学习过程的方方面面，比如实践如何安排、学习计划如何制定、学生如何分组、实习指导教师的安排，以及学习软硬件的统筹，等等。

中职金融专业课程的独特性决定了教学以模拟工作场景为主，并且要能够与社会和金融行业接轨，这就要求金融专业的教学要更能充分体现行业和企业的需求。比如金融综合实训这门课程需要学生在银行实训场地进行现场模拟，并进行相应的实践操作，通过安排这些实践环节，得以让金融学的理论和实践更好的结合。

（三）改革学习模式

以成果为导向的 OBE 理念非常重视多元主体在教学过程中的参与合作，但是这种多主体的合作并非是没有中心的。学生应当成为教学的中心，任何课程的设置虽然要借助不同的课程平台，但是其最终目标还是要以学生的学习产出作为导向。如在 MOOC、在线课程、公开课滥觞的背景下，越来越多的教师采用翻转课堂、讨论等方式进行授课，但是这也丝毫不妨碍以学生为中心的教学模式。尤其是在金融学的课程教学过程中，实践性的特点决定了学生必须要进行合作式学习，充分发挥团队的优势对金融场景进行模拟，从而更好地学习金融业务知识，提升金融技能。近年来，笔者所在的上海经济管理学校通过公开课、在线课程等形式，运用互联网＋线下课程等方式，让学生掌握金融学基本理论，同时积极鼓励学生走出校园，进入实际的金融机构进行实习和模拟。可以说，OBE 理念也契合到当前的中职教学体系改革，在对软硬件等外部环境要求的基础上，也对教师教学理念的更新提出了新的要求。

在多种语境下，OBE 被定义为一种循环的教育模式，这个循环基于学生为中心，相对于传统的以教学内容为本的教学模式，OBE 更聚焦于学生的学习产出，对教学方式的选择不做要求，更专注于学生最终学到了什么。下表对"以教学内容为本"和"以学生为本"的学习模式进行了详细对比，体现了学生在 OBE 教学模式下的中心地位（见图 1 所示）。

学习模式	以教学内容为本	以学生为本
框架	预设课程评估和认证程序；结构是目的，不定义学习者产出	开放的课程，教学策略、评估和行为标准；教学结构支持目标实现，它是手段而非目的
时间	刚性的限制；教学日程表控制学习和成功	使用可改变的资源——根据教育者和学习者的需求
绩效标准	比较与竞争的方法；预先设置好的正态分布曲线	学习者达到标准即可获得学分；没有通过比例或标准等的限制
学习评估	持续的测验和分数错误被永久记录；慢的学习者无法赶上学习节奏；永远没有提到学习者到底如何能成功	宏观的事业来看待学习成就，错误是发展能力过程中不可少的；明确最终的成就就是能做什么

图1 "以教学内容为本"和"以学生为本"的学习模式对比

（四）创新评价方式

以产出作为导向的教学理念，改变了以往单一的评价模式。同时，结合最新的评估理念，评价的重点侧重于学习成果。与之前的评价模式有所迥异，OBE 的评价是加分制，而不是传统的减分制。金融专业课程的传统评价方式是预设一个标准，满足标准不加分，不满足标准时进行减分。而按照 OBE 理念，金融专业课程的教学应该实行加分制，预设某个学生的基准分为零，在进行一个阶段的学习后，获得一定的加分，通过分数的不断累积，最终获得成绩。这两种评价方式的不同反映着其中的教育思想截然不同：加分制是激励学生的创新和学习积极性，减分制则是对学生的惩罚和限制，相对比较僵化。不同的评价方式也就决定了学生的学习动力和整个学习过程的学习氛围。

（五）强调持续改进

OBE 理念还强调持续改进，在中职金融专业课程教学中，持续改进是一种程序化、制度化的改进体系，把涉及金融专业教学的各个方面都容纳进来，对于教学现状和教学规律以及教学问题的认识比较到位，从中总结出经验和不足，并提出改进措施并加以实施。OBE 的持续改进理念强调持续的概念，要求在教学的各个层面确实体现改进的持续性，更加突出教学的成果导向性。

三、中职金融专业课程教学存在的困境分析

通过对于所在学校金融学专业课程的实地调研和深度剖析，发现目前金融专业课程教学在学习过程、学习成果、学习模式、学习评价和教学改革方面都存在着诸多困境，主要集中表现在以下几个方面：

（一）学习成果局限于学习成绩

目前中职金融专业课程教学仍然关注学生是否取得良好的成绩，是否拿到了相应的学分。

学习成绩的过分强化，在某种程度上遮蔽了教学的整个环节，尤其是在当下的教育改革环境下，越来越多的学者认为成绩不能完全取代成果。成绩只是学习知识的掌握程度，而并非学习的最终效果。很多案例也表明了，高分低能这种现象在毕业生中屡有发生。也引发了企业对于毕业生选择标准的综合考虑。很多知名企业的选拔标准，已经从以往的成绩判断向综合表现评判。尤其是，学生能够掌握本专业技能，获得相应的职业资格，称为企业用人的重要判断指标。

（二）学习过程不够精细化

教师数量较少，学生数量过多，由此导致中职教学过程出现不够精细化的困境。从指导教师的视角来看，目前部分中职学校师生比还比较高，因此，在授课过程中，教学环节尤其是如何选择教学题目、安排教学步骤以及评价教学目标等都会流于形式。授课教师是教学中的领航者和指导者，起到因材施教的重要作用。如果只是按照教学标准去一概而论，而不能按照学生特点进行精细化的设计，教学效果就可能大打折扣。抑或在教学目标和教学过程中，教师往往选择前者，从而形成学生"学不学无所谓"的学习状况，进而影响教学效果和教学过程的完整性。而缺乏OBE理念的传统教学的粗放管理模式，难以实现教学过程精细化的要求。

（三）评价方式缺少评价反馈

在评价方式，中职金融专业课程教学的评价仍然沿袭以往的方式，一般通过考勤、作业和卷面成绩共同体现。然而，这种评价方式更多的是对行为的评价，而非产出的评价。产出的评价除了成绩以外，应当更加注重学生的学习能力，乃至课程与就业方面的契合度问题。有研究认为可以采取加分制的方式，积极引入OBE理念，通过不断对学生能力进行评价，采取权重相加的模式科学衡量学生的学习产出。尤其是在OBE理念下，可以更好地判断学生在哪些能力模块有所欠缺，在哪些产出方面亟需加强等等。

（四）持续改进缺少内在推动力

中职金融专业课程教学目前缺乏有效的推动力，主要因为教学过程的完成优劣取决于学生是否能够获得学分。学生只有获得了合格的成绩，才能顺利毕业，这样造成很多学生仅仅满足于及格的要求，而不追求成绩优异。因此，从学生角度来说，教学效果的获得对其显得尤为多余。而对于教师而言，缺乏有效的考评机制也导致他们很少去主动改变教学模式，提升教学效果，这也与OBE的教学理念相差甚远。以至于许多老师满足于传统的教学管理方式和教学模式，而未能基于OBE理念去提高教学方法和教学技巧，积极实现有效的教学产出。

四、基于OBE理念的中职金融专业课程教学的优化路径

针对当前中职金融专业课程教学中存在的瓶颈障碍，借鉴和运用OBE（成果导向教育）理念，对当前中职金融专业课程教学的优化路径见下图：

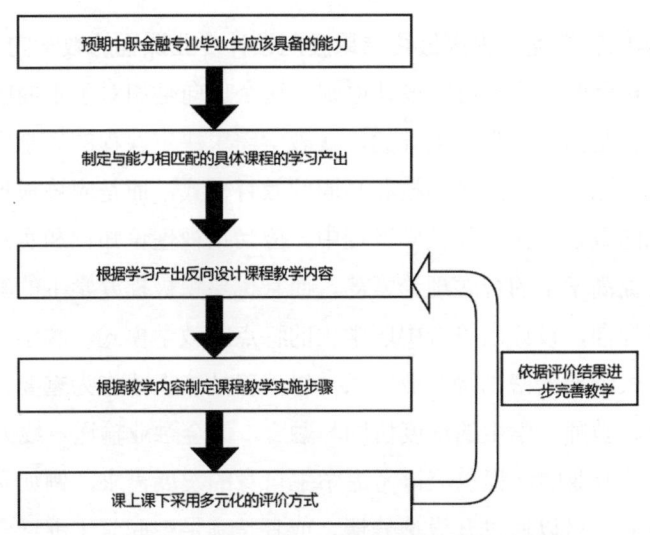

图2 基于OBE理念的中职金融专业优化路径图

（一）教学目标维度：制定中职金融专业毕业生的学习产出

通过分析金融行业的岗位需求，确定学校的发展定位和人才培养目标。针对典型岗位对知识、能力、素质的要求，再对相关要求进行合并和归纳，借鉴OBE理念分类描绘专业预期成果，也就是毕业生应该达到的在知识方面、能力方面、素质目标的要求，从而形成金融专业的教学标准，最终达到金融行业的职

业需求转换为学习预期学习成果要求,确保专业教学标准精准对接岗位职业标准(见图3)。

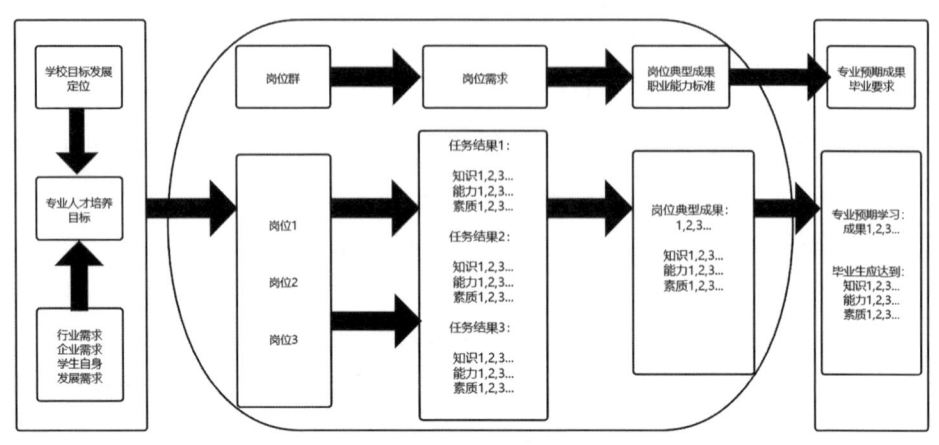

图 3 基于 OBE 理念的校企融合需求的教学设计过程

(二)教学内容维度:根据最终结果反向设计专业课程的教学内容

成果导向教育遵循的是反向设计原则,这个反向是相对于正向的传统教育而言的。反向设计是指从教学需求开始,从教学需求决定课程的教学内容。在教学内容的选择上,无法完全照搬高校和高职的教育模式,而是应该根据中职自身的定位。在中职的金融专业课程教学过程中,应当重视理论知识和实践环节的双轮驱动,不断要提高学生的金融理论素养,而且也要积极提升学生的教学成果,通过有效的结果导向,设计出符合中职学生的特点的教学模式、教学内容和教学步骤。同时教学大纲要紧密围绕产业需求,以培养技能人才作为重要目标,积极促进学校、企业、教师、学生的深度协同与融合,为金融业输送一线人才。

同时,金融专业的课程也应该考虑学生自身的发展需求,例如学生的创造性和个性如何培养,可以通过开设选修课,或者是满足中职学生继续学习考大学的需求,可以通过培养学生良好的自主学习习惯,为大学和高职院校输送毕业生。课程内容的设置也不能一成不变,但是也不能随意改变,而是要根据金融行业的发展变化乃至国内外的金融形势,动态调整学生的培养方案,积极对接行业需求,以提升学生的综合能力。

(三)教学成果维度:对课程教学成果给予高期待,激发中职学生学习动力

中职学校的金融专业课程,在借鉴了 OBE 的教学理念后,对教师和学生双

重主体提出了更高层次的要求，这集中体现在，需要针对中职学生的特点，尤其是年龄结构、知识储备乃至学习习惯，进行有计划的课程设计，同时瞄准中职学生学习内生动力不足等，积极培养学生良好的学习习惯。当然，教师的业务素质和综合素养也在某种程度上影响着OBE理念的践行与实操。因此无论是哪一门的专业课程学习，教师都要为学生预设阶段性的学习成果，在学生达到学习成果时教师及时给予激励，学生就会因此获得学习的成就感，也就有了进一步学习的渴望，有助于学生建立良好的学习体验和习惯。从刚开始的不爱学习、被逼迫学习转变为自己要学习、主动学习，在主动学习的过程中，学生也学会了合作和交流，进一步强化了学生获得知识的有效途径。当然除了学习习惯的养成以外，教师还要注意培养学生的责任心、职业素养、责任心、团队协作能力等，提高学生的综合素养。

（四）教学评价维度：建立多元的评价体系

在教学评价维度上，需要改变以往单一的评价方式，在科学谋划的基础上，注重建构起多元化、多主体的评价体系和评价机制。尤其是在以产出为导向的教育理念下，需要积极提高学生的综合能力。除了引入教师以外，还应当积极引入其他利益相关主体，如校外企业和专家的评价等。通过科学设定相关者的评价比重，对学生进行更全面的评价。在多元评价方式中，教师评价的主体地方仍然不改变，传统的以考勤、课堂表现和作业表现评价方式也可以不改变，但评价内容则更注重学生学到的能力，并且要对学生掌握的各项能力进行评价，并给出对应的量化分数。另外，考虑引入学生之间的互评。学生之间的互评可以帮助学生熟练掌握学习内容，提高学习的能力。最后，在学生的实践操作环节，可以考虑引入相关企业对学生的实践水平进行评价，并将这一评价作为学生最终成绩的重要参考。

总之，OBE成果导向教育是教育培养的全新理念，对中职校金融专业来说，其以学生为主要满足对象的思考模式和成果教育模式值得借鉴。基于OBE理念的中职校金融专业课程教学评价是持续的、动态的，并且终极性评价和过程性评价两者之间相互关联，注重过程性评价，将有益于学生的综合素质能力的提高。

（作者：黄金瑞）

参考文献

[1] 李光梅. 成果导向教育理论及其应用 [J]. 教育评论，2007（1）.

[2] 姜波. OBE：以结果为基础的教育 [J]. 外国教育研究，2003(03)：35-37.

[3] 申天恩，斯蒂文·洛克. 论成果导向的教育理念 [J]. 高校教育管理，2016，10(05)：47-51.

[4] 周春月，刘颖，张洪婷，卢燕飞. 基于产出导向 OBE 的阶梯式实践教学研究 [J]. 实验室研究与探索，2016, 35(11): 206-208+220.

[5] 王克如. 基于 OBE 的中职旅游管理专业课程体系设计研究 [D]. 西北师范大学，2018.

[6] 张芙蓉. 中职"需求·服务"导向金融专业群建设 [J]. 职业技术教育，2013，34(35).

[7] 马国勤. OBE 导向的高职教学诊断与改进机制研究 [J]. 课程教学，2019(6).

[8] 王永泉. 产出导向的课程教学：设计、实施与评价 [J]. 高等工程教育研究，2019(3).

[9] 陈丽. 现在职业教育视域下 OBE 教学模式的应用研究 [J]. 模式论丛，2017(17).

巧用教学策略，提升学生参与

上海市医药学校

社会在不断发展和进步，中职生在未来职场中除了专业技能外，英语是其走向国际化的不可或缺的职业技能。然而调研发现超过三分之二的中职学生入学时英语水平没有达到九年制义务教育课程标准所规定的初二年级的要求；经历了不断刷题后，对英语学习失去兴趣，课堂参与积极性不高，学习处于被动状态。作为中职教师，只有在教学中不断反思课堂教学，不断改进优化教学策略，才能激活课堂，激发学生学习兴趣，从而触发学生的积极参与，主动学习。课堂教学也因此充满活力，其有效性水到渠成。我校中外合作项目的英语教学一直在不断探索能够提升学习参与度的教学策略。

一、学生参与的意义

（一）学生参与定义

学生参与，英语为 student engagement，在教育中指的是学生在学习或被教授过程中表现出来的专注、好奇、兴趣、乐观和热情的程度。而 Csikszentmihalyi 在 1975 年提出的沉浸理论（Flow Theory）被认为是学生参与度的理论基础。这一理论解释了当人们在进行某些活动时为何会完全投入情景当中，集中注意力，并且过滤掉所有不相关的知觉，进入一种沉浸的状态。研究者认为学生参与度是个多维概念。Fredericks, Blumenfeld and Paris(2004) 将学生参与度划分为行为参与、情感参与和认知参与。

（二）学生参与的重要性

通常情况下，学生对其学习内容好奇、感兴趣或引发思考，学习就会进步；如果学生对学习厌倦、不感兴趣或者甚至不参与，学习就会变成一种折磨。而这种好奇、感兴趣或引发思考会促使学生积极参与课堂，主动思考，进而达到主动学习。孔子曾说"知之者不如好之者，好之者不如乐之者"，可见真正的知之应是乐之为先。著名儿童心理学家皮亚杰也在其著作中提出儿童只有主动自发的学习，才有好的学习效果。因此，提高学生参与度能够更好地激活学生的学习。

学生参与度的高低会影响教学质量。20世纪80年代国外研究者就开始了对学生参与度的调查研究，旨在发现学生参与状况对教育质量的影响，从而能够改进状况，提高教学质量。所以，提高学生参与度是提高教学质量的重要途径。近年来，国内学者也开始对学生参与与英语学习情况的研究。任志娟（2005）通过研究发现学生参与是影响学习效果的重要因素。由此可见，提升学生参与度可以提高教学质量，增强学生学习效果。

二、激励学生参与的教学策略

（一）教学策略的内涵

教学策略简单而言是指教师教的策略，即特定教学情境中为完成教学目标和适应学生认知需要而制定的教学程序计划和采取的教学实施措施。它是实施教学过程中教学思维对教学思想、方法模式、技术手段三方面动因进行思维策略加工而形成的方法模式，是教师与学生、学生与学生间的互动方案。

（二）教学策略与学生参与

Talyor & Parsons 在其文章 Improving Student Engagement 中总结并提出了能够提升学生参与度的策略应满足6个要素，即互动性、探索性、相关性、多媒体、启发性及真实的评价。不管是网络还是现实中，受尊重的关系和互动可提升学生参与。学生能够参与的课堂通常是基于问题且可探索的。解决实际问题能够吸引学生参与并使学生感到学习的必要性。多样化的多媒体手段对吸引学生参与学习提供极大帮助。营造受尊重的关系和安全的学习环境，师生关系转向同伴式合作学习。采用形成性评价，提升学生成就感，并保持与学生交流学习方式。

三、巧用教学策略，提升学生参与

本文以笔者的一堂校内公开课为例，借助 Talyor &Parsons 的提升学生参与度的六要素，探讨在中职英语教学中如何巧妙使用教学策略，不断提升学生的参与度。本次课授课内容源自《剑桥国际标准英语 3A》第五单元，学生为中外合作项目一年级学生。

（一）调节教学环境，安全快乐参与

教学环境可以分为物理环境和社会文化心理环境。教师要想提高教学效果，就要为学生创设一个生动、温馨、丰富、新颖的教学环境。本次课主要对学生的物理学习环境和情感学习环境进行了调整和干预。在教室座位摆放时，为了满足课堂结对活动和小组活动的需求，结合了相对稳定的学习同伴，采用了秧田式和分组式的结合方式，如图 1 所示。秧田式座位的弊端是师生具有"师生"的单向性且限制了生生小组活动。分组式虽然为小组合作提供了便利，但小组内坐在两侧的学生始终要扭着身子听讲，会对学生身体造成一定影响。而本次课的座位摆放，避免了上述两种座位方式的弊端。首先，教师可以走进任何一个学生与任何一个学生进行近距离的双向师生互动。其次，学生可以前后结对，前后的结对即为平时的学习同伴，相互之间非常熟悉，本次课教学过程中对教学难点的突破时学生结对讨论便得益于此，前后两位平日的学习伙伴很快进入讨论。最后，小组活动可以两种组织法，即纵向的条状小组和方块的四人小组。本次课其中的滚雪球环节的实施就充分得益于纵向条状的小组座位摆放。而小组完成任务时，四人成组块的方式满足了课堂活动需求。

公开课有诸多陌生教师听课，还有摄像机的存在，这些无疑给学生心理带来了不安。笔者是当日第

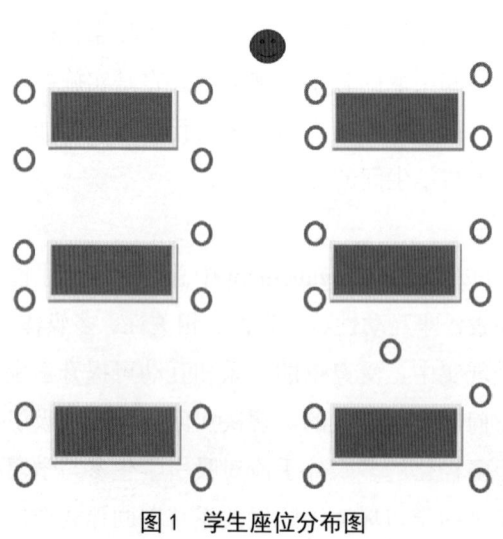

图 1　学生座位分布图

一节课上的公开课，预料到学生的心理会有压力，所以提早了10分钟到达教室，看到学生整整齐齐地已端坐好，俨然一副上战场的姿态。此时，笔者用开玩笑的方式邀请一位学生来表演节目，大家注意力马上转移了，几个活跃分子开始起哄，鼓舞那位同学上来表演节目，虽然最后节目没有表演，但话题的一转，学生心理放松了许多。甚至有位同学关心地问老师："老师，你紧张吗？"笔者还提议，用掌声感谢早到的老师，学生在鼓掌中更加坚定、自信，从而战胜那份不安。同时，在座位摆放时充分考虑学生的心理安全，不管结对、排组都是教师和学生达成一致，共同完成，确保了学生稳定和平的学习心理状态，从而能够安全快乐积极地投入学习过程。

（二）丰富教学活动，多维增强互动

教学活动既然是指施教者（教师）按照一定的教学原则通过恰当的教学方法和教学内容，达到对受教者进行传授客观性知识、锻炼技能、启迪智慧、引导正确的价值实现和激发积极情感体验的教育活动，其形式多种多样。笔者本次课设置了一项任务，为达成任务又设计了不同活动，通过活动的实施，一方面通过变换活动形式，如师生对话、结对讨论、小组合作等调动学生学习积极性，增强师生、生生互动，进而提升课堂参与；另一方面通过设定活动内容难度梯度，通过搭建脚手架，从词经句过渡到篇章，帮助学生从简到难，从识记到运用地螺旋上升地学习，满足不同层次学生的学习需求，同时又能在学习过程中感到成就感，从而点燃进一步参与课堂的欲望。

（三）创设语言情境，合作完成任务

本次课教学重点是容器限定词的准确使用。为更好地解决重点，笔者选取了生活场景中的邀请朋友到家里来聚餐。开课时已入12月，所以设置了语言情境"元旦快到了，我打算请朋友到家里来聚餐，为了能更好地让朋友们吃好喝好，我提前进行了准备，可是在我决定去购物之前，我是不是应该先看看冰箱里都有些什么，再去购物呢？"学生很快被带入到情境中，也在这样的情境中，完成设置的任务，帮助我列一下冰箱里的聚餐所需食品和饮料的具体数量，并选出不是非常健康的食物或饮料。

小组活动可以调动学生积极性，提高课堂参与。但若任务分配不清，势必会导致组内人员有积极完成的，有袖手旁观的。为此，笔者在组织小组任务时，采用先分后总的方式，即组内人员每人先独自完成冰箱内一层上食物或饮料的准确

描述，然后汇总至一起，拼成整体，基于大家拼成的整体，再集体讨论决定从而选择认为不健康的食品或饮料并给出原因。任务明确，既有独立完成又有合作完成，学生在任务完成过程中积极参与，每个人都为最后小组任务的完成贡献了自己的力量，此时的集体荣誉感倍增。

（四）及时反馈评价，自信修正提升

被称为"第二语言教学之父"的 Rod Ellis 认为纠正性反馈作为教师和学生课堂互动的一种重要形式。反馈评价的目的不是为了断定好坏，而是教师能够给出建议，帮助学生自我修正，不断前进。本次课在学习了 jug 之后进行了巩固性练习，然后又开展了滚雪球小组活动，活动结束时上台展示的那位女生在表达时将 jug[dʒʌɡ] 读成了 [dʒʌdʒ]，此时笔者并未当时给予纠正，而是选择一起朗读本次课学的 6 个容器限定词，在读的过程中，走近那名女生，给了她一个眼神，然后正确地集体朗读这个单词，在其他学生未察觉中，笔者与那名女生达成了纠错和反馈，既帮助学生进行了自我修正，又保留了"面子"，呵护学生的自信，也同时赢得了学生信任。学生自然而然愿意并能积极参与课堂评价和反馈。

四、小结

课堂是教师的主阵地，课堂教学的魅力在于教师能够根据学生不断调整教学策略。恰当的教学策略可以激活课堂，激发学生，提升学生行为和情感参与度，真正实现学生主动学习。

（作者：田莉）

参考文献

[1] Bomia, L., Beluzo, L., Demeester, D., Elander, K., Johnson, M., & Sheldon, B. (1997). "The impact of teaching strategies on intrinsic motivation." Champaign, IL: ERIC Clearinghouse on Elementary and Early Childhood Education. p. 294.

[2] Leah Taylor& Jim Parsons. Improving Student Engagement. Current Issues in Education[J].2011，14(1).

[3] Mogasuri Moodley. Student Engagement：A Successful Approach to Teaching and Learning in Third-level Engineering Module at the University of KwaZulu- Natal. Alternation[J].2014，21(1).

[4] 郭法奇."学生参与": 一个历史与现实的话题.高等师范教育研究, 2003,(03): 55-61.

[5] 刘润清.外语教学研究的发展趋势 [J].外语教学与研究, 1999,(01): 7-12.

[6] 任志娟.英语教学过程中学生参与与学习结果的影响研究 [D].西北师范大学硕士学位论文, 2005.

[7] 杨承焕.中职英语教学现状及应对策略.贵州民族报数字报 [J].2019. http://dzb.gzmzb.com/P/Item/56469

[8] 朱德全,张家琼,桂平.提升课堂教学有效性的实践探索 [J].教育研究,2010(4): 103-107.

[9] https://www.edglossary.org/student-engagement/

实施行动导向教学 打造活力课堂
上海电子信息职业技术学院

人才培养质量是职业教育改革发展的出发点和落脚点,实施行动导向教学以打造活力课堂,师、生以立体的形象在课堂中行动、对话,关照了教师和学生作为"人"的完满性,生发了课堂上的师生互动关系,进而形成了课堂教学的"两极三维"(学生极、教师极和教师、学生和师生关系3个维度),不仅切实体现了职业教育课堂和教师、教学、教法改革成效,更实现了在课堂上的高质量人才培养。

习近平总书记指出,教育的根本问题在于"培养什么人、怎样培养人、为谁培养人"。对于职业院校来说,这一问题的答案就在于要培养高素质劳动者和技能型人才,为我国的工匠队伍源源不断地输送生力军,为国民经济发展提供优质人力资源。而要实现这一目标,关键在于课堂。

课堂是师生对话、互动、成长的时空所在,在以标准化引领职业教育改革发展的当下,课堂更是专业教学标准的落实之地、职业教育课程教学改革的凸显之处。上海电子信息职业技术学院中专部(上海电子工业学校)的老师们得益于学校多年双元制本土化办学经验,在借鉴、学习德国教学法的基础上,通过参与国家、上海市各项课程教学改革的实践积累,发展形成了具有自身特色的行动导向教学,打造了效果上佳、内容丰盈、互动成长、深度体验的活力课堂。

一、职业院校课堂教学中一些隐藏但重要的问题

什么样的课堂可以称之为"好课"?叶澜老师曾指出,生成的课堂是好课。

要实现"生成的课堂"必须关系到课堂上的"两个人"和"一个关系"。"两个人"即学生和教师,"一个关系"即师生互动关系(见图1),而互动关系又受到教师和学生的影响。

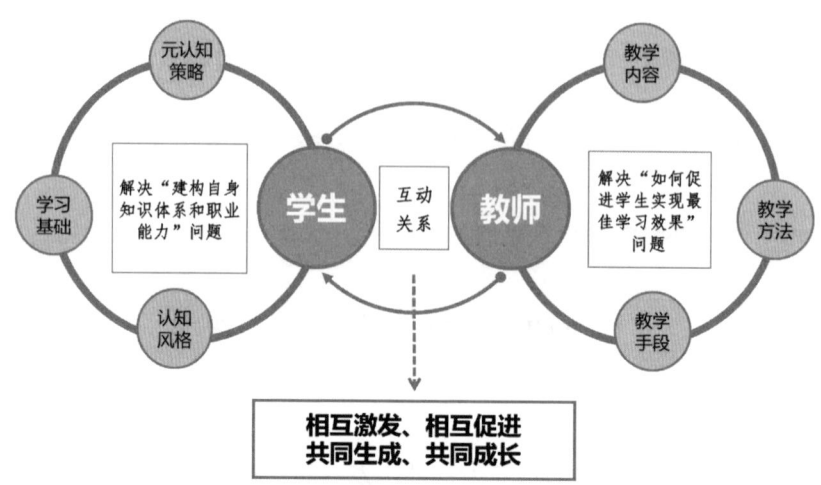

图1 课堂教学的"两个人"和"一个关系"

教师和学生、师生互动关系形成了课堂教学的"两极三维"(学生极、教师极和教师、学生、师生关系的3个维度),并带来了中职课堂教学中3个隐藏的关键问题,影响了课堂教学效果。

(一)问题一:学生维度的学习差异化问题

学生学习的差异化是提升课堂教学效果的关键所在。带来学习差异化问题的原因主要为:第一,学生个体学习基础和情况的差异化,包括学习基础、认知风格、元认知策略、动手能力强弱、学习偏好、科目成绩强弱等因素。第二,班级情况的差异化,包括班级学风、班风、与教师相处风格和模式的不同。上述因素均会对教师的课堂教学效果产生或多或少的影响。另外,当前教师在课前的学情分析主要针对班级整体或任课学生全体的情况,难以关照到学生个体,这就对教师的教学效果产生了更大的影响。

(二)问题二:教师维度的教师专业能力问题

教学设计容易,但真正好的教学设计难得,需要教师在综合纳入学生情况、教学内容、课程内容、教师自身风格等全部因素下,使之相互之间能有机融合,并形成一个逻辑严密、环节清晰、目标可测的课堂教学流程,这是一个小型系统工程,背后折射的是教师的专业功底、教育学功底、对专业前沿发展的掌握程度、对教学内容的理解程度等，这对教师的能力提出了全方位挑战的同时，也影响着学生的学习效果。

（三）问题三：关系维度的师生互动问题

"活力课堂"的关键一维是师生互动。良好的课堂师生互动关系受到以下因素的影响：第一，教师的课堂教学设计是否能够提供良好互动机会，教师是否能有效推进师生互动等；第二，学生的学习偏好是否能够促使学生愿意参加互动，学习能力是否能支撑其有效互动，学习内驱力是否能促使其参加互动等。

二、引入行动导向教学解决课堂教学中的问题

引入行动导向教学，通过以教师和学生二者的"行动"来解决上述问题。所谓"行动"是指为达到给定或自己设定目标的有意识行为。行动导向教学则是以"完整的行动模式"，即学生以小组的形式独立制定工作和学习计划、实施计划并评价的学习模式。其核心是行动过程和学习过程相统一。这就代表，学习行为是由学生通过自身的行动生发，这就抓住了上述课堂教学问题解决的"牛鼻子"，由此，行动导向教学从以下方面解决了上述问题。

第一，行动导向教学的引入，使课堂形成了一个完整、开放、灵活的结构框架，给予了师生充分的行动空间，让两者都能在其中"发光发热"。作为一个完整的结构框架，它给师生提供了课堂教学和学习的步骤。尤其值得注意的是，学生清楚地了解课堂各个环节步骤，知道什么环节需要做什么事，这就为学生的"行动"提供了很好的机会，也就有效解决了学生的参与问题。作为一个开放的课程结构，同时有助于教师根据教学需要引入新工艺、新技术、新方法等教学的新内容。作为一个灵活的结构框架，它允许教师和学生根据自身的教学和学习节奏，去调整相应的内容、环节、步骤。同时还允许多种教学方法、甚至是不属于行动导向教学法的教学方法纳入其中，教师将多种教学方法灵活组合起来，最大限度地实现课堂教学目标。

此外，行动导向教学以小组开展学习的方式，让学生能够在教师的引导下培育成学习共同体，实现了小组内的合作学习，引导学生个体在团队中成长，在合作学习的过程中，每一个学生都要参与、表达、体验和实践，这就能够让学生个体在课堂上"凸显"出来，能够让老师了解个体的情况，从而有针对性地采取一

些辅导措施。合作学习能够让学生准确地交换信息、得到同伴的支持和接受、对学习活动的情绪投入和承担义务、培养发散性思维等。

第二，开展了深度学情分析。对于学情分析来说，除了通常所见的整体的学生情况分析，教师还分析了学生个体的成绩分布、学生偏好的学习方式等，建立了异质化的学习小组，开展小组合作学习。在这一过程中，学生通过自身的"行动"，搭建了需要学习的新知识、新技术技能与自身原有知识体系和技能体系的桥梁，通过"行动"帮助学生内化了知识和技能，从而解决了学生课堂参与度与配合度的问题。

基于学情分析的基础上，做好教学内容分析。深度分析教学内容、教学内容与课程其他内容的关系、教学内容与新知识、新工艺的联系等，并将教学内容与课堂时长、容量、节奏、教学方法、学生情况等耦合起来，做好整体的课堂教学设计。

第三，与相关的教学资源建设同步进行。根据日常教学实践经验，开发了工作任务书、工作活页，使之与行动导向教学能够匹配起来，同时采用了多样化的课堂评价方式，设计课堂评价表，纳入教师评价、学生自评、小组评价等。所有的资源与行动导向教学形成了课堂教学的有机整体，也推动了活力课堂的形成。

三、行动导向教学下形成的不同活力课堂

（一）专业课：以"做中学"理念为核心的行动导向教学

在应用电子技术专业课堂中采用行动导向教学，完成"三人表决器电路搭建与测试"。在这一学习任务中，门电路及逻辑功能是核心内容，对于门电路逻辑功能的分析和理解，以及在学习过程中形成的思路和方法是课程教学的关键，对于后续分析和设计组合逻辑电路奠定基础，因此教师设计了三人表决器电路搭建的学习任务，引入行动导向教学，让学生在实际动手操作中学习、实践和掌握。

在课堂教学设计中，教师以行动导向教学为框架，结合翻转课堂的理念，采用了任务驱动、小组讨论等教学方法，实现六位一体的教学。整个教学过程划分为6个步骤：温故知新、新课导入、探究新知、任务实施、展示评价、总结拓展（见图2）。在教学过程中，学生的行动贯穿其中，理论联系实际，达到融会贯通的目的，通过学生的行动实现知识和技能的构建，推动了学生的学习。

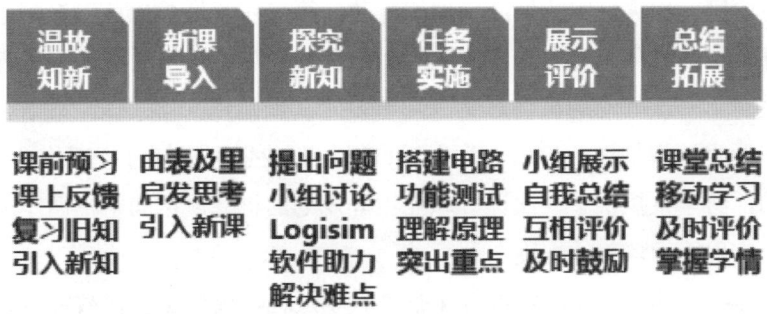

图 2 "三人表决器电路搭建与测试"课堂教学 6 个步骤

(二)基于思政课的实践性特征引入行动导向教学

在思政课中采用行动导向教学,以《职业生涯规划》第五单元第三课"评价职业生涯规划"为例来说明。《职业生涯规划》课要培养学生形成实现"我的梦·中国梦"的决心,形成成功者的心态,确立终身学习的理念,形成追求职业生涯可持续发展的动力,努力追求融入中国梦的职业理想的实现。该门课不仅有思政教育、德育的内容,还与学生的专业、社会实践等相关,在思政课中有很强的实践性特征,因此在该课程中引入了行动导向教学。

在"评价职业生涯规划"内容的学习中,采用了"问题解决 任务引领 实践真知"的设计理念,将"评价职业生涯规划"设计为一个完整的学习任务,在完成学习任务的同时解决"为什么评价—怎样评价—实施评价—完成评价并延伸"的问题,从而达成教学目标(见图3)。

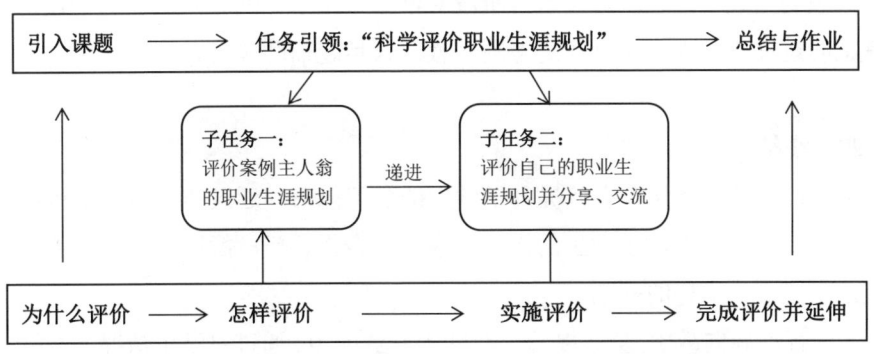

图 3 行动导向教学的思政课堂设计——以"评价职业生涯规划"为例

整个教学过程分为 3 个环节:第一环节是"角色扮演 情景引入"。教师自主编写情景剧《锐锐的烦恼》,剧后要求学生对主人翁锐锐的职业生涯规划进行评价,形成学生的第一次评价职业生涯规划的行动。第二环节是"提炼升华 塑造观念",在这一环节结合教师制作的课程内容思维导图,让学生小组对主人翁进行再次评价,学生有第二次行动的机会。第三环节是"实践运用 加深理解"。结合教师制作的"职业生涯规划"评价表,学生对自己的职业生涯规划进行评价。3个环节环环相扣,给学生提供了3次评价职业生涯规划的机会,帮助学生循序渐进地掌握知识、实现能力培养的螺旋上升。

在课程中,学生的行动始终贯穿整个教学过程,改变了以往教师讲、学生听的思政课堂情况,有效提升了学生的课堂参与度和学习兴趣,从而也提升了教学效果。

(三)以行动导向教学为核心的 AHK 证书培训

基于学校多年的中德合作办学,学校组织同学们参加德国工商大会 AHK 证书考试。证书考试分为理论和操作两部分,考查学生的职业能力。考试项目来源于企业项目,因此从学生备考阶段起便采用了行动导向教学。

在理论考试方面,主要采用笔试+专业谈话的形式,重点考查学生对项目相关知识点的掌握,专业谈话则反映学生对项目情境、工作系统化过程的理解。操作考试则是要求学生根据考试要求独立完成一个作品。

AHK 考试的备考也同样采用了行动导向教学,首先让学生参与考前的备料工作,让学生自己准备考试材料;其次,让学生制定考试计划,并检验计划是否可行;第三,在考试中实施计划,并检查计划的实施情况,最后总结。为了让学生能够顺利完成考试,教师在备考阶段对学生采用了行动导向的训练,让他们按照考试的过程要求来完成以往的考题,教师只是起辅助作用。

四、小结

实施行动导向教学,有效提升了学生的学习能力。通过在异质化小组中的合作学习行动,全面锻炼了学生的沟通、表达、合作、问题解决等能力,为学生发展奠定了坚实、良好的基础。

实施行动导向教学,全面提升了教师的专业能力。通过对学生情况、教学内容、教学设计等课堂教学全部因素的考虑,整体设计课程和课堂教学,全面提升了教师的专业能力。

实施行动导向教学,通过教师和学生的行动,促使课堂形成了"行动——反馈——再行动——再反馈"的完整闭环，从而推动整个课程教学质量螺旋上升，形成活力课堂。

（作者：刘婕）

参考文献

[1] 姜大源. 当代德国职业教育主流教学思想研究：理论、实践与创新 [M]. 北京：清华大学出版社，2007.

[2] 徐国庆. 职业教育课程、教学与教师 [M]. 上海：上海教育出版社，2016.

[3] R·M· 加涅，W·W· 韦杰，K·C· 戈勒斯等. 教学设计原理（第五版）[M]. 王小明，庞维国，陈保华等译. 上海：华东师范大学出版社.2007.

中职学校历史教学融入职业素养的价值逻辑和基本路径
——基于《中等职业学校历史课程标准》的思考

上海商业会计学校

中等职业学校在职业教育体系中处于基础性地位，其基本任务是向社会输送具备良好职业素养的技术技能人才。在中等职业学校课程体系中，无论是公共基础课，还是专业课，其核心价值都是培育具有良好职业素养的社会主义建设者。历史课程作为一门必修的公共基础课程，教学中除了培育学生五方面的学科核心素养（唯物史观、时空观念、史料实证、历史解释、家国情怀）之外，也必须体现职业教育特色，承担起培养学生职业素养的任务，这是职业素养融入中职学校历史教学的逻辑起点。

一、《中等职业学校历史课程标准》为职业素养融入历史教学指明了方向

课程标准是教学目标、教学方法、教学评价等教学要素的系统设计、融通整合的逻辑框架。2014 年 7 月，教育部启动了中等职业学校历史学科课程标准研制工作。2020 年《中等职业学校历史课程标准》（以下简称"课程标准"）正式颁布。课程标准强调："应结合职业教育特点，选择与职业生涯密切相关的教学内容，融入职业道德、职业精神教育，强化与职业能力密切相关的学科核心素养

培养，满足学生未来职业发展的需要"。[1] 这一规定，为职业素养有机融入历史教学指明了方向，作为一名合格的中职学校历史教师首先要熟悉和掌握课程标准的要求，在教学内容整合、教学设计、教学实施、教学评价等环节中紧密结合专业人才培养方案，创设与行业、专业相近的教学情境，设计体验未来职场的教学活动，探索课堂教学与专业实习、实训相结合的教学模式，引导学生在历史学习中养成爱岗敬业、诚信公道、精益求精、协作创新等良好的职业精神。

二、历史学科的特点为职业素养融入教学提供了可能

历史学是在一定历史观的指导下，研究人类历史进程及其规律，并加以叙述和阐释的学科。中等职业学校历史课程是在义务教育历史课程的基础上，以唯物史观为指导，以促进中职学生从历史的角度了解人与人、人与社会、人与自然关系为任务，最终树立正确的历史观、民族观、国家观和文化观，培养德智体美劳全面发展的社会主义建设者和接班人。课程标准规定的课程内容，具有时空跨度大、教学维度多等特点，为将职业素养融入历史教学提供了可能。

历史教学时空跨度大，史料资源非常丰富。从人类产生开始一直到当下生活都属于历史教学范畴，时间跨度非常大，在广阔的历史时空中有丰富的史料作为教学资源，为职业素养有机融入历史教学提供了沃土。例如，在讲授中国古代史过程中，教师可结合青铜器铸造、都江堰修筑、造纸术等四大发明、明清故宫的建造等内容，贴近学生的专业，培养学生钻研精神和精益求精的工匠精神，领悟深厚的传统文化和行业文化。教学中要引导学生掌握与所学专业、未来职业密切相关的重要历史事件、重要历史现象和重要历史人物，掌握历史发展的线索和脉络。

历史教学维度多，要立足学生实际，助推个体历史思维的形成。历史教学的维度错综复杂，从内容上来说涉及经济史、政治史、文化史等各个方面；从目标维度上，主要包含历史知识、能力和方法、情感态度和价值观等方面；从学科核心素养上来说，包括唯物史观、时空观念、史料实证、历史解释、家国情怀5个方面。在纵横交错的"历史经纬"中，如何助推学生个体建立起属于自己的历史思维方式，是一个重要的课题，历史思维的形成是一个长期的过程，需要学生有内生性的学习动力去维持、去探索。基于此，历史教学要回归人文向度，关注学生的发展，立足学生的思想实际和未来职业发展的需求，在教学中搭建学生与历史、与未来对话的平台，鼓励学生开展自主学习、探究学习，激发学习兴趣，从而促进历史学习与职业素养的有机融合。

三、职业素养融入中职学校历史教学的基本路径

职业素养融入中职学校历史教学既是一种教学理念，又是一种教学实践，是一个系统工程。可在教学理念确立、教学内容把握、实践平台搭建、职教历史挖掘、教学评价促进等方面进行积极探索。

（一）增强历史教师的"人培"意识，围绕学生职业发展确立教学理念

历史作为中职学校新开设的一门公共基础必修课，要完成90学时（基础模块72学时、拓展模块18学时）的教学任务，对历史教师的数量和质量都提出了较高的要求和较大的挑战。各中职学校要"内挖外引"，打造一支适合中职学校历史教学特点和要求的师资队伍，利用好各种平台加强师资培训，在认真研读课程标准的基础上，认真学习专业人才培养方案，围绕学生职业发展确立教学理念，承担起本学科的教育使命感和社会责任，助力学生职业成长。

同时，应注重历史学科与专业课程之间的相互配合，形成协同育人的合力。学校应加强顶层设计，以促进学生职业发展为宗旨，建立跨学科联合教研的长效机制，开展联合教研活动，促进人才培养方案落细、落实、落微。

（二）精准把握课程内容，找准学生职业素养培育的切入点

目前，中职学校历史教学没有教材可循，大部分中职学校依据普通高中使用的统编教材开展教学。这并无不妥，中职学校历史学科核心素养与普通高中基本相同。但我们不能完全按照普通高中教材实施教学，要在教学实践中体现职业教育特色。我们应对课程标准中规定的"课程内容"部分进行精准研读，以历史主线为依托，有机融入职业教育元素，找准学生职业素养培育的切入点。部分专题设计本身就具备着良好的职业素养元素。例如，在"1.15 精湛的传统工艺"专题教学中，可采用学生喜欢和适合的动手操作、现场讲解等多种教学方法，激发学生的学习兴趣；让学生展现传统工艺从选材到制作的过程，提升学生对我国传统工艺发展的认知水平，帮助学生深入领悟工匠精神，增强民族自豪感。历史课程在基础模块大多数专题中突出了科技文化方面的内容，拓展模块开发了"职业教

育与社会发展""历史上的著名工匠"等示例,这些都是培养学生职业素养的切入点,注重有机融入职业道德、劳动精神、劳模精神和工匠精神教育,培育学生职业精神。

此外,由于各中职学校的办学特色不同,历史教学也应体现学校特色。"中等职业学校的教学设置了不同的专业,在历史教学中,由于各种专业的实际需要,对历史课的要求都不同"。[2] 所以,历史教学中应以课程标准规定的课程内容为纲,针对不同专业的学生,在教学内容方面可进行灵活选择、重组,因材施教,比如旅游管理专业,在文物遗迹、古城变迁等方面要有所加强,促使学生在历史学习与专业学习之间,专业与职业之间建立联系,在潜移默化中实现知识的融会贯通和能力的迁移。

(三)开展具有职教特色的主题教育活动,发挥实践育人作用

历史教学不止于 40 分钟,不限于三尺讲台。课程标准强调要"注重教学内容与社会生活、职业生活的联系,利用或设置职场情境,突出实践取向"。历史学科核心素养和职业素养培育的教学价值最能体现在课堂与社会的融合中,在体验教学中促发展。学生带着问题,走出教室,走进社会,走入职场,或参观体验,或动手实践,在社会大课堂中激发自我认知,增加了对历史课的兴趣。

教学中,我们要充分利用具有行业、专业特色的资源,如工业领域的工具、实验室、车间、工厂等。教师可根据历史教学内容,结合专业特色,充分发挥特色资源的作用,凸显历史课的职业教育特色。同时,上海是中国共产党的诞生地,是我国的经济中心,有鲜明的经济特色和文化特色,应该在历史教学中,增加具有上海特色的历史实践课程,作为课程教学的补充。例如,带领学生走进上海博物馆、革命历史博物馆、中共一大会址等,组织与历史相关的行业社会调查与讲座,带领学生参观考察行业历史遗存,采访历史见证人,让课程真正做到与国家、家乡及身边的人和事相结合,用家乡的故事、身边的人、身边的事去引导学生、感染学生,使历史教学内容有载体,促进历史教学手段和教学内容的更新和学生的职业发展。

(四)挖掘职业教育历史资源,培育学生职教认同

职业教育与职业相伴,随着社会分工的发展而不断发展,职业教育的历史本身就是历史学科的重要范畴。"职业教育有着漫长的过去,起源于人类生产生活的需要,发端于言传身教的学徒制,但学校职业教育却只有短暂的历史"。[3] 近

年来，我国职业教育社会环境不断优化，职业教育取得了巨大成就。但中职学生及家长对职业教育历史知之甚少，对于职业教育仍存有偏见，认为就读职业院校是一种无奈的选择，甚至部分中职学生把自己当作"二流的失败者"，严重影响了学生学习的自信心和对职业教育的归属感。

挖掘职业教育历史资源，培育学生职教认同是广大中职学校历史教师应主动承担起的使命。在中国近代史中"兵战不如商战，商战不如学战"的坎坷历程中，了解职教前辈兴办职业学校，培养手脑并用的新式劳动者的历史使然和良苦用心。历史上能工巧匠、职教毕业的杰出人士，能为学生树立学习榜样，帮助学生恢复职教信心。对职教历史的了解是中职学生发自内心认同职教的前提和思想基础，职教认同是历史记忆的认知归宿和价值指向。

因此，历史教师应该通过适当的问卷调查、多层面学生座谈，了解学生内心的困惑和学习需求及历史学习基础等情况，引导学生树立正确的人才观，提升中职学生对于职教的认同，在心理上认可和欣然接受职业教育，促进中职学生身份认同，提升学习动力。

（五）建立历史教学渗透职业素养的教学质量评价体系

"教育评价事关教育发展方向，有什么样的评价指挥棒，就有什么样的办学导向"。[4] 历史教学内容的选择、教学方式的运用是多种多样的，如果历史教学可以与学生专业学习和职业发展有机融合，这必将调动和发挥学生学习的积极性、主动性和创造性。

有效的历史教学评价应侧重"历史教学"和"职业素养"在教学实践过程中的融合情况，包含思想是否高度重视、元素是否充分挖掘、内容是否有机融合、结果是否及时反馈等关键点。教学管理部门、人事部门在考核结果运用上，要坚持问题意识，除了改进教学、完善机制外，考核评价结果还关系到教师对开展职业教育特色历史教学的价值认知问题。片面纯粹强调融合职业素养教学的意义会降低教师的参与热情，要关注对教师的教学考核、职业晋升以及绩效激励等方面的作用，把考核作为服务教师成长、提振中职学校历史教学积极性的手段，增强教师教学研究探索的获得感。

总之，职业学校的历史任务是职业素养融入中职学校历史教学的逻辑起点；课程标准的颁布为职业素养融入中职学校历史教学指明了方向；历史学科本身的特点为历史教学与职业素养的融合提供了可能。中职学校历史教师需要从学生职业素质培育的角度，不断思考中职学校历史教学的基本路径，为学生职业生涯的可持续发展奠定良好的基础。

（作者 冯志军）

参考文献

[1] 教育部. 中等职业学校历史课程标准（2020年版）. 高等教育出版社.

[2] 葛爱云. 新时期中职历史课教学.
https://wenku.baidu.com/view/e293b4de910ef12d2af9e737.html.

[3] 曾天山. 新中国职业教育70年的发展轨迹和历史经验.[N]. 人民政协报. 2019-10-30.

[4] 中共中央国务院. 深化新时代教育评价改革总体方案.

中职英语翻译教学中色彩词语义对比分析及翻译技巧

上海市医药学校

英汉两种语言表达颜色的词汇众多。对于第二语言学习者来说，特别是对中职学生学习英语翻译增加了难度，只有深入了解了英汉两种语言中颜色词汇所具有的独特文化内涵，才能够避免翻译时母语词汇负迁移现象的发生，比较准确地表达原文的意思。

一、引言

我们生活的纷繁世界色彩绚丽——湛蓝的天空、黄色的大地、墨绿的池塘、金色的沙漠。美好的大自然为我们提供了物质生活的场所也给我们进行文学和艺术创作，满足我们精神生活的需求提供了创作素材。英汉两种语言当中都有描写颜色的丰富词汇。这些色彩词汇可分成两大类：第一类是基本色彩词，汉语中描述颜色的基本色彩词包括：红、黄、绿、黑、白、蓝、紫；英语中这类词有：red, yellow, green, black, white, blue, purple；另一类是实物色彩词。这类词不仅可以指实物，也可以衍生用来指代这些实物所具有的色彩。如汉语里的金色、银色、橙色、米色、桃红色、石榴色、虾青色、咖啡色等。英语里的gold, silver, orange, violet 等。随着人类社会的不断发展，表达色彩的词汇在不断增加，其内涵也得以极大丰富。

第二语言学习者尤其是英语基础比较薄弱的中职学生，在母语词汇的学习过程中往往会犯这样或那样的错误，这种现象被称为母语词汇负迁移。根据 Corder 的错误分析步骤和杜爱平 (2014/7) 的词汇负迁移分类标准，可以将这些词汇迁移错误归纳成两类：语内错误和语际错误。语内错误指的是由于学习者对于目标语的语言规则理解不完整而导致的错误；语际错误主要指的是那些虽无语法错误但是不符合目标语语言表达习惯的错误。因此，第二语言学习者在学习颜色词汇时，要充分考虑颜色词汇背后英汉两个民族不同的情感与思维、历史和风俗以及政治和经济因素，避免发生母语词汇负迁移的语际语义错误。

二、颜色与情感倾向和思维定式

一方面，不论何种民族，人性决定了人类审美观和价值观的大致相同。这种趋同性表现在不同民族往往会赋予某些颜色相同的感情色彩或象征意义。另一方面，不同族群，对于相同颜色有时会有不大相同甚至迥异的感觉和观念。

（一）红色 Red

在东西方文化当中，红色均代表着幸福、快乐、热情奔放。中国人公布考试成绩要贴红榜，送礼金要用红包，生孩子要发红喜蛋，过节要挂红灯笼。而西方文化中 Red-letter days 也是喜庆日子，人们会举办各种各样的庆祝活动，他们狂欢时会 paint the town red。此外，西方人在迎接重要客人时，会放一块红色地毯 roll out a red carpet 以显示尊重。

汉语里红的引申义多含褒义，如：开门红、满堂红、红利、红火、红得发紫等。与汉语不同，英语里 red 的引申义大多有贬义，如西方斗牛文化中会用一块红布刺激牛，所以英语里 a red rag to a bull 用来指令人烦恼的事情。又如：red-light district "红灯区"；red flag 警示旗、red hand 沾满鲜血的手；red ruin 火灾、red battle 血腥的战斗。

（二）绿色 Green

在中西方文化中绿色是植物的颜色，象征着生命、青春、生机与活力。汉语里有绿意盎然、绿油油、碧绿等词汇，用来描述春天的美丽。在英语里 green years 意为青春，live to a green age 有老当益壮的意思，green shoots 意为茁壮的幼苗。中外交通讯号中绿色代表可行。此外，绿色可以起保护色的作用，所以中外野战部队通常用绿色军服来作为伪装。

而绿色的引申义中外差别很大，中国文化里女子对丈夫不忠，使得丈夫受辱被认为给丈夫戴绿帽子，而西方完全没这个说法。英语里绿色的引申义有新鲜、没经验、贪婪的意思，比如：green goods 意为新鲜货、green memory 记忆犹新、green hand 新手、green wound 新伤口、green-eyed 妒忌的。

（三）黄色 Yellow

英汉两种语言黄色的引申义差别很大。汉语里有黄道吉日 a lucky day，黄毛丫头 a silly little girl 的说法。此外，中国人习惯用黄色代表庸俗、低级和色情的东西，比如：黄色电影、黄色书刊，英语中的 yellow 却完全没有这些意思。英语中 yellow 有邪恶、胆小等意思，比如：yellow dog 为卑鄙小人，yellow belly 指懦夫。

（四）蓝色 Blue

英汉两种语言中的蓝色都能够令人想起天空、海洋和宇宙，给人一种静谧、清冷、纯净和遥远的感觉。汉语中蓝色的引申义非常少，但英语却恰恰相反，其引申义很多，但主要是用来表达"情绪低落，忧郁不悦"的贬义词汇。比如：be blue about the future 对前途感到沮丧，in a blue mood 心情忧郁，blue music 忧伤的音乐。又如：holiday blue 特指圣诞节时大雪纷飞，人们待在家里哪里也去不了感觉很无聊，也指圣诞节前，因囊中羞涩无力置办年货而沮丧。此外，英美国旗里的蓝色还代表勇敢、忠诚。

（五）白色 White

在英汉两种语言中白色所引起的联想是比较相近的，都喻指纯洁 purity 或清白 innocence。如英汉都有 as white as snow 雪白的表达。汉语里有洁白无瑕、清白，英语里有 white soul 纯洁的心灵、a white man 一个高尚的人、white market 合法市场。"白"字在中西文化中又都有非常多的引申义，但其含义却各不相同。如汉语白做了 in vain 表示无功而返、白搭 of no use 表示没有用、白手起家 to succeed from nothing 指靠自我奋斗取得成功等。而英语里如 a white lie 意为善意的谎言、white coffee 指牛奶咖啡、white day 是好日子的意思、white war 指没有硝烟的经济战。

（六）黑色 Black

黑色在英汉两种语言当中都有不合法和恐怖的意思。如汉语中有黑心肠、黑钱、黑社会、黑帮等。英语中则有 black market 黑市、black list 黑名单、black - hearted 黑心肠的、black guard 恶棍、black mail 敲诈、black flag 海盗旗等表达。"黑"字在英汉语言里的引申义也有很大不同：如汉语里唱黑脸意为刚正不阿，而英语里 black in the face 意为生气，black day 指倒霉的日子、black records 为不光彩的记录、black art 意为妖术、black sheep 害群之马。

（七）紫 Purple

英汉语中紫和 purple 都有高贵、显赫的内涵。中国古时候官人的朝服为紫衣，汉语紫气东来表示吉祥降临，明清皇帝的宫殿被称作紫禁城意为老百姓不能随意进出。而英语里 marry into the purple 意指嫁入豪门。

三、颜色与历史渊源和风俗习惯

颜色词具有强烈的历史、文化特征，每个民族都有各自的传统颜色观念。由于文化的差异，不同民族对同一种颜色会有不同的感受，从而赋予其不同的文化内涵意义。

（一）颜色与历史

黄与紫两种颜色在不同的民族文化中有着不同的内涵意义。在中国古代汉民族的传统观念中，黄色被称为"地色"（据《易经》："天玄而地黄。"），《周礼》中，对皇帝的服装颜色规定为"黄裳"，其寓意是天子受命统治土地上的人。从此，在中国"黄"色是神圣、高贵、权威的象征，是帝王之色，普通百姓不可随意使用，只有皇帝才能穿黄袍，发布黄色面料的圣旨，也只有皇室建筑才准许使用黄色琉璃瓦。而在西方，人们却崇尚"紫"色，将其视作尊贵和权利的象征。如：在英语里有 raise to the purple 升为红衣主教、to be born in the purple 生于帝王之家等表达。此外，西方文化里 blue 有时也象征高贵，王室。如：blue blood 王室血统、blue list 名人录等。

（二）颜色与风俗习惯

红色是中国传统婚礼上的主色调，象征喜庆吉祥。新娘会穿红色的礼服，头披红盖帘，家里要贴红喜字，中国人称为红喜事。而中国人为那些年龄较大、寿终正寝老人办的丧事被看作是白喜事，家人办丧事的时候须穿白衣、戴白帽、系白腰带以示哀悼。在西方，婚礼上新娘总是身披白色婚纱 wedding dress，给人一种纯洁、高雅的感觉；而在葬礼时，西方人则穿肃穆的黑色礼服 formal dress 以表达对死者的悼念。

四、颜色与社会政治和经济生活

中西方文化中，颜色词往往受到不同时期的社会政治、经济生活影响，因此它们具有一定的社会属性。

（一）颜色与社会政治生活

在古今中外历史上，颜色词从来就带有非常鲜明和浓重的政治色彩。中国古代历史上东汉末年的黄巾起义中农民起义军就是以头绑黄巾为标志的。在中国近现代历史上，红色和白色无疑是最具代表性的两种颜色。红色象征着无产阶级社会主义革命，汉语里有红色政权、红军、红卫兵等；而白色象征反革命的资产阶级，汉语里有白匪、白色恐怖。同样，西方国家也有很多政党、派别、军队和组织与颜色有关，例如：Black Hand 黑手党（意大利）、Green Peace（绿色和平组织）、Red Army 红军（前苏联军队）、Red Shirts 红衫军（泰国）、Yellow Vest 黄马甲（法国）。此外，21世纪初期发生在独联体国家和中亚地区的以颜色命名、以非暴力方式进行的政权变更运动被称为"颜色革命"，如乌克兰的橙色革命 Orange Revolution、伊拉克的紫色革命 Purple Revolution、吉尔吉斯斯坦的黄色革命 Yellow Revolution 等。

（二）颜色与社会经济生活

1. 在我们的日常生活中，服装颜色与我们所从事的职业密切相关。如护士的白色制服给人一种干净、高尚、朴素的感觉，海军的蓝色制服很容易让人想起蔚蓝的大海。英语里经常依据着装颜色指代某一阶层劳动者，如：white-collar workers 白领阶层，指受过良好教育的脑力劳动者；blue-collar workers 蓝领阶层，指普通的体力劳动者；grey-collar workers 灰领阶层，指服务性行业的员工；golden-collar personnel 金领阶层，指既有专业技能又懂经营管理的人才。

2. 颜色词也时常出现在经济术语中，如 in the red 亏本、in the black 盈利、black market 黑市、white market 合法市场、grey incomes 灰色收入、bonus 红利。

五、色彩词的翻译方法

我们在翻译色彩词的时候,要充分考虑中西文化差异,了解彼此风俗,消除文化隔阂,要对原文中的色彩词进行灵活多样的处理。在翻译过程中可以采取以下几种处理方法。

(一)色彩词直译法

当英汉颜色词的文化内涵意义完全对等时,可将色彩词直接翻译出来。例如:green food 绿色食品、white collars 白领、Red Cross 红十字、black humor 黑色幽默等。

(二)色彩词意译法

由于文化差异,直接将原文颜色词翻译过来已经无法表达原文颜色词的文化内涵时,应该采取意译,具体方法如下:

1. 色彩转换法

由于指称意义不对等,某种颜色在一种语言中用这种颜色词来表达,但在另一种语言中却用另一种颜色词来指称,翻译时应考虑不同民族的表达习惯。例如:black tea 红茶、black coffee 清咖啡、brown sugar 红糖、green hand 新手、grey hair 白发、black sheep 指害群之马等。

2. 色彩减译法

由于语用意义不对等,不同民族对颜色的认知差异很大,同一颜色可能会引起不同的情感和联想,翻译时不能望文生义,需要视情况对色彩词采取不翻译,但译文既要忠实原文,又要符合译文读者的民族表达习惯。例如:

(1)邓紫棋是一位<u>红</u>得发紫的歌手。Ziqi Deng is an <u>extremely popular</u> singer.

(2)The enterprise has been operating <u>in the red</u>. 这家企业一直在<u>亏本</u>运营。

(3)<u>红豆</u>象征爱情。<u>Love pea</u> symbolizes love.

3. 色彩增译法

有时原文中无颜色词,翻译时需要根据语境添加颜色词,以准确、生动表达原文意思。例如:

(1)He did all this <u>in vain</u>. 他做的所有这些都<u>白</u>费了。

(2)Her mother rejected the proposal of the <u>match-maker</u>. 她母亲拒绝了<u>红娘</u>的建议。

五、结语

色彩将我们生活的大自然装点得绚丽多彩,色彩也深深地影响着人类社会的物质和文化生活。不同民族对色彩有共同的偏好,也有各自的解读。对于语言学习者来说,我们决不能脱离色彩词背后的文化内涵而单纯地去理解它们的含义。在翻译色彩词的时候也要考虑到不同民族的风俗文化和表达习惯,采取多种多样的办法予以灵活处理。

(作者:沐泽章)

参考文献

[1] 李萍. 母语迁移现象研究 [M]. 长江出版传媒:湖北科学技术出版社,2014.

[2] 琼. 平卡姆. 中式英语之鉴 [M]. 外语教学与研究出版社,2000.

[3] 王淑芳. 浅谈汉英颜色词的文化内涵 [J]. 今日科苑,2006.

[4] 谭娟. 从色彩词看中英文化差异 [J]. 考试周刊,2009.

[5] 杜留成. 英汉颜色词文化内涵的异同 [J]. 卫生职业教育,2007.

四、职教发展篇

职业教育直接关系到一个国家制造业的水平,职教的发展与国家经济发展休戚相关。以国家职教20条颁布为契机,上海职教领域积极探索职教改革与发展,探索高职学生教育管理的法治化路径,以教育生态的视角发展职业教育是新形势下职教改革发展的重要方向。

以行业要求为标准的主题式联合教学
——漫画技法课堂教学改革与实践

上海商业会计学校

动画专业是一个相对综合的设计领域,漫画原画一般包括概念设定、脚本创作、草稿绘制及修正3个方面,人物的设定是一切的基础,其中包含了图形设计、色彩艺术、文学表达等多种元素,过程和呈现中所对应的环节,需要建立在大量的想象与提炼的基础上[1]。学生需要有一定的手绘基础,漫画技法课程作为其专业的必修课,学生在学习的过程中,经常会需要运用到设计思维来引导学生来解决人物设定的相关问题,因此需要有针对性地进行培养与训练。

一、课程目的

漫画技法课程拥有多重学科交叉的特点,学生在有了一定的美术基础之后开设该课程,在教学上不再停留对传统绘画技法的学习和临摹,而是对教学目标、方法作出相应的调整和改革,主张学生在设计的不同阶段,逐层完成漫画技法的阶段性学习任务。目的是使学生能够在了解漫画技法的基础理论知识的同时,培养学生的综合设计能力和绘制能力,强化学生的创意设计思维。

二、教学理念

(一)教学方法:接轨专业的漫画原画人物设定的工作流程

在漫画技法这门课程中,在进行人物设定的过程需要帮助学生分析出最适合漫画人物设定的方向,这就要求教师要用纵深、宏观、逆向、变异、解构、重组等多种方法启发学生[2]。因此不仅需要有一定的理论知识,也需要密切关注行业发展的动态,紧跟行业风向。为此需要同学们体验公司的工作流程。在教学上,不仅需要启发学生进行设计,也需要分工合作,模拟公司的工作状态和气氛。根据分工合作、头脑风暴等进行探究,从而制作更加符合行业需求的作品。

(二)课程内容:主题式模拟项目实践

上海商业会计学校影视多媒体专业与漫画原画公司联合教学,以命题的方式将模拟项目带入课堂进行教学,进行实战的同时也为毕业生们提供了一个提前实践的机会,有些同学会在后续进入公司进行实习,在课堂上能够很好地了解市场需求,尽快适应实习工作。根据主题式的模拟项目,围绕自己的知识储备,能够较好地抓住人物设计的切入点,通过设计将自己的想法表达出来。通过行业专家的教学引导,在满足行业需求的前提下,制作更加贴近市场需求的作品,更好地为将来的就业积累一定的经验。

(三)教学评价:以行业标准作为评分的依据

在联合教学中,从设计的不同阶段企业专家均参与其中,阶段性的作品都有老师、行业专家和学生一起交流、分享,并以行业标准对同学们的作品进行评价、打分。通过近距离地接触行业的需求,对学生的行为能及时作出反馈,有效地解决学生的共性和个性困扰,为学生创造良好的学习气氛,增加学生的学习兴趣。同学们的作品在有一定的设计规范限制下更加落地,也更能引起学生的深入思考和总结,分数的评判更加公正、客观,也有利于培养学生以项目为目标、以市场需求为导向的思考模式,从而促进职业型人才的发展。

三、教学案例

依托于企业的项目支持,本课程将设计的阶段进行细化,以 3 个阶段来进行实操联系,即确定设计总目标后,由学生在设计的 3 个阶段分别实现既定的子目标，根据每个阶段的教学任务完成相应的设计，逐层深化学习的深度，引导学生逐步适应市场需求，完成一系列的设计任务并有一个设计思维的提升。此次课题训练主要分为3个阶段：发散、映射、归纳。

（一）发散

案例一：通过规定的线稿发散思维——自拟主题绘制一系列形态

自然界的事物具有体面关系和纹理变化，而这些都产生了千变万化的线。[3]该部分的训练内容由教师展示几组运用不同的点线面对同一张图片进行发散练习，引导学生进行头脑风暴，由于同学们对于图片的兴趣点会有所不同，因此产生的理解也不尽相同。

教学的第一阶段为发散思维阶段。这一阶段设置的任务不会有太多的限制，而是通过相关系列作品的分享，提出的"设计题目"能够引导学生绘制一系列的作品融入一张图之内，绘制过程通过图形的线框将其联系在一起，在不打破固定线框的要求之下，对黑白灰的概括也有着一定的节奏变化，通过自己设定的主题进行线条的疏密搭配、重复产生变化。另外一种形式则是不破坏原有线框图，绘制一个有背景的主题作品，学生们根据图形构筑一个完整的"情景"故事，表现形式均为黑白手绘草图。根据作业的反馈和总结，同学们会有以下两种形式表达作品：（1）选取一个自己喜欢的形态，如猫咪，进行不同品种、不同表情、不同姿势的猫咪放置在不同的位置，并添加与猫咪相关的素材来填充、完善画面。（2）另一种方式就是选取已经有的人物形象，通过不同的主题，如万圣节相关元素（南瓜、糖果、城堡等）组织一张有主题的画面。在保留原有图形的基础上设置一个背景。两种形式都很好地表达了发散的主题，运用绘画语言重构画面，产生了很多有趣味性的画面。

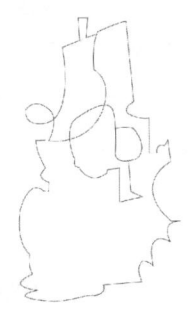   

案例一　两种方式产生的画面效果　　设计者：　陆妍莛　沈怡

（二）映射

Q 版漫画头像——双人互动形象设计

这一阶段会邀请企业专家和学生分享一些实际案例中有意思的人物设定，融入商业案例之后潜移默化指导学生有效提取人物元素，如人物的性格可以通过配饰、色彩的选取来突出。将人物性格的特征如何映射到人物形象这个环节。学生在设计过程中，往往会有很多想法，喜欢发散思维但很难整合，因此需要引导学生做减法工作，如何将想法较好地运用到人物设计中是需要提炼和精简的，否则每次进行设计都会反复提出很多的修改意见。为了提升教学效果，会要求学生从配饰、色彩、动作、肌理 4 个角度来进行创作，选取的元素能反映人物特征，并且分"具象——解构——提取——重塑" 4 个阶段来进行设计。由于学生的认知水平和知识的积累不尽相同，因此对人物的设定和理解会不同，如何清晰地表达一组人物设定是学生在本阶段需要解决的设计要点。如案例二中，以"光盘行动"为主题，分别设置了不同的帽子作为搭配体现人物性格，而颜色的选取也和人物自身的性格息息相关。保留部分相似的动作和部分配饰，又在表情、服饰上有差异性，形成双人互动的形象设计，实现人物之间的关联。

案例二　Q 版漫画头像——双人互动形象设计　　设计者：任黎

四、教学归纳

在第三阶段，教师引导学生进行人物再创作的过程中，同学们对于人物的整体把控会有一定的难度，在实际教学中，为学生展示分析相关的人物形象，分析一些人物设定的具体细节，并对同一人物进行不同系列的变装设计。教学中选用更加贴合学生实际的教学案例和设计要求，该人物可以是学生感兴趣的游戏人物或者卡通人物。在这个过程中学生开始按照行业设计标准制作人物漫画形象，在实践中学习、思考。制作出来的作业相对更加认真、完成度更高。而这个阶段也是对前面设计的总结和汇总。帮助学生一步步完成自我认知和对知识的逐层理解及转换。在对人物形象的理解和设计的过程之中，总结出一套适用于漫画技法课程的思维训练规律。在案例三的练习中，同学们需要固定人物形象，通过不同的配饰来展现人物的多元化，线条、色彩、场景都需要有思考，在设计中才能清楚地表达人物形象。例如在"小梨"人物形象设计的时候，原本设计中人物有复杂的头饰，但由于绘制的角度及帽子上的不同"耳朵"相对更容易展示人物性格，因此在设计时修改掉了头发的配饰，这样结合造型的角度来进行表达更容易对人物形象起到事半功倍的作用。

案例三　同一人物进行不同服饰变装设计　　设计者：　任黎

五、课程特点

本课程是动漫设计专业的必修课程，以学习漫画技法的表现规律和相应的人物设定为主要内容，以理论授课和课堂演练作为主要教学方法。通过阶段性作业和课程结束最终的作业汇报来进行教学成果的检验，该课程在完成基础知识讲授之后，在实践环节结合企业联动辅助教学，引入行业专家对学生作业进行交流、分享，将行业标准融入课堂教学，制作初步符合市场需求的作品。

六、课程评价与总结

以漫画原画市场需求为导向的主题式漫画技法课程课堂教学改革与实践，最终以同学们的"同一人物进行不同服饰变装设计"作业落下帷幕。在这次校企联合教学过程中，模拟企业项目具有针对性，引导学生按照市场需求开展实践，让同学们不仅积累了实战项目的经验，也对行业前景和需求有了深刻的理解，培养学生用课程中教授的思维训练方法进行创作的能力，有利于同学们设计能力的提高。

通过此次联合教学，我们发现在教学的过程中还有很多可以深挖的设计点，例如对于道具、特效的设定等都会有利于人物形象的丰满、立体，而对于人物设计的后期传播和衍生产品的开发也有待思考。随着漫画技法的发展，在教学过程中也应紧跟行业发展，引入行业的新规范和要求，这样才能培养更加贴合行业要求的人才。

（作者：孙迪）

参考文献

[1] 林东旭. 分解与重构：动画角色设计实践教学中的新策略 [J]. 装饰，2020，9(329)：132.
[2] 宗凯，曾巧. 策划与动漫产品开发 [M]. 重庆：西南师范大学出版社，2012.
[3] 吴立文. 唤醒与表达——基于儿童视知觉体验的线性写生 [M]. 湖北：湖北美术出版社，2000.

高职学生教育管理的法治化路径探索

上海商业会计学校

在依法治校的大背景下，学校与学生不仅仅是教育与被教育、命令与服从的关系，在以纪律约束大学生行为的同时也应体现思政教育的宗旨，以德服人、以人性化的管理方法帮助大学生解决学习和生活上的困境，形成规范的言行和良好的道德品质。

一、高职学生管理当中的法律关系

（一）高校与学生的行政法律关系

行政主体，是指享有国家行政权，能以自己的名义行使行政权，并能独立地承担因此而产生的相应的法律责任的组织。高校本不属于行政机关，其行使行政权力的依据主要为《中华人民共和国教育法》第28条，包括组织实施教育教学，招收学生，对受教育者进行学籍管理、奖励、处分、颁发毕业证书等，具有明显的单方意志性和强制性。

正是因为高校掌握的行政权力直接关乎学生的受教育权，因此在行使权力时不仅应遵守行政法的普遍原则，比如程序正当原则。《普通高等学校学生管理规定》

第五十五条规定,"在对学生作出处分或者其他不利决定之前,学校应当告知学生作出决定的事实、理由及依据,并告知学生享有陈述和申辩的权利。"但实际工作中部分学校在行使行政权力时存在重结果、轻程序,重形式、轻实质的倾向,在对学生作出惩戒、不予颁发毕业证书等决定时并未听取学生或其代理人陈述和申辩或者不按正式程序办理手续,导致学生与学校发生冲突,继而提起行政诉讼。

(二)高校与学生的民事法律关系

高校与大学生作为独立的法人和自然人,享有各自的民事地位,学生入学后使用学校提供的生活、学习设施,享受各类课程资源并付出相应对价,形成了一定的价值交换。高校和学生双方互为权利主体,又是义务主体。[1] 民事关系强调平等主体之间的意思自治,基于高校与学生之间特殊的教育管理关系,这种意思自治又分为两类:一是双方意思自治,比如选择食堂的菜肴,自愿购票乘坐校园巴士,参加学校组织的假期游学活动等。二是单方意思自治,比如收取学费、住宿费等。后者由于受到教育行政部门、物价部门的严格管理而较少发生纠纷。学生管理方面的许多矛盾都来自于学生对学校提供的食宿、物业服务不满。

在新冠疫情爆发后,某些高校规定禁止学生点外卖,一律在食堂用餐,但学生普遍以学校饭菜质量不佳为由,依然点了外卖拿到食堂吃,被食堂工作人员拒绝入内,学校认为外卖食物质量参差不齐,其制作和运输过程存在卫生隐患。学生则认为外卖食品都是在正规平台、餐厅点的,学校的做法不合情理,侵害了他们的就餐选择权。

二、高职学生管理中德治与法治的关系

目前高校都开设了《思想道德修养与法律基础》课程,目的是将大学生的道德教育与法制教育充分结合起来[2],培养大学生成为明德崇法、奉公守法的青年。在学生管理中德治与法治也应当刚柔相济、相辅相成,从外部以校级校规约束学生言行,从内部以思政教育感化学生品质。

但现实当中德治与法治经常搭配失当,甚至互相削弱。例如在学生诚信考试问题上,有时过度强调法治,事前反复给学生敲警钟,告知作弊将会面临的校级处分乃至法律责任,一旦发现作弊,严格按照学生手册予以处分,事后对受处分学生进行考察,考察期满后决定是否撤销处分。部分学生了解到这一整套流程后,认为学校迟早都会撤销自己的处分,这些流程不过是走走形式,对作弊行为并不

以为耻，只是自己运气不好才被抓到。还有的学校矫枉过正，将作弊学生的名字在电子大屏上播放公示，对学生自尊心造成严重伤害。

在学生管理方面要特别强调法治和德治的配合和变量关系，既要相辅相成，又要在不同阶段有所侧重，例如上文提到的班级卫生管理，在新生入学之初应着重于法治，将值日生制度和评价标准告知全体学生，与操行评定挂钩，在执行过程中要严格监督、科学评分。等到学生养成较好的劳动习惯后，适当减弱法治，逐步提高德治力度。

三、高职学生管理规章制度和机构的健全完善

（一）规章制度的连贯性和匹配性

高校学生管理规章制度与国家法律法规不能抵触，而且要与时俱进。各项规章制度之间也要保持前后连贯、逻辑通顺，涉及事关学生重大利益的规定，一定要定义准确、层次分明。

规章制度的匹配性问题在高职学生管理中也发挥着重大作用，高职学生的特点与本科学生有所不同，在制度设计上一定要注意和学生实际情况相结合，从学生学情出发开展学生管理工作，有利于提高管理的效率[3]。以我校为例，既有三年制普通班，也有两年制贯通班，生源既有上海本地户籍，也有外地随迁子女，上述特点就决定了我校在教学教务、食堂宿舍、校园门禁管理上和其他院校的区别。另外高职专业的变动性较大，比如有的学生在校期间入伍或创业，复学后原来的专业已经被合并或撤销，如果没有相应的制度配套的话，学生就会面临无班可进甚至延期毕业的处境。所以规章制度不仅应有普适性，也要考虑少数学生的需求，并贯穿学生整个在校求学过程。

（二）应急性制度向常态化制度转变

在学生管理工作中，有很多突发性的情况，学校会相应制订应急性的管理文件，常以"**暂行或试行条例"命名，这些应急性制度由于事出紧急，在制订过程中会省略某些步骤，比如征求意见、召开座谈会等。但这些应急性制度在解决燃眉之急的情况后，需要及时修订，否则时移世易，原有的规定已不能适应新情况，学生就会对学校制度产生抵触性，产生戾气。这将极大地挫伤学校与学生之间的信任关系，损害学校制度的严谨性和权威性。以下两个案例就是在新冠疫

情期间发生的，由于应急性学生管理制度引发的舆情事件。

2020年6月，复旦大学枫林校区恢复线下教学，学校宣布实行校园封闭式管理，随后大量学生在社交网络上吐槽，其中被诟病最多的就是封闭式管理只限制学生出入，教职工则自由进出，是典型的双重标准，而且实行封闭式管理后配套的生活设施和后勤服务没有跟上，给学生生活造成极大不便。枫林校区的学生都是医学专业，要经常外出到各大医院做实验，封闭式管理后出校手续繁琐，反复填报各种健康数据，离校时间控制严格，也影响了学生的正常学习。

第二个案例是2020年2月份武汉工程职业学校为了响应武汉市新冠肺炎疫情防控指挥部办公室的通知，紧急征用了校内部分学生宿舍作为新冠肺炎医护隔离点，经过200余名教职工两天通宵达旦的工作完成了宿舍清理，但随即学生在网上爆料称，教师在整理过程中将学生物品如同废品一般随意丢弃在宿舍楼外，其中不乏女生的名牌衣服、化妆品，男生的限量款运动鞋和游戏机。

第一个案例中封闭式管理的依据是《上海市高等学校和中等职业学校防控新冠疫情开学工作指南（第二版）》的要求，但《指南》上只是要求学生遵守学校进出管理规定，尽量减少出校，外出须请假并做好个人防护，具体如何执行则是"一校一策"。如上文中复旦大学枫林校区学生经常要往返各大医院做实验，学生中也有不少已婚已育，一刀切的封闭式管理没有全面地了解学生的需求与困难，执行中必然会遭到巨大阻力。

第二个案例发生在疫情最严峻的时期，虽然学校第一时间发布了《告武软学子书》，但并未把涉及的宿舍都列明，也没有通知学生申报个人物品。在整理过程中没有妥善保管好学生物品，以及告知他们物品遗失损坏后的救济权利。在通信设备如此发达的今天，学校完全可以及时和学生沟通，细化工作流程，制订更合理的操作方式，给予被征用宿舍学生更多的精神褒扬和人文关怀。

随着国内疫情日趋稳定，学校也都恢复了正常教学秩序。高职学生管理制度也应该完成从应急性向常态化的转变。比如校园门禁管理既要严格执行防疫防控措施，也要考虑学生合理的外出需求，简化出入报批程序，学生出入信息联网相关科室人员，避免多头申报。后勤部门要改进校园生活设施，为学生提供良好的食宿环境，逐步开放校内快递柜，方便师生收寄快递。不少高校在疫情期间都推出了智慧校园平台，主要功能是门禁管理、离沪报备、发热情况上报等，实现了目前大数据背景下对学生的信息化管理，要继续发挥这些平台的优势，继续完善和开发其功能,并与辖区相关单位如医院、警署等联网,以更好地应对今后可能遇到的紧急情况。

(三)学生管理机构的改进方向

高职学生管理的机构主要由学生处牵头,配合其他部门的工作。以我校为例,辅导员作为基层的学生管理者,负责和教务、后勤、财务、就业办等部门联系,共同做好学生学籍管理、日常教学、毕业就业等工作。辅导员就好比一根针,各部门的通知要求好像千丝万缕的线,通过辅导员传达到每个学生。这种工作模式的优点是便于职能部门布置工作,只需与辅导员一人对接反馈即可。缺点是职能部门与学生处于"背靠背"的沟通模式,学生不能及时获取到准确的信息,也不清楚其他部门的办事流程,对学校的管理方法会产生不理解、不配合的想法。

高校为了实现民主管理,通过某些常设会议来听取学生意见,比如教学信息员会、膳食委员会、学生座谈会等,但这些会议参与的学生通常只是固定的几个人,其他学生对会议的内容知晓度不高,不少学生认为在会上反映的问题没有及时反馈,开会只是走形式而已,遇到问题转而会通过网络或其他渠道投诉。不少学校学生处都下设学生事务中心,主要管理学生资助、勤工俭学、奖学金等事宜,可以在中心增设权益部,其中的教职工必须在其他职能部门轮岗,熟悉学校制度和各部门工作流程,掌握教育法律法规,负责日常接待学生关于学校管理方面的意见投诉,对学生反映的问题及时向各部门沟通反馈,做到事事有回应、件件有着落。权益部中还应包括学生干部,负责了解各班学生的思想舆情,收集热点话题,还可以聘请校外法律顾问,解答学生在校外兼职,实习过程中的法律纠纷。权益部定期召开民主座谈会,扩大学生代表范围,会议记录在学校官网或公众号定期发布,就学生关心的热点问题召开听证会,组织学生形成模拟立法草案提交学校审议。让学生志愿者来执行模拟学校管理。既协助各部门完成具体事务,又根据学校现状和学生的需求,此项机制让学生切实感受到法治精神。[4]

四、以法治思维处理学生突发事件

我在访谈学习各部门教职工的过程中,收集了部分他们工作中遇到的学生管理突发事件。归纳起来主要有三大类:(1)学生严重违反校纪校规、法律法规的不良行为;(2)学生不满学校管理方式,在网络上形成的舆情事件;(3)学生突发生理或心理异常状况。教职工普遍认为在处理这些突发事件时应当依法办事,凸显育人宗旨。但在处理不同类型的突发事件时所运用的法治思维仍应有所差异。

比如第一类事件处理中要特别注意程序的合法化，在发现学生违纪违法事实时要及时留取第一手证据资料，在调查中要组成专门小组，询问学生过程中必须有两名以上工作人员在场，保障学生的申诉抗辩权，必要的时候移交公安部门介入处理并及时告知家长。工作人员在和学生谈话时要避免先入为主的思想，言词中出现武断、威胁的字眼，在事实调查尚未有明确结论之前要保护相关学生的隐私和名誉，不能将调查内容扩散出去。

对第二类事件要坚持以人为本的宗旨，认真倾听学生的需求，按照法律法规和学校规定予以解释处理，而不是一开始就对投诉的学生进行批评，这样既侵犯了学生的自由言论权，也会进一步激化学校和学生的矛盾。但如果学校发现学生在网上发布或转发危害国家、社会或个人的言论或者是未经证实的消息则应当立即严肃指出批评，要求学生删除这些言论，如造成严重不良后果的要按照学校纪律予以处分。

对于第三类事件要认真履行学校职责，注重事先预防，在入学之初就要对新生进行全面的体检和心理普查，掌握特异体质、特定疾病或者异常心理状态学生基本情况。在学校组织军训、志愿服务等集体活动时要对这些学生予以特别注意，必要时应安排医务人员陪同。近几年因心理问题导致学生自杀事件在高校中时有发生，因此学校对严重异常心理状态学生要做好危机排查工作，做到一人一案，[5]建立应急预案，一旦发生突发事件，及时通知其监护人，做好医疗机构转介工作，关注舆情动态。

总结

目前高职学校在起草规章制度时，为保障其严谨性，都会寻求精通教育法律法规的专家帮助[6]，但调查中发现学生对这些规章制度的知晓度和认同度并不高。这种矛盾产生的根源是执行过程中部分工作人员滥用权力，机械化操作，缺乏人性化而造成的。高职院校要真正实现法治化管理，其核心是民主，增强学校全体师生的法治素养是一方面，更重要的是完善学校管理的监督机制，保障各项制度在合法的轨道内运行，引导学生依法申诉、合法维权。这样才能在师生中树立遇事找法，解决问题靠法，通过合法渠道解决矛盾纠纷的理念和信仰。

（作者：谢方明　柯蓉　杨冰）

参考文献

[1] 张玲，刘建宏.略论高校与学生之间的民事法律关系 [J].当代教育论坛（宏观教育研究），2007，(09).

[2] 田桂莹，齐依南，王金莲.论大学生道德教育与法制教育的整合 [J].廊坊师范学院学报（社会科学版），2017，(02).

[3] 魏楠，王泽众.新时期高职学生管理工作面临的挑战及应对策略试析 [J].山西青年，2021，(07).

[4] 钱钰.华政附中创新"法治教育" 模拟立法自主管理 [EB/OL]. http://www.whb.cn/zhuzhan/xue/20141204/20052.html，2014/12/04-2021/05/21.

[5] 张永然等.法理与情怀—高等学校学生管理法治化案例评析和实务指导 [M].北京：知识产权出版社，2018.

[6] 陈思玉.高校学生教育管理的法治实践研究 [J].江苏理工学院学报，2015，(05).

多维度教育生态架构下中等职业学校融合育人机制之探索

上海市城市科技学校

以教育生态学基本原理为依托，将学科整合与思维互补相结合，运用学校教育学、教育心理学等学科的知识及研究范式，并通过典型案例分析，探究家庭教育对学校教育的影响，以及构成中等职业学校教育生态系统中的人、教育活动、教育环境三者之间的关系，进而从价值传导、文化渗透、平台设计、团队建设和制度保障等维度探讨中等职业学校家校融合育人的机制，旨在为中等职业学校的德育工作提供一种可供参考的研究范式，切实提高中等职业学校德育工作的有效性，实现学生全面的可持续性发展。

一、探索融合育人机制的时代背景与重要意义

家庭教育是国民教育的重要组成部分，是学校教育和社会教育的基础，在未成年人成长过程中具有特别重要的作用。任何一种教育模式都有其生存、成长的生态环境，故将教育生态系统作为研究背景、融合育人作为研究视角，通过构建家校育人联动机制，推进中等职业学校家庭教育工作的创新发展，提高家庭教育整体水平，是切实贯彻落实《中职生德育大纲》，以及全国妇联、教育部等九部委印发的《关于指导推进家庭教育的五年规划（2016—2020年）》（妇字〔2016〕

39号)、《教育部关于加强家庭教育工作的指导意见》(教基〔2015〕10号)、上海市教育委员会等四部门下发的《关于进一步加强家庭教育工作的实施意见》(沪教委德〔2017〕7号)等文件精神的德育实践研究,可为中等职业学校的德育工作提供一种可供参考的研究范式,实现学生全面的可持续性发展。

二、教育生态环境的构建
(一)教育生态学概述

教育生态学的创始人为著名教育家劳伦斯·克雷明。克雷明(1976)在其《公共教育》一书中首次提出了"教育生态学"(ecology of education)概念,并在该论著的第二部分专门论述了"教育的生态学"。这对发展跨学科研究、开拓教育科学新领域是一个重要贡献(托斯顿·胡森评价)。M. Kuijpers 等(2010)论述了职业教育的学习环境与就业竞争的关系,Biemans 等(2013)从职业教育持续发展中学生能力等方面分析了教学模式及学习环境等因素,Rodriguez-Mena 等(2017)从单亲家庭的视角研究了学校对不同家庭进行干预时遇到的困难。

我国教育生态学研究始于台湾学者方炳林(1975),他提出"从生态环境中选择与教育有密切关系的因素,以了解其与教育的作用与关系";另一台湾学者贾锐(1988)具体研究了校园生态环境与教育的关系。20世纪80年代,我国大陆地区的教育生态学研究以介绍国外相关研究概况起步,后逐渐发展为自成一体的研究领域。吴鼎福(1988)较为系统地探讨了教育的个体生态与群体生态、教育的生态平衡等问题,标志着我国大陆教育生态学系统初具雏形,开启了运用生态学的方法研究教育的思路。之后的一二十年,我国教育生态学的研究论著有《教育生态学》(范国睿,2000)、《克雷明教育生态学理论述评》(谈晓奇,2006)、《克雷明教育生态学理论探究》(郑晓锋,2010)、《中国教育生态系统的四个发展阶段》(邓小泉,2013)等,并呈现由宏观纵览走向微观分析、由理论探讨走向实践研究的趋势,如《共识、信任与专业:良性教育生态环境的三大支点——兼评〈芬兰经验:世界能向芬兰学习什么〉》(滕珺,2013)、《克雷明教育生态学思想对我国德育的启示》(梁晨芳,2014),以及《教育生态视野下独生子女家庭教育现状及对策研究》(时东方等,2019)的比较研究和《论思想政治教育的微观环境及其优化》(黄韬宇,2020)的实践研究。

(二)对多维度教育生态架构的思考
1. 确定研究的基本思路与方法

本研究围绕教育生态环境因素，从访谈资料及经典案例中深入探究中等职业学校家校联动教育的现状和发展趋势，力图通过平台搭建和制度建设，提高德育工作的有效性，以期形成可推广的中等职业学校德育工作的研究范式；在日常教育教学中，认真贯彻和践行社会主义核心价值观，重视教育生态学研究，坚持"教书和育人相统一"的原则，并与专家、学者、同行、家长及学生等有关人员就中等职业学校的价值传导、文化渗透和德育效果等方面进行研讨，多方听取意见；从访谈资料和文献数据中，纵向梳理教育生态学的发展过程，横向分解不同家庭背景和不同特点的学生之间的异同及联系，找出"动力点"和"醒悟点"，助力家校联动教育的研究。

2. 典型案例分析

家庭教育对孩子性格的养成和心理素质的培养具有巨大的影响作用。据中国青少年研究中心洪明副研究员指出，通过对"中国青少年研究中心家庭教育咨询热线"的研究发现，子女的人格类、行为类、学习类问题最为家长关注，厌学、自我管理差、亲子关系不良是其最主要的表现形式；小学、中学阶段是家庭教育问题的高发期；男孩问题比女孩突出；溺爱型教养方式为问题主要成因（洪明，2012）。另据相关调查，单亲孩子进入学校普遍存在心理健康问题，他们需要老师的特别关爱与教育（冯东莲，2017）。

本研究在实施过程中，有 4 位学生的发展特别值得关注。学生具体情况如表一所示：

表一 典型案例

学生	年龄	性别	学段	在校成绩	典型事例	家庭背景	家校沟通情况
F 同学	19	男	中高贯通大二	名列前茅	第 45 届世界技能大赛上海赛区选拔赛平面设计项目第一名； 第一届全国技能大赛（世赛）工业设计技术项目优胜奖； 被授予"全国技术能手"称号	单亲、特困家庭	家校沟通频率较高，沟通效果良好
W 同学	19	女	中高贯通大二	名列前茅	第 46 届世界技能大赛上海赛区选拔赛 3D 数字游戏艺术项目第一名； 第一届全国技能大赛（世赛）3D 数字游戏艺术项目银奖； 被授予"全国技术能手"称号	普通工薪家庭	家校沟通频率较高，沟通效果良好

(续表)

学生	年龄	性别	学段	在校成绩	典型事例	家庭背景	家校沟通情况
F同学	20	男	中高贯通大二	中等偏下	在校学习期间开始自主创业，收益不错，亦有一定社会影响力	父母为某公司高管	家校沟通频率较高，沟通效果良好
H同学	23	男	本科毕业	名列前茅	中高贯通阶段荣获上海市奖学金并免试进入本科院校就读；本科阶段荣获"上海市优秀毕业生"称号	普通工薪家庭	家校沟通频率较高，沟通效果良好

如上表所示，不论是成绩名列前茅或中等偏下，不论是特困家庭还是家境殷实，4位学生均取得了一定的成绩：在技能大赛斩获奖项，体现了"劳动光荣、技能宝贵、创造伟大"的工匠精神；自主创业、回馈社会，则体现了职业教育"人人成才"的理念；继续深造，提升学历则是学生可持续发展的最好体现。以上教育成果的共同点则在于顺畅的家校沟通和良好的教育环境。

四川大学公共管理学院的张威教授则通过对100个咨询案例、460次咨询谈话进行质性研究即案例分析后指出，包括家庭教育中典型问题在内的"隐性社会问题"在大多数家庭中普遍存在，可以通过尝试建立第三个教育领域即"社会教育学"对家庭教育进行补充和协助，关注和应对"隐性社会问题"（张威，2015）。另外，农村家庭的教育需求具有差异性和多元化的特点（雷万鹏，2012），可借鉴义务教育学校布局转型的调整政策，重视农村弱势群体的需求意愿和抗风险能力，借助社会力量实现各归其位、共同发展。

典型案例分析加深了我们对家校联动、家校共育的理解，也更加坚定了我们完成这一刻不容缓的任务的决心。

3. 探析家庭教育对学校教育的影响

2020年5月，91岁的于漪老师在接受《解放日报》采访时提到："教育整天处在焦虑中，那怎么行？"这种焦虑，与家长"越位"、老师"让位"、学生"错位"不无关系。有的家长并不懂得正确教育孩子，而是习惯事事包办，而过程错了，结果往往也会错。父母在教育孩子的过程中，要正确引导，该做的决定，让孩子自己选择。也许孩子一时会走弯路，但长久而言，孩子的发展道路才会更宽、更广。有的老师因为得不到家长的配合，甚至因为外界的误解，不敢管教学生，或者对学生听之任之，久而久之，学生得不到老师的指导或管教，失去了受教育的机会，就像本来需要被修剪的小树苗，却恣意生长，在发展道路上，或吃亏，或吃苦。苏霍姆林斯基曾说："对一个家庭来说，父母是根，孩子是花朵。父母常看到孩子身上的问题，却不知其实是自己的问题，在孩子身上开花结果。"毫无疑问，父母是孩子的第一任老师，什么样的父母，就会培养出什么样的孩子。

2020年8月24日，全国妇联、教育部下发《关于印发〈家长家庭教育基本行为规范〉的通知》(妇字〔2020〕30号)，对2004年制定的《家长教育行为规范》进行了修订完善，内容涉及注重家教、注重子女品德教育、教育引导子女养成良好学习习惯、培养子女健康的审美情趣和审美能力、教育引导子女树立正确的劳动观念、为子女树立良好的榜样等10个方面，尤其是第一条"依法履行对未成年子女的监护职责，承担家庭教育主体责任，坚持立德树人，树牢'家庭是人生的第一个课堂，父母是孩子的第一任老师'理念"、第十条"积极参与家校合作和社区活动，尊重教师和社区工作者，理性表达合理诉求，用好各类教育资源，在家庭、学校、社会协同育人中发挥作用"，明确指出家庭教育的主体责任，以及家校合作要在协同育人中发挥作用。

卢梭曾说："人的教育在他出生的时候就开始了，在他不会说话和听别人说话以前，他就已经受到教育了。"即一个孩子的素质，总会受到父母潜移默化的影响。莫言也说过："孩子的优秀，都浸透着父母的汗水。"的确，优秀的孩子离不开父母的耐心陪伴，离不开老师的谆谆教诲，更离不开孩子自身的勤奋和努力。孟子曰："能与人规矩，不能使人巧。"所以，家长应从孩子的特性出发，学会放手，支持学校、信任老师、及时沟通，不盲从、不溺爱、不纵容、不偷懒。

4. 厘清人、教育活动、教育环境三者之间的关系

著名教育家苏霍姆斯基说过："只有学校教育而没有家庭教育，或者只有家庭教育而无学校教育，都不能完成'培养人'这一极其艰巨而复杂的任务。"家庭是社会的基本细胞，是孩子的第一所学校，父母是孩子的第一任老师，而家庭教育则是整个教育的基石，对孩子的健康成长有着重大的影响（罗秀云，2017）。无论时代如何变迁、生活方式发生什么变化，注重家风、重视家教都是亘古不变的。家长要了解家庭教育的重要性，明确家庭教育的责任，配合学校共同构建家校共建、共享平台，与学校、社会共同担负起教育的责任，形成有效的教育合力，助力学生发展。

在教育生态环境与家庭教育关系方面，许惠英（2004）建议从重视家庭生态、改善人格教育出发，正确把握家长与儿童亲和的限制因子和局部生态环境，滕凌志等（2009）提出"整合优化、多元互补"的家校合作新机制；在教育生态环境对职业教育的影响方面，凌云（2004）从宏观角度对职业教育的生态环境与可持续发展进行了阐释，刘卫锋（2015）分析了职业教育外部生态环境的构建；鉴于家庭教育在中高职贯通培养之前三年中职阶段的重要性，雷万鹏（2012）指出家庭教育需求的差异化促使学校布局调整政策转型，李春华（2017）尝试了职业学校家校联动家长课程的开发与实践，汪秋月等（2020）则进行了"教育生态观"对家庭教育的影响及促进因素方面的研究。以上研究无不体现了教育与人的关系是教育关系中最根本的关系。

显而易见，教育活动的最终目的是对人的培养，其中，人是主体，教育活动是过程或手段，教育环境是影响教育活动的重要因素，包括学校环境、家庭环境和社会环境，而人的培养对教育活动与教育环境均提出了相应的要求。

（二）融合育人机制与途径探究

1. 关于价值传导

本研究围绕习近平新时代中国特色社会主义思想和党的十九大精神，从中等职业学校学生的特点和需求出发，开展中等职业学校家庭教育指导，帮助家长了解教育生态学的概念及意义，引导家长全面掌握学生的思想动态，以培养"准职业人"为导向，重视培育"工匠精神"，培育学生健全的、日趋完善的人格，统一对认知、情感和意志的认识，积极践行社会主义核心价值观，使中等职业学校的家庭教育指导工作进一步适应教育活动的要求。

2. 关于文化渗透

本研究从教育生态系统的环境因素出发，聚焦当前中等职业学校德育工作的难点和瓶颈问题，深入了解学生，尤其是单亲家庭和困难家庭学生心理问题的根源，认真落实民主的教育思想，坚持"言传和身教相统一"的原则，营造崇尚技能的文化氛围，弘扬中华传统美德；指导家长共同正确引导学生走出缺乏关爱的生活，保证学生心理健康发展的人文环境，培养学生坚韧不拔的意志，养成自信、自强的品质，超越自我，服务社会。

3. 关于平台设计

本研究坚持"学术自由和学术规范相统一"的原创，建设家校联动的服务平台，选拔、建设一批符合条件的校外教育合作基地；有跟踪记录和善后意识，贯彻细致的工作作风，及时做好学生的思想疏导工作，特别重视分析特殊家庭学生的成长环境。

4. 关于团队建设

本研究坚持"潜心问道和关注社会相统一"的原则，结合中等职业学校家长和学生的特点，综合德育管理干部、班主任、心理教师及"管工委"的力量，开展家庭教育指导工作的实践探究，指导家长配合学校共同做好家庭教育，并征集家庭教育的调查报告及论文，以推广家校联动、融合育人的成功经验，切实提高中等职业学校德育工作的有效性，实现学生全面的可持续性发展；建立健全师资培训管理，制定个性化教师发展规划，不断提高德育教师的业务能力、道德情操，并强化其理想信念和仁爱之心；充分发挥骨干教师在德育工作中的优势，加强德育教师科研梯队的建设，使之更加合理化、科学化，切实保障德育工作有效、有序开展。

5. 关于制度保障

学校和家长都应践行民主的教育思想，即具有赏识的眼光，细致的工作作风，有跟踪记录和善后意识，保证学生心理健康发展的人文环境。故本研究提出就家校联动建立工作制度、完善工作机制，充分调动各方的工作积极性，并支持学科专业建设，切实保障融合育人工作顺利进行。

三、研究意义及启示

（一）研究意义

中等职业学校的德育工作始终困难重重，亦是讨论热点和亟待解决的焦点。本研究以教育生态学基本原理为依托，主张合理引导、家校联动，以实现融合育人、公平教育和全人教育的目的，符合新时期学校、社会、家长和学生的需求，符合教育教学发展规律，具有一定的理论研究价值和实践指导意义。

在理论研究层面，本研究试从学校教育学、社会教育学和家庭教育学的角度，对中等职业学校的学校教育和家庭教育协同发展的辩证关系进行梳理和分析；关注和应对"隐性社会问题"，探索家庭教育对学校教育效能的影响要素及边界条件，尝试建立整体的、发展的、开放的学校、社会、家庭"一体化"的德育范式，并形成可复制、可推广的研究成果。在实证研究层面，本研究从教育生态学的角度，厘清中等职业学校的学校教育和家庭教育之间互动作用的机制和途径，为学校的德育工作提供有效路径与方案，使家庭教育的指导工作进一步适应新时期学生的特点和家长的需求，具有一定的前瞻性和实践指导意义。在政策研究层面，职业院校学生的家庭教育需求具有差异性和多元化的特点，本研究建议借鉴义务教育学校布局转型的调整政策，依据教育生态学理论，重视诸如农村家庭等弱势群体的需求意愿和抗风险能力，借助社会力量实现各归其位、共同发展。

（二）启示

教师应与家长保持密切联系，全面掌握学生思想动态，及时做好疏导工作：针对某些学生的自卑、自弃心理，重视分析特殊家庭学生的成长环境，挖掘闪光点和内燃点，鼓励他们树立自信心；帮助学习上有困难的学生树立克服困难和挫折的勇气，排除一切干扰，培养坚韧不拔的意志；帮助心理品行上有欠缺的同学，增强适应社会生活的能力及自理、自律的能力；针对某些中等生的"无为"心理，开启"动力点"，促使他们不断进取；针对优等生的自傲心理，找出"醒悟点"，使其正确评价自己，确立新的目标，并扬长避短，不断进步。只有当我们对人的理解更加丰富、更加深入时，才能真正理解教育，即只有父母做父母，老师做老师，学生做学生，各司其职，各归其位，并适时补位，教育才会成功。

四、结语

本研究以培养"准职业人"为导向，聚焦当前中等职业学校德育工作的难点和瓶颈问题，辩证运用教育生态学的研究范式，在中等职业学校推进家校联动融合育人机制，并从理论和实践两方面进行论证、实施和评价，既符合时代特色，也符合学生的发展规律。教育是长期的过程，亦是持续终身的过程，故本研究将在后续工作中，拟参照"学生道德能力水平的国际比较维度和标准"（彭正梅，2016），将中等职业学校的德育工作融入人才培养各环节，构建一体化育人体系。

（本文系 2020 年度上海学校德育实践研究课题"教育生态学视阈下中等职业学校家校联动融合育人机制的实践探索"成果，项目编号：2020-D-160）

（作者：杨红）

参考文献

[1] Cremin, L.A. Public Education [M]. New York: Basic Books, 1976.

[2] Harm J.A. Biemans, Elly de Bruijn, Peter R. den Boer, Christa C.J. Teurlings. Differences

in design format and powerful learning environment characteristics of continuing pathways in vocational education as related to student performance and satisfaction[J]. Journal of Vocational Education & Training, 2013, 65(1).

[3] M. Kuijpers, F. Meijers, C. Gundy. The relationship between learning environment and career competencies of students in vocational education[J]. Journal of Vocational Behavior, 2010, 78(1).

[4] Rodríguez-Mena, José Antonio, & Sánchez, Emilia Moreno. Barriers and Limitations to School Intervention in Family Diversity. A Case Study of Homoparental Families [J]. Procedia - Social and Behavioral Sciences, 2017, 237.

[5] 方炳林.生态环境与教育［M］.台北：维新书局，1975.

[6] 方补课，彭韬，彭正梅.(2016).一种测量青少年道德能力的新途径：ETiK 模型及其上海项目的设想.基础教育 (02)，89-96.

[7] 冯东莲.单亲家庭学生教育与管理案例分析 [J].教育观察（下半月），2017，6(03)：54+68.

[8] 洪明.当前我国家庭教育的焦点难点问题透视——基于 600 份家庭教育咨询案例分析 [J].中国青年研究，2012(11)：55-59+79.

[9] 雷万鹏.家庭教育需求的差异化与学校布局调整政策转型 [J].华中师范大学学报（人文社会科学版），2012，51(06)：147-152.

[10] 刘卫锋.职业教育外部生态环境构建探析 [J].中国职业技术教育，2015(27)：29-33.

[11] 罗秀云.家校共育，如何作为 [J].教育科学论坛，2017(08)：60-61.

[12] 滕凌志，叶海兵.整合优化多元互补——家校合作新机制的实践与探索 [J].中学教学参考，2009(06)：61-63.

[13] 吴鼎福.教育生态学刍议 [J].南京师大学报（社会科学版），1988(03)：33-36+7.

[14] 张威.中国家庭关系和家庭教育的结构性特征与问题分析——基于华仁社会工作发展中心的家庭教育咨询案例分析 [J].社会工作，2015(05)：11-54+125-126.

上海医药职业教育发展定位与走向探析研究

上海市医药学校

随着"健康中国"战略的推进实施，医药产业发展迎来新高峰，面临新挑战。这一变化直接影响了医药职业教育发展，其关系到医药人才的培养，医药技能的传承，医药职业教育必须明确自身发展功能定位，才能实现人才的精准培养，高效服务经济发展。

一、上海医药职业教育新形势

(一)贯彻国家战略,服务经济社会高质量发展成为必然要求

落实党中央交给上海的"三大任务",充分发挥医药职业教育对区域行业发展的作用。一是重点攻关,解决生物医药行业的"卡脖子"技术难题。2018年11月10日,习近平总书记对上海提出"三大任务"。落实"三大任务",大力发展生物制药产业,加大生物制药行业的人才培养和技术攻关,突破一批"卡脖子"的技术难题是上海产业发展的新方向。二是全面服务推进"健康中国"战略。据"健康中国2030"规划纲要和"十四五"发展纲要,大健康产业将成为我国重要的支柱产业。因而,落实"健康中国"的发展战略,加快高质量医药类从业人员培养至关重要。三是积极适应"双循环"发展新格局。以"国内经济循环为主体、国内国际双循环相互促进"的新发展格局意味着将通过扩大内需进一步畅通国内经济循环。因此,在医药行业,中国必须加强人才储备和技能提升,提高职业教育在新发展格局中的适应性。

(二)服务区域经济,推动上海国际化大都市建设成为必然选择

上海"十四五"规划提出"建设具有世界影响力的社会主义现代化国际大都市"。国际化大都市对劳动力水平、居民健康水平和区域影响力都有具体要求。医药职业教育优化发展是服务区域经济,推动上海国际化大都市建设进程的必然选择。一是全面提高上海劳动力学历水平与技能水准,优化人力资源结构。随着上海产业结构优化升级,上海市要求劳动力"学历+能力"双重提升,强调复合性、创新性及综合性能力。因此,医药职业教育亟需培养出匹配城市发展、匹配产业结构,满足生物医药行业需求的优质劳动力。二是有效提高居民健康水平,树立国际化大都市的世界形象。在"大健康战略"的引领下,上海始终致力于整合区域内资源,发展引领高端的大健康产业,积极应对人口老龄化的战略,大力发展生物医药与健康养老产业,因而,对高素质医药人才的需求日益高涨。三是引领区域社会变革,辐射长三角高质量一体化发展。在上海世界影响力的社会主义现代化国际大都市的进程中,加快集成电路、生物医药、人工智能等领域形成世界级产业集群,打造自主创新新高地,以此带动长三角区域经济社会的发展。

(三)助推行业发展,解决上海生物医药产业发展困境成为必由之路

生物医药产业是上海战略新兴产业的重要支柱,截至2019年底,上海市医

药健康企业总数达到 94738 家,其中生物医药重点企业达 8616 家。上海生物医药产业的经济总量 3833.3 亿元,占全国 7.4%,比上年增长 11.6%,其中生物医药制造业实现工业总产值 1319.9 亿元,比上年增长 7.3%。根据测算,近五年上海市生物医药企业数量呈现年均 20% 左右的高速增长态势。因此,伴随着产业规模的不断扩大,生物医药产业的人才规模也在逐步攀升,目前上海直接从事生物医药产业的人才达到 24.1 万人,居全国前列,同时上海生物医药产业的人才需求也在不断增长,特别是外包行业,其人才需求以每年 20% 以上的速度递增,然而,上海生物医药行业的人才供给动力不足,人才流失也较为严重,造成较大的从业人员缺口。

二、上海医药职业教育新要求

(一)扩大上海医药行业人才供给,解决生物医药行业人才供需数量矛盾

目前上海所有开设生物医药相关专业的本科院校共 8 所,高职院校共 3 所,中职学校仅 1 所。根据上海医药行业的现有从业人员及产业增长的速度来看,上海目前每年培养的人才数量与上海生物医药产业的人才需求数量相差超过 10000 人,供需数量矛盾明显(见表 1)。

表 1　上海开设相关专业院校情况

序号	学校	层次类型	专业	年招生数
1	上海市医药学校	中职	生物技术制药	1049 人
			药品食品检验	
			药剂	
			中药	
			制药技术	
			制药设备维修	
			医疗器械维修与营销	
			老年人服务与管理	
			生物工程	
2	上海健康医学院	高职	药学	83 人
			中药学	38 人
3	上海震旦职业学院	高职	药学	25 人
4	上海农林职业技术学院	高职	药品生物技术	120 人

（续表）

序号	学校	层次类型	专业	年招生数
5	复旦大学	本科	药学	100人
6	上海交通大学	本科	生物医学科学	10人
7	华东理工大学	本科	制药工程与技术专业	34人
			农药学	17人
			药学	109人
			生物与医药	37人
8	上海理工大学	本科	生物工程	10人
9	东华大学	本科	生物工程	10人
10	上海应用技术大学	本科	制药工程	26人
11	上海海洋大学	本科	生物制药	40人
12	上海大学	本科	生物医学工程	15人

（二）精准培养高素质一线员工，解决生物医药行业人才供需结构矛盾

中职学校培养出的生物医药相关专业的人才水平较低，难以满足产业需求；本科层次学校培养出的生物医药相关专业的人才偏学术类型，缺乏实操能力。随着上海经济高速发展，产业结构优化升级，培养生物医药行业生产一线所需的各类员工已成为当务之急。目前上海中职和应用型技术本科规模相对庞大，具有一定资源优势，而高等职业教育又相对偏弱，职教体系呈现"M型"结构。因此，完善现代职教体系、增加医药类高职、精准培养高素质一线员工是当前上海医药职业教育发展的最优选择。

三、上海医药职业教育新内涵

（一）高质量适应医药行业的技术升级，需要探索贯通式的培养

探索医药人才培养的长学制，实施"五年一贯制"的贯通培养，能够更好地适应医药行业的技术升级。一方面，医药产业是技术先导型和知识密集型产业，随着上海产业结构优化升级，医药生产、检验、流通和应用等产业链需要更多的"复合型人才"；另一方面，随着生物医药产业结构优化和科学技术的更新，在医药生产、医药研发等领域，对医药行业人才培养的时间年限要求更长。

（二）培养以行为知、知行合一的医药人才需要产教融合的深度实践

为满足新时代医药行业对医药类高素质人才的需求，要求职业院校应加强医

药产业应用型人才的培养，关注企业用人实际，锻炼出大批实战型专业人才。这就需要医药产业与职业教育深度融合，依托真实的医药工作世界，为人才培养提供完全浸入式的工作情境，精准提升学生的专业业务能力和工作适应性。通过产教融合，提升人才实践能力、增强人才适应性。

（三）建设高质量的医药人才培育平台需要混合所有制提供办学支持

医药类人才的培养特别需要学校资金、技术、设备、场地等大量的成本投入，因此，通过实行混合所有制，吸引更多社会资源联合办学，可以弥补政府投入不足。目前上海乃至全国，独立举办医药类高职都存在难以调和的矛盾与困难。因此，探索混合所有制的办学模式，既可以有效破解现实困难，又能保障医药人才的供给质量。

四、政策与行业支持

（一）具有政策支持和明确的发展规划

在"健康中国2030"规划纲要基础上，国家和上海制定了一系列关于生物医药产业发展和职业教育改革的政策和措施，为医药职业教育提供了政策支持和宏观指导。其中《国家职业教育改革实施方案》就明确提出，"在学前教育、护理、养老服务、健康服务、现代服务业等领域，扩大对初中毕业生实行中高职贯通培养的招生规模"；《上海职业教育高质量发展行动计划（2019—2022年）》明确指出"新建10所左右新型（五年一贯制）职业院校"。政策的支持与引导能够助力规划的落地与实施。

（二）上海医药集团提供产教融合的基础

上海市医药学校作为"教委领导、企业主管"的办学单位，在产教融合方面具有天然的优势。学校所属上海医药集团作为上海市2019年（第一批）产教融合型企业建设培育试点，在共建校外实训基地、共育专业教师、共担人才培养、提供实习场所、开展职后培训等方面为学校提供了丰厚的资源。目前其下属600余家企业与学校建立校企合作关系，为开展深度产教融合提供支持与保障。

五、上海医药职业教育发展新走向

根据《教育部关于印发〈职业教育专业目录（2021年）〉的通知（教职成[2021]2号）》，为更好落实职业教育专业动态更新的要求，推动专业升级发展，我校认真研读了《职业教育专业目录（2021年）》。结合上海市医药行业产业发展现状，依据新专业目录，对专业布局进行了如下调整（见表2）。

表2 中等职业学校专业/专业（技能）方向调整更新

序号	原设置专业及专业（技能）方向				调整更新的专业及专业（技能）方向				调整情况
	专业代码	专业名称（全称）	专业（技能）方向（全称）	基本学制	专业代码	专业名称（全称）	专业（技能）方向（全称）	基本学制	
1	101100	药剂	药品营销	3	720301	药剂	药品营销	3	保留
			药品物流	3			药品物流	3	
			药学服务	3	720301		药学服务	3	
2	101800	中药		3	720403	中药		3	保留
3	102000	制药技术	药物制剂	3	690201	制药技术应用	药物制剂	3	归属调整且更名
			化学制药	3			化学制药	3	
4	102100	生物技术制药	生物制药技术	3	690202	生物制药工艺	生物制药技术	3	归属调整且更名
5	102200	药品食品检验	药品质量检验	3	690204	药品食品检验	药品质量检验	3	归属调整
6	102300	医疗器械维修与营销	医疗器械维修与售后服务	3	690207	医疗器械维修与营销	医疗器械维修与售后服务	3	归属调整
7	102400	制药设备维修		3	690205	制药设备维修		3	归属调整
8	181400	老年人服务与管理		3	790303	老年人服务与管理		3	保留

上海医药职业教育未来既要在中等职业教育领域深度开展内涵的优化，又要在现代职教体系上作出探索。如此，才能解决生物医药行业人才供需数量与结构的双重矛盾，更好地服务上海生物医药行业的发展，推进国家"健康中国"战略的实施。

（作者：蒋忠元）

参考文献

[1] 上海市生物医药行业协会. 上海要打造国家生物经济先导区，底气在哪儿？[EB/OL].

http：//www.sbia.org.cn/newsdetail.aspx?newsid=8449&cateid=45&newscateid=45（2020-08-28/2021-04-06）.

[2] 吉维.上海高层次人才政策效果研究[D].上海交通大学，2019：27-28.

[3] 彭微，张爱武，黄旭."健康中国"背景下中医药职业教育人才培养模式的探索与实践[J].卫生职业教育，2020，38（21）.

[4] 王智力，徐敏，李盛萍，徐晶心，洪寅峰.开展中高职贯通培养探索现代职教体系构建——以上海医药卫生类职业教育为例[J].卫生职业教育，2019，37（7）.

浅析德国"双元"职业教育制度的核心要素

上海石化工业学校

德国是世界上公认的制造业强国。作为支持其发展的"秘密武器"——德国的职业教育体制和培养模式堪称典范，其完善的体系和先进的制度，成就了大批高水平、高素质的技能型人才，成为国家经济发展的重要支撑，其中由法律制度、组织实施和质量保证构成的制度化、系统化、标准化职业资格认证体系功不可没，也得到许多欧盟国家的认可，其中"双元制"是其主要的教育制度。

一、德国职业教育"双元制"的核心要素

（一）健全的法律保障体系和运行机制

作为一个联邦制国家，德国从国家联邦政府到各地方政府都建立一套完善的法规来保障职业教育的实施（表1）。

表1 德国"双元制"职业教育（培训）法规架构

层级	主要法规	要点
国家	《宪法》	明确教育主权在各州
	联邦《职业教育法》	确定办学主体：职业学校、企业和其他从事非经济活动的机构；明确职业教育培训考试组织的主体：行业协会
政府职能部门	《国家资格框架》	确立职业资格结构体系，公布教育职业（专业）目录
	《职业教育条例》	教育职业标准(即专业标准)，规定了教育职业（专业）的名称、培训期限、教育职业概述、培训框架计划和考试要求
各州地方政府	《职业教育框架教学计划》	确定本教育职业（专业）所有学习领域（即课程）的数量、名称、学时，并对其中每个学习领域的目标、内容和学时提出具体要求，以规范教学行为

同时，德国建立并形成了由联邦政府（教育部门、经济部门和劳动部门及联邦职业教育研究所）主导，各州政府和行业协会实施管理，以企业和职业学校"双元"教育主体，行业协会负责职业资格认证考核的运行体制。

（二）教育培训主体的"双元"

德国《联邦职业教育法》明确了除了地方职业学校之外，企业和其他从事非经济活动的机构也可以举办职业教育，这就从法律上确定职业学校与企业或其他具有资质的培训机构（德国又称"教育企业"）均可成为职业教育的办学主体。两者在职能上有差别，职业学校主要实施职业专业理论、基本技能和普通文化知识的教育，企业主要开展进行的职业技能和相关工艺知识的培训，双方共同承担教育职能。成为"双元制"的关键要素。

（三）教育培训标准的"双元"

德国联邦政府颁布《国家资格框架》，确立职业资格结构体系，公布340多个教育职业（专业）目录，并以《职业教育条例》明确了各专业标准，成为教育职业进行教育培训统一的国家标准。作为"双元制"的一元，企业或培训机构根据针对每个教育职业（专业）的《职业教育条例》制订培训大纲开展培训，确保受训者在培训期间熟练掌握专业的从业能力，即在实际工作中独立地制定、实施计划的能力；而"双元制"的另一元的地方职业学校则按照各州地方政府制订的指导性文件——《职业教育框架教学计划》要求组织教学，也可以依据《职业教育框架教学计划》并结合企业对员工的要求，以工作过程导向开发基于"学习领域"的课程方案来实施教学，该方案体现实际工作的整体性和工作过程中的合作性，并注重个人关键能力的发展和培养。

作为职业培训的国家标准《职业教育条例》和各地方职业教育指导性文件《职业教育框架教学计划》的制订充分体现出教育职业（专业）的职业特点。《职业教育条例》是由以联邦政府（教育部门、经济部门和劳动部门及联邦职业教育研究所）及州政府代表为一方和由行业、企业（雇主）和工会（雇员代表）为另一方共同组成的主管委员会共同拟定，而《职业教育框架教学计划》的制订则由各州的职业学校教师和中小企业的企业的专家共同制定。在制定过程中需要所有的参与者达成共识，确保各方的利益得以保证。

因此，这两个文件充分体现了德国"双元制"职业教育以能力培养为主、以技能培训为主、理论教学为技能培训服务、学习内容体现企业对员工的要求、教学（培训）安排充分考虑受训者的年龄和认知规律，采取由浅入深螺旋式上升的教学方法及采用模块式教学的特点。

（四）教学培训场所的"双元"

作为的德国"双元制"的主体，企业和职业学校设有符合标准，体现各自特征的教学培训场所。

企业为职业技能和相关工艺知识的培训设置了实习车间和实际生产车间。受训者在配备有必要教学设备的实习车间和代表现代技术水平的真实的生产环境中通过将近70%时间的培训，掌握较全面的职业技能，学会处理实际问题的本领，并与企业一起成长，熟悉企业的生产过程和管理机制，了解职业的行为规范，养成遵守劳动纪律和安全规程的习惯，树立起自学的质量意识，解决"怎么做"的问题。受训者其余的30%时间在职业学校进行职业专业理论、基本技能和普通文化知识学习，职业专业课与普通文化课的比例大约是7:3，学校教师通过课堂教学和相关的实践课（实验课、基本技能操作等），传授有关的基础理论和专业理论知识，同时扩充和深化普通文化知识，以使受训者达到12年义务教育的基本要求，主要解决了在实训技能操作时"为什么这么做"的问题。

（五）教学培训内容的模块化设计

在德国"双元制"职业教育中，教学培训内容主要是以学员今后职业成长过程中确实需要的能力，即某个"职业领域或职业工种"的职业操作能力为导向，根据该职业操作领域所涉及的专业能力、社会能力、方法和理论能力、个人责任能力等要求设置不同难度等级，确定相应的学习领域，按不同的培养方向和等级设置学习模块内容，模块内容编制不仅仅是传授知识，更注重能力的培养，并以案例问题、规划、确定方案、操作执行、检测、总结评价6个步骤设置相应的具体学习情境和学习子情境、知技能力和解决措施，制定出相应模块教学大纲；教材设计中也是凸显了职业操作能力为导向的原则，由德国联邦职业教育研究所统一根据职业大类编写若干教学单元模块化的整套实训教材，每一单元模块又由教师参考书、学生练习册、习题指导书组成，并辅之以专用练习、工作记录、测验习题、工作评估等过程性手册，并配置投影胶片、教学录像带、教学电影、实训组合教具（硬件）等多媒体教学手段，保证技能训练能完全按照大纲的要求，按统一标准和质量科学地、系统地进行，实现"学习是为了操作，通过操作来学习"的目标。

理论教学采取了以该职业操作领域所涉及"专业理论"为主导的课程设计方式，围绕"专业理论"课教学要求，开设相应的"专业计算""专业制图"及"专业实践"等课程，理论教学没有全国统一的教材，由理论教师自行编制"活页式"教材讲义，并在教学过程中不断地增添新的内容以适应科学技术日益发展的需要。

（六）教师队伍的"双元"

德国"双元制"职业教育的师资由企业实训教师和学校理论教师"双元"构成。其中实训教师是由企业提供，来源于完成了"双元制"职业培训后具有5年以上职业实践的"师傅学校"或者是经"双元制"培训后具有2年职业实践的各类"专科学校"的毕业生，经过教育学、心理学等的专门培训取得资格的专业人员担当，他们是"双元制"职业教育中非常关键、起着重大作用的师资力量；而职业学校的理论教师则是经过4年专业学习及2年师范学习、再经过教学实习并通过国家考试取得任教资格的大学毕业生承担。

（七）受训者身份的"双重性"

德国联邦《职业教育法》规定，初中毕业生要在进入企业工作，必须接受职业教育培训，受训者需通过劳动部门的职业介绍中心选择一家企业，与所选择的企业签订职业教育合同，得到一个培训位置，并明确其在培训期间所应履行学徒的权利和义务，以"学徒"身份在企业培训；同时再到相关的职业学校登记取得理论学习资格，进入职业学校以"学生"身份接受完整正规的职业教育。

（八）与职业资格认证一体的考核评价机制

德国《联邦职业教育法》规定，凡国家认可的培训职业均应举行结业考试，结业考试与职业资格认证具有高度的一致性，由行业协会负责。考试分为中间考试和结业考试两个阶段，参加中间考试是参加结业考试的前提条件。考试严格依据《职业教育条例》明确的标准分笔试、操作、口试三部分，全程均由行业协会指派具有资质的考官负责，只有通过结业考试考生会得到由行业协会签发带有主席签字的职业资格证书。

二、德国职业教育"双元制"模式的启示

由德国职业教育"双元制"模式的构成要素分析，给我国职业教育发展所带来的一些启示。

（一）进一步完善和建立职业教育的法律法规体系

职业教育因其培养的是行业企业中具体生产操作的技能人才，故具有鲜明的职业性特征，就决定了职业教育与行业和企业的关联度较其他类型教育更为紧密，脱离了行业和企业的参与是办不好职业教育的。比对德国"双元制"，目前我国行业企业的参与度还是存在较大差距，更谈不上企业的主体地位。需要从法律层面加以确立。

（二）构建国家职业标准体系

目前我国的职业标准体系还实行的是国家人社部门（或行业）的职业鉴定标准和教育部门的专业教学标准两个体系，两者间还存在一定距离。这造成职业院校人才培养与行业企业用人要求存在一定差距，职业院校学生不仅要参加学业考试，还要参加国家人社部门（或行业）的职业鉴定考试，且国家人社部门的标准与有些行业标准还不一致，使学生即使取得国家职业鉴定证书企业也不认可的现象。因此构建国家统一的职业标准体系势在必行。

（三）坚持产教融合、校企合作方向

作为我国目前办学主体的职业院校要充分认识职业教育的特征，坚持产教融合、校企合作方向，积极主动与行业企业密切合作，在办学体制机制、人才培养模式、专业课程改革、师资队伍建设等方面不断深化合作内涵，创新合作形式，切实提高职业教育的办学活力和人才培养质量。

（四）深化教育教学改革与创新

职业院校要将深化教育教学改革与创新作为促进院校发展的动力源泉，借鉴德国"双元制"的模式，继续推进现代学徒制等人才培养模式创新；改革以学科为体系的"三段式"教学，探索以工作领域的职业综合能力为导向，重构学习领域课程体系，建设基于工作过程的模块化课程组合；开发融合新技术、新工艺、新规范的活页式、工作手册式教材，辅以工作记录、练习测验、工作评估等过程性配套学习资料，并开发信息化的教学素材，形成立体化教学资源；以培养职业领域所涉及的专业能力、社会能力、方法和理论能力、个人责任能力等职业综合能力为重点，运用现代信息技术改进教学方式方法，建设高水平职业教育实训基地，营造与职业领域和工作岗位相似的学习情境，创新教学组织与实施方式及教学评价机制，使职业教育的教学真正与生产相接轨，与学生的职业发展相契合。

（五）建设高素质专兼结合的"双师型"教师队伍

教师队伍是职业院校建设与发展的重要保证，要通过切实有效的举措促进教

师教育理念更新、专业理论知识与技能提升、教育教学能力提高；要通过校企合作机制，探索实现企业工程技术人员、高技能人才和职业院校教师双向流动，促进职业院校形成一支高素质专兼结合的"双师型"教师队伍，为职业教育发展奠定人力资源基础。

令人可喜的是，2019年国务院颁布的《国家职业教育改革实施方案》明确"职业教育与普通教育是两种不同教育类型，具有同等重要地位"。并就完善国家职业教育制度体系、构建职业教育国家标准、促进产教融合校企"双元"育人、打造"双师型"教师队伍、建设多元办学格局等方面，从国家层面作出顶层设计，为职业教育发展指明了方向，教育部等多个部委办也陆续出台了相应的举措加以进一步落实。相信我国的职业教育与职业培训必将进入一个发展的新阶段。

（作者：高炬、朱文俊）

参考文献

[1] 燕峰.德国双元制职业教育中学习模块设置与启示[J].现代职业教育，2018，21.
[2] 聂伟.德国"双元制"职业教育模式中国化的省思[J].职业教育新思维，2018，05.
[3] 德国职业教育法（BBIG）2019修订版.
[4] 陆俊杰.德国"双元制"与中国现代学徒制的异同[J].职业教育新思维，2018，05.

上海郊区职业农民培训课程建设的几点思考

上海嘉华职业技能培训中心

上海嘉华职业技能培训中心2005年成立，主要在嘉定地区开展职业技能等级培训，培训项目有中西式面点、中式烹饪、保育员、母婴护理、养老护理、医疗照护、美容化妆、家政服务、瓜果栽培、菌菇栽培、大棚蔬菜等各等级和专项能力培训，年培训量在2000人次左右，为嘉定地区培养了一大批服务行业和农业生产技术人才。另外，中心每年还承担对企业职工岗位培训任务，年培训量在5000人次左右。作为职业技能培训中心，在现代农业快速发展、新型农业合作集体和职业农民应运而生的形势下，未来我们应该如何适应新一代职业农民和农业合作集体的需要，建设相应的农业生产、经营、发展所必需的文化知识和职业技能课程，是一项值得研究的课题。

一、新型职业农民的形成

改革开放以来，农村发生翻天覆地变化，农业生产也从原来的传统耕作逐步向现代农业发展，原来的单家独户包产到户，逐步向规模经营、家庭农场、合作社方向发展，由此也孕育了一批年轻的、有较高文化知识、具有现代意识的农业生产经营人员，包括农业或综合类大专院校的毕业生，他们已不再是原来意义上的"身份农民"，而是将农业工作视为自己职业的新型职业者，即中国历史上未曾有过的职业农民群体。

进入21世纪，上海郊区农业经济不断发展，逐步诞生了许多家庭农场、农业合作社，还突破了传统的一产经济，出现了一、二、三产融合的所谓"六产"经济，即休闲农庄和休闲农园。

经营模式的突破带来了从业人员结构的变化，我们在调研中发现，家庭农场、合作社及休闲农园等，经营者一般都有了高中或高等教育背景，且也有综合发展的认识，但受原有学习经历限制，在综合经营发展知识方面仍是比较欠缺的，尤其是有关农业生产经营方面的知识。而较多实际操作者，因为缺少学习提高，在对新技术的领会上、对现代技术运用上，显得力不从心。这使我们感到，加快推广现代农业生产与经营知识，培养具有现代意识、现代生产经营的新一代职业农业人才迫在眉睫。

二、现代职业农民培训课程的提出

对农民的教育培训，从识字读本到农业生产技术知识，如农药、种子、植保、耕作、栽培、移植等，为推进农业经济发展作出了贡献。但以往课程基本都是单一目标的，比如扫盲识字，比如农药的使用、种子的培育等某一项农业技术，那是适应农民仅仅是作为农田里一个耕作者。适合现代农业生产、经营、发展的新型职业农民需要有更多专业和综合知识、职业素养和职业技能。

（一）现代农业对职业农民道德素养与法制意识的要求

1. 职业农民的职业道德培养

传统农民的身份是与生俱来的，他从没有职业意识，因此没有人专门研究农民的职业道德。虽然大多数农民在长期的劳作中也养成了勤劳、本分、朴实的良好品质，但由于传统的小农经济作业模式，使他们多少也染上了很多致命的问题，比如纪律松懈、社会责任淡薄、工作目标模糊、执行力差等。这对现代农业建设发展是很有不利的。为此提出以下几方面要求：

（1）纪律规范。不同于企业工人，传统农民长期的个体劳作造就了散漫、随意、少约束的行为与心理，成了一大顽疾。这与职业农民从事规模生产经营方式是格格不入的，比如时间观念、操作流程要求、质量标准把控等，都是有规则需要遵守。

（2）责任意识。个体生产、自给自足造就了传统农民比较缺乏诚信意识和责任担当品行。个体农民在生产经营中往往较多从自身利益出发，为取得个体利益不惜损害公众利益。

（3）协作精神。对于规模化生产经营的职业农民来说，所有的工作都是分工合作，每一个作业人员都是整个生产经营大流水中的一环，配套、互助、协作体现在每一项工作流程中，因此，需要通过教育，培养职业农民具有相互帮助、取长补短、合作共赢的精神。

（4）职业农民的法制意识教育。改革开放几十年，社会已经具备了一定的法制意识，但是传统思想习惯对人的影响，在农村仍然是很大的。农民对法制的认识一般还较多停留在惩处的层面上，不很了解维护、保障权利的一面。

（5）国家农业政策导读与贯彻。我国各级政府对农业极其重视，对农业生产经营在宏观上有很多要求，政府经常下发文件，指导农业生产经营。合作社、职业农民需要按照上级政府要求，对照自己经营实际，规划自己生产经营方向。因此，职业农民需要认真学习、及时了解、深刻领会上级有关文件精神，这对合作社的发展极其重要。

（二）现代农业对职业农民生产技术能力的要求

1. **传统耕作与工厂化作业**

农业传统耕作是靠天吃饭，按季（农时）生产，现代农业打破了地域天时的束缚，在房子大棚里轮作。这样，传统的生产经验为新的现代生产技术所取代。记得最早上海郊区派人去以色列考察农业生产，惊讶于他们在沙漠干旱地带建成了世界最先进的农业生产基地，完全改变了我们传统观念中的农业生产样式。由传统耕作方式发展到现代工厂化农业生产，有许多新的知识、技术。

2. **农药化肥与绿色农业**

农药、化肥是人们对农业生产议论最多的，现在提倡绿色农业，人们希望农业生产中不用化肥施有机肥，不洒农药防病毒。实际上现在的有机肥也不是以前概念中的纯天然产物，而是工厂化生产的，讲究肥料成分的配比。农药则早就禁绝了剧毒而改为无毒或微毒，对人、畜无害。但如何认识各种有机肥、农药的性能，如何把握好作物生长各环节中施肥和喷洒农药的时机、含量配比等，是不同于传统大田生产施肥撒药要求的一门新知识。

3. 产量控制与质量提升

紧缺经济时代，要求农业产量越高越好，一般不太讲究农产品的品质。随着人民生活水平的提高和消费者的不同要求，农产品的质量越来越为消费者关注。这样，就不单是能生产，还要能有好的果实。产量和质量有时是一对矛盾，产量高往往质量下降，要求品质好，往往很难达到理想中的产量。以前提倡密植，期望在有限土地上达到高产量。

4. 各类农业机械介绍及操作要求

农业现代化促进了农业机械化、智能化的发展，以前不可思议的各类农机，现在层出不穷地展现在我们面前，如拖拉机耕作完后的整畦机、精量播种机、移动式栽培床、无土栽培机，还有种子催芽机、全自动蔬菜移栽机、绿叶菜收割机、胡萝卜起控机等。从耕地整畦、育种播种、除草间苗、施肥洒水、收割包装等，原来依赖人工的劳作，现在逐渐为机器取代，很多农机是新研发或国外引进的，并且逐渐向智能化发展。

三、现代农业对职业农民经营管理水平的要求

（一）从个体生产到集约化经营

我国的农业经济经历了个体→集体→个体→集体的过程，但这不是简单的重复，而是否定之否定的螺旋式发展。改革开放以后，农村实行家庭承包制，即个体生产经营，在一定程度上激发了农民生产积极性，推动了农业经济的发展。当时是一个农村家庭就是一个生产经营单位，家庭中一二个劳动者要完成从生产到销售整个经营过程，单家独户面对社会大市场，无论在观念上、知识上、能力上、规模上都是很难适应的。

（二）从就地推销到互联网"+"（宣传、包装、销售）

农民销售产品以前是交售给国家或就近在贸易市场推销，再由国家或中间商

多层售给消费者,这适应了个体农民经营的实际。农民主要的任务是生产,很少注重宣传、包装以增强销售能力,以往的农民在这方面是很被动的。随着农业集体生产经营的发展和互联网的诞生,销售渠道、品牌意识成为经营中十分重要的一环。

（三）从单一生产到立体农业及产、销、售后服务一条龙

计划经济时代,农民的生产是按照国家计划进行的,生产什么,销售多少都按国家规定。改革开放以后,打破了原来的限制,但单家独户的个体经营除了单一生产是很难有更大作为的。规模农业体系的建立,使得多种经营成为可能,单纯的农田生产发展为农业、林业、渔业、畜牧业等多头并举,单一的农业经济发展为休闲农业与旅游农业等多项功能结合。

四、现代农业经济的多样化发展

正如前面提到的,现代农业不再是单一的生产经济,往横向发展,它与其他行业结合形成了旅游经济、礼品经济、花卉绿化经济、餐饮服务经济等；往纵向发展,它可以从单纯的产品生产、销售增加为产品的初加工与深加工,从而增加原产品的附加值,形成农工商一条龙服务。

（一）休闲农业与旅游经济

旅游与农业原是毫不相干的行业,社会发展到休闲旅游人口多了,促进了不同行业的融合。嘉定区的马陆葡萄公园、哈密瓜主题公园、嘉北郊野公园等,都既是瓜果、粮油、花卉种植基地,又是旅游休闲场所。旅游促进了农产品的品牌宣传与销售,农产品为旅游的发展奠定了良好基础。这些农业公园不仅是瓜果生产、销售基地,还是采摘、垂钓、观光的旅游胜地。公园内的职业农民不仅是生产、销售人员,还兼做旅游服务员、宣传员、管理员。

（二）农业产品的初加工与深加工

市场经济与农业集体经济的发展,使农民从原来只是单一的生产出售农产品,到对农产品进行初加工与深加工,获得更多的原产品附加值,即从提供原产品到提供加工产品。但真要达到这一目标,职业农民们还有很长的路要走,需要学习很多东西。改革开放初期郊区曾建立"农工商"公司,因为那时还没有很好建立市场经济机制,看似一体化"农工商",实际仍属不同的经济体,这个模式并不成功。对职业农民来说,这是职业的不断延伸,不仅要关心农业生产与销售,还

要了解不同消费者的消费心理和消费习惯，要关心如何让你的农产品更受消费者欢迎，更为社会接受，你自己能获得更多的利益。

（三）农业信息服务和信息服务网

以前农民不在乎农业信息服务，因为生产什么、在哪里销售、什么价格等，都是国家规定的，有信息没信息无关紧要。改革开放实行家庭承包以后，农民很关心市场信息，但对个体而言，在各类繁杂的信息中能否得到对其有益的农业信息服务？是否有时间精力和能力获取每一项有用信息？实际是很难的。供需的不对位，使得农业信息服务不可能有很好的发展。

随着现代农业的不断发展，对职业农民的培养，应该还有很多内容，但目前我们对农民培训的课程是比较零碎的、不成系统的，不能适应现实需要。我们上海嘉华职业技能培训中心根据多年在嘉定开展农民培训的实践，曾提出编写《现代职业农民读本》的建议，以统筹解决职业农民学习培训缺少比较系统教材的窘况，提议得到了有关部门领导的赞成和鼓励。本文是根据当时的想法，在与农业系统各方座谈交流，听取意见基础上，草拟的一个很粗浅的想法。

（作者：黄进）

五、抗疫求学篇

突如其来、前所未有的疫情是对学校工作的严峻考验。在"停课不停学"的要求下，中高职院校的广大师生群策群力，借助于线上与线下相结合的方式，化解了矛盾，度过了难关，取得了不少成功的经验，谱写了师生同心合力共同坚持疫情下学习的动人华章。

厉兵秣马踏实地　厚积薄发上云端
——上海商业会计学校疫情期间线上教学纪实

上海商业会计学校

一、导语

课堂教学现代化是教育现代化的前沿阵地，是信息技术与教育教学融合应用的关键环节，是信息技术背景下"互联网+教育"新生态孕育与发展的集中体现。

为了培养适应现代服务业迭代、融合发展的高素质人才，上海商业会计学校将课堂教学现代化作为一项基本战略任务，超前设计、系统部署、稳步推进。特别在疫情期间，线上教学成为"停课不停学"的重要手段。

二、做法与过程

1. 创建横向联动纵向进阶的顶层设计模式

课堂教学现代化是一项复杂的基础性系统工程，必须进行前瞻性顶层设计。早在2017年，学校分别制订了学生德育工作、专业建设、信息化建设、师资队伍建设等专项规划，分别对课堂教学现代化改革发展进行了科学谋划，形成了各项专业规划横向联动的机制。有备无患,由于有平时信息化教学的积累,在这次突如其来的新冠疫情面前能够从容应对。

学校每学期在总结前期建设成果的基础上,依据各专项规划和产业发展的新趋势新特点,及时明确下一学期的课堂教学现代化的工作计划,从而形成进阶式不断累进的工作安排。

横向联动既有利于增强课堂教学现代化改革发展的专业性,也有利于强化各相关主体的责任,便于分工合作。纵向进阶保持了课堂教学现代化进程的整合性、连续性、持久性和上升性。

2. 培育"以建促用,以用助建"的"互联网+教育"的新生态

上海商业会计学校通过平台搭建、硬件建设、软件开发等信息化基础设施建设,满足智能财会、科技金融、跨境电商、多媒体数字内容等现代服务业和信息技术产业新模式、新业态、新服务、新技术对教学内容变革的迫切需要,支持信息技术素养较高的年轻教师率先开展信息技术与课堂教学融合的尝试性应用,再通过示范推广,刺激更多的师生开展线上线下混合教学模式变革的实践,扩大信息技术在课堂教学中应用的现实需求,带动教学管理、教学监督评价等相关需求的联动增加。随着信息技术与课堂教学融合发展的深入,信息技术应用领域不断拓展、需求规模日益增加,对信息技术能级的要求加速迭代,这必将反向推动更大规模更多领域更高水平的信息技术建设,从而形成建设与应用的交互式发展的"互联网+教育"的新生态。

3. 实施"学、研、用、射"一体化开放式创新策略

在课堂教学现代化进程中,学校构建了"学、研、用、射"一体化开放式创新策略。"学"是以培训、参观、交流、学习和观摩为主要形式。通过学习更新课堂教学理念,提升信息化素养,熟悉行业企业业务模式及其对教育教学的深刻影响,交流课堂教学改革经验,学习信息技术与课堂教学深度融合的经验与具体做法。

"研"的形式丰富多彩,包括专题研究、实践性研究和教学研究。通过申报国家级等各级课题对信息化教学与管理开展专题研究。实践性研究由实践成果凝练升华和专项实践调查等。教学研究专注于教学设计与实施过程中突出的共性和关键问题,并逐渐走向云教研。

"用"是课堂教学现代化落地的关键环节,包括精英式的示范性引领性应用

和普惠式的大众化基础性应用。示范引领的形式包括组织优秀教师团队参加各级各类课堂教学比赛，在校内或校际开展公开课，开展创新型课程和特色课程的探索性教学等，形成教学模式和学习模式变革的示范效应，从而促使信息化与课堂教学融合的普及与深入，实现课堂教学现代化的普及性和常态化应用。

"射"就是辐射，这是学校课堂教学现代化改革发展成果的溢出效应，是学校管理自信、人才自信、成果自信和模式自信的外在表现。课堂教学现代化成果通过多种维度向上海市乃至全国同类院校辐射。通过网络课程和共享资源的开发形成资源型共享辐射；通过示范课堂教学的现场观摩和网络直播形成实时型行动辐射；通过特色培训和带教帮扶形成导师型输出辐射。

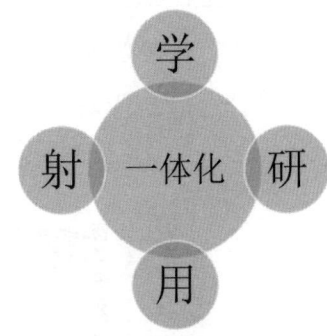

图1 "学研用射"一体化开放式创新策略

4. 构建"以学生为中心"的师生学习共同体

学校倡导以学习者为中心的学习方式，鼓励通过模拟公司运营环境，实现线上交互的实训模式，推行场景式、体验式、沉浸式学习，通过构建师生学习共同体形成合作式、探究式、启发式学习。

师生学习共同体的形式主要包括线上学习共同体，如基于公共聊天软件的QQ群、微信群，基于线上教学专用平台的班级群，线上线下混合学习共同体，如仿真实训的虚拟运营共同体、DI创新创意工作室、AR增强现实社团等。其他线下师生学习共同体，如课题研究共同体、培训共同体等。

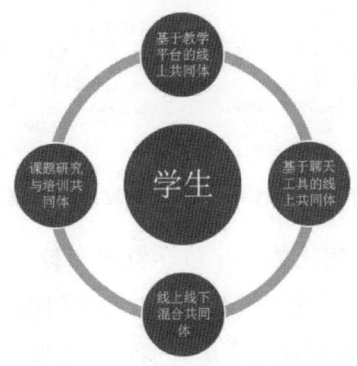

图2 "以学生为中心"的师生学习共同体示意图

275

三、成效与总结

经过多年的奋斗，学校课堂教学现代化取得了可喜的成效，并经受了新冠病毒疫情期间全校师生大规模高质量长时间开展线上教学的严峻考验。

1. 大规模线上教学能够优质高效常态化运行

学校先后实施了智慧教室应用平台升级等改造工程，建设了基础云平台、数据支撑平台、无人机科创体验中心等线上教学、管理和办公系统，以满足全体师生开展线上教学的需要。

图3　学校信息化基础设施建设规划图

学校有计划有步骤地优化数字化教学资源和教学平台，开发了58节微课，开发多门网络课程，建设移动交互式数字教材和多门市级在线开放课程；开发《企业经营模拟沙盘》等基于互联网线上运营的特色课程。这些教学资源的开发为学校课堂教学现代化奠定了基础。

全体师生的信息化素养全面提升。学校组织教师参加各类信息技术素养专题培训，参观企业、园区，开展校际交流、观摩信息技术与课堂教学深度融合的示范课堂。在疫情期间，学校组织了200多名教师参加超星平台线上教学紧急培训，解决线上教学中的一些细节性技术问题。学校及时制订抗疫期间线上教学与管理的应急处理方案，确定线上教学的指导思想和工作思路，全方位开展线上教学准备，技术部门及时将全体师生基础信息集合在企业微信平台，助力线上教学的信息沟通。通过信息化教学的日积月累和全校师生通力合作，全校近300名教师、近百个班级、3000多名学生按计划开展线上教学。根据调研，学生对教师线上教学满意率高达91%，原定课程开课率接近100%。

图4　教师参加教学模式创新的专项培训

2. "互联网＋教育"的新生态正在孕育与发展

智慧财会机器人对标准化会计业务的替代催生了会计专业智慧财经云，为学生场景化学习创造了条件。商务模拟公司构建以学生为中心的师生学习共同体，成为学生探究式学习的绝佳平台。

多年来教职工开展了以信息技术与课堂教学深度融合的实践性研究，如人工智能时代下融合O2O开发跨语言软件编程教材研究的国家级课题，信息技术与会计课堂教学融合的路径选择与模式创建等市级课题研究和大量校级课题。在课程、资源和教材开发过程中开展专题研究，积极开展联合教研。疫情期间，云教研普遍开展。及时开展线上调查，为学校线上教学把脉，科学指导教师开展线上教学。

3. 课堂教学现代化的示范效应和溢出效应持续发力

自 2016 年起学校在历年全国职业院校信息化教学设计比赛（现为教学能力比赛）中屡获大奖，连续两年摘得一等奖。在上海市中等职业学校第七届教师教学法改革交流评优活动中取得佳绩，学生创新创意工作室成员获全国 DI 创新思维竞赛挑战 E 项目一等奖。这些成绩，不仅促进了参赛团队教学能力和学习能力的提升，也极大地激发了全体师生开展以信息化为支撑的教学模式和学习模式变革的热情，助推信息技术与课堂教学的深入融合与创新。

多名教师通过公开课活动,向上海市同行和外省市教师展示课堂革命的成果；开发优质课程资源和其他教学资源进行在线展示与共享；开发智慧商科教学资源，向"一带一路"沿线国家和地区倾情输出。在第二届进口博览会场馆向世界展示学校智慧商科在线教学和云课堂魅力；疫情期间，学校派出一批基础课程骨干教师参与共享线上教学资源的开发，会计教学部向其他学校传授专业课程线上教学的经验。

4. 创新的成色更足更实

创新是课堂教学现代化向纵深发展的持久动力。创建模拟公司开展国际化网络化运营，开发 VBSE 智慧财会模拟实训平台实现线上业务交互推进，将思政内容向会计专业渗透并与信息技术融合形成新型课堂教学模式，早早开始直播教学、云教研等推动课堂信息化革命，开设助力学生金融职业生涯发展的《金融职业导航》课程，并开发相应的云教材向上海市同类学校输出。

学生的创新也毫不示弱。学生创建了清荷电视台，学校新闻联播开播多年。创建学生创新创意工作室，并在世界性 DI 大赛中斩获大奖。AR 增强现实社团成为拥抱创新构建师生学习共同体的新天地。

新冠疫情迫使我们重视体育运动及身心健康

上海市石化工业学校

一、引言

在这次疫情当中，感染者以老年人为主，死亡者基本都是自身带有基础病的，且新冠病毒没有特效药，最终战胜病毒靠的是自身的免疫力。通过这次疫情迫使我们从今往后重视身体健康，重视平时的运动。

二、死亡比我们想象的更近，更可怕

平日里风和日丽、平安祥和时，我们很难会想到死亡，即便想起，我们也会云淡风轻，轻描淡写；觉得自己豁达开明，面对死亡，可以一笑了之，坦然接受。

然，真的当死亡逼近时，谁又能真正举重若轻，面无惧色，了无牵挂？要不在这样的非常时期，为何大家惶惶不可终日，谈"疫情"色变？

科比的骤然离世、冠状病毒的突然来袭，都让我们不得不直面生命和死亡。如日中天的科比做梦也不会想到他灿烂的生命会在2019年1月27日凌晨4点戛然而止，瞬间陨落。

冠状病毒性肺炎致死的亡灵在面对生命的凋谢时定充满恐惧和不甘。但是谁又能改写历史，重写篇章？

平日里我们为了赚钱不顾及身体甚至无视生命，到头来，我们是真的不在乎身体，不在意生命吗？相信答案大家是心知肚明的。这场疫情让我们重新审视、看清自己的内心：身体是根本，生命重于一切。

三、重视体育锻炼远离病魔侵害

（一）身体是革命之根本，每天保持1小时的运动

钟南山教授今年84岁了，为了全国人民，他再次挂帅出征，令人敬佩，让人感动。资料显示，钟南山教授1960年在北京医学院毕业（北京医学院在2000年并入北京大学，变成北京大学医学部）。医学院的5年，钟南山教授大部分时间在参加田径比赛，以及网上流出的健身房训练照片，都可以证明钟南山教授是非常重视健身，热爱运动的。也因为常年的坚持运动才保证了钟南山教授在84岁的耄耋之年还拥有健康的身体、清晰的思维。

如果钟南山教授没有如此健康的身体，那么即便他拥有再多的医学知识，也是有心无力。我们中国地大物博，人才济济。但是英年早逝的人才也不少：孙德棣，网易首席执行官，2005年9月18日，患胆囊癌病逝，享年38岁；何勇，运筹学界精英，2006年8月5日，患肝癌去世，享年36岁；萧亮中，中国社科院边疆史地研究中心学者，2005年1月5日，心肌梗死，享年32岁；焦连伟，清华大学电机与应用电子技术系讲师，学者，2005年1月22日，心肌梗死，享年36岁；高文焕，清华大学工程物理系教授，2005年1月26日，肺癌，享年46岁；2019年11月1日，上海瑞金医院麻醉科医生江金健，心脏骤停离世，年

仅 30 岁……

即便拥有再多的才华和知识，如果没有健康的身体支撑，没有生命的正常运行，一切归零。

2003 年非典，67 岁的钟南山教授亲临一线指挥疫情，2020 年的今天，84 岁的钟南山教授再一次用他的医学知识、健朗的身躯托起全国人民的希望。

功夫在室外，运动在平时。愿每一位生者从此把身体健康放在首位，真正地付之行动，运动起来。不要好了伤疤忘了痛，把运动的时间挤掉，让孩子只会读书，病恹恹、弱不禁风的身体，支撑不起梦想，也托不起理想。因为好的命运、好的前途、好的生活，都需要有一个好的身体来践行。

（二）瑜伽运动，学会和身体链接如此重要

北京首例新冠肺炎患者，因病情恶化呼吸功能衰竭，于 1 月 27 日抢救无效死亡。他叫杨军，是一位能源老兵，勤奋的职业经理人，供职于上海电气集团。

在 1 月 22 日被确诊为新型冠状病毒之前，他一个星期内辗转四地出差：

1 月 8 日至 12 日赴武汉出差；

13 日上午在上海电气电站集团参加会议；

13 日下午前往郑州出差；

15 日由郑州前往北京出差……

杨军确诊后，有位朋友和他联络。他还安慰朋友说，相信自己会慢慢好起来。但没想到，确诊 5 天后就病逝。得知噩耗后，身边的朋友几乎都不敢相信。

在他们眼中，今年 50 岁的杨军，根本就不属于易感染人群。他生活积极健康、工作上进、为人仗义。

就在杨军病逝的当天中午，上海电气集团的相关人员还和他取得联系，他说自己已在康复中。谁知，晚间就接到了他病逝的消息。

杨军年仅 50 岁，正值中年，并在医疗设备发达的北京就医，却在确诊 5 天后病逝；更值得一提的是他病逝的当天中午还表示在康复中，这些问题说明了什么？说明他没有和他的身体链接，更确切地说他和他的身体没有丝毫的链接。

很多时候我们只是利用身体，从来没有真正地俯下身来关注我们的身体，我们吃香的喝辣的不是为了满足身体的需要，而是为了满足欲望的需求。我们穿得花枝招展，把身体勒得喘不过气来时，只是为了博他人眼球，引得回头率而已；我们在酒桌上拼命喝下超过身体极限的酒精时只是为了讨好他人或签下一个单子；我们透支自己身体 K 歌或买醉时，只是为了填补内心的无聊或恐慌而已，我们风里来雨里去看似努力的奋斗、拼搏仅仅为了内心的一点虚荣和不甘。我们什么时候尊重过身体，倾听过身体的声音？

当我们吃饭时，曾否问过我们的胃？需要吃些什么？吃多少？我们为某部剧熬夜，为打游戏通宵达旦时，问过我们的眼睛、内脏吗？即便我们是为了工作而透支身体，那么我们有征得身体的同意吗？

留得青山在，不怕没柴烧。身体永远是革命之根本。留住身体才能留住一切。否则一切都是空谈。

如果杨军真的和身体有链接，他一定能听到身体的呼喊，不至于身体不适多日才去就医，更不会身体病重却不自知。我们越是学会和身体链接，身体越是会在第一时间告知我们实情。当我们忽略身体发出的呼救，那么身体就会在多次尝试呼救之后，断链。身心分离的那一刻起，其实已经一脚濒临死亡了。

那些骤然离世的突发病人，难道事发前真的没有前兆吗？追溯前往，肯定有诸多不适和征兆，只是他们忽略了身体的呐喊和呼救，掐断了和身体的最后一丝链接，所以才导致危险的亲临。

所以瑜伽运动不是杂技，而是让我们学会跟身体链接，身心合一。那是救命的运动。

（三）把运动排上日程，把健康放首位

不要把孩子的日程排满补课，不要把孩子的日程排满各种艺术课程，运动和瑜伽是一定要排上日程的，运动是修身，瑜伽是修心，身心健康才算健康。

弗洛伊德说人的生命力来自力比多，荣格说人的生命力来自能量，我们的能量越高，生命的质量就越高，幸福指数就越高。为何得了抑郁症的人连起床都觉得累，洗脸刷牙都觉得艰难万分？因为没有生命的能量呀！为何有的人永远一副精神抖擞的样子，看似拥有使不完的劲？因为生命的能量足呀！

在冠状病毒疫情中我们也发现了一个不争的事实：同是冠状病毒感染者，出现的病状是不一样的，有的人病情很轻，自己可以自愈，有的人却为此付出生命。免疫力成了我们的最后一道防线，所以不断筑起这道防线是我们一生要做的首要事。

生命在于运动，运动可以增强生命力，提高免疫系统；瑜伽冥想让我们身心合一，和身体做最深刻最亲密的链接，同时能让我们学会在繁华中安静，在嘈杂中专注。

让我们每一位生者从 2019 年的冠状病毒中吸引教训：强身健体才是我们根本的根本，愿我们都会越来越好。

四、结语

我们工作了的人都以赚钱为主，学生以学习为主，我们唯独没有把身体健康放在首位，运动成了奢侈，但是这次疫情给了我们一个深刻而惨痛的教训，让我们必须牢记：身体是首要的，每天运动是必需的。身心健康才能享受美好生活。

（作者：富晓红）

指向学科核心素养的云课堂教学设计
——以"有氧健身操"为例

上海市杨浦职业技术学校

为响应教育信息化的时代要求，结合疫情时期的热点和教师的教学经验，融合学科核心素养，简述运用腾讯在线视频以"有氧健身操"为例进行教学的主要思路，以及对云课堂教学的一些体会和反思，期望为相关指向学科核心素养的云课堂教学设计提供借鉴。

一、概述

近期，教育部从学科核心素养的视角对中职体育课程内容进行重新修订，修订后的课程注重设置体育与健康知识与技能、过程与方法、情感态度与价值观有机整合的课程目标和课程结构，指出体育与健康学科核心素养由运动能力、健康行为和体育品德 3 个要素组成[1]。自 2020 年新冠疫情以来，线上教学打破了这一常规，加大了体育与健康学科指向学生核心素养培养的难度，也对体育教师筹备云课堂教学设计提出了更高要求与巨大挑战。体育教师作为课堂教学的主导者，须当积极思考，学科除了具有增强青少年体质健康的核心功能外，是否还需给学生的家国情怀、生命健康教育带来一些反思？该如何将这些核心元素融入云上体育教育和教学过程中，让学生利用线上教学资源和信息化手段进行锻炼的过程中理解、感知这类主题教育的价值和意义，帮助我们学生树立正确的世界观、人生观、价值观，增强体质并担负起民族复兴的大任。

有鉴于此，本文结合疫情情景和教师的教学经验，指向学科核心素养，简述运用腾讯在线视频，以"有氧健身操"为例，进行教学的主要思路，以及对云课堂教学的一些体会和反思，期望为相关指向学科核心素养的云课堂教学设计提供借鉴。

二、"有氧健身操"教学设计

（一）教材分析结合疫情热点挖掘学科核心素养

"有氧健身操"是以有氧运动为基础，以健、力、美为特征，融合体操、音乐、舞蹈为一体的健身方式。本节课是单元教学计划的最后一课时，学生在老师的引导帮助下，自主创编有氧操组合动作。2020年3月，网上疯传一段视频：在武汉的方舱医院，医护人员和患者一起随着网红音乐《火红的萨日朗》跳起了欢快的舞蹈。起初有些患者还有点提不上劲，但慢慢地越来越多的人受到音乐和周围乐观氛围的感染，纷纷加入其中……看似寻常的视频，却能在那一个特殊时期和特殊场所，通过一段群体舞蹈带给了患者如阳光般绚烂的希望，传递出战胜疾病的信心。作为一名普通体育教师，可以带领我们的学生用体育和艺术力量诠释生命之美，彰显人性光辉，弘扬家国情怀！秉承这样的思考和信念，在进行教学设计之时，将此情景巧妙地与"有氧健身操"教材紧密联系起来，突出培养学生"家国情怀和生命健康"的核心素养，为整个单元教学画上完美的句点。

（二）指向学科核心素养的培养确定教学目标

1. 通过课堂学练，学生能够学会根据音乐创编一套有氧健身操，发展有氧耐力、灵敏和协调性等体能。

2. 通过观看热点视频和教师教学的引领，学生厚植家国情怀，增强社会责任感，明白体育锻炼对于生命健康的重要价值，埋下养成体育锻炼意识与习惯的种子；通过自主创编和自由讨论，培养求索创新、团结合作的品格；通过分层学练，培养勇敢无畏、乐观进取的精神。

三、教学过程

（一）巧妙设问，引起共鸣，引出内容

[设问1]同学们，你们想不想把身上的"游泳圈"减掉？你们要不要为抗疫

英雄们加油助威？今天，我们云课堂教学的任务就是根据公益歌曲《武汉加油》的音乐一起创编一套有氧健身操，以身体动作与舞姿凝聚抗疫精神，为武汉加油！为中国加油！

设计意图：厚植家国情怀和培养社会责任感的体育品德。充分抓住学生憧憬拥有好身材的想法和把握住人与生俱来的同理心，联系实际，调动学生主动投入学练的兴趣和积极性，鼓励学生个人思考与实践努力，唤起学生的家国情怀，并进一步激发学生社会责任感。

（二）自主探究，鼓励创新，张扬个性

[活动1] 根据音乐《武汉加油》自主创编一套有氧健身操。

1.用心聆听学生的内心想法："老师，我不是专业健身操选手出身，要编一套完整的动作太难了……老师，还是您教我们吧，我们不会呀……。"

2.捕捉学生的畏难情绪，对症下药。如可以先用言语进行激励："挑战当然是有难度的，同学们可以先尽情大胆发挥你们的想象，只要动作简单容易上手，强度适宜居家环境，适中一点，老师相信你们能行。"然后，给学生们观看方舱医院医患共舞《火红的萨日朗》的视频来戳中学生的内心，陷入沉思。其次，再适当用言语点出学科核心要点："同学们，我们的困难再多，难道比武汉的同胞们、比奋斗在抗疫一线的医护人员更困难吗？……同学们，虽然我们在家中不能在抗疫一线奋斗，但是请用我们的意志和热情，在网络上渲染我们抗疫的决心！同学们，动起来！为武汉加油，让我们一同抗疫……"。

3.给足学生自主创编的空间，必要时辅以讲解示范。如看见下列情形时（学生创编动作中出现是太极推手、燃脂操、瑜伽、篮球姿势等），教师除了要给予学生充分的肯定外，还应根据学生实际的创编情况，抓取学生普遍存在的共性问题，予以及时纠错，一方面辅以动作要领的详细解说，另一方面就相关动作进行角度和力度的示范，鼓励学生结合居家锻炼和疫情防控的特点有的放矢进行训练。

设计意图：用教师言语激励的魅力及视频中传达出的精神力量，培养学生勇敢无畏、乐观进取的精神。然后做到精讲多练，将教师一味地"教"主动转向学生积极地"学"，还课堂予学生，培养学生求索创新的品格。

（三）分层学练，分组学练，展示交流

[活动2] 因材施教，分层学练。

1. 通过腾讯在线视频平台,学生可以根据教师共享的有氧健身操视频资源,选择模仿网上视频里自己欢的身体动作和舞姿进行练习。或者学生可以就自身熟练掌握并较为擅长的项目动作,根据音乐进行创编练习。

设计意图:学生运动能力水平有高有低,希望通过分层学练,使学生能够在自创自编自排有氧健身操中找到了适合自己的位置和参与的快乐,极大发挥学生自主参与的能动性,体现因材施教的教学理念,帮助学生得到更有效益的锻炼效果。

2. 想必同学们通过方才的两个活动,同学自主创编的有氧健身操组合动作应该是初具模样了,有没有同学能够向我们展示一下自己的云舞台呀?

设计意图:通过搭建云舞台,一是帮助学生培养竞争意识,二是帮助学生感受有氧健身操的力量之美以及生命跳动之美。

[活动 3] 分小组学练。

在云舞台比试过后,由学生自己推选展示的几个骨干学生为各自小组的组长。然后在小组长的带领下,进行分组学练。

设计意图:据学生的学习兴趣分小组再进行学练,以保证本节课的运动量。

[设问 3] 通过本节课学习自主创编有氧健身操,同学们知道根据音乐创编有氧健身操动作的关键在哪吗?

[活动 4] 自由讨论。如"吴老师选择的这曲《武汉加油》,歌词振奋,旋律好听,节奏明快,我觉得根据音乐创编有氧健身操动作的关键就是节奏,节奏有了,感觉就有……对,除此之外还要注意动作的多样化,每个人都可以根据自己掌握的动作来跳,适合自己的才会跳得最好……"

设计意图:希望通过教师设问和学生自由讨论的方式,使学生能够知道并说出创编有氧健身操组合动作的要点,培养团队合作的品格。

(四)舞动青春,烘托氛围,深刻感悟

[活动 5] 再次根据音乐《武汉加油》,全部一起跳自编自创的有氧健身操。

音乐《武汉加油》再次响起,学生们有板有眼地跳了起来,就连协调性稍差的学生也都积极参与其中……

设计意图:希望学生们在进行健康体育锻炼的同时,跳出"抗疫必胜"的决心。再次指向核心素养"家国情怀和生命健康"的培养。

(五)放松整理,相互评价,小结下课

[活动 6] 根据音乐边进行有氧放松，边进行相互点评，最后做个总结。

1. 在教师带领下，学生根据音乐，跳有氧放松操来放松心情，恢复心率。

2. 教师组织学生进行自评、他人间互评。

[设问 4] 同学们，本节课我们主要学习了什么，有哪位同学能说一说？

[设问 5] 通过学习，请同学们再谈谈本节课的收获吧？

设计意图：希望通过提问的方式，帮助学生回忆起本节云课堂所教授的内容，加深学生对自主创编有氧健身操组合动作的意思，让学生从被动学习转向主动说。以学生自己说的形式，指向学科核心素养的培养。

四、教学反思

（一）助力疫情防控，实现体育教学和价值引领同频共振

体育在传统教学中是一门实践性非常强的课程，利用信息技术进行线上云课堂教学，也正是给了体育老师立德树人的好机会。通过云课堂传达体育思想，将疫情、国民身体素质、体育课的技巧动作巧妙的结合，实现体育教学和价值引领同频共振。本堂课，通过挖掘网络抗疫教育素材，激励引导学生自创自编自排自拍"抗疫"有氧健身操，不仅促使学生甩去身上的"游泳圈"，更加强了学生对于生命力的感悟与理解，让学生更加热爱体育、体会体育精神中的"坚韧""拼搏""顽强""不言放弃"是我们全中国人民面对困境、战胜困境的强大力量。

（二）聚焦自主学习，构建师生教学相长共同体

建构主义认为学习是一个积极主动的过程，学习者不是被动地接收外在信息，而是根据先前认知的结构，主动和有选择地建构当前事物。体育教师不仅要积极努力引导更要培养学生分析问题、解决问题的能力。通过上述，能够深刻感受到，在一定引导下的"学"，效果未必比一味传授下的"教"来得差，有时还会收到意想不到的效果。本堂课，只是传达了一个目标，通过引导激发学生自创自编自排自拍"抗疫"有氧健身操的意愿，学生却能根据目标群策群力，快速地完成学习任务，在线教学的效率比常规课堂高出许多。尽管在进行的过程中，遇到了一些小小的困难，但就最终结果而言，学生们整堂课的表现还是很值得肯定和赞赏。如果进入"后疫情"时代的每一堂课，学生都能跳出被动接受的怪圈，充分发挥自我探索和思考的智慧，相信我们的体育课堂定会焕发出更多的生命活力。

（三）营造合作探究氛围，激发学生无限潜能

体育新课标积极提倡合作探究的学习方式，让学生进行合作探究改进了以往教学整齐划一的课堂教学形式，给学生创造性的学习提供了切实可行的条件。学生们通过共同制定学习方案，思想碰撞、协同互补、共同实践、共同努力、共同创新，有助于确立互帮互学的团队意识、建立宽松民主和谐的学习氛围、展现团队合作的魅力。本堂课，我引导学生通过在云端尝试合作探究"抗疫"有氧健身操的具体动作编排，虽然只是初步探索，但过程和结果所呈现的情景却令人印象深刻。学生在此过程中增进了情感的交流、激发了内在学习的动力，成为学习的真正主人，为他们形成终生锻炼的理念打下良好的基础。

（作者：吴桢隽）

参考文献

[1] 中华人民共和国教育部. 中等职业学校体育与健康课程标准 (2020 年版) [J]. 体育科学，2020.04.29.

浅谈疫情期间中职数学线上教学方式

上海石化工业学校

在 2020 年的新冠肺炎疫情影响下的"停课不停学"的号召下，各学校开展学生居家学习的学习方式，教师利用腾讯课堂、超星等网络平台通过线上教学的方式对学生进行教学。针对中职学校，在开展数学课程线上教学时应根据学生的实际情况和学科特点，探索适合中职学生对数学内容的理解和吸收的线上教学方式，从而提高数学课程线上教学的有效性。

一、引言

中职学校是以学生就业为导向，以培养学生能力为本位。在中职院校的课程教学中，以培养有一定专业技能能力的技术工人为目的，实施专业理论与专业技能相结合的教学模式。其中，数学在中职院校的教学课程中是一门重要的、必修的文化基础课，学生对数学知识的理解和掌握程度不仅反映出学校的教学质量，

也直接影响到学生对专业课程的学习，同时对学生将来参加工作后的进步与发展也有深远的影响。因此，在中职院校的数学教学过程中教师应该结合学生自身的实际情况和教学环境的实际情况，既要满足学生对数学基本知识的理解和掌握，结合学生专业特点，将数学知识与学生专业相结合，培养学生灵活运用数学知识的能力，也要紧跟教学改革，适应教学环境的改变，寻求适应学生的、高效的教学方式。

网络教学主要以互联网为基础，借助现代信息技术制作和引用多媒体教学资料，使学生可以运用电脑或者智能手机等硬件设备通过网络教育平台或者电视台等方式进行线上学习。相对于在教室中对学生进行面授课的传统教学方式而言，利用网络进行线上教学的教学方法是教学上的新改革，它具有较强的灵活性、趣味性、针对性和层次性，教师可以根据学生的实际情况和教学任务制作教学视频或者直播授课，激发学生学习的兴趣，引导学生自主学习和思考，培养学生的积极性和自主学习能力。不过，线上教学还存在着一些问题，例如：学生学习数学时注意力不够集中、学生在线上学习中缺乏自主思考的能力，以及学生课后巩固及反思不够及时，等等。

二、研究目的

在 2020 年春节即将来临之际，突如其来的新冠肺炎疫情不仅对全国人民的生命健康带来了很大的威胁，而且对各行各业的发展和运行也带来了很大的冲击，对国家经济发展带来了较大的影响。此外，新冠疫情也波及了教育行业。由于疫情原因，全国各地 2020 年春季开学推迟，为了降低疫情对学生教育的影响，教育部提出"停课不停学"。为了响应"停课不停学"的号召，不耽误教学任务，全国各地积极进行疫情后复学准备，利用信息化手段陆陆续续开展了各种线上教学活动。例如：腾讯课堂、钉钉、雨课堂、学堂云及 QQ 群课堂等各种线上教育平台；线上教育微课、精品课、示范课、慕课等。这种全新的教学方式，不仅是对新的教学模式的探究，而且给教师和学生带来了新的挑战，是对教师和学生进行的新考验。其中，针对中职学校的数学课程的教学，如何提高数学线上教学效果，促进学生积极自主地参与到数学学习中来，挖掘适合中职数学线上教学的方法，进而引导学生找到适合自己的线上学习方法，提高线上教学的有效性，是中职数学教师需要重视和探究的。

三、与线上教学相结合的中职数学教学中的教与学

大多数的中职学生在入校时的数学成绩相对较差，数学基础普遍较为薄弱，数学思维灵活性和计算能力相对不够，对学习数学的兴趣和思考比较缺乏，从而数学课程对他们而言是一门比较困难的学科。又由于中职学校的大多数学生毕业后的目标是直接进入社会工作，因此大多数的中职生都是为了成为应用型的人才，对数学理论知识的重视度不够，缺乏将数学理论知识运用到专业课程的理论学习和实践操作的能力。所以，在数学线上教学中应考虑学生的实际情况，将数学知识与专业知识相结合，激发学生学习数学的积极性和主动性，培养学生学习数学的兴趣，提升学生学习数学的能力和将数学运用到专业学习中的能力，进而提高线上教学的有效性。

线上教学作为一种还未被教师和学生普遍接受和适应的新的教学方式，对教师而言是教学中"教"的一种全新的挑战，对学生而言是学习中"学"的一种全新的挑战。对于中职学校的数学线上教学来说，网络教学的"教"与"学"仍存在着一些问题。首先，受2020年的新冠肺炎疫情影响，全国各校在"停课不停学"的号召下以线上教学的方式让学生居家通过各教育平台或微课、慕课及在线直播等方式进行网络学习。由于时间紧迫，教师和学生对数学线上教学的认知和准备不是非常充足，导致大多数教师很难从传统的以班级为单位的面授课的教学模式中转化为以学生自主学习和思考为主导因素的线上教学模式，从而大多数教师仍用传统数学教学模式下的主导课堂，时刻控制学生的这种"满堂灌"式去进行数学线上教学，这种方式不符合线上教学的理念和规律。甚至有些教师对网络教学软件的使用不够熟练，只会借助多媒体软件给学生布置教学任务，而不会运用多媒体软件进行数学教学。此外，大多数中职学生对新的学习方式不能完全适应，学生在学习数学时不能从平日中的课堂学习模式转换到这种借助网络的线上学习方式，加之教师对学生线上学习课上的数学学习情况不能及时地了解和掌握，致使教师和学生都处在矛盾和焦虑中。其次，借助网络的线上教学中，老师与学生的互动困难较大，学生的参与程度不够，学生很难完全融入教学环境中去。例如讲解几何体的三视图问题时，受在线直播课教学模式的限制，教师不能借助实物向学生具体展示三视图的形成方式，部分数学基础薄弱的学生无法真正的解决

学习上的问题和疑惑。最后，中职学生的自我管控能力及学习自觉性相对较弱一些，又因为疫情期间学生从班级面授课的强管控状态转换到居家学习的弱管控状态的学习环境下，部分学生出现晚上不睡，早上不起，不能按时在线上课的现象，并且学生对数学这类理论性偏强的课程学习的自律性和主动性较差。线上数学学习中，学生在身边没有教师和家长的情况下管不住自己，网络学习中自律性较差，注意力不集中，学习时坐不住，看视频学习或在线直播学习中依赖线上授课资料缺乏自我独立思考。此外，在老师无法监督的情况下，线下做作业抄袭现象、漏交作业现象较为严重。

为了适应社会的发展以及现实环境的改变，线上教学作为一种可以借助教育平台、电视台及互联网等网络进行教学的新的教学方式应该被充分重视和利用起来。针对中职数学线上教学中的"教"与"学"有以下两个建议：一方面，教师需要突破传统的常规的教学模式，从传统的教学思维中走出来，接受和学习微课、慕课、腾讯直播课堂等现代化信息教学手段，改变自身常规的班级面授课式的以老师课堂教学管控为主的"教"的角色，尽量减少教师网络讲授的时间，把更多的时间放在课堂教学的管理及与学生的沟通和互动上，引导学生数学课中自主思考，带动学生数学学习的主动性，调整在线教学中教师"教"与学生"学"的关系，培养学生的学习自主性和学习兴趣。另一方面，利用家长微信群，开展家庭教育讲座，借助微信群或电话多与学生家长沟通，建立良好的家校管理共同体，提高家校教育质量。家长和老师都是学生的管理者，学生居家学习时，引导家长在家里要与孩子搞好关系，为孩子提供一个融洽的、良好的居家学习环境和生活氛围。此外，家长应给学生在生活和学习方面做好榜样作用。家长既是学生居家学习的管理者，也是学生居家学习和生活的陪伴者，家长必须在生活、学习等方面做好表率作用，引导学生加强自我管理，培养学生的自觉性和自律性，从而提高学生的自我管控能力。

四、结束语

随着这次新冠疫情期间"停课不停学"号召下对中职学校数学线上教学模式的展开和摸索，我们发现随着人工智能技术的发展和进步，中职学校的数学教学应与现代化技术手段相结合，转变传统的以班级为单位的面授课的教学模式，提高线上学习平台及线上直播课等网络学习模式的有效性,将线上教学结合到数学课堂教学中去,探索新的现代化教学模式下数学课程的"教"与"学",引导学生自主学习,学会思考和反思,培养中职学生对数学课程学习的自主性、积极性和兴趣。

(作者:张艳)

参考文献

[1] 尚俊杰. 如何看待视频课件的价值 [J]. 中国信息技术教育,2020(Z2):7.
[2] 王信民. 论疫情期间高中数学线上教学中的教与学变革 [J]. 新课程教学,2020(12):91-92.
[3] 卢从林. 给予网络课程的中职数学分层教学策略研究 [J]. 江苏科技信息,2015(18):33-35.

"停课不停学"背景下化工安全与清洁生产课程网上教学探索与实践

上海石化工业学校

2020年春,为了保卫校园安全,保护师生们的生命健康,国家作出了延迟开学的决定,并倡导利用网络平台,"停课不停学"。我们响应党中央国务院号召及各级部门工作部署,保障"停课不停学",开展网上教学,在疫情防控期间帮助学生居家学习,共同筑起特殊时期在线教育的安全墙。

由于疫情影响学生无法正常返校上课,因此,开展网络授课成为唯一的教学手段。现就新冠疫情下《化工安全与清洁生产》课程授课方式进行探讨。

一、多样化的现代教学技术,满足学生的不同需求

为了做到"停课不停学",学校组织专业科室、信息中心的教师们对网上授课进行了充分的前期准备。对课程教学要求、师生的电脑网络水平和使用习惯等因素进行综合考虑,最终选择以QQ软件为教学实施平台。在开学前,任课教师、课程安排和学生的信息由教务处进行编制和公示。各班级组建QQ教学群,统一管理。授课教师在授课前将教学所需的文件如:电子教材、课件、微课、案例视

频等传入 QQ 群空间内,供学生下载预习。我们针对每次课编写的学习指导文件,内容包括学习重点、学习时长、学习方法、核评价方式等,使学生在开课前对本次课有清楚的了解,使学习达到事半功倍的效果。同时,考虑到学生身处各地(部分学生身在云南偏远地区),网络通畅度差别很大,我们采用以腾讯 QQ 软件网络学习为主联合其他平台开展网上教学,如上海市精品课程平台、中国大学慕课、易班、钉钉、腾讯会议等。这些网上教学平台各有优缺点(如表 1 所示)。教师开课前都录制了微课上传 QQ 群空间,并至少准备两个平台,授课时根据实际情况进行选择,及时通过班级微信群通知学生,以保证网上教学的正常进行。

表 1 各网络教学 APP 特点差异

平台/方式	优点	缺点
腾讯群课堂	1. 支持考勤、点名 2. 支持摄像头,增加现场感 3. 可分享屏幕、课件、板书 4. 对视频的兼容性很好,学生观看视频的影像清晰、音效好	1. 会因网络不稳定而签到失败 2. 偶有卡顿 3. 学生申请发言流程略显复杂,需要老师点击同意方可,会阻碍教学的流畅性,使老师分心 4. 发言人的图像会对分享的屏幕产生影响
腾讯分享屏幕	1. 教师、学生熟悉该软件,几乎不需要花时间学习使用方法 2. 可共享屏幕、分享视频 3. 学生随时可以打开麦克风参与到课堂发言互动	1. 声音略有失真 2. 无考勤机制 3 教学时需要学生保持静音,同一时间多人发言会导致杂乱无序 4. 互动时不能清楚知晓是哪位同学进行的发言
录播微课	1. 可投放至各个平台 2. 学生可择时观看	1. 不支持课堂内互动 2. 对学生自觉性的依赖严重 3. 增加教师额外工作量
上海市精品课程平台	制作精良,精品内容与线下教学内容一致	1. 缺乏师生互动 2. 上海精品课程数量没有涵盖所有线下课程
慕课	1. 平台规范化程度高 2. 可添加课后练习题 3. 可随时观看	1. 需要教师提前录制,不支持课堂内互动 2. 平台上的课程不是都符合本课程的教学需要
钉钉	可直接在群内分享方便统计观看人数、支持回放、可供教师在线板书可布置作业	学生不喜以签到,打卡等方式"监控",企业的管理方式不适合学生的管理

二、优化网上教学方案,保障授课顺利进行

《化工安全与清洁生产》课程还是一次进行网络远程授课。课程内容的选择、教学资源的筛选、教学过程的调整都是要综合考虑。所以在开学之前,教研组的

教师们进行了多次的研究讨论。对课程内容进行梳理，挑选出适合网络授课的模块，并重新制定网络授课教案。

《化工安全与清洁生产》课程具有实用性强、知识范围广、技术复杂、政策性强等特点。课程旨在增加学生的知识宽度，开拓学生视野，涉及防火防爆技术、化学品分类等安全管理、健康、环保等内容。在传统线下教学过程中，教师可以利用学校的实验实训资源设计出"让学生动起来"的教学环节，以达到良好的教学效果。而在网络授课教学过程中，教师们就要利用网络授课信息获取方便、信息化资源丰富的有力条件，扬长避短的优化网上教学方案，以保障授课顺利进行。

1. 善用网络授课不受时空的限制，突破了传统课堂教学的局限

学生在课后作业与复习过程中遇到疑难问题时，可以通过网络教学系统查阅教师上传的教学课件，或者到网上提出自己的疑问，这样可以得到教师或同学的回复，及时高效地解决问题，打破了时间和空间的限制。

2. 巧用网络资源，设计教学环节，提高学生自主学习能力

随着信息技术的飞速发展，计算机已普及到千家万户。计算机网络具有强大的采用文字、声音、图表、视频、动画等多媒体形式表现的信息处理功能，将多媒体信息技术运用于网络课程讲解和知识学习的各个环节，这是传统教学方式所无法比拟的。巧用网络资源，要让学生改变传统的将知识学会，慢慢地转变为如何掌握学习方法，主动地利用网络信息资源，怎样进行自主阅读、自主学习，也就是变传统的"学会"为"会学"。如学习《受限空间作业》这一课时，课前我上传了《受限空间作业》电子教材和探究式任务"因未没严格履行操作规程、气体监测不到位导致闪爆死亡的案例"。发布头脑风暴问题：此事故的直接原因是什么，能想到的避免此种事故发生的解决办法吗？学生通过预习资料，查找网络信息对案例进行分析；在课中，教师可以让学生来阐述自己的观点看法，同学们进行互动讨论；课后布置开放式作业——"结合实训室污水罐的具体情况，分析污水罐检修过程中的安全注意事项，设计操作流程"。巧用网络资源使学习者的学习"自选时间、自由交互、自觉作业"成为可能。

3. 多种评价共举，激励学生学习积极性

网上教学，让课堂与电脑、网络结合得更加紧密。不但学生可以方便地使用信息化资源，老师的评价考核方式也更加多元化。建立多元化的发展性评价机制，

发挥评价的激励功能，是网上授课能够有所突破的地方。要改变传统的将纸笔测验作为唯一的评价手段的现象，加入电脑题库测验、制作PPT答辩，问卷评价、作业分析等评价手段。QQ软件的作业布置、学生作业提交、教师反馈具有很强的及时性和交互性。通过对学生的学习情况和考试结果进行分析，客观地描述学生在学习中的进步和不足，并提出建议。而学生第一时间就可通过QQ获取评价。这使得作业的评价过程具有了可视化、定量化等特点，让师生互动更加便捷和有时效性，进而起到面上引导、促进的作用，激励学生学习积极性。

4. 解决突发问题，适应网络授课特点

相应"停课不停学"的号召，我们化工安全与清洁生产课程开启了网课模式。对于待在家中的学生，主要的上课方式是通过腾讯QQ软件进行网络研讨授课为主，录课和其他网络平台为辅。学生通过教师分享屏幕和群课堂的形式，听着教师的声音，看着屏幕上的课件、视频进行学习。课后学生有多种形式的作业，他们自行完成后提交到QQ作业上。为了减轻师生的负担，我们尽可能少地采用其他教学APP和平台，师生在APP和网络平台之间"奔波"，提高学习效率。

在教与学的过程中，我们体会到网课回放能够帮助学生解决疑问、及时巩固复习等方面的优点，同时也遇到了一些网络授课的突发问题。（1）教师与学生缺乏直面的情感交流。教学过程是一个双向交流的过程，教师的知识水平、人格魅力、情感交流都会对学习者产生较大的影响。不能真正面对面的交流会加大"教与学"的难度。我们通过安排视频互动的方式解决这一难题。（2）网络卡顿和手机、电脑多种听课设备共存的情况影响教学的流畅性和授课效果。化工安全授课过程中会用到很多视频资料，互动环节需要学生打字或者语音。这些对网络和设备都有较高的要求，针对此问题我们采用网络研讨、录课、慕课多种教学方式来应对，以满足学生的学习需要。（3）教师对网络课堂教学的监控不够。网络课上存在着学生注意力分散，不便于监控。采用多种教学方法、评价方式，让学生的尽可能地参与到互动和任务活动中，避免学生"走神掉队"。

响应"停课不停学"的号召，我们采用网络授课的方法来满足学生的学习需求。教师需要逐步适应跟上"潮流"，不断学习网络平台的授课技巧；学生需要加强学习的自律性，把控好对时间的安排，不断提升自己的专业能力。我相信将传统课堂教学与网上教学彼此取长补短、相辅相成，并将两者有机结合起来才能收到事半功倍的教学效果。困难时期终将过去，而化工安全与清洁生产课程的网上教学探索与实践之路还将继续。

（作者：王辉）

参考文献

[1] 董炜疆，宫惠琳，刘文彬，周劲松，司开卫，张旭，程彦斌. 新冠疫情下留学生医学基础课网上教学探索与实践，中国医学教育技术，2020.

[2] 张玉平. 基于云班课的信息化教学过程资源设计——以《化学品安全管理》课程建设为例. 化工设计通讯，2018，9.

[3] 蒋清民，刘新奇. 危险化学品安全管理 [M]. 北京：化学工业出版社，2015.

[4] 姚洁，王伟力. 微信与课堂混合学习模式应用于高校教学的实证研究 [J]. 高教探索，2017（9）：50G54.

六、学生成长篇

学校教学改革乃至一切工作的出发点和归宿,最终归结到学生的成长上。无论是在班级管理中探索实践积极心理学的应用,还是针对抑郁症的学生开展家庭教育的指导工作,抑或对来自贫困地区学生开展扶贫扶志、创业成才教育,无不体现这一根本宗旨。

中职特教班自闭症学生个案研究
——以上海石化工业学校为例

上海石化工业学校

本文选取上海石化工业学校特教班的一名自闭症学生作为研究对象,通过观察、访谈相结合的研究方法,对个案的情况进行深入了解,对该孩子给予爱和关心,建立稳定的师生关系,让该孩子接受职业康复课程训练。经过3年时间的教育指导,该学生取得了明显进步。

一、研究对象

小张是上海石化工业学校特教中心三年级的一名自闭症患者,男生,是该校开设特教班以来招生的第一批特殊孩子,也是目前3个特教班级仅有的两名自闭症患者之一。通过智力鉴定,结果为智力障碍3级。小张同学总是活在自己的世界里,不能和同学老师进行有效沟通,不能控制自己的情绪。

二、研究内容

（1）通过和家长进行沟通，观察小张的行为，以及对小张进行多方面的心理评估，作出比较科学的诊断，为进一步制定康复教育计划做好前期准备。

（2）探讨对小张进行康复教育的可行性方法。

（3）为此类学生康复提出有针对性的建议。

三、研究过程

1. 个案资料收集

（1）对家长进行访谈收集资料：访谈对象为小张的妈妈，据妈妈反映，小张同学说话时间明显晚于其他同龄人，随着年龄的增长，越来越无法正常表达；与人交往存在障碍，亲友之间也没有正常的情感交流，不能与人对视，不能和同伴们玩耍，经常独处。经常做一些简单而又乏味的动作没比如反复拍巴掌、长时间盯着一个东西发呆、固定地玩一样东西、不喜欢其他小朋友的玩具等。容易情绪波动，甚至对家人有攻击行为。小张妈妈总结出和小张交流的方式，即把想说的话写在纸上，用书面语告诉他应该怎么做不应该怎么做，事实证明这个方法是可行的，小张同学的情绪渐渐得到了缓和。小张妈妈的方法在很大程度上帮助了指导老师。

（2）对学生观察的情况：小张同学对数字和秩序比较敏感。他会询问老师们的微信号、手机号、生日、年龄等；如果有老师或者学生请假，他就会反复询问原因。这些都是他的日常行为。另外，他对阳光和噪音反应强烈。上操时，由于太阳燥热，他拔腿就跑；当班级里声音太大，他会情绪失控地崩溃大哭，摔门而去，跑着要回家，甚至出手打人。上课的时候，小张没办法集中注意力，沉浸在自己的世界里。

2. 主要结论

（1）在社交方面：①自闭症孩子不能进行正常的人际交往，不能建立正常的伙伴关系；②无法建立亲情、友情等关系，缺少情感意识；③遇到困难不会求助，社会互助能力差[1]。小张在班级里表现为社交退缩，缺乏与同学们的语言交流和目光接触，经常独自活动；看似和他妈妈很亲密，实则没有眼神交流，不带有感情。在学习上遇到困难，他也不会主动向老师寻求帮助，只是表现出着急、焦虑，甚至崩溃等情绪。

（2）在语言方面：自闭症患者总是在一段时间之内喋喋不休地重复某些字词；

无法掌握音调、音量：说话如木偶一般，十分机械化，无法通过语音的音调、节奏、抑扬顿挫来表现情绪或是感受，也不能在不同的情境中使用不同的音量[2]。小张语言发育落后，语言组织能力差，表达能力弱，喜欢说重复的话，词语颠倒，无法控制语速，言语障碍十分突出。

（3）动作刻板重复：重复性及局限性的行为模式，是自闭症学生的特征之一。自闭症学生会坚持某些行事方式和程序，不易接受突然而来的改变[3]。①小张同学会重复询问老师年龄、生日，以及某个汉字的写法等，这些行为他每天都要重复好多次，这是他重复性行为的表现。②其局限性行为表现在：老师调课或者考试时间有变，小张同学就开始紧张、焦虑不安，情绪逐渐崩溃；平时如果有老师请假，他就追着班主任问这位老师怎么了，为什么不来上课；班级里有哪位学生没来他也会问个不停。自闭症孩子没办法面对突如其来的改变，打乱了他心理认知模式，这都源于其行为局限性。

（4）特殊感知模式：部分自闭症儿童会有特殊的感知模式，他们会有异常的感觉反应。对日晒、炎热、流汗、噪音等会有过敏的反应，因而变得焦躁不安，甚至有强烈的反应[4]。由于夏天上操或者上体育课，日照强烈，他总是中途没和老师打招呼，拔腿就跑，光照和炎热的感受对他造成了刺激；班级里如果有同学对小张大喊大叫，小张就会受到刺激，夺门而去。

综上所述，小张在社交、语言表达方面存在交流障碍，行为重复刻板，感知敏感特殊，是一名典型的自闭症患者。

3. 教育训练阶段

（1）训练主要目标：提高小张的情绪自我控制能力，从而减少发脾气等不良行为。

（2）训练主要方法：①给予关心与爱：虽然小张是特殊儿童，但指导老师要给予小张应有的尊重、理解和关爱，这是教育矫治小张的前提。教导自闭症学生，是需要用心来感应他们的需求。明白小张在太阳猛晒及炎热天气下抗拒在户外上体育课或者上操，因此体育老师为小张提供较多休息特许，希望藉此提升其适应能力。由于自闭症儿童多有沟通及表达的困难，因此老师亦教导小张如何向老师打招呼，提出休息申请等。在任何改变之前，让自闭症学生知悉转变的性质和原因，是一种有效的策略[5]。为避免小张因为"改变"而情绪失控，特教中心负责人召开教研会议告知任课老师有调课或者请假都要单独告知小张同学，让他知晓原因。

② 身心接纳，建立稳定的师生关系：自闭症儿童由于身心特点，情感极不稳定，对他人不信任，不易接近周围的人，对周围的人具有排斥的倾向，对情感的体验也不深刻[6]。作为老师，就必须在情感上真诚投入，模仿小张的语言亲切地去表达，和其交谈，给予孩子心灵上的温度。同时，在小张不排斥的情况下，给予小张肢体上的接触，如摸摸他的头，拍拍他的肩，给予他必要的关爱。对于一个长期缺"爱"的孩子而言，这种关爱，容易为彼此在身心上互相接纳，容易为师生之间建立稳固的师生关系，为教育矫治小张打下了坚实的基础。③仪器康复和课程康复相结合。自闭症儿童的康复指的是对其身体机能、神经进行系统的发育发展、心理低龄化等因神经系统广泛性发育障碍所致缺陷的系列性功能的训练方法[7]。上海石化工业学校精心为自闭症孩子打造的资源教室包括身体康复训练室、语言康复训练室及心理咨询室。这些资源教室在帮助小张恢复情绪、改善表达方面起了很大的作用。当小张同学出现情绪崩溃的时候，教辅老师会带他坐放松椅，实施"放松疗法"；特教还开设了一系列职业康复课程如：摄影、书法、绘画、趣味数学、趣味物理、折纸、形体训练等。这些课程集知识、趣味、康复于一体，对小张来说是一种"兴趣疗法"。通过"放松疗法"和"兴趣疗法"，小张同学的情绪明显有了改善，其情绪失控的次数也逐渐减少。

4. 训练效果

通过指导和训练，小张学会了运用语句："对不起老师，我可以休息一下吗？"等礼貌用语，更值得高兴的是，小张已较前适应在炎热天气下做运动，中途休息的次数减少了。小张自己也知道老师的微信、手机号是隐私不能问，而且问的次数越来越少了。他也会主动和老师面带微笑地问好，也慢慢和老师有了眼神交流；当他感受到老师的关爱时，他对声音不再那么敏感，他逐渐能主动和同学们聊天了。据家长反应，在家中，他养成了自主学习的好习惯：考试前会主动要求复习；弹钢琴、画画和烹饪已经成为他每天的必修课。他的整个精神状态也较之前有了明显的改善。

四、 总结与反思

1. 教导者要善于观察

自闭症孩子在认知、理解、表达抽象性的事物或情感时能力较差，教导者要关注学生的一言一行，适时给予关心和指导：像小张在参加户外活动的时候，教导者要对小张格外关注，观察他情绪是否有波动，及时询问原因或让其休息。

2. 教导者要有足够的耐心

对孩子一次又一次的无作为或者错误的行为，还要有耐心，应一遍又一遍地教导孩子做好任何一件事：小张同学每天都要重复询问年龄和时间的时候，老师们都很有耐心而友善地回应他，并且教导他。

3. 教导者要善于分析问题

大部分的自闭症孩子都存在着行为问题和情绪问题，当这些问题出现时，一定要寻找问题的根源，如果是单纯的情绪发泄一定要及时制止并转移孩子的注意力；如果是受到了刺激，一定要按图索骥，找到其发泄的根源。

将自闭症孩子放到中职学校里，对中职老师来说是一个很大的挑战。自闭症孩子是来自星星的孩子，闪耀而孤独，他们缺乏与人沟通交流的能力，语言障碍突出，行为重复刻板，经过指导老师的关心与帮助，他们与老师们建立了和谐的师生关系。通过对他们进行康复训练，时刻关注他们的一言一行，小张逐渐有了和人交流的意识，情绪崩溃的频率也逐渐降低了，中职老师在教育指导小张的过程中也得到了成长。

（作者：徐燕汝）

参考文献

[1] 秦秀群，苏小茵，高玲玲. 孤独症儿童父母的亲职压力调查研究 [J]. 中华护理杂志，2008，43（10）：931 - 933.

[2] 周杨. 自闭症儿童现状分析及教育对策 [J]. 山海经，2015（16）.

[3] 段雄超，戴爱平，杨芳艳. 关于自闭症儿童现状研究的综述 [J]. 科教导刊：电子版，2013（1）：120.

[4] 林云强，赵斌，张福娟. 自闭症儿童刻板行为的分析及干预策略探讨. 中国儿童保健杂志，2011，19（5）：441 - 443.

[5] 左秋芳，胡晓毅. 国外自闭症谱系障碍儿童刻板行为的干预研究综述. 中国特殊教育，2012，（8）：35 - 4.

[6] 冯夏婷，甄俊俊，张焱. 儿童自闭症研究的回顾与展望 [J]. 教育导刊. 幼儿教育，2005，12：20 - 22.

[7] 刘春玲，江琴娣. 特殊教育概论 [M].2016，2：25 - 26.

中职生认知风格调查报告
——以上海市医药学校为例

上海市医药学校

认知风格（cognitive style）是个体信息加工方式的心理倾向，即人们运用智力的个性化方式。[1]它是个体在长期的认知活动中形成的稳定的心理倾向，表现为个体对一定的信息加工方式的偏爱。教师在进行教学设计时，如果教学设计适配于学生的认知风格类型，有助于学生提高学习效率，对教学有事半功倍的作用。因此，了解学生的认知风格类型并基于学生的认知风格类型特点进行教学设计，对于促进学生教学活动参与的积极性、主动性，提高学生学习效果具有重要实践价值。

自20世纪六七十年代以来，世界心理学界对认知风格的研究呈现一派繁荣景象，出现了许多认知风格分类，如场依存型—场独立型、聚合型—发散型、整体型—序列型、言语型—表象型等。[2]迄今为止，美国心理学家威特金(Herman.A.Witkin 1916-1979)发现的场依存型—场独立型(field dependence-field independence)依然是认知风格研究中提出最早、研究最多的一个领域。不仅构成了认知风格的核心要素，还形成了系统的理论框架和较为完善的测试手段。"场"就是周围的环境，包含人、事、物等具体要素，对人的知觉有不同程度的影响。场依存与场独立是一对连续体，在连续体的一端是场独立型，另一端则是场依存型。在认知方式上，两者有着截然不同的取向：场独立型倾向依靠自己内部具有的知识框架，独立分析问题、解决问题，并注意关注事物的细节；场依存型则倾向依靠外部提供的有关信息，从整体上认知事物。

使用《镶嵌图形测验（The Group Embedded Figures Test）》作为测量工具，采取整群随机抽样方法，对上海市医药学校195名学生进行认知风格类型测验，使用SPSS19.0对测验数据进行统计分析，并根据分析结果，提出教学建议。

一、调查目的

通过对中职生认知风格类型调查数据的统计分析，掌握中职生场依存型—场独立型认知风格分布情况，为教师设计与学生认知风格类型相适配的教学活动和任务，提供实践依据。

二、调查对象

以上海市医药学校在校学生作为调查对象。上海市医药学校是一所以生物医药为特色的国家级示范性中等职业学校，具有 40 多年的办学历史。目前学校有 65 个教学班级，在读学生 2179 名，学生年龄跨度为 16—18 岁。涉及药物制剂、药物分析、生物技术制药、中药、医药商品经营、制药机械维修、养老护理等 7 个专业。

三、调查工具及方法

（一）调查工具

本次调查使用的主要有认知风格测验和数据统计分析两种工具。认知风格测验工具采用的是北京师范大学修订的《镶嵌图形测验》认知风格测试图；数据统计分析工具采用的是社会科学统计软件 SPSS19.0。

《镶嵌图形测验》测试图是专门用来测验学生场依存型—场独立型认知风格的测量工具，在国际上已经被广泛使用，具有很强的区别功能且易于操作。为更加适合对中国学习者场依存型—场独立型认知风格的测试，我国著名心理学专家、北京师范大学心理系谢斯骏教授和张厚粲教授在 1988 年对其进行了修订。测验参照国外测验编制，并选取了国内的被试进行测试，测验校正后的信度为 0.9，效度为 0.49。[3]

（二）调查方法

1. 抽样方法

以班级为单位，采取整群抽样方法，随机从上海市医药学校在校学生中抽取 7 个班级共 195 名学生，约占在校学生总数的 8.9%。其中男生 56 名，约占全校男生总数的 7.8%，占被调查样本总量的 28.7%；女生 139 名，约占全校女生总数的 9.0%，占被调查样本总量的 71.3%。男、女生被调查样本总量比例基本符合学校在校男、女生比例现状。

2. 测验方法

为了获取真实、准确、有效的数据，确保测验要求及内容符合中职生当前的认知水平，在进行正式测验前课题组选取一个班级进行了测试。测试结果表明测验试卷难度、内容要求、完成时间等均符合中职生目前认知水平。

正式测验采取统一试卷、统一时间、统一要求的办法。所有参与负责学生调查的老师均经过统一培训并明确测验要求。《镶嵌图形测验》测试图共有3个部分，包含9个简单图形和29个复杂图形。第一部分9个图形，仅用于练习，不计分；第二和第三部分各10个图形，要求被试从复杂图形中找出指定的简单图形。每题1分，共20分。测试时间共计15分钟，教师用3分钟解释测试要求，剩余12分钟学生完成测试题。

3. 统计方法

（1）有效问卷

调查共发放测试卷195份，回收195份，回收率100%。测试卷回收后，课题组对测试卷完成的有效性进行了复查。复查发现有5位同学测试卷不符合答题要求，经与学生本人确认，确实学生个人误解或没有正确理解做题要求。经课题组研究，该5位同学所做测试卷无效。故此次测验共回收有效测试卷190份，测试卷有效率97.4%。

（2）T值计算

镶嵌图形测验的最终得分采用标准分数T值，即按该测验提供的男性、女性的常模分数和各自的常模标准差，将被试的测验分数转化为标准分数T值。$T=[(M-N)/S]\times 10+50$，$T \geqslant 50$ 者为场独立型，$T<50$ 者为场依存型。其中M为镶嵌图形测验第二、三部分所得分数合计（最高分不超过20分），S是常模标准差（S女性=4.89，S男性=4.57）。N为常模分数（N女性=9.69，N男性=9.86）。按照上述公式计算方法，将190位学生的测验分数转化为标准分数T值，并使用SPSS19．0进行数据统计分析。

四、结果分析

（一）学生个体之间认知风格类型分布情况

由表1可知，在全部190人有效样本中，场独立型认知风格学生（$T \geqslant 50$）115人，占比60.5%；场依存型认知风格学生（$T < 50$）75人，占比39.5%。场独立型认知风格学生人数高出场依存型学生人数21个百分点。表明在中职生群体中，场独立型认知风格学生人数总体多于场依存型认知风格学生人数。

表 1　学生个体之间认知风格类型分布统计

		频率	百分比	有效百分比	累积百分比
有效	T＜50	75	39.3	39.5	39.5
	T≥50	115	60.2	60.5	60.5
	合计	190	99.5	100.0	100.0

由图 1 可知，学生认知风格 T 值分布从左侧最小 28 到右侧最大 67，共计 27 组数值，每个 T 值对应人数从最少 1 人到最多 20 人不等，学生个体之间 T 值差异非常显著。以 T 值 50 作为划分认知风格类型的标准，T 值 50 右侧数值越大，说明学生场独立性越强，数值越小，场独立性越弱。与之相反，T 值 50 左侧数值越大，说明学生场依存性越弱，T 值越小，场依存性越强。因此，中职生认知风格不仅有场依存型与场独立型之分，而且同种认知风格类型之间，场依存与场独立倾向程度也存在显著的强、弱差异。

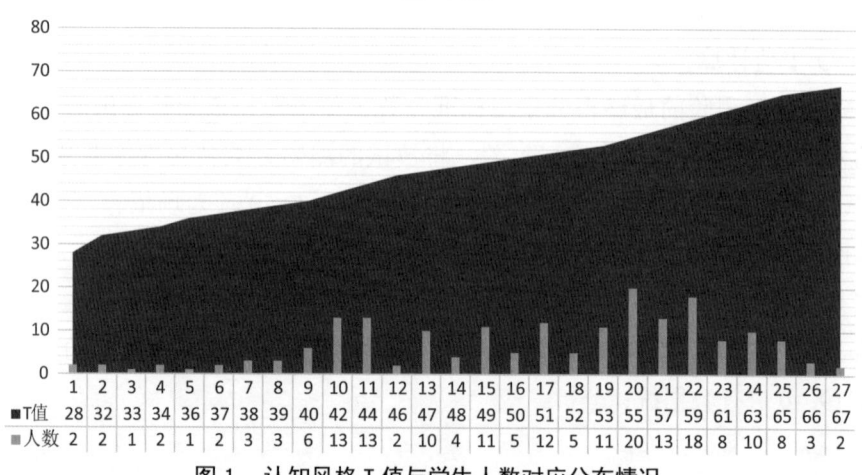

图 1　认知风格 T 值与学生人数对应分布情况

（二）班级群体之间认知风格类型分布情况

由表 2 可知，班级群体之间学生认知风格类型分布存在 3 种情况：（1）场独立型学生人数占比明显高于场依存型学生人数。A 班和 B 班场独立型学生人数占比分别高达 87.9% 和 84.6%，而场依存型学生人数占比分别只有 12.1% 和 15.4%，分别高出 75 和 69 个百分点；D 班和 E 班场独立型学生人数比场依存型学生人数占比分别高出 29.8% 和 22.2%。（2）场依存型学生人数占比明显高于场独立型学生人数。C 班场依存型学生人数和场独立型学生人数占比分别为 67.6% 和 32.4%，场依存型学生人数比场独立型学生人数高近 35.2 个百分点；G 班场依存型学生人数和场独立型学生人数占比分别为 66.7% 和 33.3%，场依存型学生人数比场独立型学生人数高 33.4 个百分点。（3）场独立型学生人数占比和场依存型学生人数占比差异不大。F 班场独立型学生人数和场依存型学生人数占比分别为 52.4% 和 47.6%，两种认知风格类型人数比例大致相当。可见，各个班级群体之间场独立型和场依存型认知风格学生人数分布差异是多样的。

表 2 学生认知风格类型班级分布统计

认知风格	A 班百分比	B 班百分比	C 班百分比	D 班百分比	E 班百分比	F 班百分比	G 班百分比
场独立型	87.9	84.6	32.4	64.9	61.1	52.4	33.3
场依存型	12.1	15.4	67.6	35.1	38.9	47.6	66.7
人数	33	26	37	37	18	21	18

（三）学生认知风格类型与年龄相关关系

通过因子相关性分析，学生认知风格 T 值和年龄的皮尔逊（Pearson）相关性系数 0.316（P＞0.01 具有相关性），表明中职生认知风格与年龄具有较强的相关性。从图 2 可以发现，随着年龄的增长，学生场独立型认知风格人数占比从 16 岁年龄组的 44.3%，17 岁年龄组的 73.2%，增加到 18 岁年龄组的 90.1%。学生场依存型认知风格人数占比却从 16 岁年龄组的 55.7%，17 岁年龄组的 26.8%，减少到 18 岁年龄组的 9.9%。场独立型认知风格学生人数随着年龄的增长而增加，场依存型认知风格学生人数随着年龄的增长而递减。

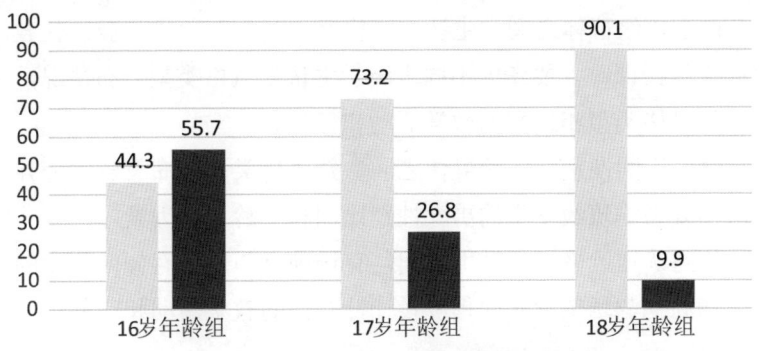

图 2 学生认知风格类型各年龄段分布图示

（四）学生认知风格类型与性别相关关系

通过因子相关性分析，学生认知风格 T 值和性别的皮尔逊（Pearson）相关性系数 0.149（P＞0.05 具有相关性），表明学生认知风格类型与性别也具有明显的相关性。由表 3 统计可知，女生 137 人中，场独立型认知风格学生占总有效样本的 45.8%，场依存型认知风格学生占总有效样本的 26.3%；男生 53 人中，场独立型认知风格学生占总有效样本的 14.7%，场依存型认知风格学生占总有效样本的 13.2%；男女合计场独立型认知风格学生人数占总有效样本的 60.5%，场依存型认知风格学生人数占总有效样本的 39.5%。从以上统计结果可知，在中职生群体中，场独立型认知风格学生人数多于场依存型认知风格学生人数；女生场独立型认知风格学生人数总体多于男生场独立型认知风格学生人数。

表 3 学生认知风格类型男女分布统计

认知风格	男生百分比	女生百分比	合计（人数）
场独立型	14.7	45.8	115
场依存型	13.2	26.3	75
合计（人数）	53	137	190

五、教学启示

由以上调查分析结果可知，教师在进行教学实践时，为了遵循学生的认知风格类型和特点进行教学设计，使教学取得事半功倍的效果，设计教学时需要考虑以下几点：

第一，使用可靠的测量工具对学生认知风格类型进行调查，并基于学生认知风格类型分布情况，设计与学生认知风格类型相适配的教学活动和任务。

第二，由于班级群体之间学生认知风格类型分布有差异，教师任教同一门课程，在不同班级授课时，要考虑不同班级学生认知风格类型分布情况，并设计与该班学生认知风格类型相适配的教学活动和任务。

第三，学生不同性别与年龄群体之间认知风格类型分布有较大差异，在进行教学设计时需要考虑班级学生的男女性别比例和年龄大小因素。

第四，相同认知风格类型学生之间，有场独立与场依存倾向程度的差异，需要依据学生场独立与场依存倾向程度设计针对性的教学活动和任务。

（作者：高永亭）

参考文献

[1] ROBERT J. STEMBERG，WENDY M. WILLIAMS. 教育心理学 [M]. 张厚粲译. 北京：中国轻工业出版社，2003：131.

[2] 丁梦扬. 认知风格对外语教学的启示 [J]. 苏州大学学报（哲学社会科学版），2009，3（2）：121.

[3] 谢斯骏，张厚粲. 认知方式：一个人格维度的实验研究 [M]. 北京：北京师范大学出版社. 1988：278—280.

中职班级管理中的问题及策略探析

上海石化工业学校

随着我国互联网技术的快速发展，传统产业不断升级，人工智能逐渐取代传统劳动力，随着而来的技能人才需求越来越紧迫，职业教育的重要地位和作用越来越凸显。2019年国务院印发的《国家职业教育改革实施方案》(简称"职教20条")中强调了职业教育具有和普通教育同等重要地位，并提出了"以促进就业和适应产业发展需求为导向，着力培养高素质劳动者和技术技能人才"的发展要求[1]。在深化职业教育改革的新时代下，职校班主任将面临新的要求和挑战。作为班级与教学管理核心的班主任，若要保障班级管理质量，引领学生幸福成长和全面发展，必须采取合乎学生成长规律的教育策略，探索适应教育形势和发展的职校班主任工作技巧，以期推动班级日常活动的开展。

一、班主任在中职班级管理中的重要性

班级是学生在校完成学习的主要基地。班主任是中职班级管理的重要负责人，是中职院校贯彻落实职业教育改革，促进中职生快乐学习、全面发展的重要推动力。《中国教育改革与发展纲要》指出："振兴民族的希望在教育，振兴教育的希望在班主任。"因此，在职业院校的教学管理中，班主任占据了举足轻重的地位[2]。"职教20条"中提出了职业教育改革的总体要求与目标："大幅提升新时代职业教育现代化水平，为促进经济社会发展和提高国家竞争力提供优质人才资源支撑"，而要培养出一大批具有高品质、高技艺人才，班主任肩负重要责任，而班主任的道德品质、人格魅力和专业水平直接影响到班级运行是否正常，

关系着学校素质教育的有效实施。

二、中职班级管理中的常见问题

职校班主任岗位是具有较高素质和较强专业要求的岗位。但是，目前许多中职老师不主动、不期望做这项工作。究其原因，不论是从职校生的性格因素，管理的技巧策略，还是社会环境的变化等，都导致职校班级工作面临极大的压力和挑战[3]。

1. **学生心理特点复杂**

中职生主要来自未能成功考取高中的初中生。对比来自普通教育的学生，大部分的职校生在对待学习方面缺少了技巧性和主动性。随着职教改革的实施推进、招生范围的逐步扩张，中职学校的学生水平也逐渐下降。他们大部分都是留守儿童、随迁子女，有一部分还属于单亲家庭、贫困家庭和残疾家庭。原生家庭的不幸导致这些孩子存在性格偏激、行为怪异、情绪易冲动，甚至漠视生命，有暴力倾向等一系列的心理问题[4]。因此，在班级开展工作中部分学生不服管教，难以开展高效的沟通，阻碍了班级日常活动的顺利进行。

2. **班级管理模式单一**

没有好的管理方式，只有适合的管理方式。无论班主任的管理风格是专制型，还是民主型，只要学生在班主任的带领下能够认真学习，主动参与班级建设，那这个班主任的管理方式就是可借鉴的[5]。但是，在传统教育理念的束缚下，班主任的观念仍以自我为中心，忽略了学生的主体参与性。很多老师在开展班级工作时，没有充分征求学生意见制定班级管理公约，并强制性地要求学生去遵守和执行班规，不仅严重影响班级活动的组织和实施，也加大了学生和老师之间的矛盾，阻碍了班主任系列工作的顺利进行。

3. **职业幸福指数偏低**

班主任是一个每天消耗大量体力与脑力的专技型岗位。每天早出晚归，披星戴月。基本任务包括学生管理、各科成绩、学校活动、家长沟通、上级检查等，每一项工作都会忙得不可开交。此外，班级学生每天都会出现各种情况，如迟到、旷课、不出操、不交作业等，也有校园失踪等突发状况。班主任既需完成好自身的课程教学，又要处理好繁杂的班级日常事务。长期以来，中职校衡量班级管理优劣往往只有几个简单的指标，如班级卫生情况、纪律情况、学生违法违纪情况、学习情况等。班级一旦发生事情，舆论就会认为是班主任没有将工作做到位；学生一旦有不好的表现，舆论也会认为是班主任没有教育好。而对于班级之间的差异性，以及班级管理的时效性和班主任在管理过程中的有效性、及时性等却不够重视。长期沉重的工作负担和精神负担，渐渐磨灭了班主任的积极性，使得班主任逐渐丧失了职业幸福感[6]。

三、中职班级管理的有效策略

班主任工作虽然看上去都是一些常见的小事情，可是真正解决这些问题，却需要非凡的品质。如何高效组织学生实施工作，做一名不累的教育者？如何有效沟通，与学生讲道理？爱迪生说"任何问题都有解决的办法，无法可想的事是没有的"。班级管理也是一样，只要掌握高效的管理方法和技巧，才能揭开冰山下的秘密，触及学生内心深处，看到真实的学生，起到润物细无声的教育效果。

1. 了解学生心理特点，促进沟通的有效性

大多数班主任在遇到学生问题时，无从下手或轻描淡写地草草了事，导致矛盾集聚，问题恶化，归根结底是因为班主任对事情缺乏正确的判断。在班级管理中，更是要做到对学生情况的充分了解，才能正确处理各类事件，达到最有效的教育效果。而要觉察班级学生的心理变化，就必须学会沟通技巧，走进他们的心灵世界：（1）深入班级，了解学生。除了培养几个"心腹"，了解班级小秘密，更重要的是要做到以下几点才能准确达到对班级学生的基本判断，如主动与学生谈心，增进师生情谊；认真观察学生的日常行为，快速觉察并处理异常情况；适时维系好与科任老师的关系，获得学生的学习情况。（2）以己之心，度人之腹。对学生多一些理解，充分考虑到他们的年龄特点和家庭环境对性格习惯的影响。学会换位思考，不断提高自己的高度，才能洞察一切。（3）勤于积累，乐于总结。勤于积累工作中产生的一些领悟和灵感，乐于总结工作中成功的经验或失败的教训，或将其汇编成工作案例，更加深入了解学生的同时促进沟通的有效性[7]。

教育，每天都充满悬念！期待每一天的"悬念"，期待走进每一个需要关注给予温暖和帮助的学生心里，慢慢发现他们的好，解开他们的心结，释放他们的天性，让他们体会到生活的美好和学习的乐趣。

2. 完善班级管理模式，增强学生的主体性

班级管理充分发挥学生的自主参与性，不仅能够很好地强化学生的自控力和

创新力，还能提高学生的身心素养，帮助学生塑造更加优秀的自我。在班级日常管理中，如出早操、晨读、自修课、值日、黑板报等，这些事务可交由班委管理，这样不仅让班主任从日常管理事务中解放出来，也为培养和提升学生的整体素养提供了良好的锻炼机会。

教育的目的是让每一个孩子实现自我，即让每一个孩子的个性得到充分的释放与发展。因此，班主任必须重新审视班规的制定原则并且作出合理的修正。让班级达到正常运行状态的同时加强学生的个性教育就要做到：守住底线，不要限制约束太多；评价多元化，个性激励；创设舞台，营造宽松的氛围；答案开放，让学生展示自我[7]。

3. 加强自身综合素质，提升工作的幸福感

在这个快节奏的现代生活中，班级管理工作日益琐碎而繁多，如果不能合理规划，提高工作效率，很难成长为一名优异的中职班主任，更难成长为一名幸福的中职班主任。要想工作实现高效有质，必须做出合理规划。每学期初做好学期计划的同时，也要做好周计划，甚至是日计划，同时可以借助信息化技术提示完成的进度，减少记忆，避免遗忘。琐碎纷杂乱的班集体事情，使得班主任肩负着比任课老师更多的责任。如果班主任对每件事都是亲自操作，势必出现手忙脚乱的情况。因此，培养一群优秀的班主任小助手们势在必行。班干部队伍建设不仅可以磨练学生的工作能力，提升学生的主体意识，而且能大大减轻班主任的工作量，进一步推动班级日常活动顺利开展[8]。

没有哪一个班主任不在乎领导及同事的评论，但是过度在乎他人对自己及自己所带班级的议论，通常会使自己承受巨大的心理压力。理性看待外界的评论，努力做到不因表扬而骄傲，不因批评而伤心。古人云："不以物喜，不以己悲。"唯有综合素质良好的班主任，才能正确应对工作中的难题和压力，拥有职业幸福感。

四、结语

职校班主任岗位是具有较高素质和较强专业要求的岗位。若要职校生在求学路上潜能得到激发、心灵得到震撼、情感得到共鸣，班主任必须在学生的心理特点、班级管理模式、自身综合素质等方面不断探索教育教学规律，寻求创新突破。班级的管理工作任重而道远，要始终心怀热爱，满腹热情，坚持学习先进的教育理论，掌握现代教育方法，不断研究教育中存在的实际问题，积极实践先进的教育经验和班级管理方法，摸索出适合自己和学生的教育管理技巧，从而增强自身的技能水平。

（作者：牛亚杰）

参考文献

[1] 高鸿. 加快推进职业教育现代化 迈向职业教育强国 [J]. 教育与职业，2019(09)： 10-5.
[2] 蒋旭丽. 班主任工作专业化的必要性与实现策略解读 [J]. 品牌，2014(08)： 154.
[3] 戴家强. 新背景下中职班主任管理班级的方法与技巧 [J]. 才智，2019(15)： 108+10.
[4] 杨晓燕. 论德育课与中职生自我认同的实现 [J]. 思想理论教育，2011(06)： 52-5.
[5] 周小平. 中职班主任管理班级的方法与技巧 [J]. 科学咨询（科技·管理），2019(02)： 29.
[6] 张翠. 中职校班级管理现状及优化策略研究 [D]. 江苏师范大学，2016.
[7] 刘俊林. 中等职业学校班级文化建设的实践探索 [D]. 华中师范大学，2013.
[8] 霍晓芳. 浅析如何提高技校班主任班级管理工作效率 [J]. 科教导刊（中旬刊），2013(12)： 49+87.

教育扶贫背景下云南学生创新创业能力培养模式的研究

上海市医药学校

党中央明确提出了精准扶贫的要求，对攻坚脱贫提出了明确的目标、路径和时间。本文以 2017 年沪滇职教协作项目开展为基础，以探索教育精准扶贫模式为目标，面对和上海中职学生截然不同学情的云南贫困地区的学生而言，创新创业的教育是一个目前新形势下中职学校要密切关注认真思考的新课题。因此，本文提出加强对云南贫困学生创新创业（以下简称"双创"）能力和素养的培养，研究并创设了行之有效的双创教育新模式，希望能对当前上海中等职业学校双创教育方向提供些许借鉴。

一、云南学生双创能力培养模式的时代背景和现实基础

（一）职业教育精准扶贫的实施

习近平总书记站在全面建成小康社会、实现中华民族伟大复兴中国梦的战略

高度，把脱贫攻坚摆到治国理政突出位置，2013年11月提出了精准扶贫的设想和要求。扶贫先扶智，教育扶贫尤为重要。2017年上海市教委实施沪滇职教协作项目，招收滇西建档立卡户学生。

（二）"大众创业、万众创新"现实要求

2015年5月，上海"建设具有全球影响力的科技创新中心"上升为国家战略。而要实现"大众创业、万众创新"，职业院校承担着培育创业创新人才的重要实施任务。双创教育以培养具有创新思维和创业基本素质的人才为主要目标，结合中职生特点，通过开设适合中职学生的职业指导课程、创业社团、参加各类创业比赛培育学生的创新意识和创业核心能力。转变职业院校学生的就业意识，促进学生高质量的就业。

（三）"五校双创联盟"的成立和云南学生的现状

上海市医药学校是上海市首批中职校学生双创基地，是浦东新区洋泾社区创业职业指导站。学生在2018年"挑战杯——彩虹人生"全国职业学校创新创效创业大赛上获得上海市特等奖、全国一等奖。在第六届互联网+大学生创新创业大赛市赛中获得金奖、银奖、铜奖。我校把加强对云南贫困学生双创能力的培养，作为扶贫扶智的一项重要工作。

我校联合5所中职院校，成立基于云南学生双创教育的"五校联盟"对所招收的建档立卡的云南学生进行双创意识和能力培养，增加学生就业能力，实现就业一个学生脱贫一户家庭的目标。

五校联盟在云南学生入学前对学生进行了文化摸底和心理评测，具体呈现出的现状归纳为以下几点：

（1）云南来沪学生现有的文化水平参差不齐，双创意识薄弱，能力不足，部分学校双创与专业教育脱离。

（2）中职学校对云南来沪学生的双创教育缺乏针对性，学生分散在不同学校，校际间资源优势发挥不充分。

（3）双创实践企业参与程度不足，孵化项目无法落地。

二、云南学生双创能力培养模式的理念和架构

"授人以鱼不如授人以渔"，基于现实基础结合云南学生的现状分析，我们提

出和构筑了立足培养学生双创能力和素养的框架，形成可辐射、可推广，行之有效的模式。

（一）构筑"启蒙型"+"体验型"+"孵化型"进阶式教育模式

结合云南学生认知规律，开发双创教育基础课程和社团课程体系，有利于双创能力提升和核心素养的培育；开发云上双创资源，有利于成果的推广和辐射；开发结合专业特色的创业项目，有利于项目的产品化过程。

（二）搭建"五校联动"协作平台

发挥沪滇职教联盟优势，成立云南学生双创五校联盟，共同开发课程，共享培训资源，共建云上平台、共搭孵化基地。

（三）实施"全真体验"学习范式

基于完整产品孵化流程，开发双创教育云上平台，打造"学习—体验—实践—孵化—评价"学习范式。通过学习，不同专业学生，结合云南家乡特色，孵化出一批创业项目。如：医药学校中药专业学生，挖掘家乡丰富的中药材资源，开发"彩云汇"康养项目。二轻校电子商务专业学生，开设电商平台，宣传推广家乡特产。

（四）建立校企合作孵化机制

引入创业行业龙头企业，与上海运河湾企业管理有限公司等多家企业签订双创培养协议。企业在各校设立孵化基地，开设创业导师工作室，教师和学生进入企业，完成从"作业—作品—产品—商品"完整的项目萌芽、发展、成熟的孵和业务流程。

三、云南学生双创能力培养模式的实施路径

（一）开展调查，严谨排摸，精分数据

为了精确掌握云南学生目前的实际情况，为他们制订和规划一个符合实际学习情况和发展的特点的双创培养模式，早在前期（2017年）就对第一批云南学生进行了细致而全面的问卷调查，调查问卷类型也细分成"学生卷"和"家长卷"。通过一系列问卷调查，用数据分析和对比的研究方法，分析目前这一群体的学生所面临的问题主要在于学生对双创的概念理解不正确，还未形成创新的意识和创业的想法；缺乏创业的基础性知识，也从未接触过相关的培训；没有意识到具备

双创能力与扶贫脱贫的重要关系。

为此，通过调查研究，需要对应解决的问题是：

（1）通过模式促进云南学生就业观念的转变；

（2）通过模式丰富云南学生的专业知识；

（3）通过模式提高云南学生的双创能力，改善家庭的贫困现状。

（二）开设课程，聚焦启蒙，注重过程

组织学生参与双创大赛培训、企业讲座和义卖会活动，普及双创知识，培养双创意识，增强就业竞争力。第二课堂开设拓展课程，学习基础性的营销知识、财务知识、政策法规、企业管理、市场分析与预测、创业计划书制作等。

（三）开发软件，模拟体验，总结提升

考虑到云南学生来自偏远落后地区，接触新鲜事物较少，在家乡更是没有接受过创业培训和指导。学校开发了一套模拟的创业软件，让学生在软件上虚拟开设公司并运行。从公司的前期开办、招聘员工、货物采购、商品销售、财务结算完成一整套公司业务流程。使学生对创业有个体验式学习。

（四）开创平台，应用实战，锻炼技能

一方面学校组建创业社团，参加全国、市级、区级各类比赛，通过确定项目、撰写计划书、路演、比赛等方法实战性演练学生，以赛带团队、以赛促提高。另一方面，组织云南特产爱心售卖会，让云南学生通过义卖家乡特产，掌握包装、定价、营销、售后服务等创业基本技能。

（五）开启合作，打造双赢，产教融合

学校创新云南学生产教融合校企合作工作新路径。通过"五校联盟"和合作企业签订孵化云南学生的双创基地。建立云南学生产教融合校企合作主体要素协同联动机制，提高产教融合校企合作成效的举措。

四、云南学生双创能力培养模式的创新

（1）"形成一套模式"。探索形成有效的双创教育模式。扶贫先扶志，助力云南学生、辐射沪、黔、川、藏籍等学生成长。

（2）"融合一条渠道"。打通校校、校企深度融合的渠道；搭建创新与专业、创业与就业融合的桥梁。

（3）"开发一个平台"。开发适用于双创教育功能的一站式服务云上平台，实现资源的管理、共享和推广，服务当地教育和培训，为振兴乡村经济助力。

五、云南学生双创能力培养模式的成效

（一）双创大赛屡获殊荣

学生通过模式的培养，树立了双创的意识，形成了双创的理念，在全国、全市、社区的各类双创大赛中屡获殊荣，实现华丽转身。

（二）双创义卖会走出校园，走进社区

五校联盟以上海市医药学校为中心，组织策划了"情系滇沪间，创业勇向前——云南特产义卖会"活动，培养学生双创的意识，增强学生的自信，宣传互帮互助及无私奉献的精神。同时，双创义卖会也走进了浦东新区 edjob 线下工作站的招聘会"创业扶贫"区内，不少云南土特产在浦东得到了"曝光机会"。同学们自己设计的"鹿晗草"盆栽，在义卖活动中广受欢迎。

（四）双创孵化器成功孵化"微商"平台

在学校双创教育和培训下，上海市医药学校云南学生王国珍同学，经过一年半的学习和培训，开出了自己的第一个微商，通过信息化手段宣传自己云南当地特色的食品和特色产品，利用新媒体宣传自己当地的产品，通过学校搭建的平台，把自己的产品推销给广大的上海市民，为家乡脱贫致富奉献自己的一份力量。

（五）凸显育人功能，扶贫扶志创业成才

面对不同学情、不同地域文化的学生们，除了培养他们的职业操作和专业知识外，培养他们的双创能力和意识更为重要。通过模式培养他们的双创能力和意识，结合他们的自身特点和专业特长，今后才能适应社会的高速发展和时代进步。所以研究沪滇职教协作项目云南学生双创能力培养，是具有一定高度，与时俱进，并可辐射、可推广的一项研究。

双创能力的培养对促进云南学生就业观念的转变具有实践意义。通过创设模式，开设双创课程、举办双创教育专题培训、营造校园双创文化、参加各类创业比赛，搭建校企合作的创业孵化基地等活动激发云南学生的创新思维，激发学生的创业意识，提高他们的就业能力和创业能力，进而转变他们的就业观念，实现由被动就业到主动双创的转变，从而通过积极的就业和创业，改变原先家庭的经

济状况，对扶贫工作具有积极向上的助推作用，为进一步开展振兴乡村经济打下坚实基础。

（作者：茅燕萍）

参考文献

[1] 陆国栋，何钦铭，张聪．《强化过程、深化互动的教学方法改革》[M]．杭州：浙江大学出版社，2013．

[2] 吴建祖，李英博．感知的创业环境对中层管理者内部创业行为的影响研究 [J]．管理学报，2015(01)．

[3] 蔡莉，汤淑琴，马艳丽，高祥．创业学习、创业能力与新企业绩效的关系研究 [J]．科学学研究，2014(08)．

[4] 马鸿佳，董保宝，葛宝山．创业能力、动态能力与企业竞争优势的关系研究 [J]．科学学研究，2014(03)．

[5] 谢雅萍，黄美娇．创业学习、创业能力与创业绩效——社会网络研究视角 [J]．经济经纬，2016(01)．

[6] 陈文娟．大学生创业动机影响因素——以江苏省高校大学生为例 [J]．中国科技论坛，2015(09)．

对抑郁症学生开展家庭教育指导的实践

上海石化工业学校

有研究表明，抑郁症患者儿童期不良家庭环境情况多于健康人群，对其成人后归因和应对方式消极及抑郁症状具有预测性。运用父母教养方式问卷 (EMBU) 对抑郁症患者和正常人进行对比的研究发现抑郁症患者父母教养方式更倾向于拒绝否认、惩罚严厉；或过度保护和低情感温暖和理解。家庭因素对青少年抑郁障碍的发生有重要影响，在制定青少年抑郁障碍预防及早期治疗策略时需考虑家庭危险因素与高危人群。配合家庭教育指导，改善家庭支持对青少年抑郁症痊愈有极大帮助，对抑郁症学生开展家庭教育指导具有必要性和可行性。

一、抑郁症学生的家庭教育指导实践

（一）教育方式是导致学生患抑郁症的原因之一

"幸福的家庭都是相似的，不幸的家庭各有各的不幸。"笔者接待的抑郁症来访者中小徐和她的家庭比较有代表性。中专二年级女生小徐被医院诊断为重度抑郁，医生建议配合心理辅导。小徐在父母陪同下前来咨询。心理咨询师分别对徐父和徐母、小徐开展咨询，在了解家庭基本情况后开展了家庭教育指导。

小徐读小学以前是由奶奶和姑姑抚养的，读小学时从老家到上海。小徐小学时成绩很好，初中阶段逐渐落后，就读中职学校后在校住宿，在二年级第一学期开学后不久，老师发现她上课时用刀子割破手腕，出于安全考虑不允许在校住宿。此后小徐请假缺课的频率增加，直到被诊断出重度抑郁。徐母56岁退休在家，性情急躁容易动怒。徐父是一位中学物理教师，看问题较理性，但对徐母强势态度妥协退让。

徐母首先介绍情况。她强调女儿是领养的，问咨询师抑郁症是否来自于遗传和治愈的可能性。小徐和父亲关系好，这是由于徐父宠溺她，徐母对小徐则以批评教育为主，导致母女关系紧张，现在女儿根本不听自己的话，还时不时流露出仇恨眼神。徐父反驳："我爱孩子也是有分寸的，没有过分宠溺。"徐母立刻与徐父高声争吵起来，徐父沉默以对。

徐母数落徐父的不是，说徐父不讲究个人卫生，东西随意摆放，周末在家像老爷一样让自己伺候。徐父说："我平时在市区上班，周末在家休息放松一下，家不是你一个人的，立那么多规矩干什么。"徐母顿时大吵起来："我为了这个家付出这么多，你还不领情！我真后悔嫁给你。"夫妻俩经常为小事争吵，如果徐父不妥协矛盾就会升级。

徐母说自己是劳碌命，不仅要为三口之家操劳，还要为家族费心。她在姊妹中排行老大，老父亲临终时嘱咐她一定要把被远房亲戚霸占的一栋房子要回来，为这事儿她打了好几年官司，经常累得精疲力竭，官司两年前终于打赢了，她是家族的大功臣。现在退休在家，精力主要用在女儿身上，可是女儿竟然得病了。徐母伤心地说："女儿这个样子我快撑不住了，如果这个家散了，别人会看我们笑话的。"

小徐在个别咨询中有交流意愿，语言表达清晰，语速较缓。"我恨不得杀死她（徐母）！她要多烦有多烦！她更年期综合征好几年了。我小的时候在老家，很想念妈妈，可是她也不管我。等到我回到上海她身边，发现她是特别专制的人，管我管得特别严格。我很想逃离这个家，班上的同学住宿在学校很想家，可是我一点也不想，家里没有自由。"

经询问得知小徐已经多次做过抑郁症检测量表。小徐说："我确诊为抑郁症后，妈妈变化很大，她不敢管我了，我关上房门她不敢闯进来了，学习上也不提要求。从去年她退休后闲在家里，对我的管束更多了。前不久她还用毛巾抽我脸，我人比她高，力气比她大，但没有还手，就是用胳膊挡着脸。打人不打脸，她竟然打我脸，我气死了。"咨询师问："你和爸爸关系好，一起给妈妈提意见了吗？""没用的，我妈这个人在我这里一点威信都没有，她改不了的。现在不管她说什么、做什么我都不理她。"

小徐说现在晚上睡不着，胡思乱想，白天犯困，什么也不想做，而且这种情况从小学开始就有了，初中更厉害了。小徐曾经想用成绩证明自己，赢得妈妈的尊重，可是没有用，感觉自己方方面面都是最差的。

通过了解情况咨询师判定，教养方式是导致小徐患抑郁症的主要原因，此案例中患病的是小徐，而让小徐患病的是家庭。

（二）家庭教育指导改善亲子关系

对于小徐同学这样的情况，开展家庭教育指导是必要的。患者的心理疾病是其所在环境的产物，患者与其家庭成员间的互相交往很大程度上影响他的行为。患者心理问题的缓解需要家庭的配合，所以心理咨询师要根据需要积极开展家庭教育指导，协助患者的家庭消除病态情况，恢复健康家庭的功能。

1. 家庭成员情况分析

小徐有抑郁症躯体症状：长期失眠、胃部疼痛、食欲减退、并有自残自杀倾向。被精神科医生诊断为抑郁症，开始服用抗抑郁类药物。咨询师发现，小徐有与人语言交流的意愿，思维较敏捷，有防御心理，没有语言和意志消沉症状。她知道自己是养女，与养母关系不佳，让她感觉非常孤独，渴望亲情温暖。她显得比同龄人成熟稳重，对抑郁症有了解，不排除她可能用抑郁症保护自己、反抗母亲的专治和暴力。

徐母是一个很强势的人，有偏执倾向，容不得家人质疑，说一不二。孩子在家里完全没有自由，生活都由她做主，稍不如意就打骂。徐母56岁退休在家的第一年小徐就患抑郁症，主要是由于徐母精力无处投放，更加针对孩子，导致长期忍受家庭暴力的小徐不堪重负。

徐母言谈中表现出很多非理性认知。例如，绝对化要求：肯德基快餐是不健康食品一定不能吃；我绝对不能辜负老父亲的嘱托；有无助感，深受过去房产纠纷困扰；过分概括化：在一件事上不满意老公，就后悔嫁错人；不自信：非常爱听赞美之词，害怕被别人嘲笑，经常自我夸赞，目的是获得他人认可。徐母的焦虑水平较高，有强迫刻板行为，要求家里一定要有秩序，东西不能乱摆放。

徐父性格温和，文化水平较高，在教育女儿方面有一定方法，但与女儿相处时间短。徐父在处理夫妻相处模式上缺乏主动性，对妻子的不当言行采取不理不睬，或我行我素的冷战策略。徐母的焦虑很多来自生活的压力，徐父也没有给她足够的心理支持，她自己也不懂得合理宣泄不良情绪的途径，经常把坏脾气发泄到女儿身上。

2. 家庭教育指导的实践

咨询师指出小徐患抑郁症不是因为遗传，而是与家庭教养密切相关，如果父母能下定决心作出改变，疾病治愈的可能性非常高。

科普抑郁症的相关知识。咨询师向徐父和徐母介绍有抑郁症的相关知识，降低父母因为缺乏对抑郁症了解而导致高情感表达的水平，避免出现两种对待患者的不正确态度：一种是对患者非常的关心，包办患者生病期间的所有事务，不敢对患者提出要求；另外一种则是批评指责患者，认为患者装病、懒惰或者无能。指出这两种不良态度会造成患者的病情复发和加重，另外需谨遵医嘱，患者正确使用抗抑郁药物减低的抑郁障碍复发率。

探讨改进家庭教育方式。咨询师结合已知情况总结分析，孩子得抑郁症的原因主要在妈妈身上，妈妈让孩子不快乐，也让老公不快乐，需要作改变。首先妈妈不能打骂、威胁孩子。徐母当年被自己父亲打骂的经验不能套用在小徐身上，棍棒底下不一定出孝子。妈妈爱孩子，但管教不能随心所欲，想让孩子接受教育，前提是建立良好的母女关系。其次徐父在亲子关系改善中要多发挥作用。徐母要尊重徐父的教育方式，多听听徐父的想法，多尝试徐父和女儿的有效沟通方法。小徐患病期间允许徐父经常从市区回来陪孩子，徐母不能因为心疼徐父辛苦而阻止，徐父可能成为增进母女关系的黏合剂。

探讨改进夫妻相处方式。徐父和徐母沟通低效，夫妻关系不和睦，在女儿教育方式上意见难统一，所以改进夫妻关系是必要的。徐父平时要耐心倾听徐母的唠叨,从唠叨中了解她的焦虑所在,给予她关心和理解。徐母要认识到、并改变自己一些不合理的想法,从有利于家庭和睦的目标来处理家人关系。徐母可以找一些宣泄不良情绪的方法,例如合理安排自己退休后的生活,不要把精力都放在家里,可以上网学习知识,可以结交朋友,让自己轻松快乐起来。

最后一家人达成谅解协议。咨询师:"今天你们为孩子而来,你们愿意作出改变么?"徐母说:"愿意改变,如果女儿不健康我所有的努力都白费了。"徐父握着小徐的手说:"女儿很乖的。"咨询师:"妈妈要反思,女儿和你不亲,爸爸陪着才有安全感。孩子没有用暴力反抗你,是出于她本性善良,长期压抑着对你的不满,所以她生病了。"徐父说:"是这样的,如果是个暴脾气的男孩,估计就和妈妈对打了,那时得抑郁症的该是妈妈。"咨询师:"感谢小徐信任我们说出心里的想法,肯给爸妈改正的机会,一起为建设幸福家庭而努力。"在咨询师建议下徐父和徐母一起拥抱了小徐,小徐的眼圈红了。

经过本次辅导,父母认识到自己存在的问题,表示要积极改变家庭关系,尤其是要多尊重孩子,要与孩子协商,预防家庭暴力。在后来的咨询中获悉,徐母去老年大学学习跳舞,成为广场舞的积极分子。她提醒自己要保持愉快心情,不把坏情绪传染给家人。家庭冲突发生少了,小徐与母亲的关系得到一定改善,她不再与父母冷战,房间的门也打开了,抑郁症状也逐步减轻。

二、开展家庭教育指导对学生心理健康的重要性

此案例既能说明青少年时期不良家庭教育方式是导致学生患抑郁症的原因之一,又能说明有效的家庭教育指导可改善抑郁症患者的家庭支持系统,对患者的痊愈有重大作用。

(一)学生心理健康与家庭教育关联密切

学生的心理健康水平与家庭的教育方式、家长的素质等因素有着密切的关系。学生自信、乐观、坚强等积极的心理品质大都来自良好的家庭教育和环境,反之,不良的家庭教育给学生带来的是自卑、抑郁、脆弱等不良的心理问题。对学生家庭开展家庭教育,让父母获得科学的育儿方法,将有利于改善家庭关系,可以预防抑郁症的发生。

笔者发现,在中职学生中类似小徐同学这样家庭教育低效或无效的家庭并不少见,低效或无效的家庭教育是导致学生行为偏差和产生心理疾病的重要原因。

大多数中职学生在初中阶段学业成绩处于中下水平，遭遇学业不良的重大压力。一些家长不能因材施教发展孩子的优势智能，轻易断言孩子天生不是学习的料，这样的家庭教育极不利于孩子的全面发展。中考后孩子进入中职学校，一些家长认为读中职学校没有出息，对孩子采取放任自流的态度。由于家庭疏于管教、学业压力相对较轻，中职学生放学、放假后流连于社会娱乐场所的情况比较普遍。据调查中职学生家长综合素质不高，突出表现在受教育程度低、职业能力低，不能给孩子提供良好的家庭氛围和学习环境，大多数家长没有学习过科学育儿知识，教育孩子大多沿用自己的生活经历，教育方法与社会发展脱节。有些家长自身有不良习惯，不能以身作则给孩子树立榜样。有的家长只注重物质而忽略精神，用金钱来满足孩子需要，或用金钱来维系亲子关系。家长缺乏沟通的主动性，对孩子没有形成心理控制力，一旦孩子出现问题便束手无策。

（二）中职生家庭普遍需要家庭教育指导

笔者对所任教中职学校 1210 名学生家长开展"家庭教育状况调查"，调查结果显示 3% 的家长是小学学历，49.75% 的家长是初中学历，大专以上学历为 20.5%，其他为高中或中专学历。34.55% 的家长不知道孩子心里想什么，29.01% 的家长认为孩子的想法片面，但没办法说服。23.88% 的家长与孩子在一起时经常感觉到无奈。29.83% 的家长没有发现孩子有什么优点。和家人教育子女观点非常矛盾难以调和的家长为 7.77%，协商后能统一看法的为 61.07%。"您教育子女方法的获得途径"调查中 37.77% 的家长没有专门学习而无师自通，27.36% 的家长重复使用上一辈教育自己的方法。

从调查可以发现，相当大一部分中专生家长在教育子女时力不从心，更谈不上科学育儿。家长由于缺乏学识导致育人能力有限，无法用积极的眼光发现孩子身上的优点，对孩子的未来没有足够信心。中职学校面向全体家长开展家庭教育指导就显得尤为迫切。您最希望家长学校为您提供哪方面的帮助？28.93% 的家长选择"如何让夫妻关系、亲子关系和睦"，71.07% 的家长选择"青少年身心发展特点与常见心理问题"。对家长进行有针对性的指导将提高家庭教育水平，有效降低学生各类心理疾病发生率。

"中学在读学生 7.7% 存在高抑郁风险"与"和家人教育子女观点非常矛盾难以调和的家长为 7.77%"，这两个数据如此接近，让笔者认同不良的家庭教育是导致中学生患抑郁症的主要原因这一观点。对抑郁症学生要开展家庭教育指导，结合学生心理发展特点制定家庭教育指导干预方案，改善亲子关系，降低学生病情加重的诱因，对病情康复有极大意义。

近年来家庭教育指导的重要性越来越得到社会各界的认可。家庭是社会的基本细胞。注重家庭、注重家教、注重家风，对于国家发展、民族进步、社会和谐具有十分重要的意义。中职生家长们尤其需要避免教而不当的现象，及时了解掌握青春期孩子的成长特点，尊重孩子个性和合理需要，努力做到因材施教，创设适合孩子成长的必要条件和生活情境，不断提高家庭教育水平。学校德育干部、班主任教师、德育教师也应积极开展家庭教育指导课程学习和课题研究，探索促进家校合作的育人之路。

（作者：杨晓燕）

参考文献

[1] 朱哲璞. 积极心理学视角下指导家庭教育对中职学生抑郁状况的干预研究 [D]. 硕士论文，2018.05.

[2] 周红宇，孙海漪，梅琳. 抑郁症的心理咨询效果分析 [J]. 世界最新医学信息文摘，2019．01.

[3] 崔晓红，任燕，于菲，郭琴，白晓瑛. 抑郁症患者儿童期不良家庭环境与成年后应对及归因方式的相关性研究 [J]. 中国药物与临床，2019.08.

[4] 边玉芳，田微微. 推动家校共育走上"共赢"之路 [J]. 中国教师，2019-08.

[5] 贺祖辉，陈惠珍，张英. 青少年抑郁障碍患者病前家庭因素研究 [J]. 临床心身疾病杂志，2008.01.

[6] 王高华，唐记华，王晓萍，白雪光，刘忠纯，李洁. 抑郁障碍青少年父母养育方式、应对方式归因风格及其相关性研究 [J]. 中国行为医学科学，2006.02.

积极心理学在中职院校特教班级管理中的实践探索
——以上海石化工业学校 181 旅游特教班为例

上海石化工业学校

良好的班级建设和积极向上的班级氛围是提高教育教学质量的基础和重要保

障。文章针对中职特教班学生普遍存在的自卑心理以及缺乏关爱等情况进行了剖析。将积极心理学融入班级日常管理，旨在挖掘学生个体积极的情绪体验和人格特质，促进其健康人格的形成，增强其个人自信心和内心的归属感，使得班级中每位成员都能够在和谐、充满正能量的氛围中愉悦成长。

一、积极心理学的概述

积极心理学是20世纪初在西方兴起的一股重要心理学力量，最早是由心理学者格曼提出的。他表明每个人自身都潜在一种品质和力量，这种品质和力量是积极的，只要被外界因素正确引导，自身便会激发出积极的心态，获得幸福感和成就感。它强调将心理学的视角转移到关注人性、社会和生活的积极面，致力于研究人的内部发展力量和美德的科学[1]。特教的学生因为障碍影响和制约着他们的学习和生活。班主任运用积极心理学教育学生、管理班级。通过培养或者扩大学生固有的积极力量，使之成为真正健康幸福的人。通过建立积极的师生关系，塑造积极的情绪体验，营造积极的班级氛围，建成一个和谐、民主、开放的班集体，促进学生更好地适应和发展。

二、中职特教学生积极心理学教育的迫切性

（一）时代发展的需要

现代素质教育强调人的全面发展，注重学生的情感、兴趣、态度、信念等情感目标的实现，要求学生具备稳定的情绪及调控能力、良好的意志品质及承受挫折的能力，完善的个性特征及创造能力等心理品质。健康的心理状态和积极向上的情绪是现代社会对人素质要求的基本条件[2]。

（二）特教理念的需要

特殊教育的对象是一些特殊的群体。因障碍类型和程度的不一样，每一个学生的能力和认识也具有很大的个体差异性。随着特教教学理念"全纳教育""尊重特殊学生的独特性"的深入推进要求每位特殊教育工作者以积极的心态接纳每个生命不同的"样子"，努力挖掘每位孩子的闪光点使即使能力弱的学生也能够积极、自信融入课堂教学和将来的社会生活。

（三）班级管理的需要

笔者所带的181旅游特教班学生基本情况：他们中的绝大部分是智力障碍人

士，因为身患残疾他们在成长经历中遭遇比正常人更多的挫败感，这也导致他们脆弱，看问题缺乏正能量，人生没有目标。有的时候甚至会自暴自弃。班级学生中八成学生为单亲、留守家庭，家庭教育的失衡，使这些学生性格变得孤僻、沉默。有一部分父母为了弥补内心的遗憾和愧疚，过分地溺爱和呵护孩子，加上政府的帮助、社会人士的献爱心，有些孩子心安理得地接受这一切，逐渐变得以自我为中心。这是一个特殊的群体，在他们的体验中，失败多于成功，自卑多于自信，关注自身多于他人，得到的训斥多于掌声。感受温暖、再造自信、重塑人生，成为笔者担任他们班主任的理想和信念；笔者要用积极心理学开启重塑生命的过程，要用积极情绪扬起学生自信的风帆。

三、积极心理学在班级管理中的实践和探索

（一）构建积极的师生关系

学生的成长与发展离不开积极的师生关系，它能够使学生在教育中获得最佳的体验。不仅关系着教育的效果，同样也影响着接受的质量。因此构建积极的师生关系，既是有效教育的出发点，也是对教师职业所提出的必然要求。

1. 积极与学生建立"关心"性的关系

教师对学生的关心不只是对学生学习和考试成绩的关心，更为重要的是对精神和情感的关心，换而言之，教师和学生的关系应该建立在情感的基础上。这也意味着，教师与学生的交往不能局限于教学课课堂范围，班级的学生有很多是不完整家庭，教师要在更广阔的生活世界向学生敞开心扉，以"父母""亲人""心理咨询师"的角色积极回应学生的情感诉求，真诚表达对他们成长和发展的关心。以"朋友""知己"的身份与学生平等地对话与交流。同时需要注意的是，教师对学生的关心是以学生能够感知到、并可以接受的方式表达和实现。这就要求教师能够充分尊重学生个体差异性，设身处地理解不同学生个体差异性存在，设身处地理解不同学生个体内心体验，以"恰到好处"的方式满足学生真实需求。正如诺丁斯而言：关心是一切成功教育的基石[3]。

2. 积极看待学生的问题行为

积极心理学强调应当积极地解读问题行为，教育的过程而并非一味地纠正错误、改造问题、克服缺点。班级管理中经常遇到一些学生的问题行为，例如上课

迟到、作业拖拉、手机成瘾等。面临这些问题的时候班主任要着力于从积极的视角寻求问题背后的原因，首先肯定学生事件中的积极方面，进而引导学生从问题行为中获得成长。班级小姜同学上学迟到了，我没有直接批评她，而是先了解情况。她因为忘记胸卡，所以等到上课，值日生走后才进校门。因此，我先肯定了她积极的一面：热爱班集体。然后再和她想办法以后胸卡忘记带了怎么办？班级里还为此展开了一场讨论，通过这次迟到事件，我看到孩子其实都是要求上进的，用积极的眼光发现他们问题行为背后的可贵之处，并予以充分肯定，学生就会在不断认可的宽松环境下自由成长。

（二）塑造积极的情绪体验

积极心理学研究的第一个层面的内容即积极的主观体验，表现为对过去的满意、对现在的幸福感，以及对未来的期望。[4]而这些都是通过人们对经历的生活事件分析和建构、预期和回忆、评价和解释而得出的结论。特殊学生因为自身客观存在的缺陷而经常遭遇各种困难和阻碍，他们常常无法顺利地融入所处的社会生活中，在处理学习和生活事件时常常需要他人的帮助和辅导，所以他们会直接或者间接地暴露在负面反馈信息的环境中。这样他们从过去事件体验到的积极情绪也比较少，这也严重阻碍他们对未来的期许和人生的发展。

1. 积极归因完善自我

积极情绪体验的塑造首先要解决的学生对事件的归因。生活中学生不知不觉中会利用各种信息对自己遇到的事情结果进行归因，美国心理学家 Weiner 指出，个体对失败的归因不外乎 4 个因素[5]：(1) 自身能力；(2) 付出努力程度；(3) 任务难度；(4) 运气好坏。学生长期把失败归因于内在原因，这样他们长期处于消极的体验中，即使对力所能及的事情也是听任失败不做任何努力。我会在日常学习生活中教会学生一些基本的学习和做事的策略，如教授一些技巧性的记忆方法：联想法、排除法、概括法等。当持有消极归因的学生通过努力取得成功时，我会及时肯定这是努力的结果。不幸失败的时候，我也会鼓励是努力还不够的结果。此外我会不间断地反馈他们努力的结果，告诉他们这是因为努力而获得的。使他们形成正面合理的归因，这样在平时的生活中才能够不断地感到自己的努力是有效的。通过积极合理的归因，学生对生活的热情和成就的动机被充分调动，他们整个人的状态也进入了良性循环。

2. 积极暗示提高自我

所谓暗示，是指用间接的方法诱使人按照一定的方式行动。面对任务学生经常会用一些消极的自我暗示：我做不到、我怎么也学不会、他比我厉害所以他可以我不可以……这些暗示会降低学生对自己的评价，阻碍自己的发展。心理健康课堂教学中我鼓励学生用积极的心理暗示代替消极暗示，学生在获得肯定和鼓励的同时潜移默化地向理想的状态靠近。尤其是处于青春期的他们内心脆弱、易受外界的影响，在学校给予正面引导，在他们成年后也可以形成积极人生观。在同学遇到挫折和难题的时候，我建议他们在心中默念3遍"我行，我可以"进而用一个积极心态来面对困难。学生在心理暗示的作用下"变强"，向自己理想的目标发展。

3. 积极肯定挖掘潜能

积极心理学致力于研究人发展的潜能和美德等积极方面，它通过发掘人内在的固有资源最大限度地发挥人的潜力，促进个人和社会发展。在班级中每个特殊学生都有自己的优缺点，注意观察学生身上的闪光点，为每个学生建立适当的机会发挥他们的长处。写字工整的小姜同学，我让他负责抄写黑板报；喜欢园艺的小许同学，就让她负责班级多肉植物的养护；酷爱篮球的小汪同学，我鼓励他在元旦晚会的时候给大家表演篮球技能挑战表演；歌声优美的小陆同学，我推荐她在音乐大合唱中担任领唱。作为班主任老师在学习和生活中及时地肯定同学，让学生知道老师时刻关注他们，长此以往，不仅可以提高学生的自信心，还可以让他们对其擅长的领域产生深入探索的兴趣。

（三）营造积极的班级氛围

积极心理学认为积极的环境、氛围和人际支持是形成积极个性品质的必备条件。对于学生而言，身边的环境主要包括家庭环境、社会关联、班级氛围。在教育实施过程中教师不能直接改变学生的家庭环境和社会关联，但能够决定学生所处的班级氛围。作为管理者，就要努力营造积极的班级物质、文化环境和人际关系。

1. 创设温馨整洁的物质环境

创温馨教室、建整洁环境是一个积极班级的开始。在班级这个大家庭中，物质环境是与学生生活密切相关。学生在班级中学习活动无形中受到的熏陶与感染。因此教师在教育的过程中可以把环境作为一个重要的教育手段，在班级布置上，我作为总设计师，把家的理念融合到班级的规划中，将班级划分为绿植区、展示区、收纳区。每个学生在组长的带领下设计、规划、布置班级，当身处窗明几净教室，享受温馨的教室氛围，内心也随之产生了充实感、成就感、舒畅感等积极的情绪体验。

2. 营造积极的文化环境

在班级的文化建设中提倡"班级是我家"的思想，每一位学生都是这个大家庭中的一员，实际的班级管理中能尊重他们的想法和意见，和他们一起探讨和制定班级规章制度。实行班干部轮流制度，大胆放手让更多地同学参与到班级管理中。当发现班级有不足的地方，我不会简单粗暴地进行制止，而是鼓励学生迎头赶上为班级争光。如班级课间的纪律比较吵闹，我会让班干部分批到隔壁兄弟班级参观，回来后为班级制定一个小目标，通过学生间相互影响、互相督促形成一个积极向上的班级文化。

3. 建立积极的人际关系

与他人积极的关系是指自己在需要的时候能够得到他人的支持，在别人需要的时候愿意并能够帮助他人。[6]因班级学生智力水平差异显著，笔者根据学生智力水平由低至高分为A/B/C 3个层次。班级分为4个小组，组员包含A/B/C 3层学生。每个小组包含班级教学和活动中开展"互助协作"。组内C层同学完成活动任务、达到相应的活动目标以后，会充当小老师的角色去帮助A/B层的同学。之后通过组与组之间的协作分享，实现资源共享，引导学生相互尊敬、互帮互助，在交往中感受友谊、信任、团结、关怀等积极的情感。

四、结束语

"随风潜入夜，润物细无声。"积极心理学要求班主任能通过一种自然隐性的方式，让学生逐渐接受自己，对自己产生信任，在潜移默化中实现改变[7]。同学的改变让笔者深信该方法在特教班级管理中具有一定的应用与推广价值。相信用积极的心态去理解、宽容、尊重、鼓励每一个人，终有一天笔者的学生都会扬起自信的风帆，驶向幸福的彼岸！

（作者：徐颖）

参考文献

[1] 盛志燕. 积极心理视角下中职校班级管理模式的实践探索 [J]. 职业卫生与健康，2014（04）.

[2] 盛志燕. 积极心理视角下中职校班级管理模式的实践探索 [J]. 职业卫生与健康，2014（04）.

[3] 内尔·诺丁斯. 学会关心：教育的另一种模式 [M]. 于天龙，译. 北京：教育科学出版社，2014.

[4] 李畅. 积极心理学理论与应用研究进展 [J]. 科技文汇，2019(12).

[5] 姚长永. 成就动机状态与学业成绩——职业院校学生学习动力的思考 [J]. 科技创新导报，2008 (30)：184.

[6] 蔡强，黄书梅. 积极心理视角下的班级管理 [J]. 心理素养，2018（3）.

[7] 李畅. 积极心理学理论与应用研究进展 [J]. 科教文汇，2019(12): 480.

第四部分

2020年上海中华职业教育社职教理论与实践探索报告

第四部分
2020年上海中华职业教育社职教理论与实践探索报告

一、引 言

中华职业教育社是由中国共产党领导的具有统战性、教育性、民间性的群众团体，主要由教育界、经济界、科技界从事和关心支持职业教育的人士和组织组成，是党和政府团结、联系国内外职业教育界有关人士的桥梁和纽带。上海是中华职业教育社的发源地。1917年5月6日，中华职业教育社由黄炎培联合蔡元培、梁启超、张謇、宋汉章等48位教育界、实业界知名人士在上海创立。中华职业教育社以倡导、研究和推行职业教育，改革脱离生产劳动、脱离社会生活的传统教育为职志，以"使无业者有业，使有业者乐业"为宗旨，开创了我国近现代职业教育的先河。中华人民共和国成立后，中华职业教育社迁至北京，在上海建立了中华职业教育社上海分社。1992年，根据国家民政部规定登记注册，更名为"上海中华职业教育社"。

中国特色社会主义进入新时代，上海中华职业教育社通过加快组织发展，举办国际职业教育论坛、海峡两岸暨香港职业教育论坛，举行"中华杯"职业技能竞赛，设立"中华助学金"，编撰出版年度《上海职业教育事业蓝皮书》，举办港澳台职业院校师生和大学生研习营，举办贵州、宁夏、云南等职业院校院（校）长研修班等活动，社会影响力不断扩大，"中华"牌日益响亮，为上海"五个中心"建设做出了自己的贡献。

2020年，在伟大抗疫精神鼓舞下的上海中华职业教育社，在中华职业教育社总社和中共上海市委统战部的领导下，以习近平新时代中国特色社会主义思想为指导，围绕市委市政府中心工作，紧扣"一线两面三结合"工作思路，坚持统筹推进新冠疫情防控和经济社会发展，团结一心，攻坚克难，推动上海社的工作迈上新的台阶。

在共同抗击新冠疫情的大考下，上海中华职业教育社的组织建设和社员队伍建设得到进一步加强。面对突发的新冠疫情冲击，上海中华职业教育社广大社员主动请战，人尽其力、竭诚奉献，领导班子深入基层一线调研，积极建言献策，助力复工复产复学，全体社员踊跃捐款捐物，以文艺创作、建言献策等多种方式助力疫情防控取得积极成效。积极推进党建工作和学习型机关建设，党建和业务工作融合发展案例被评为市统战系统"激情·创造·担当"优秀案例，社机关党支部被评为市统战系统首批党支部建设示范点。成功举办第九期中青年骨干社员培训班。全年净增个人社员 236 人，增长率为 5.35%；净增团体社员 2 家，增长率为 0.64%。截至 2020 年底，上海中华职业教育社共有个人社员 4646 人，团体社员 316 个，共挂牌成立"社员之家"6 个。

围绕贯彻落实"职教二十条"，办好新时代职业教育的任务要求，上海中华职业教育社聚焦职业教育高质量发展，大力加强职业教育理论政策研究，稳步推进职业教育实践探索，各项事业取得可喜进步。在总社开展的对全国 31 个省级组织工作活力测评中，上海中华职业教育社位列全国 7 个优秀省级社之首，获总社"勇于开拓，锐意进取，各项工作都开展得有声有色，取得了优异成绩"的高度评价。

二、大力加强职业教育理论及政策问题研究

（一）出版发行《2020上海职业教育事业蓝皮书》

《上海职业教育事业蓝皮书》是上海中华职业教育社担纲编写的年度系列丛书，是上海中华职业教育社组织上海的部分职业教育专家、学者调研当下问题，提出政策建议的学术性文献。全书共分上海职业教育改革发展报告、专题研究、实践案例、2019年上海中华职业教育社事业报告四个部分，集中反映了职业教育领域的最新研究成果、实践探索广度和深度，总结了上海中华职业教育社与职业教育相互促进、共同发展、相互成就的主要经验，重点探讨了上海职业教育改革实践，落实国家职业教育改革实施方案，服务国家战略，特别是长三角一体化发展战略，并对"十四五"上海职业教育高质量发展趋势进行大胆预测。

《2020上海职业教育事业蓝皮书》初稿讨论会现场

《2020上海职业教育事业蓝皮书》强调，要作高质量发展规划，引领职教高质量发展。主张"十四五"上海职业教育走向，应围绕"职教"与"普教""地方政策"与"国家政策"等4组关系，站在政策研究的视角，聚焦职业教育难点等进行思考与探索；多措并举释放上海职业教育的"乘积效应"，包括发挥职教"提升技能"支撑效应、发挥"技能人才"人力资本效应、发挥"经济社会发展"基础效应、发挥"世界技能大赛"溢出效应；高质量、高起点，科学规划上海职教新发展，建议宣传提高全民职业教育共识，把职业教育发展难点作为发展的"支点"，提升职业教育治理能力，对接科技发展趋势与上海城市发展需求，举全市之力筹办46届世界技能大赛，推进长三角职教一体化等。

（二）开展《长三角实施〈国家职业教育改革实施方案〉调研》重点课题研究

积极响应总社课题调研号召，组织职业教育领域专家开展了"长三角实施《国家职业教育改革实施方案》调研"子课题研究，并将其作为上海中华职业教育社年度重点课题。形成的《长三角实施〈国家职业教育改革实施方案〉调研总报告》（参见附录），全面反映了长三角地区落实"职教二十条"的创新举措和实践探索成果，为上海乃至长三角职业教育高质量发展作出了深刻的理论思考。在年初举行的"2020年上海中华职业教育社调研工作培训班暨重点课题结题通报会"上，该课题组组长专门进行了通报和解读，参会人员多为各基层组织从事职业教育一线工作的同志，这为推动职业教育上水平、增进长三角职业教育协作提供了参考。

该课题总结了长三角精准对标"职教二十条"，打造职教高质量发展新格局的主要路径，提交了职业院校推进1+X证书制度实施的专项调研及改革建议，并提出了推进长三角一体化、优质发展和落实"职教二十条"的策略思考。报告指出了当前长三角地区在教育现代化视域下的职教高质量发展路径，体现了以提升服务区域经济社会发展能力为价值取向，以长三角职教集团为平台助推长三角职教协同创新的基本方向。1+X证书制度专项调研部分强调建立专项政策文件，对1+X证书制度的实施提供政策支持和保障；发挥省级教育行政部门统筹指导作用，推进相关政策与改革在区域内的落地；加大对培训评价组织的考核监督，建立多元主体共创证书质量的机制；多渠道筹措经费，保障1+X证书试点工作的顺利实施。报告还提出要加强职业教育基础理论研究，拓展研究领域，与区域职业教育实现"双向建构"。

（三）围绕区域经济发展广泛开展课题调研

为了激励基层单位开展课题调研的积极性，年初时制定了《上海中华职业教育社课题调研经费使用暂行办法》，作出了对基层单位部分课题进行立项补贴的决定。此举大大激发了基层开展课题调研，主要是职业教育问题调研的主动性、积极性和创造性。职业教育社基层组织共申报并最终完成课题41篇，比上年度增幅将近100%。41篇中有37篇涉及职业教育，是对当前职业教育某一领域理论研究或实践探索的思考和总结，为推动我市职业教育高质量发展作出了积极探索。

其中，由上海中华职业教育社中青年工作委员会提交的《推动上海职业教育高质量发展，服务长三角区域一体化发展战略研究》一文荣获中共上海市委统战部2020年度全市统战理论政策研究创新成果三等奖。文章认为长三角区域一体化发展在经济社会发展中占据重要地位，但同时其也面临着更加复杂多变的国际环境。职业教育作为技术技能人才培养的主战场，也面临更高的挑战。上海作为长三角区域的龙头城市，其职业教育的高质量发展对服务长三角经济区域一体化发展、其他城市及区域职业教育发展都有重要意义。文章分析了上海职业教育产教融合中存在的问题，创造性提出要推行建设产教融合信息化平台、产教融合型实训中心、"职业体验日"、企业新型学徒制试点等。

＊相关链接

推动上海职业教育高质量发展，服务长三角区域一体化发展战略研究
——基于产教融合的视角

上海中华职业教育社中青委课题组

摘 要：产教融合是职业教育发展的高地，突破产教融合的发展瓶颈，就能突破上海职业教育高质量发展的瓶颈，更好地促进长三角区域一体化发展。

关键词：产教融合，职业教育，高质量发展，长三角区域一体化发展

2019年12月1日中共中央、国务院印发了《长江三角洲区域一体化发展规划纲要》，长三角经济区域一体化发展成为国家战略，明确了长三角区域在经济社会发展中的重要地位，为长三角一体化发展带来新机遇。然而全球新冠疫情尚未得到控制，经济全球化趋势放缓，世界经济增长不确定性较大，区域内发展不平衡不充分，科创和产业融合不够深入，阻碍经济社会高质量发展的行政壁垒仍未完全打破，全面深化改革还没有形成系统集成效应，与国际通行规则相衔接的制度体系尚未建立，长三角区域一体化发展面临更加复杂多变的国际环境。

任何发展和挑战均需要人才，职业教育作为技术技能人才培养的主战场，必将面临更高的挑战。2019年12月7日，上海市政府印发《上海职业教育高质量发展行动计划（2019—2022年）》，其中部分篇幅强调指出了产教融合校企合作的行动方向。本报告基于产教融合视角，调研与研究如何推动上海职业教育高质量发展，服务长三角经济区域一体化发展。

一、上海职业教育产教融合的现状

改革开放40年来的实践证明，我国经济社会取得高速发展，产业结构不断调整优化，发展模式逐渐转型升级，都离不开数以千万计的高素质技术技能型人才。职业教育改革的丰富实践，使改进办学思路，提升内涵建设，创新发展模式，提高办学质量，成为当前现代职业教育快速发展的主要任务。因此，走工学结合、校企合作、产教融合之路，在办学主体上推进多元化，在治理结构上加快现代化，在体制、机制上深化改革，切实提高人才培养质量，才是当前加快发展现代职业教育的有效途径和必由之路。

从我们调研情况来看，目前的校企合作、产教融合的形式和现状如下：

（一）专业共建

专业共建是指由学校和企业签订人才委培协议，学校和企业共同建设一个对应技能的专业，学校负责公共课的指导，企业负责对学生进行技能的传输、课堂的建设和就业的推荐。比如上海工商职业技术学院开展的"大唐通信学院"，对通信技术人才培养就是采取这样的模式。

（二）定向培养

这种培养模式就是学生入校时就与公司签订合同明确毕业后的工作单位，由高校和企业联合对学生进行培养的人才培养模式。这种模式的优点在于学生的整个培养过程都与企业岗位要求紧密结合，学生在毕业时完全达到企业要求，能够立即参与到实际工作当中，而不需要再次进行岗位培训，极大减少了企业的人力资源成本。目前采用这样模式的培养对学生的吸引力较大。

（三）工学结合

这种培养模式就是学生在掌握理论基础的同时，在空余时间或实践阶段参与到企业的实际工作中的人才培养模式。这种模式的优点在于学生能够将理论联系实际，学以致用，理解了岗位要求，动手实践能力得到了极大的锻炼，同时企业也解决了人才不足的问题。上海大众工业学校的数控专业就采用入学即入岗，与对应企业签订好培养协议，学校每周五都会安排学生到企业去实践，暑假寒假都会全程在企业，如上班一样，这样经过2—3年的培养，学生毕业就能很熟悉企业，对企业的感情深，忠诚度高。

（四）项目共同研发

这种培养模式就是企业以外包的形式向高校提供一些研发项目，由教师带领高年级学生完成项目研发的人才培养模式。这种模式的优点在于学生能够在项目研发的过程中提过实际解决问题的能力，同时高校能够获得一定的经济效益，也能提高企业的生产效率。比如逸夫职业技术学校共同成立大师工作室，有秦伟包装工作室、毕业于本校的庞文燕工作室、西餐的赖生强大师工作室，学校和企业共同开发课程方案。

二、上海职业教育产教融合的问题

总体来说上海的产教融合在全国来说是领先的，但从现实运行和发展结果上看，行业企业与学校之间相互脱节的现象依然普遍存在，职业人才的培养缺乏整体性和系统性，需求与供给的矛盾日益突出，相互融合的质量和水平不高，依然存在诸多问题亟待解决。

（一）校企联动体系缺乏，合作模式"一头热"问题更加突出

多年来，工学结合、校企合作实质上一直处于"校热企冷"的局面，校企协同的人才培养模式还处于比较低的水平，呈现相对松散的状态，还是一种学校推动为主、企业被动应付的局面。对企业来说，各类人才都可以从市场获得，缺乏参与学校人才培养的内在动力，参与办学或开展合作的积极性不高。对学校来说，课程内容与职业标准、教学过程与生产实践脱节现象严重，广泛存在着"重理论、轻实践"的现象。

（二）专业师资匮乏，人才培养与产业结构转型升级相脱节

一些职业院校自身办学定位不清，资源整合能力不够，专业、课程设置与

行业发展联系不紧，学生学习积极性不高，教师实践教学能力不强，服务社会能力不足，无法适应经济结构的加快转型，职业教育不能有效适应新技术新工艺的要求，不能及时填补职场需求的空缺，导致职业教育的社会评价和认可度不高。

导致这些现象的原因是多方面的：从学校层面看，一是关门办学。学校对行业企业关注不够，学术技术积累不足，缺乏"融合"的基础。二是自说自话。专业设置传统，教学内容陈旧，管理制度僵化，没有形成共同遵守的规范和标准，缺乏"融合"的决心。三是能力不足。大部分教师缺乏行业企业的工作背景和实际工作经验，不具备与市场对接的能力，缺乏"融合"的水平。

（三）职业学校毕业的学生职业发展受限，缺乏优秀的生源

近些年来，在社会对人才的需求趋向于高学历和较高的综合素质，尤其是知名大型企业、外资企业更是把统招本科学校作为起步门槛，非985、211高校就会拒之门外，也就是即使后来职业院校的学生通过努力获得了知名高校的本科甚至研究生学历，也与名企无缘。在这样的职业发展限制下，中专再也不会像90年代前那样会吸引到优秀学生，技校中专几乎成了差生的代名词，没有人会愿意进入职业院校学习。勉强进入高中，考不上本科也是宁愿复读再考，也不愿进入大专。如此，学生不是根据兴趣去选择学校，而是根据未来的企业招人门槛去选择一定要考上名校，而缺乏对自身兴趣的合理评估，导致很多不必要要走高校之路的人进入大学后反而无法发挥自身优势，把才华和技能埋没在忙碌的工作中。若这些人能进入职业院校，将会有更好的展示舞台，现代大师和工匠会涌现更多。

三、促进上海职业教育产教融合的建议

针对上述问题，我们提出如下相关建议。

（一）做好顶层设计，加强统筹规划

为有效促进产教融合，建议做好顶层设计，加强统筹规划，可从市级层面进一步尝试以下工作：

1.建立健全市区职业教育联席会议制度，从市级层面统筹协调产教融合，推动政府产业行业主管部门、教育行政部门等方面多方协同，促进产业和教育同频共振，鼓励和推动行业企业主动参与。

2.强化产教融合"三位一体"综合性改革，充分发挥城市承载、行业聚合、企业主体作用，建立以城市为节点、行业为支点、企业为重点的产教融合改革

试点新路径、新机制。

3. 丰富和细化相关支持政策并确保其落地落实，在激励产业深度参与办学、人才培养、实训基地建设等方面，以及在激励教师参与产业科技成果转化、高技能人才培养培训等方面，形成具体可操作的政策集成。

4. 进一步完善职业院校和普通高校的评价制度，将产教融合、校企合作作为学校办学水平的重要考评标准，将评价结果与投入力度挂钩，尤其要引导应用型大学坚定职业教育办学定位，强化其在现代职业教育体系构建中的引领责任。

5. 强化长三角一体化发展示范区的引领作用，在青浦建立一所企业和政府共同创办的混合所有制大学，以培养新兴技术、六大高科技行业为主的人才，打造成示范应用型本科。从长三角示范区再向三省一市逐步建立产教融合型大学。

（二）上下联动，扎实推进相关举措落实

1. 优化产教融合制度设计，激发主体内生动力

（1）明确各政府部门在产教融合方面的具体职责，统筹协调

《行动计划》明确，市和区教育行政、发展改革、经济和信息化、商务等部门建立产业发展、人才需求信息通报等协作机制。市教育行政部门负责提升学校领导和老师对产教融合认识和专业能力，提升对产业格局和技术创新的理解，提升老师的产业格局观和思想认识。市发展改革部门会同市教育行政、经济和信息化、商务等部门共同推动产教融合，开展产教融合型企业认定、培育和建设以及产教融合型城市建设试点工作。市人力资源社会保障部门在对参与产教融合的企业职工和教师在职称评定、高技能人才落户、绩效工资合理增长等方面予以保障。市经济和信息化、国资等部门支持在沪中央企业、国有企业投资举办高质量职业教育，探索建设混合所有制、股份制职业院校，校企共建产教融合型实训基地。市财政部门会同市发展改革、教育、税务等部门落实国家文件要求，对纳入产教融合型企业建设培育范围的试点企业兴办职业教育符合条件的投资，按投资额30%抵免当年应缴教育费附加和地方教育费附加。市和区教育行政、人力资源社会保障、总工会等方面，在职业培训方面增强工作协同性，共同推动职业技能培训工作。各行业主管部门应履行本行业职业教育的投入、协调和业务指导职责。

（2）完善产教融合信息流通机制

搭建职业教育产教融合信息化平台。通过信息平台，使企业需求与职业院校办学紧密对接。鼓励企业参与运行，定期发布行业发展动态、人才需求、学校资源等信息，指导、协助职业学校与相关企业建立合作关系。加强技术技能人才需求预测分析，为学校专业建设、人才培养提供智力支持。

（3）构建职业教育与经济社会发展联动机制

学校可以根据人口变化、产业发展、人力资源需求等多方面因素，科学合理确定职业教育发展规模和布局结构，灵活调整招生政策和专业设置，促进技术技能人才供给侧与需求侧紧密对接。

（4）推动产教融合型行业试点

市发展改革委和教委正拟选取部分战略性新兴产业（如集成电路、人工智能）、先进制造业、社会服务业（如健康、养老服务业）及文创产业等作为本市重点推动的产教融合型行业。鼓励相关行业组织、产业园区、科技园、龙头企业联合高校、职业院校创新合作模式，搭建产教融合协作机制。充分发挥现有教育部门和产业部门组织的产教联盟以及区域、行业建立的职业教育集团作用，搭建行业信息对接、教育服务等平台。

（5）推动产教融合型企业建设

在国家首批公布上海4个企业成为产教融合型企业的基础上，推动我市产教融合型企业认证和实施办法，在先进制造业、现代服务业等领域，先期培育30—50家产教融合型企业。试点企业兴办职业教育的投资符合条件的，按投资额30%抵免该企业当年应缴地方教育附加税。

（6）建设产教融合型实训中心

充分激活产业界的主体作用，发挥产业界在前沿技术研发以及技术技能型人才培养和人力资源开发中的资源优势，推动企业创办产教融合型实训中心，以企业为主体，联合高校和职业院校，在人工智能、集成电路、高端装备、新一代信息技术、生物医药、汽车制造、船舶制造等产业急需领域建设若干个融合产业生产、学生实习实训为一体的产教融合型实训中心。

2. 深化供给侧改革，优化院校专业布局

适应上海社会主义现代化国际大都市建设对技术技能人才和高素质劳动者的现实需求，主动对接上海经济社会发展特别是产业发展战略，增强职业教育对城市建设的支持力和贡献度，打造与上海城市地位相适应的高质量职业教育。强化需求导向，优化职业教育层次结构和专业布局。做精中等职业教育，做强高等职业教育，做实应用型本科，打造1—2所国际化示范性职业教育本科院校，积极拓展专业学位研究生教育。密切对接产业发展趋势，完善专业布局结构动态调整机制，促进教育链、人才链与产业链、创新链有机衔接，推动职业教育发展和产业发展现实需求紧密对接。

（1）合理确定中等职业教育功能定位和中职学校发展走向，打破中等职业教育自成一体的封闭发展观念和办学格局，把进一步做精作为中职教育发展的重点，实现中等职业教育集约化、优质化、精品化发展。

（2）实施高等职业教育双一流计划，推动一批高等职业院校和专业（群）进入国际一流、国内领先行列。深化职业教育办学体制改革，总结中职—高职贯通培养长期探索实践的经验得失，结合中职学校布局调整优化，强化中高职教育一体化发展，建设一批新型（五年一贯制）职业院校，推动中高贯通人才培养由中职、高职双主体实施向新型职业院校单一主体转变，提升技术技能人才贯通培养质量。

（3）对接上海产业地图，优化职业教育专业布局，引导学校加强区域有需求、行业有地位、国内有影响的专业（群）建设；重点布局集成电路、生物医药、人工智能、航空等新兴产业和汽车制造、船舶制造等先进制造业相关专业，以及家政、养老、托幼、酒店管理等现代服务业相关专业。调整关闭部分不符合经济社会发展需要或重复设置率高的专业点。

（4）不拘一格降人才，多管齐下育师资。对职业院校的专业教师聘用，打破学历、年龄、工龄等门槛，以专业成果与技能水平去评估与选拔教师，通过人才引进、进修培训、以老带新、企业挂职、聘请企业专家和能工巧匠为外聘教师等方式，加强师资队伍建设，形成一支具有应用型人才培养教育理念、熟悉应用型人才培养教育规律、掌握应用型人才培养教育方法的专兼职结合的师资队伍。建议建立"岗位轮转"一体化教师培养模式，加强专任教师专业技能的培养。

3. 强化兴趣导向育人机制，激发学生入学动力

（1）把"职业体验"活动引入常态工作中。延长上海市每年举办的"职业体验日"的体验时间，扩大体验的专业范围。

（2）鼓励各类企业开发"职业体验日"，让中小学生走入企业，亲身体会企业生产的各个环节，激发学生的兴趣。给参与职业体验日活动的企业一定的税收返还等补贴。

（3）加强对中小学生的职业规划，提升班主任的职业规划水平。教育部人力资源社会保障部《关于加强中等职业学校班主任工作的意见》，明确规定了中职班主任的五大职责，其中第四条就是职业指导工作，所以，指导学生做职业生涯规划是班主任的一项重要工作。

（4）拓展职业学院学生的就业路径。推进1+X证书制度改革。建立健全"X证书"体系，以"X证书"为契机，推动行业龙头企业参与职业教育与人才培养，制定职业技能标准和人才技能水平评价，开发社会一致公认的职业资格证书或技能水平评价证书。

（5）推动现代学徒制和企业新型学徒制试点。选取技术性、实践性较强的专业，全面推行现代学徒制，推动学生招生和企业招工相衔接，明确学生学徒"双重身份"，强化企业作为重要主体实施人才培养，推动企业招录新员工后积极开展岗位技能培训和企业文化培训。

（课题组成员：侍欢迎、黄文婷、凌定胜、孙红、张利民、王桂芳、蒋力群、周志鹏、张新春、李卫民、崔光永、王健立、谢程）

此外，我社社员中的人大代表、政协委员还在全国各级两会上积极建言献策，认真履行参政议政之责，2020年共提交提案议案200余件，其中部分涉及职业教育改革发展方面的问题。全国政协委员、我社副主任胡卫就有多篇关于职业教育的高质量提案。

* 相关链接

提案一 胡卫委员：建立国家资格框架制度，推动职业教育和培训体系进一步完善

党的十九大报告提出"完善职业教育和培训体系"，这是对我国职业教育未来改革发展战略目标作出的重要指示，要求我国职业教育体系范畴从面向学龄人口为主体的职业学校教育转变为学历教育与职业培训并举的终身性体系。

然而，目前我国职业教育与职业培训长期以来形成的分而治之的格局尚未改变。职业院校的管理权限归教育部门，技工院校和职业培训的管理权限归人社部门；追求学历文凭为主的职业学校教育与追求职业资格为主的职业培训二

者处于相对分离状态；教育部门颁发的与劳动就业无直接关联的学历文凭证书，与人社部门颁发的与劳动就业相关联的职业资格证书之间不存在相互对应关系。社会上普遍存在重学历文凭证书轻资格证书的现象，一方面是大学生"就业难"，另一方面是企业"技工荒"。为此，要把职业学校教育和职业培训置于同一体系，就必须构建一种能够对学历文凭证书与职业资格证书进行相互比对的制度，使二者建立等值互认的关系，赋予职业资格证书应有的地位。

从世界各国发展职业教育的成功经验来看，构建国家资格框架对不同教育路径获得的资格进行认证，实现职业资格证书与学历文凭证书的相互比对是各发达国家和地区的普遍做法。目前，国际上已经有160多个国家构建了国家资格框架，占全球的四分之三，欧盟和东盟还建立了地区资格框架。借鉴发达国家先进经验，我国要完善职业教育和培训框架体系，有必要尽快建立我国国家资格框架制度。2019年国务院《中国教育现代化2035》明确提出"建立全民终身学习的制度环境，建立国家资历框架"，一些地区也进行了初步的探索。从国家层面来看，我们建议：

一、循序渐进地推进改革，分步试点实施

首先建立涵盖职业教育和职业培训的职业教育资格框架体系，再建立融合普通教育和职业教育的综合资格框架。我国拥有世界最大规模的教育体系，存在普通教育、职业教育、高等教育和成人培训等在内的不同层次、不同类型的教育和培训，要建立综合性、开放性、融通性并涵盖各级各类教育和培训的综合性框架，不可能一蹴而就。可以先建立层次结构清晰的职业教育资格框架体系，纵向搭建完善的职业教育的层级架构，横向实现职业教育学历证书与职业资格证书的等值互认。这样，职业院校毕业生获得文凭证书的同时相当于获得等值的职业资格证书，可以进入劳动市场就业，也可以继续学习获得高一级学历文凭（或资格证书）。相应的，企业员工包括社会人员在需要时可以重返职业院校，或通过非正规和非正式的学习，继续获得高一级学历文凭（或资格证书）。

二、建立跨部门的沟通协调机制，确保利益相关者的充分参与

国家资格框架的利益相关者包括政府及其职能部门、教育机构、企业、行业组织和个人等，他们是影响资格框架的目标能否实现的关键群体和个人。要建立综合性的国家资格框架，构建一个可以对各级各类资格证书进行比对、评价、认证的国家平台，就必须建立有利于各利益相关者进行沟通的机制，搭建能让各利益相关者充分表达意见和建议的"平台",并吸纳他们合理化的意见和建议,方能获得他们的支持,确保资格框架的顺利运行和实施。首先,设立一个综合性的管理主体——国家资格管理机构,负责国家资格框架的管理,统筹教育部、人社部和专业部委,构建一个有效的内部政策协调机制。其次,要在管理主体的主导下,建立利益相关者的激励与约束机制、合作与监督保障机制,清晰界定各利益相关者的权责关系,赋予他们更多的自主权,以促进各利益相关者的有效参与。

三、制定与国家资格框架相配套的一系列制度和支持政策

首先,建立并完善学分累计、认定和转换制度。通过学分转换,打通非学历教育与学历教育、职业教育与学术教育之间的壁垒,促进学习者在不同的教育机构之间有序流动。其次,建立先前学习认定制度,明确先前学习认定的适用范围、标准和原则。对不同年龄阶段的学习者通过非正规和非正式途径获得的知识、技能和能力进行认定,为他们提供进一步学习的机会,从而最大限度地发挥个人潜能。

提案二 胡卫委员:完善高职扩招工作 促进职教转型发展

高职扩招对促内需、稳就业、保发展具有重要作用。2019年开始的高职大扩招工作,总体情况是好的;同时,也出现了一些影响后续人才培养的问题。搞好新一轮高职扩招,需要建立健全常态化、长效化扩招工作机制,确保学生"招得进、学得好、出得去"。

实施高等院校大规模扩招,是党中央、国务院的重大决策部署,也是应对国内外新形势新挑战的重要政策抓手。2019年高职百万扩招录取工作已结束,总体情况良好,同时也暴露出一些问题和矛盾:

其一,各地扩招完成率及院校专业分布差异大

本次扩招时间紧、任务重。有部分省市包括一些职教大省未能完成招生任务;从院校和专业情况看,一些名校、强校和热门专业报考人数较多,不同地区院校、同一地区不同院校、同一院校不同专业、公民办院校之间招生都存在冷热不均的情况。

其二,非传统生源对象报考积极性不高

"退、下、农"等四类人员普遍年龄偏大,且部分已婚,出于机会成本和费

用支出等考量，整体报考意愿偏低。如，某省一阶段扩招，普通高中和中职毕业生占录取人数的 98.7%，四类人员占比仅为 0.3%；另一省域四类人员计划招生 5000 人，实际报考人数仅 1200 余人。

其三，部分高职院校存在急功近利行为

一些院校降低选拔标准，表面"宽进"，实则无序招生、抢占生源，甚至公然承诺只要报名就能返还费用、包通过等，借机揽学费、要拨款，学生则变相花钱买文凭；还有一些学校为完成任务，照抄照搬上级政策和其他院校政策，招生目标不明确。

其四，扩招后部分院校资源难以承载新增生源

一些院校教室、宿舍、食堂、实习实训场所等硬件设施被新增生源摊薄，既无法满足实际需要，又不符合办学标准。师资尤其是"双师型"教师紧缺，按平均师生比 1∶18 计算，扩招后全国高职院校共缺 5.5 万名教师，如考虑每年自然减员约 1 万人，则有 6.5 万缺口。

深入做好新一轮扩招工作，需要进一步落实《国家职业教育改革实施方案》，牢牢把握"标准不降、模式多元、学制灵活"原则，建立健全常态化、长效化的扩招工作机制，充分发挥高职扩招"稳就业，促发展"的政策功效，推动高等教育普及化和职业教育"类型化"的转型发展。胡卫建议：

一要合理确定扩招人数，科学安排扩招时间

中央和地方教育行政部门要充分研判疫情影响下的就业形势，结合现有办学资源情况，逐年合理确定扩招人数，非控专业的招生人数应以院校自报为主。科学安排不同类型及不同批次招生的时间和节奏。结合产业链调整情况，除继续挖潜中职生源和"四类人员"外，适当扩大有接受高职教育意愿的产业职工招生比例，从源头上缓解不同地区、院校及专业之间的招生失衡情况，遏制院校扩招的短期行为。

二要加大政策扶持力度，消除生源后顾之忧

各地教育行政部门要放宽扩招户籍限制，为"四类人员"就近报考入学创造便利。加大对"下""农"两类人员的财政补贴，对职业技能突出者免除全部或部分学费。教育、退役军人、人保和农业农村等部门，应加强政策宣传力度，开展联合办公，提供招考一站式服务，全方位做好扩招咨询及相关服务工作。

三要加强配套设施建设，盘活存量教育资源

各地教育部门会同财政部门按照弹性学制的教学基本要求，根据实际扩招人数给予教学及生活设施基建专项补助。教育部门要敦促院校按扩招后生师比，加大"双师型"教师引进和培养力度，并鼓励院校间教学生活设施开放共享。鼓励院校借鉴疫情期间的做法及经验，创新教育教学形式。通过政府购买服务等方式，支持社会培训机构为"四类人员"提升文化素质提供培训服务。

四要试点职业高校建设，探索职教发展新路

教育、人社等部门可以《职业教育法》修订为契机，以高职扩招为抓手，遴选一批职业院校开展"职业高等学校"试点建设。整合学历教育和职业培训，从设置标准、招生考试、教育教学、毕业就业、评估标准等方面入手，全方位探索更具职业教育特点、有别于普通高等学校的"职业高等学校"新序列建设，推动整个职业教育向"类型教育"方向转变。

三、全面推进职业教育实践探索

（一）疏通技能人才就业通道

一是依托校企联盟帮助学生就业。2020年7月16日，组织6家校企联盟单位参加"海聚英才"2020届上海高校毕业生就业冲刺行动，开设1小时职业教育社直播专场。11月份又发动12家校企联盟企业单位提供200个就业岗位。同时，在"毕业申"网站建立了上海中华职业教育社校企联盟单位常年登录接口，为职校学生持续提供就业岗位。

二是疫情常态下深入企业学校解决用工难问题。上海中华职业教育社领导带头深入基层一线，先后走访调研天纳克（中国）有限公司、国家开发银行上海分行等29家企业和3所职业学校，深入了解有关疫情防控措施、复工复学复产达产情况，积极帮助解决部分企业用工难等问题，积极为职业院校毕业生就业创造条件和机会。

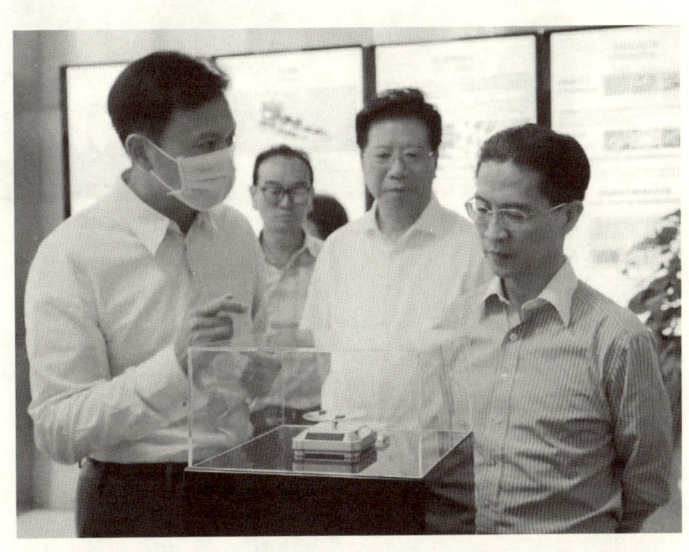

疫情期间，上海中华职教社主任周汉民率队调研部分企业

（二）服务职业教育办学实践

一是恢复"中华牌"学校。上海中华职业进修学院成功恢复办学资格，目前主要开展线上培训，利用自行开发的培训平台——常学云平台工作为众多企业开展培训业务；上海中华职工中专完成运营层变更手续，今后主要围绕日本留学、日语培训、职业教育等几个方向开展业务；中华专修学校日常运营权顺利移交玮石（上海）信息科技有限公司，并在上海中华职业教育社授权下开展学校具体运营发展工作。

二是加快了疫情常态下职业院校恢复运行。为积极推进有序复工复产复学，社主任周汉民先后主持召开4期上海职业院校长沙龙，形成《返校复学的准备要力争百密无疏》等4篇建言，获得了市委及市委统战部领导的批示。很多建议迅速成为政府决策依据和最新政策，加快了职业院校健康有序运行。

职业院校长沙龙（第1期）现场照

＊ 相关链接

链接一　返校复学的准备要力争百密无疏

为积极落实总书记最近在政治局会议上坚决打赢疫情防控阻击战的最新指示精神，响应复工复产复市复学的号召，为上海即将到来的逐步复学做好准备，4月17日下午，上海中华职业教育社主任周汉民主持召开上海中华职业教育社职业院校长沙龙，与来自本市9个区10所中高职院校校长和3家企业代表座谈，就在当前疫情形势下复学所面临的新问题、新挑战进行了深入的讨论，先将一些思考呈报中共市委领导参考。

在职业院校长沙龙上，校长们集中反映，受疫情影响，既定开展的教学计划的实施遭遇了很大阻碍，毕业生招生工作、毕业班实习安排遇到了不少困难；返校复学的安全保障工作面临较大压力，包括防疫物资的配备、开学批次的确定、学生住宿的安排，以及落实有些外地来沪学生住宿非定点隔离酒店困难、毕业生实习需要和学校封闭式管理之间产生矛盾等。尤其是实习和就业问题突出，受限于社会整体的复工复产情况，许多已经完成了理论课程学习的学生实习受阻，无法在实习场所磨练技能，给教学计划的落实带来很大的不便。有的学校甚至表示，有部分原本已经签约的毕业生，由于企业发展面临严重困难，因此有无法履约的风险。为此建议：

第一，政府部门要做好分类指导

面对当前复学准备工作参差不齐，有些部门对返校复学后将要迎来的严峻考验认识不够充分的现状，为打赢这场复学攻坚战进一步统一思想、坚定信心就显得尤为重要。建议对全市师生员工要有一封复学告知书。这封告知书可以由分管教育的副市长或市教委主任签署。告知书的内容要讲清当前外防输入、内防反弹的要求，要明确各自的责任担当，特别要清楚地告知学生重返校园时的注意事项、纪律要求、相关规定、防疫物品（比如口罩、消毒物品）的配备和使用说明及有关防疫设备的使用操作指南等。同时要讲好复学第一课。建议由市教委统一录制一门课程作为复学第一课，可以请这次援鄂医疗队中优秀的医务人员来讲，让大家学有榜样，鼓舞士气。同时，要有详尽的指导性文件。受当下疫情影响，学校不同岗位、不同专业的教职员工工作任务和工作量都有所不同，有的差异很大，包括绩效工资如何根据实际情况计算和发放要有指导性文件，以便于学校操作。

第二，学校层面要做到一校一策

通过沙龙的交流反映，现在各区的复学准备情况差异较大，就口罩的配备情况看，有的区为学校充分配备，有的区为学校部分配备，还有的区是要学校自己筹备，有些学校感到压力很大，经费不足。所以必须要做到科学合理，精准施策。建议学校首先要摸清3个方面情况。一是人，要对学生情况进行排摸，有该来的没来的，有应来的不愿意来的，要排摸清楚，细分情况，报教育有关部门，线上和校内教育看来要同时进行；二是时间，除了4月27日、5月6日、5月11日3个复学时间节点外，学校要根据各自情况确定其他分批次开学的时间，这个时间要研判准确，开弓没有回头箭，复学不能开了又关了，以免造成不良影响；三是配置，要搞清楚口罩等防疫用品的用量和储备情况，要有常态化防疫的预案，并注意把好配置物品的质量关。其次学校要有一定的自主权。可以自主安排错时错峰、错班级复校上课的自主权，可以自主根据实际情况选择专业考试的方式方法，可以自主弹性调整实训实习的安排，充分利用校内实训中心资源。对于外地学生回沪后的隔离，最好由区政府主管部门统筹指定几家定点隔离酒店，学校再自主制定相关的操作办法。

第三，社会层面要做到群策群力

当前最迫切的问题就是就业，目前的形势堪忧。据会上有校长反映，受疫情影响，目前上海市应届毕业生平均签约水平只有17.55%，最高不超过20%，因此发动社会力量，合力解决就业难题迫在眉睫。建议要充分发挥各级职业教育社系统在职业教育领域联系广泛的优势和桥梁纽带作用，发动团体社员中的学校和企业，通过"云上招聘会"等线上线下相结合的方式帮助解决职校毕业生面临的就业问题；上海职业教育社要利用温暖工程基金会并依靠广大社员力量，筹措公益金帮助学校解决疫情期间困难学生上网难、住宿难的问题；要发挥上海职业教育社职教校企联盟作用，做好供需对接，通过问卷调查等形式了解学校急需解决的实习就业问题，组织联盟企业通过开展就业培训辅导、提供实习和就业岗位等，一同来协助解决学生的就业难题。

2020年4月18日

链接二 教培机构复学政策不能"一刀切"

随着4月27日上海高三年级、初三年级学生有序返校复学，教育系统已经逐渐迎来开学潮，但对于广大教育培训机构来说，仍充满了对何时复工复课的焦虑、等待和无奈。按照市教委通知，各类培训机构在全市中小学生和幼儿园学前幼儿返校开学前一律不得组织开展线下培训及服务，这个政策，让距离全面线下停课已经过去3个多月的教培机构面临严峻的生存危机。为此，4月30日上午，我主持召开上海中华职业教育社职业院校长沙龙，与来自本市11个涵盖了从学前教育到行业培训机构的负责人和3家企业代表座谈，就在当前疫情形势下教培机构面临的问题和挑战进行了深入的讨论，先将一些思考呈报中共市委领导参考。

在职业院校长沙龙上，校长们集中反映，受疫情影响，政府出台了很多扶持和优惠政策：社保减免或延期征收；房租减免政策；发放教师在线教育补贴等等，但政策的落地却没有真正到达毛细血管，比如，营利性培训机构和非营利性培训机构在社保减免方面不能一视同仁，前者参照小微企业，享受全免；后者参照民非企业，享受减半政策。比如，培训机构很多都是租借商场、办公楼宇举办，出租方本身就是民营单位，受疫情影响，自身经营状况都堪忧，哪肯为培训机构减免房租。再比如线上培训补贴政策，设置的要求非常繁琐，想拿到这笔补贴实在不易，有的企业只能放弃。校长们呼声最高的还是不能尽快复课问题，尤其是开展职业技能类培训的机构，线上教育没法替代和满足线下的实训和操作要求，机构普遍面临没有收入、成本支出、教师流失、退学退费的困境。校长们表示虽然教培机构有的归人社系统管，有的归教委系统管，但都要求统一执行市教委的复学令，有承担企业委托培训任务的教培机构，虽然企业需求很大，因为一刀切的政策不让复课，加上考试系统、报名系统关闭，机构要面临倒闭的风险。为此建议：

第一，对教培机构的复学要分类指导，精准施策

通过沙龙的交流，对于各类培训机构一律必须在全市中小学和幼儿园后复课，校长们普遍对此难以接受，认为没有考虑成人技能培训和少儿学科培训的区别，感到被不公平对待。所以对于教培机构的复学不能一刀切，要做到分类指导，精准施策。建议根据培训对象的不同对教育培训机构先进行分类，再对应以不同的复学要求。比如初三年级以上的应该立即复，成人类的应该马上复，初三年级以下的应该跟着政策一同复，幼小类则要施以更多的鼓励，目前更多地以网上形式展开，并跟着幼儿园的复学时间及时复。同时，主管部门要根据各机构不同的复学阶段，做好相关的复业和复学指导，尽可能做到每一步都落实落细，要让培训机构有人管理、有法可依、有章可循。各级领导也要多与这些机构互动、走访，多倾听他们的呼声和诉求，给他们增加存活下来的信心和未来发展的勇气。

第二，教培机构复学政策要统筹兼顾，落实落地

面对当前民非机构既享受不到政府的优惠政策，又要承受最严格的复学令，生存面临很大困境的现状，必须要在政策层面加以扶持。建议由市政府分管教育的副市长或副秘书长牵头，召集市教委、市人社局、市场监督管理局3家单位的有关负责同志，定期开会，统筹协调相关政策。市政府所出台的鼓励复工复产的政策要尽可能覆盖上海7000多家教育培训机构，并最大化简化流程，既要应享尽享，也要能享实享。同时要为这一群体的复业，为这一产业业态专门制定一套组合政策。教育培训机构是经济社会发展不可或缺的组成部分，尤其在失业率大增的当下，更应尽快恢复职业教育和技能培训，要让培训机构在稳就业、促就业，保居民就业中发挥出应有的积极作用。

第三，促"六稳""六保"需要发挥教培机构作用

当前最迫切的问题就是稳就业、稳预期、保居民就业、保市场主体，但目前的形势堪忧。据会上有校长反映，目前预估的失业率已令人担忧，主要表现为行业型失业而非企业型失业，因此发挥职业教育培训在转行就业中的重要作用迫在眉睫。建议一是要让做转岗培训和再就业培训的机构尽快复学复课，并给予一定政策扶持和指导，让他们在企业转行培训中发挥出更大作用。二是鼓励建就业前驿站，面对今年874万应届大学生，因为实习难以落实导致进入社会的跳板缺失，从而影响就业的冲击，要赋能相关行业领域的教培机构尽快把"就业前驿站"做起来，做好大学生就业前的培训，减缓集中就业的压力。三是要解决好政策和定位间的矛盾，紧贴"六保""六稳"要求，及时调整对民非教培机构的相关政策，促其健康发展，让职业教育推动经济社会发展，提升就业、服务民生的重要作用得以更好发挥。

2020年4月30日

链接三 完成高职扩招200万需要破解的几个难题

今年全国两会政府工作报告明确提出，当前要优先稳就业保民生，千方百计稳定和扩大就业。6月30日下午，我主持召开上海中华职业教育社职业院校长沙龙，与来自本市的中高等院校及职教协会、教育研究机构代表座谈，就如何贯彻落实好《政府工作报告》中提出的"今明两年职业技能培训3500万人次以上，高职院校扩招200万人"的以训稳岗措施进行了专题讨论，先将一些思考呈报市委市政府领导参考。

校长和专家表示，这是党中央、国务院立足当前、着眼长远、统筹推进疫情防控和经济社会发展作出的一项利国利民的重大举措,是抓好"六稳""六保"的重要战略之举。如何将这一国家举措贯彻落实好是摆在各地方、各级政府以及各相关单位面前的重要课题。上海要如何完成好国家下达给上海的培训目标和扩招任务?校长和专家都认为首先要直面困难和挑战。扩招将面临教育资源被摊薄稀释、生源质量难以保证、教学质量难以保证、线上教学受冲击等实际困难,且在办学教育资源不足的情况下,扩招生源和教学质量将会不同程度存在掺水乱象;还面临不同地域、不同学校及不同专业招生不平衡的结构性矛盾,特别是营利性民办高校被排除在扩招范围之外的政策瓶颈;一边是企业深度参与学校教育,推进产教融合、校企合作的积极性不足,培养端和用人端未能充分沟通匹配;一边是学校参与职业技能社会培训的机制和激励措施不到位,设施设备一流的实训基地未能充分利用等。怎么才能保质保量地完成扩招任务,服务"六稳""六保"大局。为此建议:

第一,要运用一体化思维,拓宽扩招思路

面对全国高等教育资源和生源需求不平衡的结构性矛盾,建议要运用一体化思维对200万体量的高职扩招任务进行规划,通过扩区域和整体协调来完成扩招,不应画地为牢,各自为战,更不能勉为其难,滥竽充数。要区域一体化招生,上海可以发挥其作为长三角城市群核心城市和支援全国贫困地区重要贡献城市的定位和吸引力,将需求放大到整个长三角城市群中41个地级市和对口支援地区,扩大高职招生的地域范围;要社会一体化协作,从大职业教育理念出发,联合协同相关机构和社会组织,完成对退役军人、下岗职工、农民工和新型职业农民等群体的招生,比如上海农林职业技术学院的做法是在上海市农业农村委统筹协调下,一同动员新型职业农民报名高职教育,挖掘扩大生源。

第二,要坚持以人为本,加强师资队伍建设

扩招将会使本来就存在的高职教师数量和质量缺口大的问题更加凸显。考虑上海对高技能人才培养的目标定位和新社会生源培养的现实需要,建议同时抓好两支队伍建设。一是要打造一支拥有国家名师、行业名匠的高水平"双师型"教师团队。要打破现有行业壁垒,授予职业学校用人自主权,大力拓宽从行业企业聘任领军人才、大师名匠兼职任教的渠道;要针对行业高技能人才的特点,结合学校实际,制定行业技能大师进入高职院校的入职任教标准和灵活的流动机制。二是要打造一支能够胜任面向退役军人、下岗失业人员等不同社会生源实施教学和管理工作的教师队伍。要实施教学激励,鼓励创新人才培养模式，探索更多分类培养计划和弹性学习方式等；要进一步完善教师绩效工资核定办法，将教师参与扩招教学工作量纳入绩效工资总量。

第三，要给予政策支持，做好制度顶层设计

在当前优先稳就业保民生的大前提下，建议要积极发挥政府功能，做好制度顶层设计，创造性地调动和利用一切可利用的社会资源。首先要打好保障组合拳。应把支持高职扩招列入地方规划，地方政府要为高职扩招制定提供相应保障措施，各级行政主管部门应加大统筹协调力度，将高职扩招各项保障措施落实落细。其次要为民办高职院校解绑。上海的民办高职院校占据上海市高职教育的半壁江山，要为符合教育教学条件的营利性民办高职院校松绑，将其纳入高职扩招范围；要放开中高职院校的部分招生限制，扩大教育对象，避免教学资源空转浪费。最后要完善证书体系建设。通过做好"1+X"证书制度改革，确保证书的成色和含金量；要通过税收优惠等实质性激励措施鼓励行业企业的积极参与；要推动社会扩招毕业生在落户、就业、参加机关事业单位招聘、职称评审、职级晋升等方面与普通高校毕业生享受同等待遇。

总之，要完成好扩招200万的战略任务，还需坚持黄炎培大职业教育主义思想，争取更多社会支持。上海中华职业教育社作为具有"统战性、教育性、民间性"的群团组织，希望在党和政府支持下，作为协调主体，遵循联盟协同招生，分类精准教学，校企协同育人，共享就业资源的思路，积极推进中央为促进"六稳""六保"作出的这一重要战略之举能够落地落实。

2020年7月24日

链接四 帮助教培体系解困 助推职业教育发展

9月24日下午，周汉民主任主持召开了上海中华职业教育社2020年第四期职教沙龙，同与会的14位职业院校长和专家就当下职业教育面临的困难和问题坦诚交流。特将有关情况报告如下。

大家普遍反映，新冠疫情使较多教培机构面临难以为继的境遇，众多机构已经出现资金断裂、人员流失、家长要求退费、房东讨要房租、补贴尚无着落等情况；在疫情常态化防控的当下，国家有关职教政策变化较大，职业教育工作者们本领恐慌也日益凸显，教培机构面临前所未有的压力。具体而言，疫情期间非营利性职业技能培训办学机构，难以享受到有针对性的补贴政策；职业技能资格证书考试取消后，从业者的资格和能力认证脱档；职业教育收费政策和考试时间差异等，导致上海高职本地难招、外地又来不了，长三角职教合作还需解决资源配置不均衡问题等。因此，如何能够高质量完成国家高职扩招任务，有效促进新冠疫情常态化下职教事业发展，加快长三角职业教育协同，推动长三角职教高质量一体化发展，亟待党和政府下更大决心，采取更多科学的举措。为此，聚焦本次沙龙热点，提出3点建议供市委、市政府领导参考。

第一，评聘结合，帮助行业协会对接新的职能

国家已不再承担职业资格认定责任，但职业资格评价还必须要有机构来做，可以通过评聘结合的方式，让相关行业协会尽快承担起职业技能评定职责。一方面要有具体政策支持行业协会承接任务并建立统一的技能评价体系。支持行业协会建立规范统一的培训计划、大纲、教材和评定、收费标准等，在人社部门备案，并向社会公示；另一方面要在政策上向行业协会下属的办学机构倾斜。增加社会竞赛的频次，用行业竞赛来促进技术交流和进步。充分发动社会办学力量，在财力物力上支持高素质和高技能人才培养，建立规则统一的实训场地等。

第二，立足长三角，夯实高职扩招和职教发展基础

通过长三角一体化高质量发展，统合布局职业教育，为加快职教共同体发展提供更广阔的舞台。首先可以考虑建立长三角职教发展联席会议制度。制订职教合作计划，纳入长三角一体化发展规划之中，充分发挥长三角职业教育集团的平台作用，率先开展示范区职业教育一体化招生试点。其次要加强高职扩招程序设计。各学校要开放更多专业搞合作，尽可能统一录取标准，适当降低高职入学门槛，特别要充分考虑军队退伍时间因素，积极向西部对口支援地区拓展生源。最后要统筹推进高质量办学。可以设立职业教育发展基金，推动制造业和第三产业相关职业教育发展，关注新需求，形成新动能，如养老、社工、心理咨询等都为社会之急需。打响"中华"职业教育品牌，上海可成立"中华"职业教育集团，并实现名牌优质教育资源跨区域共享。

第三，聚焦双循环，推进上海职业教育国际化改革

上海应当大力推进国际化职业教育改革，积极融入双循环新发展格局中。一是合理引进国际权威行业协会证书体系。积极促进国际间职业技能证书的互认，推动国际间人才交流。顺应一带一路建设需要，共同促进相关行业职教人才培养体系建设。二是支持国内职校与国外大学联合成立"高精型"职业教育品牌专业。应与专门的应用技术型大学、综合性大学合作举办"高精型"专业。

> 三是与"欧盟终身学习资格框架"等体系对接。逐步实现技能互通、资格互认。此外,为加快职业教育国际化的进程,政府应在办学资质审批、校企合作、外教引进等方面给予更多的支持。
>
> 2020 年 9 月 30 日

三是帮助西部地区职业院校提升办学水平。2020年是脱贫攻坚关键之年,上海中华职业教育社努力克服疫情影响,及时采取线上授课的方式举办2020年云南省、贵州省遵义市职业院校长线上研修班,组织云南和贵州遵义等对口支援地区的 78 名职业院校长进行培训。研修班为学员精心设计了培训课程。上海市政协副主席、上海中华职业教育社主任周汉民为参训学员作题为《众志成城战疫情,中国经济从头越》的线上专题报告。上海交通大学中国城市治理研究院副院长陈高宏,上海国际问题研究院国际战略研究所所长、美洲研究中心成员吴莼思,教育部教学诊改专家成员、上海中华职业教育社专家委员会专家蔡红分别为学员们作《领导力的提升与开发》《抗疫背景下大国关系的演进》《教师·教材·教法》报告。

研修班的举办是实现智力帮扶上海对口支援地区,帮助当地加快构建现代职业教育体系,为促进地区经济社会发展提供有力人才支撑的关键之举,也是对黄炎培"大职业教育观"的传承和践行,得到上海市政府合作交流办的高度肯定。

(三)开展职业教育扶贫助学

一是资助职业院校困难学生。开展一年一度的"中华助学金"发放。该助学金从2013年起设立,每年发放一次,旨在帮助在上海职业院校就读的困难学生顺利完成学业。2020年全年共筹措资金100多万元,斥资50万元资助本市55所团体社员职业院校的250名困难学生,其中包括在沪就读的来自西藏、新疆、贵州、青海、云南、四川等地的西部地区学生104名。11月28日,在市科学会堂举行了助学金发放仪式。此外,部分区社也自主开展助学活动,如:嘉定中华职业教育社对20名云南楚雄州建档立卡贫困中职学生进行资助;闵行中华职业教育社所联系的社员学校上海市西南工程学校全年对37名云南、贵州学生补助达 68800 元；黄浦中华职业教育社所联系的社员学校中华职业学校继续参与总社温暖工程毕节项目，全年资助金额达 14 万元，受助学生 92 人。

2020 年度"中华助学金"发放仪式

二是职业技能培训向更多群体、更宽领域辐射。以职业教育服务脱贫攻坚工程，除了直接资助职业院校求学的学生外，还创新形式，向农民、下岗工人、特殊群体等更多群体、更宽领域辐射。如：崇明中华职业教育社聚焦乡村振兴，向村民提供"开发培训教材＋推广技术成果＋培养新型农民"的"菜单式""一揽子"服务；徐汇中华职业教育社针对农民，城市下岗失业、待业人员，以及特殊群体开展美发美容师方面的培训；静安中华职业教育社开展了小微企业创业、融资、政策培训；奉贤中华职业教育社实施职工干部素质提升计划；杨浦中华职业教育社积极开展六一儿童节困难职工帮扶、大病助学帮扶活动；等等。

（四）搭建职业技能大赛舞台

新时代党和政府高度重视职业教育，但社会吸引力不足依然是当前最大发展瓶颈。为此，上海中华职业教育社以上海将举办第 46 届世界技能大赛为契机，通过广泛开展或参加各类职业技能竞技类活动，为技术技能型人才提供展示舞台，加强技能交流，在全社会大力弘扬劳模精神、劳动精神和工匠精神，宣扬职业教育技能成才、匠心筑梦的时代价值，积极营造"劳动光荣、技能宝贵、创造伟大"的时代风尚，通过以赛促训、以赛促学、以赛促教，激励更多劳动者特别是青年一代走技能成才、技能报国之路。

第八届上海市"中华杯"职业技能竞赛启动仪式

9月26日，上海中华职业教育社联合江苏、浙江、安徽中华职业教育社，在青浦区上海工商信息学校共同举办了2020年第八届上海市"中华杯"职业技能竞赛启动仪式暨长三角总厨中式烹饪比赛。"中华杯"职业技能竞赛活动的覆盖范围首次拓展至长三角地区，32位来自长三角地区的餐饮企业总厨和中高职院校专业教学老师参加比赛，同台竞技。启动仪式现场还进行了长三角地区地方特色产品展示，整个活动采取线上直播的方式，在展示精彩竞赛的同时，也对长三角地区的特色美食进行了推广和宣传。通过"中华杯"的平台，让更多人了解关注职业技能竞赛，同时帮助疫情下的餐饮行业渡过难关。6600余位观众线上观看了活动直播，澎湃新闻等媒体进行了报道。

全部赛事历时2月有余，含青浦、黄浦、浦东等10个赛区17个比赛项目，长三角地区相关从业者409人参赛。12月20日，在闵行区上海市群益职业技术学校举行颁奖大会，同时进行非遗技艺、人工智能和美食制作等职业技能展示，27个展位吸引了与会观众的积极围观和互动，145位技能青年捧得"中华杯"奖杯。

11月17日，第四届中华职业教育创新创业大赛全国总决赛在"山城"重庆"开战"。本次赛事由中华职业教育社主办，教育部、人社部指导，参加网评的项目达到308个，来自全国的119个参赛项目进入全国赛现场总决赛，涉及农林、畜牧、食品及相关产业类、文化创意、机械能源、电子信息、生物医药等领域。上海中华职业教育社共组织了来自3所中职学校的4支参赛队伍参加了中职组的比赛，分别是上海市奉贤中等专业学校的《青鸟校园传媒》项目和《自修复安全轮胎创新营销》项目、中华职业学校的《"举杯解忧"咖啡艺术屋》项目、上海市逸夫职业技术学校的《AROUND US 立衣——中国中高端服装定制品牌》项目。最后，《青鸟校园传媒》项目成功入围全国总决赛，并喜获大赛三等奖，另外3个参赛项目获优秀奖。

第八届上海市"中华杯"职业技能竞赛闭幕式暨颁奖大会领导合影

11月17—19日，全国首届"黄炎培杯"中华职业教育非遗创新大赛暨非遗职业教育成果展示会在安徽省行知学校举行，上海中华职业教育社组织有关学校参加。其中，上海市群益职业技术学校《弘扬非遗文化促进民族交融》的非遗教学案例、群益服装专业内职班和本地班学生制作的盘扣作品，以及群益服装专业师生现场进行的"盘扣制作"非遗技艺展示，凭借新颖的设计、精湛的工艺和民族融合的元素脱颖而出，在50多支参赛队伍中荣获2项二等奖、1项三等奖和最佳组织奖。

总之，2020年上海中华职业教育社着力聚焦上海职业教育高质量发展，从理论和实践两个方面同时发力，大力加强职业教育理论研究和实践探索，为创新实施《国家职业教育改革实施方案》，推动长三角一体化发展，培养更多高技能人才和大国工匠，为全面建设社会主义现代化国家提供有力人才保障作出了积极探索。

附录:长三角实施《国家职业教育改革实施方案》调研总报告

序

(一)课题名称

长三角实施《国家职业教育改革实施方案》调研

(二)课题研究主要内容

职业教育作为教育类型,其基本特征属性与区域经济社会发展密切相关,既是一种依赖性教育,更是促进经济社会发展的基础性支柱,并为区域性人力资本能建设培养知识性、技术性可持续发展的应用型人才。

1. 以"大职业教育观"为指导,在推进完善"现代职业教育和培训体系"方面,发现和诊断问题症结与破解难点之思考。

2. 课题研究对象以职业教育行政机构、职业院校及培训主管部门为重点;结合长三角职教联盟调研,在政策文件梳理的基础上,开展针对性专题调研,形成调研报告。

3. 调研报告框架结构分为:(1)职业教育发展基本现状与改革驱动力与动能转换分析以及面临的困境;(2)职业院校推进1+X证书制度实施的专项调研及改革建议;(3)长三角一体化,优质发展和落实"职教二十条"策略思考。

(三)思路方法

确定调研主题与主要对象,依托相关合作途径和渠道开展实地调研和访谈,力求呈现原始性、多元性和值得推广借鉴的案例分析和建设性思考建议等。

(四)创新之处

突出区域经济社会发展和实现教育现代化互为影响和促进作用,以长三角一体化,高质量发展职业教育理念,为勾勒长三角"十四五"职业教育发展方略与规划提供理论基础和实践性思路。

一、精准对标"职教二十条",打造职教高质量发展新格局

(一)教育现代化视域下的职教高质量发展路径

21世纪世界教育现代化进入新的发展阶段,这一阶段以信息革命"互联网+"为标志,其内涵包括教育思想现代化、教育内容现代化、教育方法现代化、教育技术手段现代化、教育设施现代化和教育管理现代化等。教育现代化涉及4个不同层面,一是教育物质层面的现代化,即教育数量、规模上的发展,以及办学条件、校舍、设备、技术手段、教育经费的先进程度;二是制度层面的现代化;三是教育价值、教育思想、教育概念等层面的现代化;四是知识层面的现代化,具体指学校的课程体系、教材教法、学习等方面的现代化,以及基于现代人的特征。把教育现代化作为一个目标,是指从相对集中的角度提出了教育现代化的8个重要特征,包括教育的全民性、教育的民主性、教育的终身性、教育的生产性、教育的个性化、教育的信息化、教育的国际化和教育的科学性;把教育现代化作为一个过程,则是从动态度角度提出推进教育现代化过程中会表现出的特征:教育现代化具有历史性、动态性、阶段性、差异性、相对性;把教育现代化作为经济社会现代化的一个组成部分,不可避免地受到社会政治、经济、文化等方面的影响,其具体特征为教育发展的波动性、能动性和继承性。

当下,实现职业教育现代化的最佳的路径,便是贯彻和落实"职教二十条",推进职业教育现代化的战略部署重点任务。职业院校的使命是研究和服务学生、服务社会,工作的重点是关注教与学两个维度,工作对象涵盖全体教师和学生,宗旨是推动和加快职业教育现代化进程,提升职业教育服务能力和职业教育质量。职业教育规律具有4个属性:一是职业性,二是社会性,三是技术性,四是依赖性。而职业教育的改革成功与否,关键在于两个遵循:遵循职业教育规律和遵循技术技能型人才成长规律。

江苏省职业教育现代化发展程度与水平,高于浙江、上海和安徽,经过"十三五"期间的发展与积累,职业教育信息化1.0从关注设施、设备和硬件投入,转向2.0应用和融合的阶段。并在"行动计划"中,专门列出一项重点任务,即"提升信息化国际水平",将"互联网+"运用到职业教育管理、职业教育教师培

养和职业教育人才培养全过程。加快智慧职业教育步伐。坚持以应用为驱动，推进信息技术与教育教学的深度全面融合。创新应用新一代信息技术，建设覆盖职业院校日常运行各个环节的智能终端，建立智能化管理平台，强化关键事务的全过程、精细化、智能化管理。加快职业院校智慧校园建设。对接企业生产服务智能化流程，改革教学内容和方法，建设智慧课堂、智慧车间、智慧图书馆。适应学生智能化学习需求，推行翻转课堂、行走课堂、慕课教学、虚拟仿真实训、在线学习，构建线上线下协同教育新体系。建立省、市、校三级竞赛机制，提升教师信息化教学水平。

（二）职业教育以提升服务区域经济社会发展能力为价值取向

职业教育作为一种类型教育，其根本的特征是与经济社会发展共命运，发展的依赖路径是由区域产业经济政策和产业结构所确定的或者伴随着技术升级换代而及时调整，否则职业教育供给侧难以承担起经济社会发展的支撑作用与难以体现职业教育的独特功能定位。

上海职业教育发展瞄准区域经济、产业、技术等新业态、新形式和新模式等趋势。为落实国家关于"新基建"战略部署，2020年5月，《上海市推进新型基础设施建设行动方案(2020—2022年)》(以下简称《行动方案》)正式发布。《行动方案》立足数字产业化、产业数字化、跨界融合化、品牌高端化，提出了指导思想、行动目标、四大建设行动的25项建设任务、8项保障措施，形成了上海版"新基建"35条。《行动方案》提出，通过3年努力，率先在4个方面形成重要影响力：率先打造新一代信息基础设施标杆城市，率先形成全球综合性大科学设施群雏形，率先建成具有国际影响力的超大规模城市公共数字底座，率先构建一流的城市智能化终端设施网络。到2022年底，上海新型基础设施建设规模和创新能级迈向国际一流水平。上海将全力实施上海版"新基建"四大建设行动。要对标一流水平，围绕新网络、新设施、新平台、新终端进行统筹布局，全力提升新型基础设施能级。

（三）浙江样本：发挥地方优势，办特色职教

浙江在落实"职教二十条"方面,把奋力办好新时代职业教育细化为具体行动，就推动职业教育大改革大发展，作出了相关部署。2019年6月12日，浙江省委教育工作领导小组召开专题会议，强调以改革创新的思路拿出实招硬招，推动职业教育高质量发展。浙江各地深入推进职业教育改革发展，走出了一条具有浙江特色的职业教育内涵发展道路。努力"打造一个地区一种职业教育办学特色"。

衢州市职业教育积极探索专业、师资、基地、就业、招生"五个统筹"，推进产教融合，深化校企合作和东西部合作，服务地方经济，提升职业教育的社会效益。一是统筹专业布点，服务地方经济。全市建成省级示范专业26个，省级骨干专业8个，省级特色新兴专业6个，有8个专业被确认为省中职品牌专业，7个专业被确认为省中职优势特色专业。二是统筹师资队伍建设，发扬名师辐射效应。全市共建有省级以上名师及名师工作室8个，中职大师及大师工作室4个。三是统筹招生工作，畅通生源渠道。2018年秋季，全市新招录学生8770名，占全市高中段学校招生比例的40.89%。四是统筹实训资源，开放设备红利。加强基础设施建设，整合现有职业学校的实训基地设备，加大资金投入，提高装备水平，建设与衢州大支柱产业相匹配、涉及面广、投入大的专业公共实训基地。目前，全市共有国家级实训基地3个，省级实训基地14个。

（四）以长三角职教集团为平台，助推长三角职教协同创新

为进一步加快长三角地区经济发展和一体化进程，提供充分的智力支持和人才保障，打造长三角地区的"职教人才成长带"，2018年9月，上海、江苏、浙江、安徽三省一市共同签署《长三角地区教育更高质量一体化发展战略协作框架协议》和《长三角地区教育一体化发展三年行动计划》，长三角教育联动发展协调领导小组协同三省一市,落实《国务院办公厅关于深化产教融合的若干意见》(国办发〔2017〕95号)精神，其中第十三条，"鼓励区域、行业骨干企业联合职业学校、高等学校共同组建产教融合集团（联盟）"，分别组建了长三角智能制造职业教育集团（浙江）、长三角软件职业教育集团（江苏）、长三角电子信息职业教育集团（上海）、长三角国际商务职业教育集团（安徽）。

4个长三角（专业性）职教集团的设立，依据长三角三省一市的产业优势和专业水平优势，以及专业技术型、技能人才的培养特色，旨在破解"专业设置同质化"弊端和"有效发挥办学优势"，使集中精力打造品牌专业和专业群（专业链）建设与区域产业链高度匹配。长三角（专业性）职教集团是跨区域、跨界合作型新型办学模式，致力于打造长三角区域职业教育示范园，形成资源共享和协同发

展新格局。与此同时，进一步探索产教深度融合新模式，打造发展新动能，推动"1+X"试点优质发展。

二、职业院校推进 1+X 证书制度实施的专项调研及改革建议

（一）基本概况

1+X 证书制度作为彰显职业教育类型地位的重要制度设计、改革职业人才培养模式的有效载体、提高人才培养质量的关键举措，以及构建全民终身学习型社会的核心要素，它同时也是我国打造世界职教品牌的重要抓手。自 2019 年 1 月"职教二十条"颁布实施以来，1+X 证书制度及其改革实践在全国各类院校大力推进实施，为推进改革的科学实施，为有关管理部门提供有价值的决策咨询建议，在上海中华职业教育社的指导和组织下，我们开展了本项目调研工作。

项目组系统梳理了上海职业院校 1+X 证书制度试点的总体情况。截至 2019 年年底，上海市参与 2 批试点共 15 种证书。上海公布首批试点共 6 个证书，共 58 个试点，涉及院校 45 所。其中高职试点 20 个，涉及院校 15 所，占试点单位总量的 34.5%。上海公布第二批试点共 9 个证书，共 75 个试点，涉及院校 35 所。其中高职试点 33 个，涉及院校 11 所，占试点数量总数的 44%。第三批未公布试点证书数据，根据上海市教委监测数据平台 2020 年上海证书申报明细表，上海市申报第三批 1+X 证书制度试点证书的高校共 38 所，试点证书共 55 种，试点数量共 171 个，拟申报的培训人数共 23228 人，平均每种证书拟申报的培训人数约 422 人。其中高职院校共 18 所，试点数量 109 个，拟申报的培训人数 16347 人。

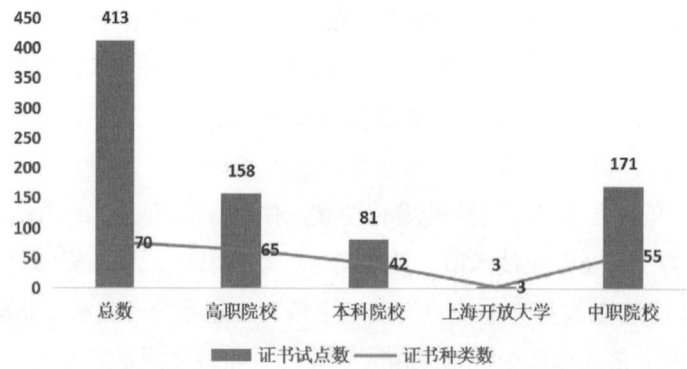

上海各类院校 1+X 证书制度申报证书数量分布情况

根据上海市教委监测数据平台 2020 年上海证书申报明细表，截至 2020 年 5 月 1 日，上海 2020 年第一次申报参与试点的三批次证书试点数共 413 个，共 70 种职业技能等级证书。其中高职试点数为 158 个，共 65 种职业技能等级证书；本科试点数为 81 个，共 42 种职业技能等级证书；开放大学试点数为 3 个，共 3 种职业技能等级证书；中职试点数 171 个，共 55 种职业技能等级证书。

根据 2020 年上海证书申报明细表，上海高校（含高职院校，本科院校高职学院，上海开放大学）实际申报的三批次职业技能等级证书共 70 种，其中第一批次为 6 种，第二批次为 9 种，第三批次申请的职业技能等级证书为 55 种。

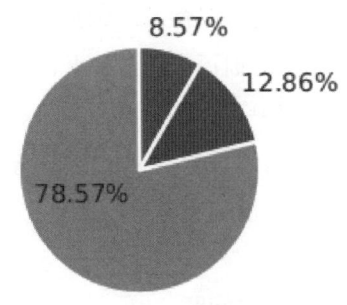

上海 1+X 证书制度证书各批次数量占比情况

项目组围绕上海高职院校 1+X 证书制度试点工作展开了实地调研，目前已完成了对 16 所高职院校的专项调研工作，调研的院校具体包括：上海工艺美术学院、上海济光职业技术学院、上海城建职业学院、上海电子信息职业技术学院、上海工商外国语职业学院、上海思博职业技术学院、上海科学技术职业学院、上海工商职业技术学院、上海民远职业技术学院、上海电影艺术职业学院、上海交通职业技术学院、上海邦德职业技术学院、上海农林职业技术学院、上海东海职业技术学院、上海行健职业学院、上海震旦职业学院。参与调研的人数达到 185 人。

（二）主要问题

1. X 证书社会认可度不高的问题

被调研的教师指出，考证通过的 X 证书由培训评价组织盖章，其权威性与原来的人社部主管的职业资格证书相比,缺乏政府认可度。部分培训评价组织并不代表行业发展的龙头企业,其专业性存在质疑,开发出的证书得不到整个行业的充分认可。部分证书的初、中、高级内容层次不明显,同时没有标识工种,规范性不够,影响了证书的权威性。证书考证工作高度依赖硬件,脱离了教育的公益属性,让考证人员及社会公众对证书的权威性产生怀疑。

2. 师资培训及教材题库的建设问题

被调查者反映,师资培训及培训的内容与时间安排不能反映职业教育的教学规律。培训的内容不系统,教材不完善,题库尚未建设且存在较多错误,存在重复培训现象。对教师的培训缺乏针对性、培训形式不够多样化。由于目前实施的是先申报获批证书试点,成为培训评价组织,此时其证书的标准并未很好地进行开发,因而在后期的考证过程中,存在标准不明确、内容不规范现象。同时,院校 X 证书试点与培训评价组织的对接沟通机制不畅。培训评价组织考证准备资料不够,考试组织不严密,对接机制不健全,影响了院校 X 证书工作的推进进程,以及对于 X 证书的正确认识。

3.1 与 X 有效对接融合的路径问题

1+X 证书制度实施过程中,1 与 X 有效对接融合是改革的关键。而在其中,证书标准问题是 X 证书高质量实施的基础性问题,被调查者指出,当前培训评价组织在开发证书时,在把握证书内容的宽度、深度及体现行业技术技能先进性的程度上还不科学。部分证书考证的内容及难度较大,在读学生很难达到相关要求;部分证书考证的面向太窄,证书含金量不够。此外,在试点院校内,标准融入人才培养方案比较随意,缺乏足够论证,缺乏融入的有效路径与方法。缺乏有效的改革案例进行指导。

4. X 证书考证的组织实施问题

反映存在的问题主要为:证书考试的时间安排不尽合理,考试的保密性需要加强。考试要求理论考和实践考均通过方能获得证书,这大大影响学生考证的积极性。考证的报名系统及平台运行不够通畅,学校的组织工作较大。考证费用缺乏政府财政审批,难以顺利完成报账手续。部分证书的考证费用过高,缺乏考证组织的持续性。

5. 试点工作经费保障及教师的工作投入激励问题

对试点院校的调查表明,1+X 证书制度试点工作缺乏专项经费保障是影响其有效推进的重要影响因素。尤其是对于民办院校而言，专项经费的缺乏直接影响了该项工作的持续开展和试点范围的扩大。此外，在院校内部，教师对学生考证的辅导需投入大量的时间和精力，现有的激励机制不能对教师付出的额外工作量予以应有的认可。对于教师参加培训工作，相关的经费保障及工作量认定尚未到位。此外，与原来的人社部门组织的证书培训大不一样，原来的人社考证通过证书考核可以获得补贴，而 X 证书的实施则没有相应的举措，因而试点的推进工作没能收到理想成效。

对上述问题进行分析，其中存在的主要原因包括：第一，对证书实施的规范性和宣传不够，影响了社会公众对其的科学认识；第二，相关的专项政策尚未建立，试点过程中出现的问题不能得到有效的指导；第三，培训评价组织和试点工作的教师专业性不能保障试点工作的高质量开展；第四，省市级教育行政部门在履行相应的指导责任、统筹相关工作的开展上，发挥的成效不够明显，很多 X 证书的实施仍处于自然探索阶段。

（三）对策建议

1. 建立专项政策文件，对 1+X 证书制度的实施提供政策支持和保障

1+X 证书制度作为一项提升人才培养质量改革的基础性制度，当前，政策文件的建设应从原来的整体性制度转向专项制度和重点制度建设。如，制定 X 证书考证收费的指导文件，对当前试点院校反映的最突出问题进行指导解决；建立专门针对培训评价组织工作运行的制度文件，规范要求培训评价组织的各项工作，对于其信息宣传、渠道建设、工作标准、不当行为与违规违纪行为等的处置进行明确；此外，还有教师的培训、教育行政部门的管理体制等都需建立文件进行指导。

2. 发挥省级教育行政部门统筹指导作用，推进相关政策与改革在区域内的落地

充分发挥省级教育行政部门统筹指导作用，建立 1+X 证书专家指导委员会，组织专门讨论，统筹指导相关问题的解决。加强对本区域内 X 证书的监管工作，建立 X 证书的有效准入和退出机制。建立专项工作平台，加强相关问题的理论研究与实践指导，形成区域内部的协同工作机制，保障 1+X 证书制度试点工作的顺利开展。搭建起相同或同一类证书试点院校的共同交流平台，积极探讨解决实施过程中存在的问题，形成培训评价组织与试点院校良好的交流沟通机制，构

建起多元主体协同参与证书试点实施的治理格局。

3. 加大对培训评价组织的考核监督，建立多元主体共创证书质量的机制

X证书的质量事关院校人才培养质量，其中一个重要的影响主体是负责证书开发的培训评价组织。要针对调研发现的部分培训评价组织专业性不强、公益性不够、规范性较弱、科学性不高等问题，加大对培训评价组织的考核监督，建立起针对培训评价组织的遴选机制、准入机制、评价机制和退出机制。"1+X证书制度"作为一项人才培养制度，"公益性"是其根本、"含金量"是其持续性的保障，在试点的初期，要发挥好政府有关部门在主导和指导作用，在中后期，则要处理好"政府、高校、企业、学生"四方关系，通过多元主体的参与，建立起多元主体共同保障证书质量的机制。

4. 多渠道筹措经费，保障1+X证书试点工作的顺利实施

对各职业技能等级证书的考核成本进行单独核算，合理确定各类证书的考核费用标准。试点院校可统筹财政拨款、学费及其他事业收入等，保证X证书培训、考核颁证、教师培训、承担考核培训任务的教师绩效工资等正常的教育教学支出。依托学校各类经费资源，保障相关证书试点专业的学生在读期间至少参加一次职业技能等级证书的考核。要统筹用好院校场地、设备、耗材、人员等现有资源，创新考核培训方式，充分利用现代信息技术，在保证质量的前提下，切实降低考核培训成本。在院校内部，建立X证书顺利运行的教师激励机制和相应保障机制，这是确保教师持续投入、各方面条件有机保障X证书实施，最终取得预期成效的关键。

三、推进长三角一体化，优质发展和落实"职教二十条"策略思考

长三角地区（上海、江苏、浙江、安徽）有高职院校238所、中职学校882所，其办学规模、办学密度、经费投入、师资队伍、人才培养效果、服务经济社会水平均居全国前列。江苏中等职业教育（213所）和高等职业教育的规模（90余所）和办学水平高于上海、浙江和安徽。而浙江高等职业教育49所院校中，就有15所院校入选"双高计划"，处于全国高等职业教育第一方阵。当前，职业教育迎来了新的重大发展机遇，自《国家职业教育改革实施方案》《职业教育提质培优三年行动计划》以及职业教育高地建设方案陆续推出以来，一些长期制约职业教

育发展的瓶颈问题得到破解。然而，当前职业教育理论研究仍处于滞后于实践发展的需要，外部对职业教育的了解不够，误解甚多。

（一）问题分析
1. 对职业教育作为类型教育仍有"认知赤字"

《国家职业教育改革实施方案》开宗明义，"职业教育与普通教育是两种不同教育类型，具有同等重要地位"。作为类型教育的职业教育，是从教育功能、人才培养目标、教育治理、办学模式、产教融合运行机制、评价指标与途径、人力资本能力建设和服务经济社会能力与区域经济社会发展基础性支撑性定位来区分教育类型特征，除了同等重要地位之外，还具有等值的作用与不可替代的教育类型。强调职业教育类型教育的同时，须梳理"职教"与"普教"的辩证链接关系。前者是关注"职业人"培养，培育技术技能型人才，适应"职业结构变化"，具有多次选择"职业"和"就业"的机会与本领，后者则关注养成教育和专业、学科等方面的系统、基础性训练。联合国教科文组织（UNESCO）曾将职业教育定位于"是在基础教育或普通教育基础上"实施的教育，也就是说，职业教育的层次高低，首先取决于义务教育的年限和受教育的机会与水平。因此，职业教育与普通教育分流，起始阶段取决于国家和地区教育水平与经济结构，如上海大都市的产业结构、经济社会发展水平以及国际化程度、全球卓越城市的地位，更应实施"高中后"职业教育为主，强固普通高中的特色教育，做强高等职业教育，多元发展本科层次职业教育试点学校，无须再去纠缠"普职比例"问题。为此，职业教育与普通教育分流阶段不应"人为划分"，而是因地制宜和根据区域经济社会发展水平阶段予以确定。至于"中职"与"普高"招生比例规定，先前，在一定程度上稳定了职业教育发展规模和地位，但现实效果呈现状况则是"差强人意"（至少没有根据不同区域经济结构和社会发展水平）；另外数年前倡导新建本科院校转型为高等职业教育，但成果甚微，其原因在于未能处理和把握好"职教"与"普教"辩证关系。正如曾天山指出，"普职分流是优化教育结构的必由之路，普职融合是提高教育质量的必然选择"。那么，在世界教育发展历程中，普职分流是工业革命和大工业生产的产物，而普职融通则是国际教育发展趋势。两者的区别在于，前者是制度性的类型教育，后者则是人才培养模式的变革和教育内容互为渗透。普职融合概念主要是指，职业教育课程内容前移后延，如职业启蒙教育、职业认知和职业体验等前移至学前、义务教育阶段；后移则是根据职业结构变化之需，满足多次就业选择机会，终身接受职业教育与培训。普职融通在高中阶段主要形式是"综合高中"，其功能与定位是为了延缓分流、提供"再选择教育方向"，同时满足了民众接受高层次的教育机会。

2. 办学模式"三大转变"重视不够

《实施方案》确立的职业教育办学实现三大转变，即由政府举办为主向政府统筹管理、社会多元参与办学格局转变；由追求规模扩张向提高质量转变；由参照普通教育办学模式向企业社会参与专业特色鲜明的类型教育转变，大幅度提升新时代职业教育现代化水平，为促进经济社会发展和提高国家竞争力提供优质人才资源支撑。在长三角区域出台的相关政策文件和实施举措中，未能得以充分关注和体现。事实上，"三大转变"的实现，既是新时代职业教育高质量发展的标志性的制度保障与职业教育现代化的具体体现，也是赋能"完善职业教育和培训体系"的新动能。

3. 职业教育国家标准尚未形成

缺乏国际和发达国家与地区的职业教育标准的基础性研究，没有对标的对象和参照的职业教育的标准框架体系，难以形成符合"中国国情"和"区域特征"的职业教育国家标准。

4. 产教融合校企"双元"育人亟需突破

鉴于中国职业教育的历史经验和管理制度的特征，应着力恢复和加强行业企业举办职业教育和职业培训的功能定位，实现现代学徒制和企业新型学徒制"同频共振"。现实的问题是：政府和教育行政部门举办的职业教育，难以突破"产教深度融合"的瓶颈与困境。与普通教育相比，职业教育是一种典型的跨界教育，其跨越了教育与职业的界限、职前与职后的界限、学校与企业的界限。目前，校企合作主要依靠职业院校的主动联系，实习实训是当前校企合作的主要形式，企业更多的是将学生作为生产岗位的员工使用，较少考虑技能人才培养的客观规律，主要根据单位生产的需要安排学生实习。在此思维定势之下，职业教育"产教融合"更多地被看作是一个教育问题。

5. 建设多元办学格局步子迟缓

未能充分理解和体现市场经济在资源配置中的主导作用，致使职业教育"多元办学格局"步履艰难。只有彰显"政府有形之手"和"市场无形之手"合力功能，方能真正实现职业教育"多元办学格局"，否则"多元办学格局"仍游走在"理想、理念"层面。

（二）对策建议

1. 需从四组辩证关系去把握职教走向

一是"职教"与"普教"的辩证关系；二是"地方政策"和"国家政策"的辩证关系；三是"短期规划"和"中长期规划"辩证关系；四是"技能人才"与"人文素养"辩证关系。

2. 应把职业教育难点作为发展"支点"

当前，我国职业教育发展受到关注和重视程度前所未有。就其重视程度而言，首先在国家层面的政府工作报告中，将职业教育与民生发展、人民生活质量、就业创业、经济社会发展一样，提高到新的认识高度；其次，因为现代产业体系建设、制造业强国建设和经济高质量发展与变革中，技术技能型人才成为坚定基础、坚实性保障；再次，2019年关于教育政策和职业教育政策文件高密度发布。但在一个易变（volatility）、不确定性（uncertainty）、复杂（complexity）和模糊时代（ambiguity），职业教育发展既充满了变革发展机遇，又面临着众多困境与难点。把职业教育难点转变为发展支点，需从3个维度去思考：一是价值旨归。深刻认识到职业教育规律和技术技能型人才成长规律，消除职业教育"认知赤字"，回答"为什么"；二是逻辑思路。在职业教育概念、内涵、模式实践尚未成熟定型以及层次类型形式架构不完善的前提下，加大引进国际职业教育先进思想和先进理念、成功模式的同时，结合国情、区域特色，把准职业教育发展定位，回答"是什么"；三是落地实效。区域职业教育既要充分体现国家意志与战略思想，又要因地制宜，凸显区域经济社会发展与经济结构调整需要，对区域职业教育政策和职业教育体系进行"再设计"。

3. 打造国际化技术技能人才高地

打造国际化高技能人才高地，一方面可提升职业教育服务与供给质量，另一方面，倒逼职业教育"三教改革"和深化产教融合以及高职院校"1+X"试点落地。长三角职业教育正处在全面变革之中，是由量变到质变的一个重要临界点，一是类型教育引导职教"三大转变"；二是"互联网+"和"人工智能+教育"引导职教课堂教学变革（包括实训范式、组织形态和评价等），线上线下相结合的混合式"教与学"将改变传统的教学模式;三是职业教育普及化、普职融合、终身化引导的个性化和多样化教育教学服务的需求。国际化技术技能人才高地,可从四个方面理解和掌握:一是技能人才的界定与依据;二是技能人才的标准与认定;三是技能人才成长规律与途径;四是技能人才全球配置与招聘等,由三大元素构成:一是高技能人才全球流动;二是服务高技能人才流动(包括培训和标准开发等);三是高技能人才技能等级互认机制与环境。联合国 2014 年 12 月,将每年 7 月 15 日定为"世界青年技能日"(World Youth Skills Day),可见"技能"成为职业教育界和全球研究和关注的命题。国际技能人才高地建设质量,具体涉及以下几个领域和范畴,主要包括专业设置标准、课程结构、教育教学与培训、师资队伍、培训组织、技能鉴定与考核以及设施设备保障性条件等。至于,职业教育任职教师由学校和企业行业两方面资源组成,形成结构合理、互为承担学校教学和企业培训职责,并不存在所谓的"双师型"职教师资表述,也没有所谓的"兼职教师"之说,企业行业的教师通常称之为"培训师"或"师傅"(Meister)。事实上,现今以学校为主的"双师型"教师队伍,无论知识结构或是技能结构与等级,难以胜任或承担职校生实习、实训任务,所以在职教师资队伍构成方面,突破编制等制度性障碍,引入企业行业专门人才担任专业教师和实训教师,才能解决职业教育教师队伍结构性问题。

4. 高质量、高起点、科学规划

"十四五"时期(2021—2025 年)是我国由全面建成小康社会向基本实现社会主义现代化迈进的关键时期,也是实现 2035 年教育现代化目标奠定基础的关键阶段。将"十四五"长三角职业教育改革与发展规划总目标以 3 个关键词概括:高质量、高起点、科学规划("两高一科")。"高质量"目标体现在:除了规划文本的质量之外,主要反映在"十四五"长三角职业教育发展的质量范畴与质量标准,如职教人才培养质量、职教育人环境质量、职教治理质量、课程与教学质量、职教师师资专业结构与职业知识质量、职校生就业质量、职教服务经济社会的供给质量。特别是技术技能型人才的供给质量,关系到职业教育在社会中的地位、作用和社会声誉以及认可程度。"十九大"报告中,首次提出了"现代供应链"的概念,这标志着"现代供应链"正式上升为国家战略。供应链亦可称之为"供需链",最早产生于 20 世纪 80 年代企业管理领域,所谓供应链,就是在生产和流通与供给之间的匹配,供需平衡。而在职业教育人才培养方面,就是满足经济社会发展、企业行业，以及技术变革对技术技能型人才的规格、类型、层次的需要。职教"优质供给"或"现代供应链"就是主动适应与应对职场的变化，及时提供数量充足、质量过硬、具有知识性、可持续发展性的技术技能型人才。规划"高目标"就是要对照国际最高标准、最好水平，加快引进一批具有国际知名度和认可度的国（境）外培训机构、培训课程和认证证书，不断提升长三角职业技能培训能级水平，根据区域高技能人才培养需要，探索在有条件的应用型本科院校、职业院校设立技师学院。推进区域职业高校"1+X"试点的证书开发和借鉴世界技能大赛的"技能标准""技能等级认定规则"与"发展技能"相关的先进理念与思想。判断职业教育发展理念正确与否，大道至简，关键看3个标准：一看是否符合党的教育方针，二看是否符合职业教育规律和技术技能型人才成长规律，三看是否符合公平公正的要求。

5. **加强职业教育基础理论研究，拓展研究领域，与区域职业教育实现"双向建构"**

长三角区域现有高校、地方职业教育研究机构，无论是数量和研究水平，具有一定的优势和职业教育研究成果具有广泛的影响力和辐射影响力。发挥和整合职业教育科研资源，及时回应区域职业教育发展的现实问题，并提供咨询与服务。拓展职业教育研究领域，重点关注区域职业教育政策研究，将职业教育政策与区域产业经济政策密切结合；着力研究技能人才成长规律与培养模式融合；持续研究国际职业教育与培训新思想与新态势，确立参照对象与技能标准、技能等级水平框架；深化研究职业教育作为类型教育的基础理论与功能释放环境要素；深入研究"完善职业教育与培训体系"的功能定位与互为融合，又具区分性特征及其要素构建；多元视角研究"深化产教融合"的利益机制与共生性发展、共享的国际经验；国家资格制度、职业教育国家标准、多元办学模式、技能人才保障政策、职业教育评价、职业教育与培训治理等领域的国际比较研究。

（课题组组长：马庆发　主要成员：罗尧成　董奇　毕鹏宇　黎同炎）

后记

上海中华职业教育社自2014年起，按期出版年度《上海职业教育事业蓝皮书》，今年已是第八个年头。《蓝皮书》力争站在第三方的立场，突出专业性和独立性、客观性和实证性，通过科学判断时代背景，梳理年度成绩，深入剖析问题，提出策略建议，为推进上海职业教育现代化提供政策性咨询和理论与实践性参考。

《2021上海职业教育事业蓝皮书》由上海市政协副主席、上海中华职业教育社主任周汉民担任主编，上海中华职业教育社副主任胡卫、张岚、毛丽娟担任副主编，并得到市教委、市人社局等有关机构的支持与协助。上海中华职业教育社机关承担本书的组织协调工作，机关干部参与书稿校对。

全书共分上海职业教育改革发展报告、专题研究、实践案例、2020年上海中华职业教育社职教理论与实践探索报告4个部分。总报告由王琴、罗尧成负责编写，马庆发任顾问；专题研究部分由郭扬、施蓄生等组织资料；案例部分由雷正光、董奇负责编辑整理。上海中华职业教育社的同志撰写了2020年上海中华职业教育社职教理论与实践探索报告。

上海科学技术文献出版社对本书的出版给予了支持，在此一并致以衷心的感谢。

编者

2021年10月